THE PMI GUIDE TO
BUSINESS ANALYSIS

PMI商业分析指南

［美］Project Management Institute 著

电子工业出版社

Publishing House of Electronics Industry

北京·BEIJING

版权贸易合同登记号　图字：01-2018-2657

图书在版编目（CIP）数据

PMI 商业分析指南 / 项目管理协会著；于兆鹏等译. —北京：电子工业出版社，2019.5
书名原文：The PMI Guide to Business Analysis
ISBN 978-7-121-35626-1

Ⅰ. ①P… Ⅱ. ①项… ②于… Ⅲ. ①项目管理－知识体系－指南 Ⅳ. ①F224.5-62

中国版本图书馆 CIP 数据核字（2018）第 263882 号

责任编辑：刘露明
文字编辑：卢小雷
印　　刷：三河市鑫金马印装有限公司
装　　订：三河市鑫金马印装有限公司
出版发行：电子工业出版社
　　　　　北京市海淀区万寿路 173 信箱　　邮编 100036
开　　本：880×1230　1/16　印张：28　字数：717 千字
版　　次：2019 年 5 月第 1 版
印　　次：2023 年 3 月第 12 次印刷
定　　价：148.00 元

凡所购买电子工业出版社图书有缺损问题，请向购买书店调换。若书店售缺，请与本社发行部联系，联系及邮购电话：（010）88254888，88258888。

质量投诉请发邮件至 zlts@phei.com.cn，盗版侵权举报请发邮件至 dbqq@phei.com.cn。

本书咨询联系方式：（010）88254199，sjb@phei.com.cn。

声明

作为项目管理协会（PMI）的标准和指南，本指南是通过相关人员的自愿参与和共同协商而开发的。在其开发过程中会聚了一批志愿者，并广泛收集了对本指南内容感兴趣的人士的观点。PMI管理该开发过程并制定规则以促进协商的公平性，但是没有直接参与写作，也没有进行独立的测试、评价或核实本指南所含任何信息的准确性、完整性或本指南所含任何判断的有效性。

因本指南或对本指南的应用或依赖而直接或间接造成的任何人身伤害、财产或其他损失，PMI不承担任何责任，无论特殊、间接、因果还是补偿性的责任。PMI不明示或暗示地保证或担保本指南所含信息的准确性与完整性，也不保证本指南所含信息能满足你的特殊目的或需要。PMI不为任何使用本标准或指南的制造商或供应商的产品或服务提供担保。

PMI出版和发行本指南，既不代表向任何个人或团体提供专业或其他服务，也不为任何个人或团体履行对他人的任何义务。在处理任何具体情况时，本指南的使用者都应依据自身的独立判断，或者在必要时向资深专业人士寻求建议。与本指南议题相关的信息或标准亦可从其他途径获得。读者可以从这些途径获取本指南未包含的观点或信息。

PMI无权也不会监督或强迫他人遵循本指南的内容，不会为安全或健康原因对产品、设计或安装进行认证、测试或检查。本指南中关于符合健康或安全要求的任何证明或声明，都不是PMI做出的，而应由认证者或声明者承担全部责任。

前言

《PMI 商业分析指南（包括商业分析标准）》为 PMI 的基础、基于共识的标准的补充。由美国国家标准协会（ANSI）认证的商业分析标准被认为是商业分析的卓越标准。本标准和指南通过提供商业分析过程中定义的知识体系和标准，来说明 PMI 对组织及项目组合、项目集和项目专业人员持续支持的承诺。

PMI 认为商业分析是贯穿整个项目组合、项目集和项目管理的基本能力。因此，《PMI 商业分析指南》与《项目管理知识体系指南（PMBOK®指南）》《项目集管理标准》《项目组合管理标准》《组织级项目管理成熟度模型（OPM3®）》和《敏捷实践指南》保持一致。《商业分析实践指南》是对这一标准的补充。

本标准不是方法论，因为它没有规定顺序、过程和规则。因此，商业分析标准提供了建议的过程组、相应的过程、知识领域、输入和输出的框架。熟悉《项目管理知识体系指南（PMBOK®指南）》的人士可以通过标准中的过程组映射表，将项目管理过程组与商业分析过程组进行比较，理解商业分析如何被用来成功支持项目管理，从而获得效益。

本指南扩展了标准框架，为所有致力于理解和履行最高水平的商业分析职责的人们提供实践、工具和技术。组织和从业者可以剪裁本指南的过程和实践以满足特定的组织需求和目标。

开发标准的难点之一是使其易于理解、可用，并适用于任何项目组合、项目集或项目中可能存在的各种情况。本标准和指南是通过使用通用语言和裁剪表，使其适应任何条件且具备灵活性。该语言确保内容不局限于一个行业、一个专业或一种项目规模（例如，它并不只适用于大型 IT 项目），关注商业分析的角色而不是工作职位，并解释每个过程如何根据是否使用了适应型、预测型或混合交付型方法而变化。

《商业分析标准》采用与《项目集管理标准》相似的结构，使用过程组和过程来描述工作。它通过分布在 6 个商业分析过程组中的 35 个过程来讨论商业分析工作，包括：

- 定义和匹配

- 启动

- 规划

- 执行

- 监控

- 发布

本指南提供了如何有效地应用商业分析过程和实践来驱动更好的商业结果的指导，而且不局限于行业、项目规模或项目类型。它为包括预测型（瀑布）和适应型（敏捷）在内的任何交付方法都提供了商业分析指导。《PMI 商业分析指南》包括六个知识领域：

- 需要评估

- 相关方参与

- 启发

- 分析

- 跟踪和监督

- 解决方案评价

《PMI 商业分析指南》定义了什么是商业分析工作，为什么它是重要的，以及与商业分析相关的概念，这些概念可以在所有项目生命周期、项目类型和行业中普遍地应用，以交付成功的商业成果。它描述了有效执行商业分析所需要的超过 40 种技能和超过 100 种技术，并强调了商业分析专业人士进行商业分析时和其他角色之间的协作点。术语表还包括了商业分析中常用的 500 个术语。为了从指南中获得最大的价值，PMI 建议将其与《商业分析实践指南》结合使用。当指南描述"什么"时，实践指南描述了"如何做"。例如，本指南描述了可以使用什么技术，而实践指南则描述了如何实施该技术。

《PMI 商业分析指南（包括商业分析标准）》是由业界领先的专家编写的。作为完全达成共识的标准，本指南和标准受到 PMI 严格的开发过程的控制，其中包括主题专家评审和公开审查，以及从业人员评论并提交的修改意见，供核心委员会审议。所有的修改意见和要求都被考虑在内，许多被纳入提供附加价值的出版物中。有些评论被推迟到本指南的未来迭代中。因此，PMI 鼓励从业者继续为将来的版本提供反馈。PMI 标准需要定期更新，核心委员会对指南使用者的任何反馈表示衷心感谢。

目录

图表目录

第 2 部分　商业分析标准 295

第 3 部分 附录、术语表、索引 335

第 1 部分

PMI 商业分析指南

第1章　引论

1.1　本指南概述和目的

《PMI 商业分析指南》(简称指南)旨在通过提供实用知识和良好实践以满足组织和商业分析专业人士的需要,有助于项目组合、项目集、项目和产品的成功,并支持交付高质量的解决方案。无论项目生命周期是预测型、迭代型、适应型还是混合型,也无论商业分析的执行者是何工作职位,本指南的目的是使商业分析能有效执行,并为商业分析提供指导。本指南的内容包括:

- 定义商业分析工作的内容及其重要性;

- 描述有效执行商业分析任务和活动所需的能力、过程、工具和技术;

- 定义可在所有产品、项目生命周期、产品类型和行业中一致应用的与商业分析相关的概念,以在项目组合、项目集和项目中交付成功的商业成果;

- 强调商业分析专业人士与执行商业分析活动的人及其他角色协同工作的协作点;

- 提供和推广组织和商业分析专业人士常用的商业分析词汇。

根据 *PMI's Pulse of the Profession® In-Depth Report: Requirements Management: A Core Competency for Project and Program Success*[1],有 47% 的失败项目由于需求管理不善而无法达成最初目标。在 2017 年的 *Pulse Report: Success Rates Rise─Transforming the High Cost of Low Performance*[2]中,对于 39% 的失败项目,人们发现不准确的需求收集是项目失败的主要原因。研究还确认,当组织不接受商业分析,忽视建立有效过程来执行商业分析的重要性时,将会直接影响其高效执行项目的能力。商业分析实践成熟度高的组织在实施战略方面的成功率超过 55%,并且更有可能从项目集和项目的投资中获得预期的价值。这只是 PMI 最近研究得出的一些统计数据,证明了商业分析的价值。

目前,组织有兴趣了解如何最好地:

- 在战略上利用商业分析以确保将投资分配给最高价值的项目;

- 投入足够资金,使产品团队拥有需要的资源来正确识别和解决恰当的问题;

- 交付可测量的商业价值和满足相关方期望的解决方案。

这种趋势正在全球范围内推动对有经验的商业分析专业人士的更多需求。

PMI 的研究还表明，完善商业分析技能和实践可以显著提升组织的成功率，并加强组织在市场中的竞争优势。在这项研究中，有 81% 的来自商业分析实践高度成熟的组织的商业分析专业人士认为：在过去的 5 年里，商业分析是获取竞争优势的主要贡献因素[2]。除了技能发展和过程的成熟度，组织还采取措施使商业分析与项目管理进一步提升，并且进行更好的整合，以识别每个角色在确保项目成功中的贡献。

无论报告给哪个职能组织，各级经验水平和能力层次的商业分析专业人士都需要能普遍适用于世界上任何规模的组织、行业或地区的商业分析标准。商业分析专业人士需要一个公认的良好实践的标准，从而高效、有效并始终如一地支持商业分析实践，交付能提供最有价值的解决方案。

本指南确定了商业分析实践，即那些被普遍认可的良好实践。这些术语定义如下：

- **"普遍认可"**。是指这些知识和做法在大多数时候适用于大多数项目组合、项目集和项目，并且其价值和有效性已获得一致认可。

- **"良好实践"**。"是指人们普遍认为，在商业分析过程中使用这些知识、技能、工具和技术，能够成功交付贯穿项目组合、项目集或项目的预期的商业价值和成果。"良好实践"并不意味着所描述的知识应始终适用于所有的项目组合、项目集或项目；商业分析专业人士与相关方和产品团队一起确定在给定的情境下什么是合适的。

本指南与方法论有所不同。方法论是由专门的从业人员所采用的实践、技术、程序和规则所组成的体系。而本指南是组织构建有效实践商业分析所需方法论、政策、程序、规则、工具和技术的基础。本指南与包含商业分析专业的全球社区同步，旨在通过确保商业分析的一致定义和共同理解，帮助组织提升商业分析的能力。

1.1.1 对本指南的需要

组织在努力满足市场需求时，期望以更快、更便宜的方式提供更好的解决方案。最近的 PMI 研究将商业分析确定为帮助组织实现这一目标的关键能力。《商业分析标准》和《PMI 商业分析指南》的目的是帮助组织和个人理解商业分析学科——实现成熟和有效商业分析过程的基础。

1.1.2 本指南的目标受众

本指南为负责实施商业分析工作的人士准备，无论他们是否拥有商业分析专业人士的头衔，也无论他们实施商业分析所花费的时间比例有多大。本指南也适用于任何与商业分析专业人士协作的人员，例如，执行项目组合、项目集或项目管理的人员。本指南提供的信息支持在各种角色之间更好地协作。组织和项目团队可以使用本指南来理解构成商业分析良好实践的元素，并可利用本指南提供的通用的商业分析语言和结构框架。通过这种语言和结构，可以进一步理解每个实践提供的价值和目的。

1.1.3　商业分析的价值

商业分析实践成熟度高的组织认为，商业分析对组织的成功具有明显的影响，并能提供竞争优势[3]。研究证实，相较于同行组织而言，有相当大比例的成熟度高的组织在以下方面的排名处于平均水平之上：

- 实现战略的能力。

- 组织敏捷度。

- 项目管理。

- 整体财务绩效[3]。

深入研究证实，商业分析是一项关键能力。遵循成熟商业分析实践的组织会交付更好的成果，并且比那些不具备成熟商业分析实践的同行组织更有效率和效益[3]。

PMI's Pulse of the Profession® *In-Depth Report: Requirements Management: A Core Competency for Project and Program Success* [1]指出，组织需要更加关注以下三个关键领域，以改进其商业分析能力的有效性：

- 人员。配置可以针对建议的解决方案（应对项目组合、项目集和项目所出现的问题或机会）正确运用商业分析的人力资源，并认知和发展履行这个重要角色所需的技能。

- 过程。通过在项目组合、项目集和项目层级上确立和标准化过程，良好商业分析的一致应用可贯穿于组织的各项举措中。

- 文化。通过在高层营造紧迫感，使高级管理层和发起人充分认识到商业分析实践是项目组合、项目集和项目的关键能力，并在整个组织中提供所需的合理支持和承诺。

负责实施商业分析的人员可以与其组织成员协同工作，针对不同情况和需求确定和应用水平合适的且被普遍认可的优秀商业分析实践。确定和应用适当的商业分析过程、工具、技术和其他事项（包括所运用的生命周期）的努力被称为裁剪。有关如何裁剪商业分析实践以满足组织的特定需求，见第 1.3.4 节。

商业分析可以在创建或增强产品、解决问题或寻求相关方需求的过程中进行。商业分析的价值贯穿许多行业和项目类型。例如：

- 在金融领域中，商业分析可用来创建或修改满足客户需要的金融产品；
- 在医疗保健行业中，商业分析可用来最大限度地减少从挂号到首次诊断的等待时间；
- 在建筑工程项目中，商业分析可用来确定新建筑的使用要求，并作为工作范围的基础；
- 政府利用商业分析来分析形势，并确定缓解贫困、经济危机和环境等问题的最佳解决方案；
- 在制造业中，商业分析可用于优化装配线工艺；
- 在 IT 项目中，商业分析将商业需求转化为相关方需求和系统需求，为设计人员和开发人员提供明确的指导。

有许多不确定性因素影响商业成果，例如，消费者是否会购买正在研发的产品；现有基础设施是否支持未来的增长率；是否有足够数量的员工支持客户需求；以非常规方式使用可能导致产品损坏的许多未知因素——在产品设计过程中并未加以考虑。有效的商业分析能够使个人、群体、公共和私人组织获得更好的商业结果。有效的商业分析有助于：

- 满足商业需要；
- 管理风险并减少返工；
- 减少产品缺陷、召回、诉讼和消费者信心下降；
- 实现相关方满意度。

在第 1.1.3.1 节~第 1.1.3.4 节中进一步讨论了这些内容。

1.1.3.1 满足商业需要

组织往往会在完全理解情境之前就提出解决方案。商业分析能使组织识别和确定问题的根本原因，而不是在问题发生时反复解决问题。良好的商业分析基于需要评估的实施和针对特定问题领域来推荐解决方案，这包括但不限于理解商业和企业架构。商业分析有助于发现新的机会，这对组织发展甚至组织生存都是至关重要的。为了在市场中获得竞争优势，开拓机会势在必行。商业分析有助于组织在满足商业需要时获得商业价值。

1.1.3.2　管理风险并减少返工

构成充分的商业分析的要素取决于组织的风险偏好，以及组织在准备推进项目前所需的信心水平。低估商业分析活动的价值通常会导致行动前缺乏充分的商业分析，以及接受具有更高不确定性的决策。虽然商业分析需要相当长的时间和相当多的资源，但如果忽视它，则可能导致对需求理解不足，遗漏相关方期望，并导致部分项目团队和其他关键相关方产生挫败感。这些问题可能导致大量的返工和许多变更请求的产生。这似乎不合常理，但从长远来看，花时间进行商业分析实际上节省了时间，降低了成本，并最大限度地减少了风险敞口。

1.1.3.3　产品缺陷的影响

当分配给商业分析活动的时间不足时，需求可能会出现偏差。需求的遗漏和误解会导致产品缺陷。在项目范围内发现的产品缺陷会导致返工，而且一旦将产品发布给消费者，这些缺陷再被发现，结果会变得更糟。生产中的产品缺陷可能导致产品召回、诉讼、消费者信心下降，或者对最终用户造成伤害。

1.1.3.4　相关方满意度

创建产品以满足商业需要并按规定的时间和预算来交付这些产品，同时尽量减少对组织的潜在威胁，都会提升相关方满意度。观察相关方对最终产品的接受程度或在解决方案构建完成后愿意购买的程度，可以总体反映出相关方的真实满意度。良好的商业分析实践的应用可以促进产品或解决方案尽早被接受并在实施或发布后被完全采纳，以达成高水平的相关方满意度。

1.1.4　理解角色边界

商业分析专业人士的角色经常被误解和未被充分利用，并时常与组织内的其他角色混淆。一个复杂因素是，由于感知上的重合，商业分析专业人士的角色经常与项目经理的角色混淆。然而，他们在项目集和项目中都扮演着关键的领导角色[3]。另一个复杂因素是，许多从事商业分析的人在不同行业中，甚至有时在同一个组织中都有不同的头衔。类似地，许多组织设置了商业分析职位，但将该职位作为"泛职"来使用，要求商业分析专业人士执行该学科通用职责之外的活动，例如，执行测试活动或行政任务。

为确保成功的角色协作，必须了解从事项目组合、项目集和项目工作的关键资源之间的角色界限。研究表明，项目经理和商业分析专业人士之间实现高水平协作的组织能够更成功地交付项目[3]。这项研究鼓励建立这些角色之间协作、包容的组织文化。当一个人担负着一个以上的角色时，例如商业分析专业人士和项目经理的混合角色，这个人将承担区分不同角色和有时相互竞争的优先级、任务和方法的额外责任。

第 3 章通过观察商业分析专业人士在组织结构中的地位及展示商业分析执行人员的全面技能列表，来进一步探索角色边界。

1.1.5　商业分析标准

《商业分析标准》[4]（简称标准）是商业分析实践和 PMI 商业分析专业人士发展项目的基础参考。该标准确定了在大部分时间里被认为是大多数项目组合、项目集和项目中的商业分析的良好实践过程。该标准确定了通常与这些过程关联的输入和输出。一个或多个方法论可用于实现本标准中所描述的商业分析过程。

1.1.6　与其他 PMI 产品结合使用该标准

通过识别和讨论商业分析与项目组合、项目集和项目管理之间的一致性，《商业分析标准》补充了 PMI 的其他基础标准。其他基础标准是：

- 《项目管理知识体系指南（PMBOK®指南）第六版》[5]
- 《项目集管理标准》[6]
- 《项目组合管理标准》[7]
- 《组织级项目管理标准》[8]

《商业分析标准》和《PMI 商业分析指南》可以与《商业分析实践指南》[9]结合使用。虽然指南和标准定义了被普遍认为是良好实践的商业分析过程和概念，但《商业分析实践指南》提供了如何应用商业分析工具和技术来开发和管理需求以完成工作。例如，指南有助于确定哪些工具和技术可以用于执行每个商业分析过程，并且可以通过查阅《商业分析实践指南》获取如何使用工具或执行该技术的实例和信息。

1.1.7　常用词汇

本节描述了商业分析工作和理解商业分析学科所必需的常用词汇。

1.1.7.1　商业分析

商业分析是指应用知识、技能、工具和技术于：

- 确定问题和机会；

- 识别商业需要并提出可行的解决方案，以满足这些需要并支持战略决策；

- 启发、分析、明确、沟通和管理需求和其他产品信息；

- 定义测量和实现价值的效益和方法，并对结果进行分析。

简而言之，商业分析是为支持与商业目标一致的解决方案的交付，并为组织提供持续价值而实施的一组活动。

商业分析通过应用本指南中定义和探讨的一组过程来进行。本指南中所有过程的总和提供了商业分析的详细定义和知识。

商业分析通过项目组合、项目集和项目及持续的运营活动（例如，监督、建模和预测等）来进行，以支持解决方案开发。本指南中定义的实践活动适用于任何实施商业分析的地方。

1.1.7.2　商业分析专业人士

商业分析活动可以由任何人执行，而不考虑该人员的头衔。在本指南中，实施商业分析过程的人员被称为商业分析专业人士。该术语被广泛使用，并且代表所有跨行业或组织内负责实施商业分析活动的角色，而无论执行的工作是否支持项目组合、项目集或项目。许多项目组合、项目集和项目要求一组成员来进行商业分析，商业分析专业人士的术语也用于这些场景。

本书本部分第 3 章阐述了商业分析专业人士的角色，并介绍了经常用来识别实施商业分析活动的职位名称。

1.1.7.3　产品

产品是制造出来的、可量化的构件，本身可以是最终产物，也可以是组成部分。产品也被称为物料或物品。产品可以是有形的或无形的，例如组织结构、过程或服务。服务是为另一方履行的职责或工作。产品是为了满足商业需要，而作为解决方案的一部分被创建或更新。因此，它们提供商业价值。

1.1.7.4　产品需求

需求被定义为在产品、服务或成果中需要满足商业需要的条件或能力。本指南使用"产品需求"这一术语来描述作为商业分析工作一部分的需求类型。产品需求是本指南的主要关注点，该术语中的"需求"两字前如没有限定词则用于说明所有的产品需求类型。

产品需求代表解决方案所能满足的东西，并且满足商业、人员或人群的需要。产品需求应该独立于问题的解决方案设计。产品需求被具体说明，以澄清和沟通商业需要或所需能力。无论它们是否表示为需求说明、用例、用户故事、未完项条目或视觉模型，对产品需求的清晰理解对开发满足商业需要的解决方案来说是必不可少的。有时需求并未说明，因为相关方在使用解决方案或查看原型之前不清楚真正需要的是什么。虽然没有说明，这些需要仍然是需求。这说明了使用各种启发技术来提取足够的信息来开发解决方案的重要性，减少了相关方对未被描述的期望的可能性。

该指南使用广义上的产品需求。因此，当执行需求启发、需求规范或需求管理工作时，可以选择表明能够沟通产品需求是否代表商业需要、解决方案，或者针对特定相关方群体的产品需求的需求类型。为提供更加清晰的信息和了解相关背景，产品需求通常按类型分类。

本指南中讨论了以下产品需求类型：

- 商业需求。组织高层级的需要。例如商业问题或机会、实施项目的原因，以及商业正在寻求实现的可测量的目标陈述。商业需求用于为解决方案提供背景和方向，以便解决方案可以满足商业需要。通常，在项目组合组件、项目集或项目开始之前定义商业需求，因为它们说明了执行项目组合组件、项目集或项目的原因，或者为什么要创建或修改产品。商业需求通常用于定义项目组合组件、项目集或项目的成功标准。一个组织可以有多个商业需求，所有其他的产品需求类型，如相关方需求、解决方案需求和过渡需求通常在项目背景中定义。

- 相关方需求。相关方的需要。"相关方"指的是能影响项目组合、项目集或项目的决策、活动或结果的个人、小组或组织，以及会受或自认为会受它们的决策、活动或结果影响的个人、小组或组织。相关方包括客户、用户、监管者、供应商和合作伙伴，以及内部的商业角色。

- 解决方案需求。满足商业需求和相关方需求的产品特性、服务功能和成果特征。解决方案需求又进一步分为功能需求和非功能需求。

  - 功能需求。产品的行为。功能需求的类型包括产品应该执行的动作、过程和交互。支持功能需求所需的数据和规则通常是同时启发的。

  - 非功能需求。产品正常运行所需的环境条件或质量要求。非功能需求有时被称为产品质量要求或服务质量要求。非功能需求的类型包括可靠性、保密性、性能、安全性、服务水平和可支持性。服务质量要求与从项目管理的角度所讨论的质量要求并不相同。

- 过渡需求。从"当前状态"过渡到"将来状态"所需的临时能力（如数据转换和培训需求）和运营变更。一旦完成向"将来状态"的过渡，就不再需要过渡需求。

另两种需求是项目需求和质量需求。这些需求类型不是商业分析工作的一部分，并且不被认为是产品需求。项目需求和质量需求侧重于项目执行，是项目管理工作的一部分。因为项目需求和质量需求不在商业分析的范围内，所以这里只讨论了它们与商业分析的背景关系。

- 项目需求。项目需要满足的行动、过程或其他条件。项目需求类型包括里程碑日期、合同责任和制约因素。

- 质量需求。用于确认项目可交付成果的成功完成或其他项目需求的实现的任何条件或标准。质量要求的类型包括测试、认证和确认。

虽然项目需求和质量需求都是项目管理工作的一部分，但需要协作来定义所有类型的需求。项目管理工作包括管理所有与需求相关的可交付成果，包括确保完成产品需求定义。当定义产品需求时，需要对项目的制约因素进行说明，以确保定义的解决方案可以在项目规定的时间、资源和成本参数内交付。准确描述交付解决方案所需的工作，并确定如何在没有解决方案信息的情况下确认项目可交付成果的成功完成，是很困难的。因此，只有部分定义解决方案后，才能定义项目需求和质量需求。

商业分析的重点是通过开发非功能需求来确保产品具有足够高的质量。项目管理的重点是通过开发质量需求来确保交付解决方案的实施过程是高质量的。当解决方案符合非功能需求，交付解决方案的过程遵守质量需求时，能使解决方案满足商业需要的概率最大化。

有关项目和质量需求的更多信息，请参阅《项目管里知识体系指南（PMBOK®指南）第六版》。

图 1-1 描述了各种产品类别和项目需求间的关系，例如：

- 单一的商业需求可以由多个相关方需求和解决方案需求来支持。

- 单一的相关方需求可以由众多解决方案需求来支持。

- 解决方案需求可编写成功能需求或非功能需求。

- 因为过渡需求描述了从"当前状态"到"将来状态"的过渡，它们支持相关方需求和解决方案需求的实现。

- 项目需求支持产品需求，因为项目需求描述了交付独特的解决方案所需的工作。

- 质量需求支持项目需求，因为它们被用来确认项目可交付成果的成功完成或其他项目需求的实现。

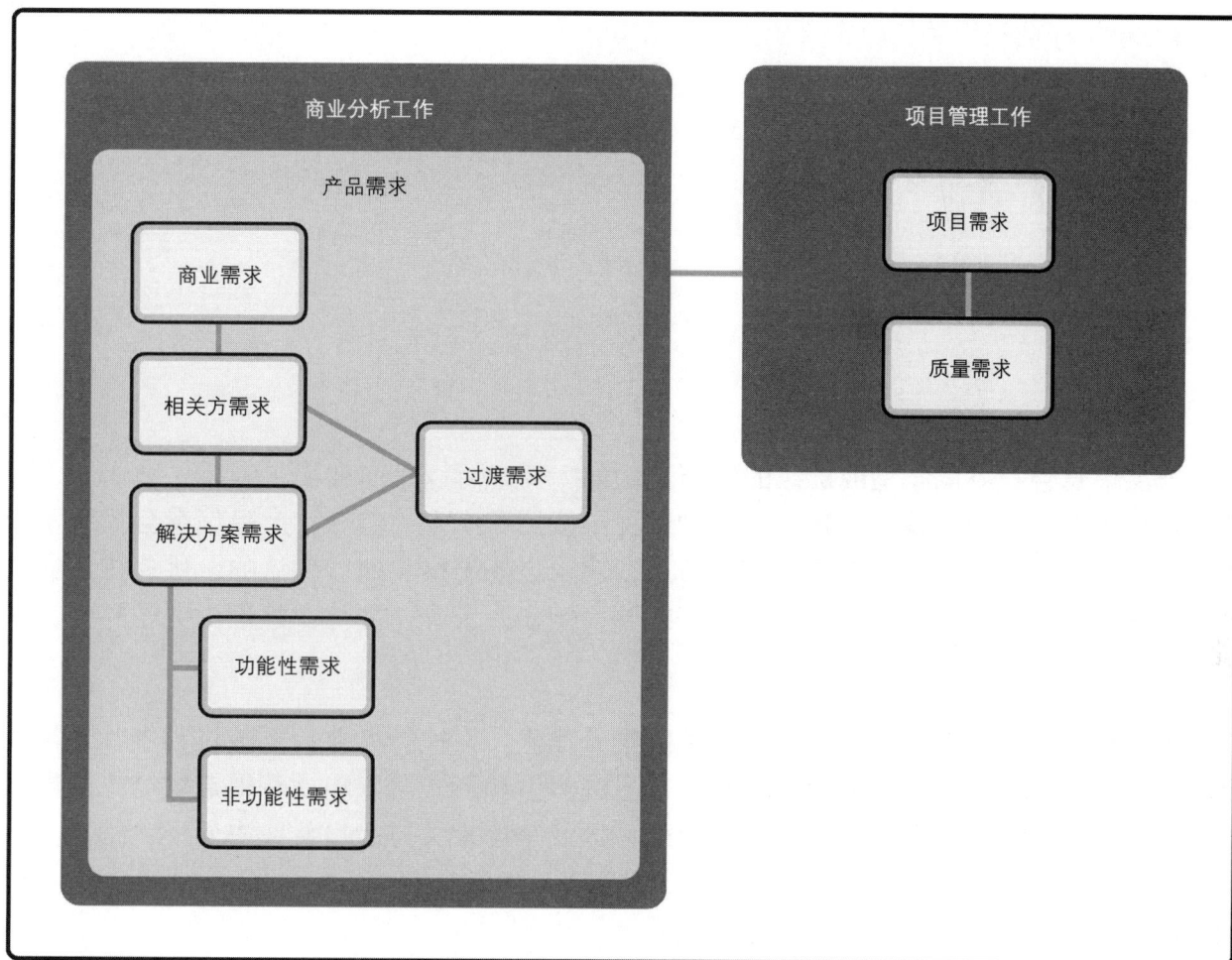

图 1-1　各种产品类别和项目需求间的关系

1.1.7.5　产品信息

　　在整个商业分析执行过程中，大量的信息被创建、收集、分析、修改、使用和共享。在指南和标准中，当产品信息在过程描述中被称为输入或输出时，其正在引用关于与过程相关的最常见的产品信息组件。因为细节通常高度依赖于团队使用的生命周期和组织特定的术语，除非可以提供更多的背景信息或意见，一般不列出特定类型的产品信息。指南引用的产品信息类型包括：

- 商业目的和目标。

- 需求。

- 分析模型。

- 未完项。

- 用户故事。

- 验收标准和相关指标定义。

- 产品范围。

- 产品风险。

- 假设。

- 制约因素。

- 依赖性。

- 问题。

产品信息包括不同类型或层级的细节。例如，需求可以是商业需求或相关方需求，问题可能是相关方问题或缺陷。随着在各种过程中使用和产生的信息，产品信息会呈现不同的状态。例如，在商业分析工作的不同节点，需求会处于核实的、确认的、优先排序的或批准的状态。产品信息可以各种形式进行存储，例如，工具、文件、笔记、电子邮件，以及可能存储在人们的头脑中。

产品信息绝不是与商业分析过程相关的唯一信息。在执行商业分析的过程中，通常使用附加信息来创建和分析产品信息。附加信息的类型和形式可以包括获得启发结果的原始素材、启发笔记、附加背景分析的电子邮件，以及来自相关方的口头或书面评论信息。

1.1.7.6　解决方案

解决方案是为满足相关方的商业需要和期望而交付的可测量的商业价值所产生的成果。它定义了具体的项目组合组件、项目集或项目要交付什么。解决方案可以是一个或多个新产品、产品组件或对产品的增强或修正。

1.1.7.7　相关方

在项目管理中，相关方是指可能影响项目的决策、活动或结果的个人、小组或组织，以及会受或自认为会受他们的决策、活动或结果影响的个人、小组或组织。在商业分析中，相关方还包括会受或自认为会受和解决方案相关的活动和决策的人。识别和分析相关方，并有效地管理他们的期望是项目管理和商业分析的关键活动。每个学科都因为不同的目的和关注点而执行这些活动。项目经理识别和分析相关方是为了在最大限度上管理好项目，而商业分析专业人士识别和分析相关方是为了最大限度地管理好商业分析活动。有关产品/项目关系的更多信息，见第 1.2.1 节。

在商业分析中，相关方识别开始于定义商业需要和情境说明的商业分析执行活动，并贯穿商业论证和章程的开发过程。相关方清单需定期修订，以保持其准确性。在整个项目中，有时会出现一些因素（例如，当产品范围变更或需求梳理时，可能发现新的相关方），导致需要对相关方做进一步的识别或分析。在日常活动中，商业分析专业人士与相关方紧密合作。因此，他们会随着新信息的获取而不断完善相关方登记册。维护相关方登记册的准确性至关重要，因为当相关方被忽视时，遗漏需求的概率就会很高。

在商业分析中，了解相关方登记册中所识别的相关方同样是重要的。当相关方的特征未知或未被了解时，商业分析专业人士可能选择无效的技术。误解相关方可能导致在整个产品生命周期中与相关方进行无效的沟通或协作。有关相关方特征的更多信息，见第 5.2 节。

相关方在商业分析工作中具有不同的角色和关系。他们的参与情况会在产品生命周期的过程中发生变化。相关方参与的范围可能从调查和焦点小组的偶尔贡献者到项目的完全发起者，包括提供财务、政治或其他类型的支持。相关方可能作为主题专家（SMEs）或产品范围、需求优先级或产品特性变更的决策者积极参与与需求相关的活动。相关方的利益会受最终解决方案的正面或负面影响。不同的相关方可能具有竞争性的需求和期望，这可能造成关于批准解决方案选项、需求或跨版本间需求分配决策的冲突。相关方也可以对商业分析过程、可交付成果和其他相关方的各个方面施加影响，以达成满足其自身需要和期望的成果。识别和管理这些关系和依赖性对确保成功的商业分析过程至关重要。第 3.3.3.1 节描述了商业分析专业人士所创建和管理的一些典型关系，包括与相关方一起管理的关系。

1.2　基本要素

1.2.1　产品和项目的关系

为保持组织的竞争力，产品往往通过项目工作不断演变。项目通过新产品、产品增强、修正过程、集成系统、重组组织、市场研究和培训人员来提供解决方案。然而，保持竞争力并不是产品演变的唯一原因——满足法规或合规需求、解决低效、增加收入、降低成本或其他原因也会导致产品演变。商业分析用于识别商业需要，然后识别和定义合适的解决方案来满足这些需要。

项目是为创造独特的产品、服务或成果而进行的临时性工作。商业分析侧重于产品，而项目管理则侧重于交付项目来创建或演变产品。这两种视角都是必不可少的，因为产品和项目的概念是紧密交织在一起的——这是不容忽视的事实。图 1-2 展示了一个产品在多个项目的过程中演变时，项目和产品间关系的一个场景。

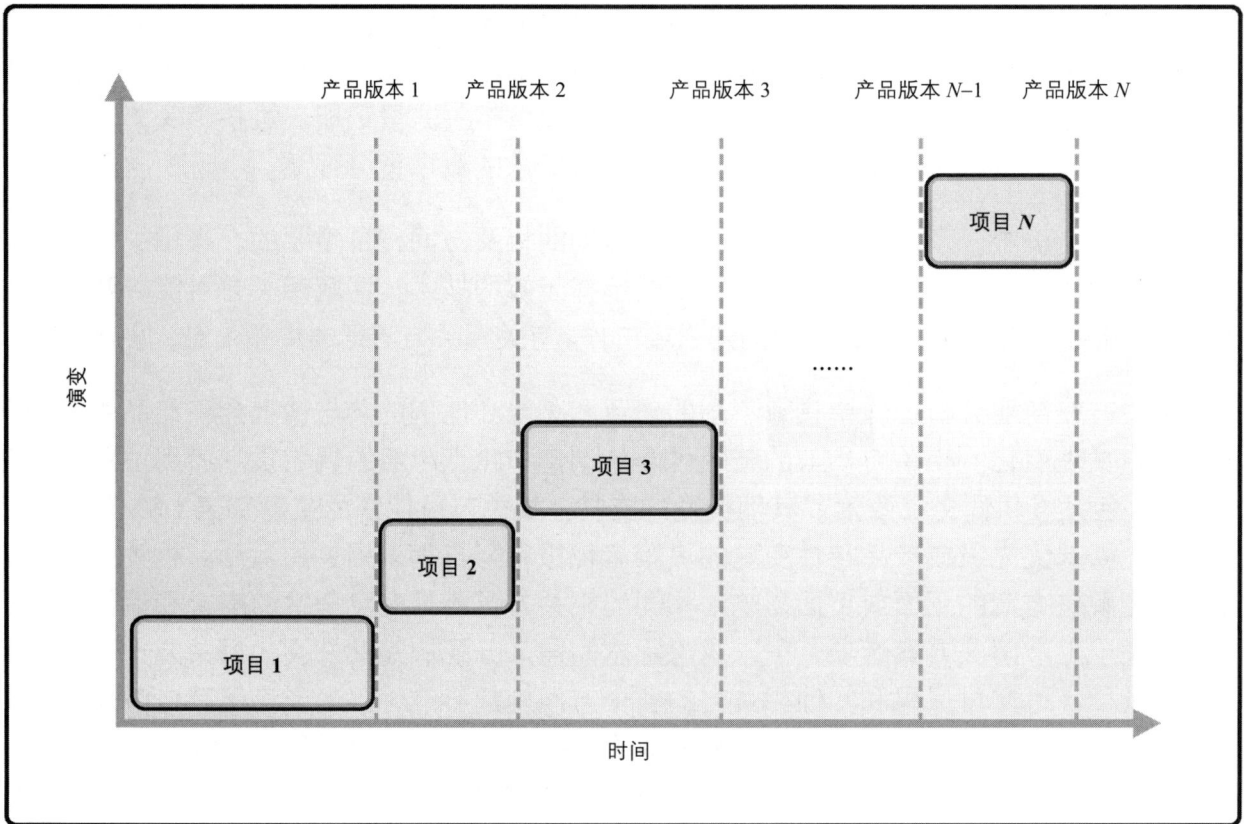

图 1-2　产品和项目的关系

1.2.2　产品生命周期和项目生命周期

产品生命周期代表一个产品从概念到交付、成长、成熟、维护和退市的演变过程的一系列阶段。产品所经历的中间阶段的数量取决于产品生命周期的长度。项目实施的目的可能是演变产品，但是这种演变不一定需要执行项目。在产品生命周期中，可能需要多个项目来演变产品。在某些情况下，产品可能在同一阶段进行演变。

产品生命周期可能由多个项目生命周期组成。在产品生命周期中实施的需要评估为新项目的投资提供了战略匹配和依据。项目完成后，在产品生命周期内对产品进行评估，以确定是否需要新项目来开发产品。商业分析侧重于整个产品生命周期，包括许多提高产品的项目。

项目生命周期是项目从其开始到结束的一系列阶段。阶段可以是顺序的，也可以是重叠的。项目阶段的名称、数量和持续时间受许多因素的影响，这些影响包括项目中所涉及的组织管理和控制需求、项目本身的性质、其应用领域及产品信息的复杂性或变动性。与特性和能力开发相关的一个或多个阶段可以由单一的迭代组成，也可以由多次迭代组成。迭代通常是有时间限制的，具有明确的起点和终点或控制点。在控制点上，需要基于当前的环境重新审视项目章程、商业论证和其他项目基准。项目风险敞口和项目执行评估与绩效测量基准的对比，用于确定项目是否按计划进行变更、终止或继续。

项目生命周期受许多内部和外部因素的影响，包括但不限于组织、行业或所使用技术的独特方面。虽然每个项目都有明确的起点和终点，但具体的交付和工作因项目而异。生命周期提供了管理项目的基本框架，而不涉及具体的工作。

图 1-3 展现了产品和项目生命周期的关系，说明了产品生命周期是由一个或多个项目生命周期组成的。虽然该图不是用于对生命周期阶段进行建模的，但要记住，每个项目生命周期可能包含与产品生命周期的部分（例如，产品开发、产品维护和最终产品退市）相关的活动。

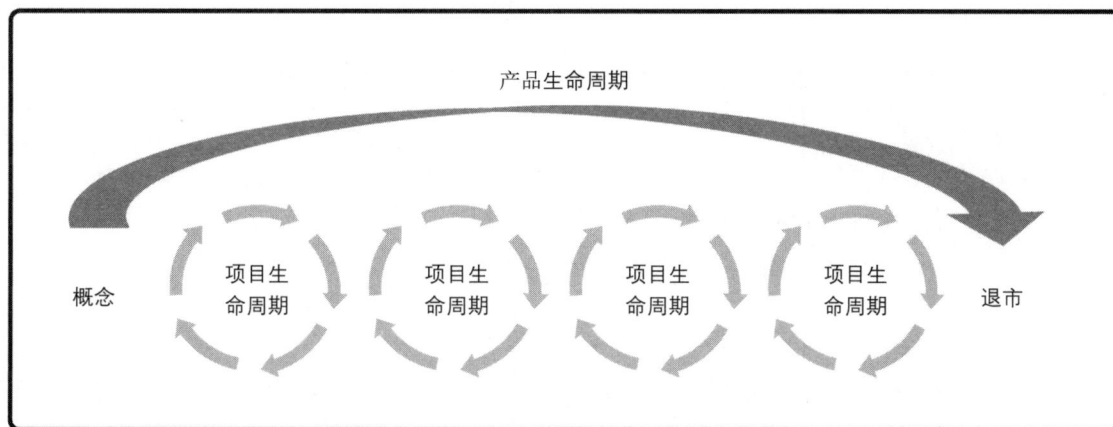

图 1-3　产品和项目生命周期的关系

项目生命周期可以是连续的，即从预测型生命周期到适应型生命周期。在预测型生命周期中，项目的可交付成果在项目开始时就被定义，并且对范围的任何变更都将被管理。在适应型生命周期（如敏捷方法）中，可交付成果是在多次迭代中被开发出来的，其中在每个迭代开始时定义和批准了一个详细的范围。

1.2.3　商业分析如何支持项目组合、项目集和项目管理

项目组合管理是为了实现战略目标而对项目、项目集、子项目组合和运营的一个或多个群组进行的集中管理。项目集侧重于实现一组由组织的战略和目标确定的特定预期效益，而项目主要关注的是创建支持特定组织目标的可交付成果。项目可能是项目集的一部分，也可能不是项目集的一部分。商业分析支持项目组合、项目集和项目管理。商业分析能力提升了更高层次的战略和项目集成果之间的一致性，并给项目组合、项目集和项目管理的实践和过程赋能。

商业分析始于情境的定义和对组织期望解决的问题或机会的完整理解；这项工作被认

为是项目前期。项目前期活动的成果提供了理解价值的信息，而这些价值是给定项目提供给项目组合和项目集的。当组织缺乏项目组合和项目集管理实践时，问题或机会的定义需要在项目开始时进行。商业分析活动通过帮助项目集和项目与组织战略的匹配来支持项目组合管理。在项目组合、项目集和项目管理中，商业分析还涉及定义产品范围、需求、模型和其他产品信息所必需的启发和分析活动，以建立对解决方案的共同理解，并和负责开发最终产品的人明确沟通产品特性。

商业分析过程作为定义和匹配过程组的一部分而实施，并生成分析结果和项目组合管理所应用的其他输出。在定义和匹配过程组之外执行的所有其他商业分析活动都有助于定义解决方案，并支持项目集和项目管理工作。有关商业分析过程组的定义，见第 1.3.2 节。

表 1-1 提供了商业分析与项目、项目集和项目组合管理的对比。

表 1-1　商业分析与项目、项目集和项目组合管理的对比

	商业分析	项目管理	项目集管理	项目组合管理
定义	为支持商业目标提供解决方案并为组织提供持续价值的一组活动	将知识、技能、工具和技术应用于项目活动以满足项目要求	将知识、技能和原则应用于项目集以实现项目集目标，以便获得分别管理所无法获得的效益	集中管理一个或多个项目组合以实现战略目标
关注	**解决方案**：提供可测量的商业价值，以满足商业需要和相关方期望的可交付成果（例如，新产品和增强产品）	**项目**：为创造独特的产品、服务或成果而进行的临时工作	**项目集**：一组相互关联且被协调管理的项目、子项目和项目集活动，以便获得分别管理所无法获得的效益	**项目组合**：为实现战略目标而组合在一起管理的项目、项目集、子项目组合和运营工作的集合
范围定义	**产品范围**：描述解决方案的特征和功能	**项目范围**：交付指定特性和功能的产品、服务或成果的工作	**项目集范围**：包含项目集组件的范围和它们之间的相互作用和协同作用	**项目组合范围**：随着组织战略目标变化而变化的组织范围
角色	识别商业需求的人员，通过产品需求的定义来推荐和描述解决方案	管理项目团队以达到项目目标的人	通过协调项目集的组件，确保项目集效益能按预期交付	协调项目组合管理人员或项目集和项目员工的人，他们可能将责任报告到集成项目组合中
成功	通过解决方案提供给组织的预期效益、客户满意度和商业目标的达成来测量解决方案的能力	通过是否遵循产品和项目的质量、时间表、预算及客户满意度来进行测量	通过项目集向组织交付预期效益的能力及项目集交付所述效益的效率和效果进行衡量	通过项目组合的集成投资绩效和效益实现进行测量

1.2.4　商业价值

组织采用项目组合、项目集和项目管理来提高交付效益的能力。商业价值可定义为源于商业经营的可计算净效益。效益可以是有形的、无形的，或者两者兼而有之。在商业分析中，商业价值是要考虑回报的，并且以时间、金钱、货物或无形资产的形式做交换。例如，有形效益可能包括货币资产、设施、固定设备、权益和效用，无形效益可能包括商誉、品牌知名度、公益、商标、合规性和能力。商业价值也可以通过有效管理持续的、稳定的运营来创造。然而，有效利用项目组合、项目集和项目管理能使组织采用可靠的、已确定的过程来有效执行新的商业战略，从而产生符合使命和愿景的新商业价值。

项目组合管理确保组织的项目集、项目和/或运营与战略一致。它允许组织定义他们将如何通过项目集和项目来实现其战略目标，以及人员、财务或物料资源如何支持这些项目集和项目。这样，项目组合管理就能优化商业价值的实现。

项目集管理能使组织通过对项目、项目集和其他与项目相关工作的协调执行来有效地贯彻其战略目标。项目集管理力求优化相关组件项目和项目集的管理，以促进商业价值的产生。

项目管理能使组织通过应用知识、过程、技能、工具和技术来提高项目产出和成果的交付，从而有效产生为实现其战略目标所需的产出和成果。当项目交付新的产品、服务和成果时，项目管理通过提高组织的效率来优化商业价值的交付。

商业分析被用来研究并启发足够的信息来支持商业决策，以确定是否有价值及何时执行组织变革以满足商业需要。如果可行，则启动项目或项目集来推动这样的变革。因此，商业分析通过提供在项目组合、项目集和项目上做出更加明智的投资决策所需的信息来优化商业价值的交付。在第 7.4 节和第 9.3 节中会进一步讨论这些过程，其中定义了商业价值并考虑了测量成果。

在制定组织变革的决策后，商业分析还支持为明确开发团队使用的产品信息集合来设计、构建和交付解决方案所必需的启发活动。

为了确保成功的机会最大，可以使用评估结果来定期评估商业分析的绩效，以识别和抓住机会来改进商业分析实践。与任何评估一样，需要预先确定一致的测量指标。在项目期间和项目完成后评估商业分析绩效的细节见第 5.7 节。

1.2.4.1　决定商业价值

项目效益被定义为行动、行为或解决方案的成果，它为发起组织及项目的预期受益者提供价值。然而，有时很难衡量项目是否已经交付了商业价值，因为商业价值对不同的相关方群体意味着不同的东西。例如，如果推出新产品的项目没有达成销售目标，但是那些购买该产品的人对它非常满意，并且表示他们将重复购买产品，那么对于这个项目是否提供了商业价值，基于你询问的人员，你可能获得不同的回答。

一些组织可能根据客户价值而不是商业价值来定义和区分优先级。理想情况下，客户价值和商业价值是一致的，这样对客户有价值的项目也对商业有价值。然而，情况并非总是如此。即使一个对商业有价值的变更可能对客户没有价值，但该商业行为也可能被选择继续执行。同样，对客户有价值的可能对商业没有价值。出于这个原因，仅仅专注于客户价值是有风险的，因为商业可能没有获得效益来证明所提出的变更是合理的。商业分析被用来理解和区分不同相关方对价值的定义。这一节的其余部分引用了商业价值，但关于定义和测量商业价值的概念同样适用于客户价值。

定义商业价值的一个挑战往往是在项目开始之前需要阐明预期的商业价值，因此项目团队需要知道努力的方向，这就回答了一个问题："我们为什么要做这个项目？"项目效益是以商业目标的形式定义的，商业目标是商业需求和所有其他类别产品需求的基础。商业分析被用来定义可测量的、合理的商业目标。例如，一个项目可能贡献的商业目标是在下一个自然年内增加 100 万美元的收入。

另一个挑战是以可测量的形式阐明商业价值或找到商业价值的间接证据。在前一个实例中，商业目标是衡量收入的增长，一些组织可能发现设定目标收入、形成收入基准，甚至测量收入增长都是很难的。组织对于承诺实现的目标效益有时也显得犹豫。假设客户满意度和收入增长之间存在相关性，那么客户满意度的测量指标可以被用来作为收入增长的代表证据或间接证据。客户满意度的提升也是不容易测量的，但客户满意度调查可以是量化客户满意度的一种手段。如果商业目标是提高客户满意度三个百分点，那么客户满意度调查可以回答商业价值是否已经实现。

1.2.4.2　测量商业价值

测量商业价值的复杂之处在于通常在完成项目后才能实现效益。例如，当测量收入增长时，通常要在部署解决方案一年后才能测量目标收入。客户满意度的测量是一个很好的先行指标，能显示收入增长是否一切正常，以及是否可能很快实现。通过在项目开始前确定商业目标及其如何测量的方式，项目团队能够基于商业目标构建需求，并将测量商业价值的过程纳入项目中，从而确保指标在项目实施后是可以获得的，以及测量数据是可以收集到的。如果已知商业价值将通过客户满意度的调查分数来测量，则应该进行基准调查来确定满意度是否提升。为了从经验中学习，可以预留资源来测量在项目实施后是否实现了商业价值，也可以引入新项目以支持产品路线图的开发。

1.2.4.3 测量项目成功

项目的成功应该取决于项目是否交付了预期的商业价值。*PMI's Pulse of the Profession In-Depth Report: The High Cost of Low Performance* [2]中写到，组织一直在努力交付满足最初目标和商业意图的项目。2016 年，只有 62%的被调查组织说他们达成了他们的目标。而在 2017 年，这个指标上升到了 69%[2]。

当决定如何测量项目组合、项目集和项目成功时，可以分析和记录的信息类型包括：

- 商业目标。可测量的目标，包括测量的时间点。

- 战略一致性。商业目标与组织整体战略的一致性。

- 效益所有者。在整个计划中，对已实现效益进行监督、记录和报告的负责人。

- 测量计划。描述测量什么、如何测量，以及何时测量商业目标是否达成的计划。

- 风险。影响商业目标实现的不确定事件或条件。

- 假设条件。在定义商业目标及如何实现这些目标时所做出的假设。

1.3　指南的组成部分

1.3.1　商业分析过程

商业分析过程描述了执行商业分析所进行的活动。通过使用适当的商业分析工具和技术，每个商业分析过程均从一个或多个输入产生一个或多个输出。过程被定义为产生最终结果的一系列系统性活动，执行一个或多个输入以创建一个或多个输出。

输入被定义为在该过程进行前的过程所需的任何项。根据产品生命周期内的时间点，输入清单可能改变。因此，在本指南中列出的过程代表了不考虑时间所应用的输入。在实践中，如果有更好的输入可用，那么可以定制过程来使用它们。需要注意的是，组织过程资产、事业环境因素、专家判断和商业分析计划通常都被用作所有商业分析过程的输入，因此，本指南中不会重复讨论每个过程中的这些输入。

输出被定义为过程生成的产品、成果或服务。一个过程的输出通常导致：

- 另一个过程的输入。

- 商业分析的可交付成果。

- 过程的产出、最终成果或结果。

商业分析是通过对逻辑分组的商业分析过程的适当应用和整合来实现的，这些商业分析过程由其产生的输出连接起来。商业分析过程可以在全球范围的跨产业群中应用。过程可以被并行使用，包含重叠的活动，并且在产品生命周期中多次出现。虽然并不是所有的商业分析过程都需要，但在不同情况下，每个过程都有推荐的不同细节水平。有关商业分析过程裁剪的更多信息，见第 1.3.4 节。

1.3.2　商业分析过程组

商业分析过程组是商业分析过程的逻辑分组。《商业分析标准》定义了六个商业分析过程组。每个过程组独立于其使用的应用领域或行业。过程组不是项目生命周期阶段；没有规定的顺序和时序。当过程组的一个或多个过程在整个项目生命周期中不断重复使用时，过程组也会被不断回顾。执行过程组就是这样一个例子。启发过程一直持续，并在适应型生命周期中的每次迭代中执行。

六个商业分析过程组的定义如下：

- **定义和匹配过程组**。调查和评估发起一个新产品或变更或退市一个既有产品的可行性，以及定义范围并将产品、项目组合、项目集和项目与整体组织战略相匹配所实施的过程。

- **启动过程组**。定义项目组合、项目集或项目的目标，并且将资源应用于项目组合组件、项目集、项目或项目阶段所实施的过程。

- **规划过程组**。确定执行商业分析活动的最佳方法所实施的过程，包括如何适应所选择的项目生命周期，并且分析将交互并影响解决方案的整体定义的内部和外部相关方。

- **执行过程组**。为启发、分析、建模、定义、核实、确认、排序和批准从未完项、用户故事、需求到制约因素的所有类型的产品信息所实施的过程。

- **监控过程组**。持续进行的过程，用来评估项目组合、项目集或项目中所建议的产品变更的影响，以评估商业分析绩效，并且促进与相关方的持续沟通和参与。

- **发布过程组**。确定是否应发布所有或部分解决方案，并且获得将所有或部分解决方案准备好过渡给继续对解决方案负责的运营团队验收的过程。

图 1-4 描述了产品和项目生命周期内的六个商业分析过程组。该图表明，商业分析过程组内的过程可以通过支持项目集或项目组合管理中的活动而在项目背景中或背景外执行。图 1-4 的左侧显示了在项目启动前应用的但仍在产品生命周期内的商业分析过程组。图 1-4 的中间部分显示了在项目的一次或多次迭代期间应用的商业分析过程组。图 1-4 的右侧显示了项目完成后应用的但仍在产品生命周期内的商业分析过程组。

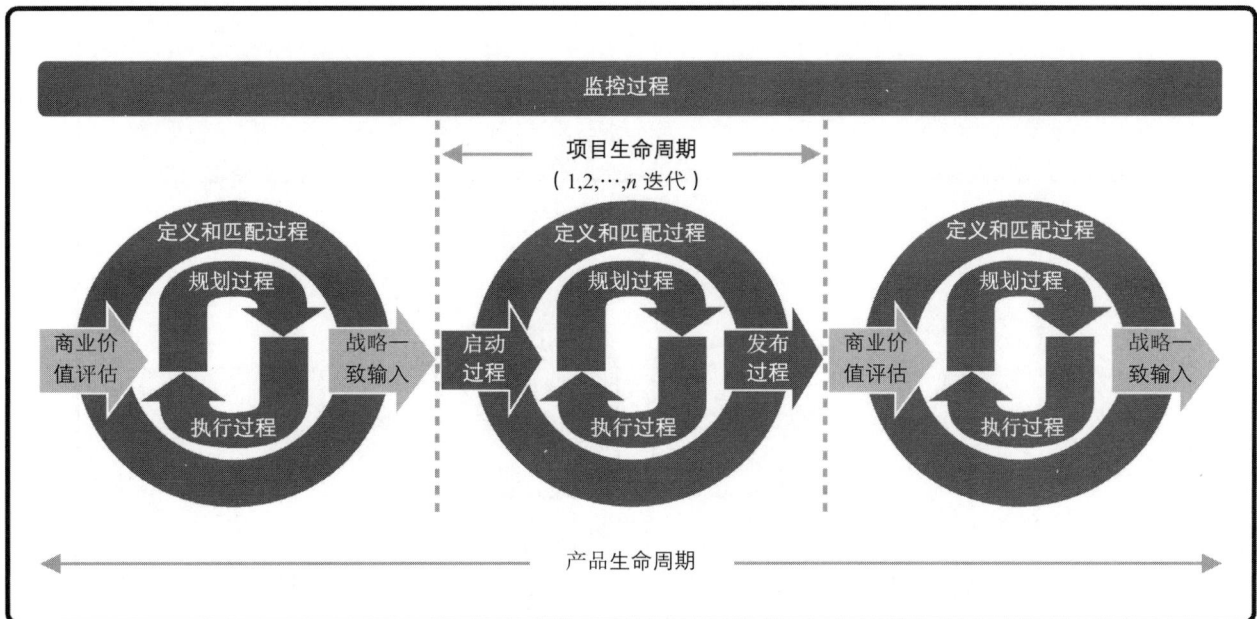

图 1-4　产品和项目生命周期内的商业分析过程组

1.3.3　商业分析知识领域

知识领域是在执行商业分析时通常采用的专业领域。知识领域是与特定功能相关联的一组过程。在本指南中，所呈现的知识领域包含组成商业分析工作的一组过程。这些过程之间虽然有相关性，但是没有次序或顺序。本指南包含以下商业分析知识领域：

- **需要评估**。分析当前的商业问题或机会，了解什么是实现未来期望状态所必需的。

- **相关方参与**。识别和分析那些和解决方案的结果有利益相关的人，以确定如何与他们协作和沟通。

- **启发**。规划和准备启发、实施启发、确认启发结果，以从来源处获取信息。

- **分析**。检查、分解、综合和澄清信息，以进一步理解、完成并改进它。

- **跟踪与监督**。跟踪、批准和评估产品信息的变更，以在整个商业分析工作中对其进行管理。

- **解决方案评价**。确认将被执行，或者已经被实施的完整解决方案或部分解决方案，以确定解决方案如何满足商业需要并向组织交付价值。

图 1-5 说明了 6 个商业分析知识领域间的关系。例如：

- "相关方参与知识领域"的过程贯穿于所有商业分析工作，并且与其他商业分析知识领域进行交互。

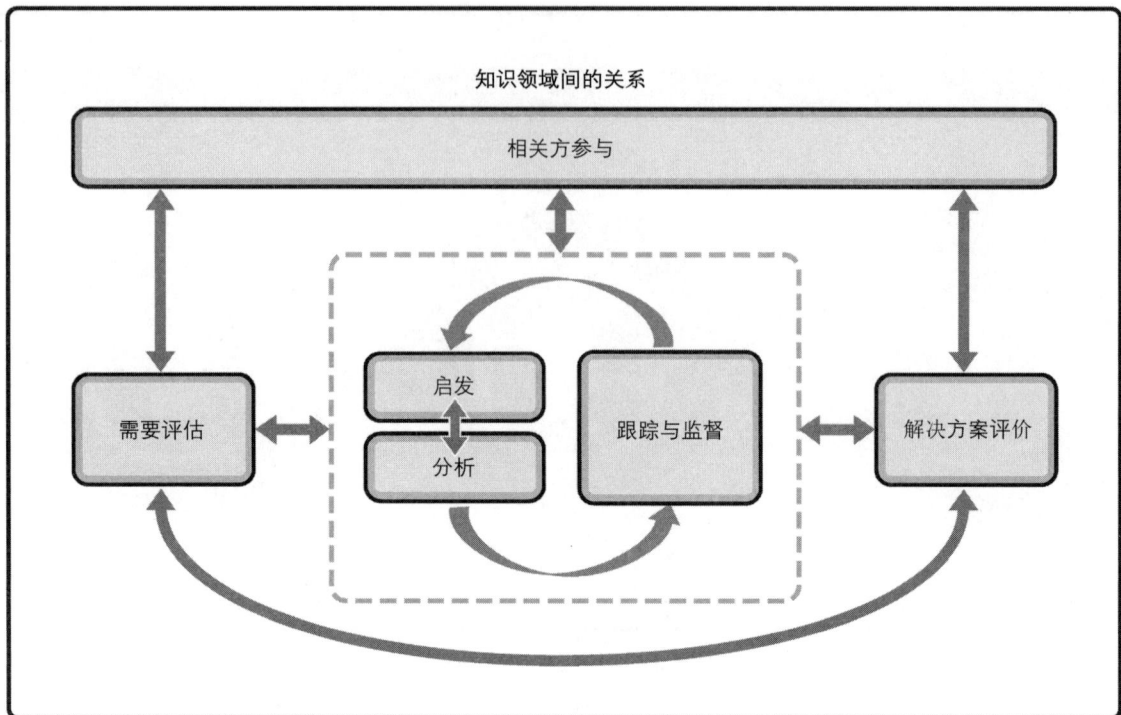

图 1-5　知识领域间的关系

- 应用"需要评估知识领域"的过程所获得的结果是应用"启发、分析、跟踪与监督知识领域"的过程进行工作的基础。

- "启发、分析、跟踪与监督知识领域"的过程往往是同步应用的。

- 将"启发、分析、跟踪与监督知识领域"的过程产生的成果与"解决方案评价知识领域"的过程一起进行分析，这反过来又可能触发"需要评估知识领域"中过程的额外应用。

《商业分析标准》将商业分析工作看成是一组过程，并且将这些过程与六个商业分析过程组和六个知识领域相关联。在《商业分析标准》中，过程组有助于理解如何执行商业分析过程。在本指南中，用知识领域对相关过程进行分组，以展示工作是如何关联或逻辑相关的，以共同实现知识领域的目标。

表 1-2 描述了 6 个商业分析过程组和 6 个商业分析知识领域中的 35 个商业分析过程。表中描述的商业分析过程与所有项目相关，而与项目所遵循的生命周期无关。在本指南中，根据过程在每个知识领域中出现的顺序对其进行编号和呈现。在标准中，过程的顺序和位置是不同的，因为每个过程是根据其在每个过程组中出现的顺序来呈现的。

表 1-2 提供了定位指南和标准中每个过程的引用编号。在过程名称之前出现的引用编号用来标识过程在指南中的位置，括号中的引用编号表示过程在标准中的位置。

表 1-2　商业分析过程组与知识领域的映射关系

知识领域	商业分析过程组					
	定义和匹配过程组（2）	启动过程组（3）	规划过程组（4）	执行过程组（5）	监控过程组（6）	发布过程组（7）
4. 需要评估	4.1 识别问题或机会（2.1） 4.2 评估当前状态（2.2） 4.3 确定将来状态（2.3） 4.4 确定可行选项和提供建议（2.4） 4.5 引导产品路线图开发（2.5） 4.6 组合商业论证（2.6）	4.7 支持章程开发（3.1）				
5. 相关方参与	5.1 识别相关方（2.7）		5.2 实施相关方分析（4.1） 5.3 确定相关方参与和沟通方法（4.2） 5.4 实施商业分析规划（4.3）	5.5 准备过渡到将来状态（5.1）	5.6 管理相关方参与和沟通（6.1） 5.7 评估商业分析绩效（6.2）	
6. 启发			6.1 确定启发方法（4.4）	6.2 启发准备（5.2） 6.3 实施启发（5.3） 6.4 确认启发结果（5.4）		
7. 分析			7.1 确定分析方法（4.5）	7.2 创建和分析模型（5.5） 7.3 定义和明细需求（5.6） 7.4 定义验收标准（5.7） 7.5 核实需求（5.8） 7.6 确认需求（5.9） 7.7 排序需求和其他产品信息（5.10）		

知识领域	商业分析过程组					
	定义和匹配过程组（2）	启动过程组（3）	规划过程组（4）	执行过程组（5）	监控过程组（6）	发布过程组（7）
7. 分析				7.8 识别和分析产品风险（5.11） 7.9 评估产品设计选项（5.12）		
8. 跟踪与监督			8.1 确定跟踪和监督方法（4.6）	8.2 确立关系和依赖性（5.13） 8.3 选择和批准需求（5.14）	8.4 管理需求和其他产品信息的变更（6.3）	
9. 解决方案评价	9.1 评价解决方案绩效（2.8）		9.2 确定解决方案评价方法（4.7）	9.3 评价验收结果并解决缺陷（5.15）		9.4 获得解决方案发布的验证（7.1）

商业分析过程显示，大部分活动都发生在过程组中。当在规划过程组中执行一个过程并将其输出作为执行过程组中工作的一部分进行更新时，该过程不会在执行过程组中再次出现，而是再次执行该过程。商业分析的迭代性质意味着来自任何组的过程可以任何顺序贯穿整个产品生命周期。例如，当执行监控过程组的管理相关方参与时，在与相关方工作一段时间并获得经验后，需要调整以找到争取相关方的最佳方式，从而需要重新回顾"确定相关方参与和沟通方法"的过程。

1.3.4 商业分析裁剪

商业分析包括选择适当的商业分析过程、工具、技术、输入和输出，以用于特定的项目组合、项目集或项目。商业分析专业人士与项目经理、发起人、职能经理、其他商业分析专业人士或他们的某种组合协作来执行此选择活动。该选择活动被称为商业分析裁剪。

裁剪是必要的，因为每个组织、项目组合、项目集和项目都是独一无二的。因此，并非每个商业分析工作都需要本指南中的每个过程、工具或技术。每个过程中所列的输入和输出的格式也可以定制。例如，"定义和明细需求"的输出（第 7.3 节）是需求和其他产品信息。需求和其他产品信息可以需求文件、用户故事集或被认为适合于该情境的其他形式呈现。输入本身也可以被定制，因为每个过程所需的输入是执行该过程的最小需求；然而，如果还有其他有用的输入，则应该使用它们。例如，当对产品信息进行优先级排序时，产品路线图可能是有益的。但产品路线图不被列为输入，因为它在对产品信息进行优先级排序时可能并不总是可用的。

本指南为裁剪提供了建议性的参考，因为它识别了定义商业分析的知识体系，这通常被认为是良好的实践。良好的实践并不意味着所描述的知识应该始终适用于所有的项目组合、项目集或项目。可定制的商业分析有不同方面，这包括：

- 可选择使用的商业分析方法论和技术。

- 产品信息的细节层次。

- 商业分析的可交付成果。

在第 1.3.4.1 节中介绍了商业分析方法和实践的裁剪。在第 1.3.4.3 节中介绍了产品信息细节层次的定制。在第 1.3.4.4 节中介绍了商业分析可交付成果的裁剪。关于裁剪每个过程的更多细节将在整个指南的过程描述中介绍。

影响商业分析裁剪的因素有很多。当决定如何裁剪商业分析时，团队应该考虑表 1-3 所示的因素。表 1-3 分别给出了这些因素，但这些因素的累积效应可能对裁剪产生不同的影响。例如，一个经验丰富的相关方在高度监管的环境中工作时可能需要更详细的产品信息，除非环境不受监管。

表 1-3　影响商业分析裁剪的因素

裁剪考虑因素	影响裁剪的因素
选择的项目生命周期	适应型和预测型的项目生命周期几乎总是需要不同的商业分析方法、不同的产品信息和不同的可交付成果。关于基于项目生命周期的商业分析裁剪的更多细节，见第 1.3.4.5 节
相关方知识和经验	已经共同合作了一段时间的经验丰富和知识渊博的相关方或团队，所需产品信息的细节层次可能更低
项目参与者的工作地点	分布式项目参与者可能需要更详细的产品信息和额外的可交付成果，来确保非面对面的沟通
团队的商业分析经验	有经验的商业分析专业人士可能比没有经验的团队需要商业分析实践的细节层次更低。不熟悉商业分析实践的团队可能需要执行正式的商业分析实践来帮助团队更加成熟
组织成熟度	初创组织可能不需要或不具有正式的商业分析实践或可交付成果，而成名的组织可能有现存的和可重复的商业分析实践
公司文化	没有公司文化的变革，某些商业分析实践的变革就很难或不可能实现。虽然商业分析过程的改进可能是合理的，但没有思维方式的改变就可能无法成功。商业分析需要在"需要的""可能的""会被接受的"之间进行平衡
项目或项目组件的重要性或价值	最高价值的项目或项目组件可能需要更严格的商业分析实践、详细的产品信息和其他正式的可交付成果
相关方风险偏好和项目、产品或组件的风险	更高的风险级别可能需要更严格的商业分析方法、详细的产品信息和对于风险最大组件的附加可交付成果。一些风险偏好更低的相关方可能需要记录和批准的所有细节

裁剪考虑因素	影响裁剪的因素
团队稳定性	不管项目的生命周期如何，当员工变动是一个问题时，可能需要更详细的产品信息和额外的可交付成果来降低风险
项目规模和复杂度	更大或更复杂的项目可能需要更严格的商业分析方法、详细的产品信息和其他中间的可交付成果来保证充分的沟通
治理标准和监管的制约因素	监管的制约因素可能需要更正式的方法、详细的产品信息和额外的可交付成果来满足合规需求
外包或供应商参与	处理产品开发的外包可能需要更正式的商业分析实践和交接、更详细的项目信息和其他交接的可交付成果

1.3.4.1　商业分析方法论和裁剪实践

在一些组织中，商业分析专业人士将商业分析方法或商业分析实践应用到他们的工作中，这是整个项目管理或产品开发方法论的一部分，或者需要与其保持一致。方法论是在学科中工作所应用的由实践、技术、工具、程序和规则所组成的体系。实践没有方法论正式，不是我们工作中所必需遵守的，通常基于偏好的或推荐的惯例或方法。本指南并不是方法论，因为尽管它提供了实践、工具和技术，但它并没有规定应用这些要素的顺序、程序和规则。单个商业分析方法可以从《商业分析标准》中导出。具体的有关方法论的建议不在本指南的范围之内。

某些实践、技术和工具可以用在一种方法论中，而不适用于另一种。应用的顺序也可能因方法论的不同而不同。商业分析方法和实践可能是：

- 由组织内的专家开发。
- 由组织外的专家开发。
- 由供应商定义。
- 通过工具规定。
- 从专业协会获得。
- 从政府机构获取。
- 这些项目的任何组合。

综上所述，商业分析专业人士需要调整本指南的要素以适应组织的整体方法论，以及任何能提高价值的现有项目或商业分析实践。

1.3.4.2　商业分析技术裁剪

技术描述了执行特定商业分析过程或任务的不同方式，有数以百计的技术被运用。某些技术在执行商业分析时被特别使用，而其他技术则较为常见，并且被许多学科使用。本标准和指南描述了针对所有项目生命周期的商业分析活动，因此无论选择何种交付方式，这些技术都是通用的。虽然某些技术在一个生命周期中可能比在另一个生命周期中更有帮助，但大多数商业分析技术都是有益的，而无论它们所选择的生命周期或所在的行业是什么。

本指南中讨论的技术是基于通用原则而选择的，而不是所有可用选项的详尽收集。在每个商业分析过程中，会列出小部分技术实例作为指导，以突出商业分析专业人士在执行该过程时可能应用的技术。这个列表是基于通用原则的，而不是穷尽的。那些进行商业分析的人总是被鼓励去学习新技术或适应新技术，因此，一个从业者所能使用的技术总是在不断变化和发展的。

1.3.4.3　产品信息裁剪

如第 1.1.7.5 节所述。产品信息包括在商业分析中创建、收集、分析、修改、使用和分享的任何信息。在商业分析中，通常基于相关方需要、项目背景，以及使用中的产品和项目生命周期来应用产品信息。有关项目生命周期对产品信息影响的更多信息，见第 1.3.4.5 节。

一般来说，大多数相关方都希望参与或了解范围内的所有产品信息。然而，探讨和记录的产品信息的细节层次可以根据相关方的特征而变化。当定义产品信息时，有些相关方（如在项目领域内的专家，彼此相距很近或经常频繁地沟通）可能需要较少的细节。而对于那些不熟悉项目领域、物理位置距离很远或讲不同语言的相关方，在定义产品信息时可能需要更多的细节。

项目背景会随着产品信息定义的深度而变化。例如，对于高风险或高价值的项目，需要做出额外的努力来定义高度详细的产品信息。被监管或要求遵守政府规定的产品需要详细的产品信息。类似地，高风险的项目组件可能比低风险的项目组件需要更为详细的产品信息。当需求被其他项目重复使用、用于创建培训材料，或者用于引导测试用例的生成时，创建更详细的需求可能是有价值的。对于小型和简单的项目或小团队，产品信息中的较少细节可能是足够的。预期人员或团队有高流动性则应当创建详细的产品信息。

1.3.4.4　商业分析可交付成果裁剪

商业分析过程产生可裁剪的可交付成果。可交付成果和描述可交付成果形式的正式程度会因所选择的项目生命周期和其他项目特性而变化。商业分析计划包括识别预期产生的可交付成果的类型，并且考虑维护、存储和访问需求。

当裁剪可交付成果时，商业分析专业人士需要考虑哪些相关方会使用它们；相关方需要看到什么产品信息；相关方对主题的理解程度；相关方最容易使用的格式。目标是产生对相关方最好的可交付成果。

可交付成果可能采取文件的形式，或者它们可能存在于如需求管理工具、建模工具或敏捷工具中。表 1-4 描述了典型的商业分析可交付成果及其最常见的形式。

表 1-4　可交付成果、通用格式和正式程度范围

	描　述	通用格式	低正式度	高正式度
商业分析计划	关于商业分析方法的细节，包括要完成的任务、产生的可交付成果和执行任务的角色	项目进度文件、项目规划工具、文字处理文件或电子表格	商业分析方法和资源需求的非正式想法	作为工作分解结构的一部分的任务、角色和估算的正式定义
需求规格	需求和其他产品信息的书面描述	需求管理工具中的文字处理文件、电子表格、提示卡片、条目，或者出自工具的导出或报告	贴在墙上的提示卡片	文件和工具
商业论证	记录的经济可行性研究，是定义项目工作价值的基础	物理文件或演示文稿	价值与成本的定性定义	以价值和成本的详细估算来描述的深入分析
启发笔记	执行启发的记录输出	记录的笔记、电子邮件或录音	直接从启发活动导出的非正式粗略笔记	整理和组织好的笔记
模型	信息的可视化呈现	单个模型图、非正式草图，或者在需求管理工具或建模工具中的图	纸上、白板上或艺术画上的草图	建模工具中的正式图表
跟踪矩阵	链接产品需求和其他产品信息或可交付成果的表格	电子表格或需求管理工具	带手动链接的电子表格	需求管理工具中的链接
过渡材料	有助于从当前状态过渡到将来状态的信息	文字处理文件、演示文稿或电子表格	讨论笔记和书面计划	详细说明任务、数据、资源，标准操作程序和工作指令的正式计划

1.3.4.5　商业分析适应项目生命周期

虽然许多因素影响商业分析的裁剪，但裁剪商业分析的主要原因是使商业分析实践能够在特定的项目生命周期内工作。项目生命周期指的是项目从开始到结束的阶段。项目生命周期可以是从适应型生命周期（如敏捷方法）到预测型生命周期（如瀑布方法）的连续体。商业分析方法或方法论需要适合所遵循的项目生命周期。本节指出了使商业分析实践、工具、技术、程序和规则适应所用的适应型或预测型方法的范围。

在标准和指南的范围内，所有过程都适用于任何项目的生命周期，然而，它们执行的时点和程度可以根据项目的生命周期而变化。例如，在瀑布方法中，启发过程主要在项目的早期阶段执行。这并不意味着启发活动在以后的阶段不会发生，只是在后期阶段发生得更少。在敏捷方法中，启发活动在整个项目的每次迭代中反复进行。

项目生命周期决定了哪些产品信息是适用的，或者产品信息至少是如何命名的。例如，预测型生命周期往往称产品信息为需求，而适应型生命周期则将相同的产品信息称为用户故事和验收标准。然而，所有的项目生命周期都有可能启发商业目标并创建模型。出于这个原因，在生命周期或具体过程中讨论商业分析信息的类型时，本指南提供了特定的名称，如商业目标或模型，否则，本指南使用"产品信息"这一术语。

项目生命周期会影响产品信息的创建、使用或修改。例如，在预测型方法中，执行启发过程可以首先关注商业目标，然后关注相关方需求和解决方案需求——这些都在项目的早期阶段完成。在项目的后期阶段，启发活动可以主要用于纠正错误或发现遗漏的产品信息。在适应型方法中，虽然商业目标可能是在较早的迭代中得以启发，但像用户故事和验收标准的产品信息在每次迭代中都得以启发，直到项目临近结束。

在给定项目中使用的工具和技术会因项目生命周期而变化。某些工具和技术适用于任何项目生命周期，而其他工具和技术则适应于特定的生命周期，这将在工具和技术的应用描述中进行讨论。如果有助于进一步进行商业分析，那么不论在什么项目生命周期中使用任何工具或技术都是可以接受的。

第 3 章提供了关于商业分析专业人士的不同知识、技能和个人素质的更多细节。通常来说，商业分析能力适用于所有的项目生命周期。例如，尽管所需分析技能的选择会因项目而变化，但所有能力都可以用于任何项目生命周期。沟通的方法和频率会因项目生命周期或相关方而变化，但沟通技能适用于任何生命周期。虽然在不同的项目生命周期中可以使用不同的工具，但与工具知识相关的通用技能总是适用的。

表 1-5 描述了能定制的商业分析的各个方面，以及该方面将如何变化的描述。该表的版本包含在贯穿本指南中的每个过程描述中，并解释了该过程通常是如何为适应型和预测型生命周期而裁剪的。与本指南的其余部分一样，这些表格旨在作为指南或参考，因为特定生命周期中的任何具体项目都可以采用不同于本表格中所提供的信息。例如，当使用适应型方法时，并不意味着需要遵循该过程中所列出的所有适合于适应型生命周期的定制方法。由于项目团队有其他方面的考虑，因此在适应型项目中使用某些预测型方法的建议是合适的。类似地，某些预测型方法的定制描述意味着重量级和正式的过程，但预测型生命周期项目也可以遵循适应型生命周期的轻量级方法。

表 1-5　商业分析裁剪实例

裁剪的方面	如何针对适应型或预测型生命周期裁剪这些方面
过程名称	在不同项目生命周期中，过程会有不同的名称
方法	方法可根据使用的正式程度和活动绩效的时点来进行裁剪。例如，在产品信息被创建、审查或细化时，项目生命周期可能建议这些活动的频率及是否需要正式的签字。方法使用针对具体生命周期的产品信息名称来描述
可交付成果	过程产生的每个不同的生命周期、工作产品和具体的可交付成果可能根据不同的名称和正式程度而变化

第 2 章 　 商业分析实施环境

2.1 　 概述

本节考察了在实施商业分析时对环境和组织的影响，并讨论了它们影响商业分析的方式。

本节讨论的两大影响因素是事业环境因素和组织过程资产：

- **事业环境因素（EEFs）**。指项目团队不能直接控制的，并且将对项目组合、项目集或项目产生影响、限制或指导作用的各种条件。在商业分析中，这些因素影响、限制或指导商业分析如何实施，而不受商业分析专业人士的控制。任何给定的 EEFs 都可以来自组织的外部或内部。

- **组织过程资产（OPAs）**。执行组织所特有的并被其使用的计划、过程、政策、程序和知识库。

EEFs 和 OPAs 都是所有商业分析过程的默认输入。正如第 1 章所指出的，商业分析和项目管理间的一个重要区别是：项目管理的主要焦点是项目；而商业分析的主要焦点是产品。商业分析聚焦产品的结果是：一些方面不受这些因素的影响；另一些方面高度受这些因素影响。以下是各个实例。

- **独立于影响**。简单来说，分析就是分析。在项目之前或期间使用相同的思维模式来思考解决方案，或者将解决方案视为项目组合或项目集的一部分。在本指南中，这些思维过程被归类为过程组和知识领域发生的过程。

  - 解决方案非常复杂或简单；

  - 解决方案最终是在高度监管的环境中或在小型初创企业中实施；

  - 项目团队是集中的或区域分散的（大规模的或小规模的）；

  - 对解决方案进行概念化、设计和开发的项目以预测型、适应型或混合型的生命周期来执行；

  - 最终解决方案的实现需要构造实体、构建软件、设计或修改商业过程或其任何组合。

- **依赖于影响**。影响通常决定了用来开发或增强产品的项目生命周期或生命周期、商业分析过程的命名方式、用于执行它们的方法、深度和风格及可选的产品信息文档、可交付成果的正式化程度，以及团队执行商业分析时的协作风格。捆绑、分割或拆分解决方案交付的方式取决于环境影响。例如，与小型创业企业相比，在高度监管的环境中进行商业分析可能适用不同的可交付成果或不同的协作层级。团队的物理工作地点会改变产品信息归档的详细程度和团队沟通的频率。

对商业分析实施方式的影响可以归类为与对项目影响类似但不完全相同的方式。

图 2-1 显示了针对 EEFs 和 OPAs 的影响分解图。

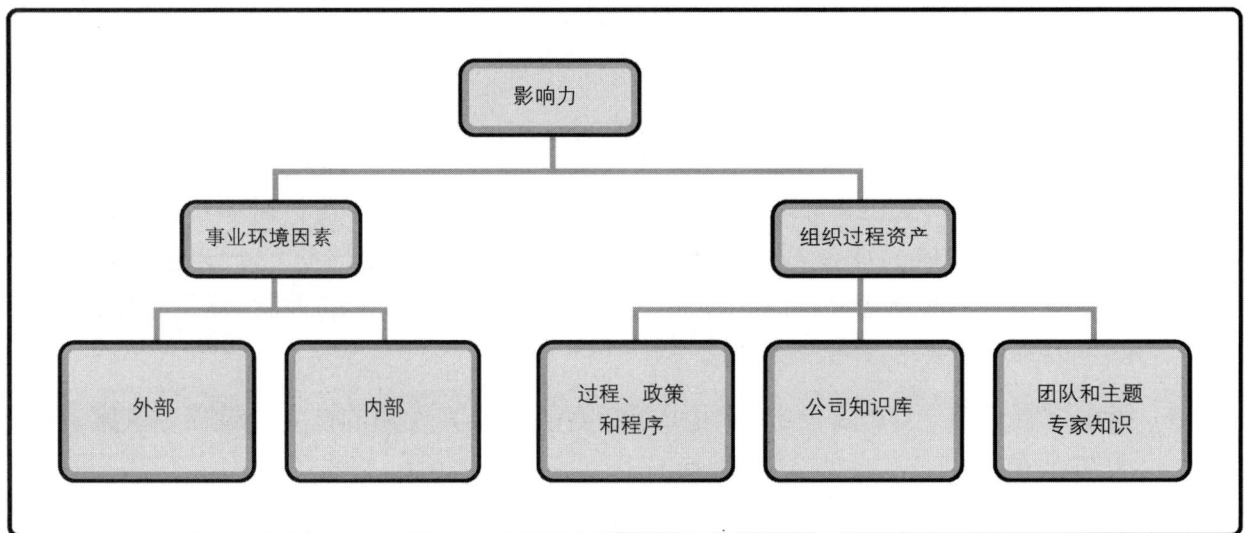

图 2-1　对执行商业分析的影响

EEFs 对执行商业分析的影响可以来自企业的内部或外部。有关 EEFs 的更多信息，见第 2.2 节。

OPAs 是企业内部的，它们可能来自企业本身、项目组合、项目集、另一个项目或这些的组合。有关 OPAs 的更多信息，见第 2.3 节。

除了 EEFs 和 OPAs，组织系统也会影响商业分析的执行。系统因素影响人们在组织系统内行动的权力、影响力、利益、能力和政治能力，这些将在第 2.4.3 节和第 2.4.4 节中进一步讨论。

商业分析负责人的挑战是选择适当的商业分析过程来支持产品开发，同时在组织的环境和组织影响的框架内工作。

2.2　事业环境因素

本节考察单个事业环境因素，并且列出了每个因素的代表性例子及受影响的商业分析领域。虽然单个因素可能影响商业分析的一个或多个具体方面，但所有环境因素对选择的项目或产品生命周期的累积影响决定了它们影响商业分析的方式。

2.2.1　组织外部事业环境因素

以下是组织外部的 EEFs 种类，它们可以影响商业分析的执行方式。

- **市场条件**。包括竞争对手、市场份额、品牌认知度、商标和客户期望。在支持产品开发时候，市场条件可能影响商业分析过程的时机、持续时间和阶段。

- **社会和文化的影响与问题**。包括组织政治、行为规范、道德和观念。社会和文化因素可能影响商业分析工作的形式，以及负责商业分析的人员与相关方进行协作的方式和时间。

- **相关方期望和风险偏好**。包括组织文化、组织政治、组织治理结构、服务水平和客户描述。与社会和文化因素一样，相关方的期望和风险偏好可能影响商业分析工作的严谨性和正式性，并且影响与相关方的协作方式。

- **法律和合同限制**。法律限制的实例包括与安全、数据保护、商业行为、雇用和采购有关的国家、地方或行业特定的法律法规。合同限制的实例包括与提供产品或资源以生产或改进产品的组织间的关系，以及组织与代表部分或全部工人（在某些情况下，包括商业分析专业人士）的工会间的间接关系。法律和合同限制会对商业分析文档的形式和风格、存储、访问和审计要求产生重大影响，并且对商业分析过程的实施方式产生影响。

- **外部专业商业分析标准**。包括专业的开发组织（如 PMI），它设定了如何实施商业分析的期望和标准。这些专业标准是确认或调整组织商业分析实践的资源。

以下类别的外部 EEFs 主要提供需要分析的额外信息源以支持产品开发和改进。当作为项目的一部分时，在某些情况下，这些信息源可以简化或缩短商业分析工作，在其他情况下，也可能增加商业分析工作的复杂度或范围。

- **商业数据库**。包括标杆对照结果、标准化的成本估算数据、行业风险研究信息和风险数据库。复用这种类型的信息可以缩短商业分析工作。

- **学术研究**。包括研究、出版物和标杆对照结果。与商业信息一样，学术研究成果的复用可以减少商业分析的工作量。

- **政府或行业标准**。包括与产品、生产、环境、质量和工艺有关的监管机构条例和标准。考虑政府或行业标准可以大大增加或减少商业分析工作的复杂性。政府或行业标准的过程也可能影响商业分析的执行方式。

- **财务因素的考虑**。包括货币汇率、利率、关税和地理位置。如果需要考虑开发或改进产品，这些考虑因素可能影响商业分析工作的范围。

- **物理环境要素**。包括工作环境、天气和由于前期建设或地质原因所造成的施工限制。对物理环境的考虑可能影响商业分析工作的范围或复杂性。

2.2.2　组织内部事业环境因素

以下是组织内部的 EEFs。它们与每个因素的典型例子一起被列出。大多数组织都受到不止一种因素的影响。虽然每个因素都能对其自身产生影响，但如果某个因素是唯一的影响，那么它所产生的影响通常是多重 EEFs 累积效应的结果。

- **组织文化、结构和治理**。包括愿景、使命、价值观、信念、文化规范、领导风格、等级制度和职权关系、组织风格、道德和行为规范。此外，组织的历史或经验，以及在演进的产品中或在先前商业分析中使用的方法，可影响对当前商业分析方法的可接受程度。最终，这些因素（特别是组织价值观和信念）是组织的许多其他内部环境因素存在或缺失的基础。因此，组织文化、结构和治理是影响商业分析如何实施的最重要的内部因素之一。在第 2.4.2 节和第 2.4.3 节中进一步探讨了组织结构和治理框架。

- **相关方期望和风险偏好**。这些因素既是内部又是外部的 EEFs。包括组织文化、组织政治、组织治理结构、服务水平和客户描述。与社会和文化因素一样，相关方期望和风险偏好可能影响商业分析工作的严谨性和正式性，以及与相关方的协作风格。

- **设施和资源的地理分布**。包括工厂位置、虚拟团队、共享系统和云计算。地理分布影响商业分析专业人士协作的方式和时间。

- **市场研究与实验**。包括考虑实际的客户反馈、产品实验和原型反馈。与外部 EEFs 一样，来自这些举措的信息可以简化或缩短商业分析工作，尤其当它们作为单独的工作进行时。

- **架构和基础设施**。企业架构是企业运作所需的商业和技术组件的集合。商业架构是组织的商业功能、组织结构、位置和过程的集合，包括这些因素的文件和描述。商业体系结构通常是企业体系结构的子集，并通过应用、信息和支持技术进行扩展，从而形成完整的组织蓝图。蓝图包括企业在其商业运作中所使用的已购买或构建中的软件的现有清单。基础设施组件是物理体系结构的一部分，或者是软件体系结构的一部分。基础设施组件包括现有设施、设备、组织电信渠道、信息技术硬件、可用性和容量。在商业分析中需考虑架构和基础设施因素。

- **信息技术软件**。影响商业分析实施的实例包括可用的支持商业分析的工具，例如会议工具、建模工具和产品需求或未完项管理工具。有关在商业分析中使用工具的更多信息，见附录 X3.6。

- **对复用商业分析结果的兴趣和承诺等级**。组织是否打算利用过去的产品分析结果，作为改进这些产品或考虑创建未来产品的起点，这会影响实施商业分析的方法和工具。一些组织对复用商业分析结果没有兴趣或承诺。对于实践复用商业分析结果的组织，这可能发生在团队级、业务单元级或企业级。在项目完成时，组织复用结果的方法影响商业分析可交付成果的组织、存储、和共享的方式。

- **人力资源管理政策和程序**。包括人员配备和人才挽留指导方针、员工绩效评估和培训记录、奖励和加班政策、每种技能类型的成本和时间跟踪。人力资源管理政策和程序可以确定哪些人可以实施商业分析，或者对执行该工作的个人施加限制。这些政策和程序也可能影响同时分配给负责商业分析的人员的项目数量。奖励和激励政策可以通过影响相关方、主题专家和其他项目团队成员参与商业分析过程的优先级，从而间接影响商业分析的执行方式。例如，当一个新产品需要实施商业分析时，如果主题专家很繁忙且他们在其他产品的开发或运营领域的工作得到激励，那么他们可能就不考虑这个新产品的商业分析工作了。

- **资源政策**、**过程和可用性**。包括合同和采购制约因素、认证的供应商和分包商及协作协议。

- **员工的能力**。包括现有人力资源的专业知识、技能、能力和特定知识。整体技能影响整个组织的商业分析成熟度，这直接影响项目层面的商业分析质量。实施商业分析的人员的经验水平会影响所选择的工具、技术及分配到商业分析任务的人员数量，以及这些个人是否需要教练支持。有关商业分析专业人士的能力的更多信息，见附录 X3。

- **保密策略**、**过程和协议**。包括设施和数据的访问协议、个人和客户信息保护、专有信息政策、个人安全程序和保密级别。

2.3　组织过程资产

OPAs 是执行组织所特有的并由其使用的计划、过程、政策、程序和知识库，它们会影响商业分析的实施方式。

一般来说，OPAs 包括来自组织的任何工作产品、实践或知识，可以用于执行或治理项目。组织的 OPAs 示例包括模板、工具、方法或内部和外部开发标准，用来响应组织希望跨项目使用的监管制约。过程资产还包括组织的知识库，如经验教训和回顾及其他历史信息的成果。对于商业分析，OPAs 还可以包括现有商业分析工作的实际成果，如企业范围的、本地共享的、特定产品或特定项目的需求和模型。

OPAs 是所有商业分析过程的默认输入。例如，在商业分析规划期间，可以决定在实施商业分析时应该使用哪种类型的 OPAs。在商业分析执行过程中，可以选择特定的 OPAs 以供使用。由于 OPAs 是属于组织内部的，因此，项目团队成员可以在整个项目中根据需要更新和添加组织过程资产。

组织过程资产可分为三类：

- 商业分析过程、政策和程序；

- 企业知识库；

- 团队和主题专家知识。

在创建或修改产品时，商业分析过程、政策、程序和模板通常不作为项目工作的一部分来更新。更新通常是由全局的组织机构来建立的，如商业分析卓越中心、商业分析实践社区、商业分析共享服务组织，或者项目管理办公室（PMO）。一些组织鼓励团队裁剪模板和其他资产以满足项目的需要；另一些组织则要求需经过全组织范围内的变更批准，才可以不做任何修改就使用这些资产。在任何情况下，只有通过遵循适当的组织变更管理过程，才能应用更新过的组织商业分析过程、政策和程序。

在整个项目中需要更新企业知识库资产，其信息包括商业分析绩效和产品信息。例如，在项目中，需要不断更新来自经验教训和回顾、产品需求文件和模型的商业分析绩效信息。许多组织使用商业分析绩效信息作为商业分析过程、政策和程序的输入。在有兴趣和承诺复用商业分析结果的组织中，产品需求和模型可用于种子项目以改进现有产品或开发新产品。

团队和主题专家知识会随着时间推移而发展和壮大。随着团队成员和主题专家将新的知识和洞察力融入他们自己的个人知识库，他们希望能找到分享这些知识的途径，而不是把它们当成自己"不可或缺"的一部分。

2.3.1 过程、政策和程序

如前所述，这些 OPAs 用于支持产品生命周期。组织的商业分析过程、政策和程序包括但不限于以下内容：

- **指南和标准**。包括组织的一套标准过程和程序，以及满足产品和项目特定需要的可交付成果。

- **具体组织标准**。包括人力资源政策、健康和安全政策、保密和机密政策、质量政策、环境政策和审计政策等。

- **项目生命周期**。正如在第 1.3.4.5 节中所提到的，当使用商业分析技术实施商业分析时，项目生命周期可以显著影响商业分析过程和可交付成果的名称、它们被记录的正式程度，以及何时实施商业分析和使用哪种分析技术。它们还可以影响负责实施商业分析的人员，以及实施商业分析的数量。请记住，组织可以使用不止一种生命周期方法来开发或改进给定的产品，这可能进一步增加商业分析的复杂程度。

- **模板**。包括但不限于用于商业论证、商业分析计划、产品需求、用例、用户故事、未完项清单、模型、风险登记册和跟踪矩阵的模板。

- **产品需求和其他产品信息变更控制程序**。这些程序包括商业分析标准、政策、计划和程序或修改任何商业分析产品或项目文件的步骤，以及如何批准和确认变更。

- **需求管理工具程序**。包括使用需求管理库的程序、产品需求的未完项管理工具或跟踪工具，以及此类工具的配置——无论是开箱即用、定制还是内部开发——以支持程序运作。

- **财务控制程序**。包括标准合同条款，这些条款可能影响如何实施商业分析。

- **适用于产品需求和其他产品信息的问题和缺陷管理程序**。包括问题定义和缺陷控制、问题和缺陷的识别和解决，以及行动事项跟踪和使用跟踪工具的程序。

- **适用于商业分析过程的组织沟通需求**。包括可用的特定沟通技术、授权的沟通媒介、记录保留政策、视频会议、远程协作工具和保密需求。

- **程序**。包括优先级排序、核实和批准产品需求的程序。

- **风险管理模板**。用于识别产品风险的模板。

- **标准化指南**。包括工作指导书、方案评估标准和商业分析绩效测量标准。

- **项目收尾指南或要求**。包括来自经验教训和回顾会议、最终项目审计、项目评估、产品确认、验收标准和知识转移的累积信息。

2.3.2　公司知识库

在关于管理项目知识的讨论中，《项目管理知识体指南（PMBOK®指南）第六版》[5]的第 4.4 节将显性知识和隐性知识区分开来。显性知识可以很容易地用文字、图片和数字进行编码。隐性知识是个人的，难以表达，如信念、洞察力、经验和诀窍。《PMBOK®指南》进一步指出，隐性知识虽然有内置情景，但很难编码。它存在于专家个人的头脑或社会群体和情境中，通常通过人与人间的对话和互动来分享。

由商业分析专业人士启发和分析的显性知识大部分存储在企业知识库中。在某些组织中，由商业分析专业人士启发和分析的所有或部分显性知识可以在人与人间的对话和互动中分享。对于这些组织中的商业分析，团队成员和主题专家充当活体资源库。有关团队和主题专家知识的更多信息，见第 2.3.3 节。

在实施商业分析时，企业知识库用于存储和检索产品需求、其他产品信息和商业分析实践。这些资源库可以用来研究和理解既有产品和既有商业实践、程序和问题。它们包括但不限于以下内容。

- **商业知识库**。包含版本化的项目和产品文件，如本地共享的、企业范围内的、产品特定的或项目特定的产品需求和模型。有关商业知识库中可能包含的需求和模型类型的更多信息，见第 7.2 节和第 7.3 节。完工的文件是分析和设计的文件，并且已更新以符合发布的解决方案，也可以被视为商业知识库的一部分。对于某些组织，商业知识存储在需求管理工具或建模工具中；其他组织可能将这些信息存储在项目文件夹和文件中。

- **配置管理知识库**。包含软硬件组件的版本和所有执行的组织标准、政策和程序的基准。

- **历史信息和经验教训知识库**。包括与商业分析绩效相关的项目记录和文件、与商业分析相关的项目收尾信息、关于先前项目和产品选择决策的结果信息、先前商业分析绩效信息和风险管理过程信息。

- **问题和缺陷管理数据库**。包含问题和缺陷状态、控制信息、问题和缺陷解决方案，以及行动事项结果。在一些组织中，问题和缺陷可能被分别跟踪和管理。

- **指标数据库**。包括用于定义收集和共享商业过程和产品测量数据的指标。

2.3.3 团队和主题专家知识

不管使用何种生命周期，一些产品信息可能不能被完全和/或正式记录。如本部分第 1 章所述，产品需求和其他产品信息可以各种形式存储在如工具、文件、笔记、电子邮件中，以及主题专家的头脑中。对于商业分析来说，主题专家是信息、洞察力和对将来状态期望的丰富来源。产品开发或产品改进团队的老成员也可能拥有非正式记录的知识。从某种意义上说，这些团队成员本身就是主题专家。使用任何一种生命周期方法开发的解决方案，尤其是适应型生命周期方法，通常使用访谈来启发、明细和分析产品需求。虽然适应型生命周期也可以使用轻量级文件（如用户故事和模型）作为进行这些访谈的提示，并且可以使用轻量级模型的草图作为这些访谈的结果的提示，但一些产品信息可能仍然存在于人们的头脑中。产品团队有责任将产品知识移交给最新的团队成员，这样团队本身就可以成为一个有生命力和自我维持的产品知识库。

2.4　组织系统对商业分析实施方式的影响

2.4.1　概述

《项目管理知识体系指南（PMBOK®指南）第六版》[5]的第 2.4.1 节将系统定义为各种组件的集合，这些组件共同产生单个组件无法获得的成果。它指出组织系统是由组织组件组成的，组织组件是组织中可提供特定功能或相关功能组的可识别元素。各种系统功能组件之间的交互创造了组织的能力并影响其文化。

组织系统通过如下因素来影响商业分析的实施方式：

- 组织选用的项目生命周期，这部分内容在第 2.4.2 节中进行探讨；
- 为商业分析实践提供的支持类型及其在组织中的位置，这部分内容在第 2.4.3 节中进行探讨；
- 与其他职能领域的个人协作，这部分内容在第 2.4.4 节中提及，并且在第 3.3 节中进一步探讨。

对商业分析负责人的挑战是在组织系统的框架内工作时利用商业分析过程来支持产品开发。无论如何，商业分析过程都应该被执行以有效地进行启发、明细和分析产品需求和产品信息，以支持对解决方案的合理决策，并且确保对产品有足够的了解以便对其进行适当的开发或改进。

2.4.2　组织系统、项目生命周期和商业分析

内部 EEFs，特别是价值观和信念、结构和治理等组织文化的实例，决定了组织系统的许多特征。它们在确定组织的过程、政策和程序时起作用，包括其对项目生命周期的选择和解决方案的交付。如第 1.3.4 节所述，所选择的项目生命周期和解决方案交付方法为商业分析的正式性及使用什么工具和技术创造了可能的场景。正如第 1.3.4.5 节提到的，正式程度是决定商业分析可交付成果裁剪方式的一个因素。在本指南的知识领域过程描述部分中可以找到在适应型和预测型生命周期内实施商业分析过程所需的典型的考虑因素。

2.4.3　组织支持商业分析实践的方式

根据最近对和商业分析相关个人的 PMI 调查[3]，发现以下：

- 仅有 18% 的受访者表示，他们的实践具有很高的成熟度，并且为持续改进而优化和建立。

- 然而，有 46% 的受访者认为，他们的商业分析实践和与之相关的实践都是不成熟的，或者是从临时的或初级的角度来运作的。

建立团队来支持商业分析的组织倾向于将商业分析能力发展到更高的水平。他们倾向于为商业分析实践和可交付成果创建高质量的标准/治理；使资源共享、方法论、工具和技术更为便利；为那些负责执行这项工作的人提供学习机会。实例包括：

- 商业分析论坛或实践社区通常是非正式的支持性组织，聚焦于共享和学习。这些体系使商业分析专业人士能够互相分享实践、技巧与技术、项目间的经验，并且这些经验是否可接纳都是可选的。许多论坛和实践社区赞助"午餐和学习"或其他分享活动，并且创建自己的企业知识库。而有的实践社区则基于远程系统来运作，并且通过在线讨论保持企业知识库的连续性。

- 商业分析卓越中心或商业分析能力中心是更正式的支持性组织。商业分析的教练和导师可以向这些组织报告，在一些组织系统中，他们也可能具有控制作用并需要符合以下规定。

  - 根据解决方案或项目的分类情况，采用特定级别的形式执行具体的商业分析过程；

  - 基于解决方案或项目分类，使用特定模板、表单和工具；

  - 遵循治理框架。

根据 PMI 在 2016 年的研究，相当多的组织具有成熟的商业分析实践来运营项目管理办公室（PMO）和企业项目管理办公室（EPMO）。这项研究还证实，商业分析实践成熟度高的组织从实施的解决方案中获得了更多价值[2]。

商业分析共享服务组织承担上面列出的所有支持和控制的职责，也对商业分析的资源管理具有控制作用。在一些组织中，支持商业分析的组织是 PMO 的一部分；在另一些组织中，它们存在于不同的职能领域。

2.4.4　跨组织职能领域的商业分析协作

组织结构内的职能领域和汇报关系对商业分析的实施方式及参与人员和参与程度有

重大影响。第 3.3 节会探讨商业分析的影响范围和商业分析专业人士协作支持产品开发和改进的许多职能领域。它进一步说明了商业分析专业人士和其他角色间的关系，以及在其他职能领域的重要性。这种协作通常需要注意组织系统所施加的影响。

　　商业分析需要对产品有很强的关注。负责商业分析的人员往往不是产品和项目的决策者，即使他们通常被认为是可信的顾问，并且使用他们所启发和分析的产品知识来建议和影响产品决策。这些人认识到，他们需要与拥有其他产品和项目的人协作，并且他们可能属于不同的职能领域。理想情况下，商业分析专业人士和其他角色间的协作发生在早期且很频繁，但有时那些关键角色的协作度有限。当被分配支持产品开发或改进的来自不同职能领域的人员的优先级与商业分析专业人士的优先级显著不同时，商业分析过程的协作是不充分的。不充分的协作可能导致对产品需求进行不完整或不准确的启发或评审，这也会导致不完整或不准确的分析，并且会对正在开发或改进的产品产生重大的负面影响。

　　获得充分的协作可能需要对组织的系统、结构、文化和治理框架有广泛的了解。同时，成功地驾驭组织系统通常是困难的，尤其是在大型或复杂的组织结构中。为了获得充分的协作，并且突破组织系统的结构、治理和文化的挑战，商业分析专业人士应该与项目组合经理、项目集经理和项目经理紧密协作，并且使用他们的组合观点来建立和共享对组织系统的深刻理解，以及如何成功地与他们建立工作关系以支持产品、项目组合、项目集和项目的举措。当商业分析专业人士和项目组合经理、项目集经理和项目经理在很大程度上紧密协作时，驾驭组织系统就变得不那么令人畏惧了，因为每个角色都在利用另一个角色的知识和经验来改善整个项目。

第 3 章　商业分析专业人士的角色

3.1　概述

商业分析已经进行了几十年，尽管它长期存在，但商业分析专业人士的角色仍然被认为是全新的。虽然受聘的商业分析专业人士的数量随着该角色的不断成熟和发展而增加，但商业分析专业人士的角色常常被误解并在组织内未被充分使用。造成这种误解的原因有很多，包括：

- 对于运用该角色所需技能的期望不一致。

- 对于角色的定义和技能的运用方法均不一致。

- 对于角色所提供的价值缺乏理解。

- 没有认识到商业分析实践对于项目集和项目的成功与项目集和项目的管理实践同样重要。

本节通过研究商业分析专业人士在组织结构中的位置，讨论商业分析专业人士在该结构中的影响范围，并且讨论商业分析专业人士想要成功可能需要的重要技能，从而探讨商业分析专业人士的角色。本节重点关注的是商业分析的角色而不是专业，以便在项目经理角色、商业分析专业人士角色和组织内其他职位之间进行比较。虽然本节使用了特定的角色名称，但这里所提供的信息对于任何执行商业分析的人员来说都很重要，无论他们使用的是项目经理/商业分析专业人士（PM/BA）的混合头衔、商业或技术头衔，还是作为敏捷团队的一部分来执行商业分析。

本节的内容并不打算涵盖目前所有可用的信息来解释角色，而是旨在提供一个概述，并且提供对任何执行商业分析的人员所需要的且被普遍接受的关键技能的共同理解。

3.2　商业分析专业人士的定义

执行商业分析的人员通常被称为商业分析专业人士，但也有其他职位的商业分析专业人士从事商业分析活动。一些商业分析专业人士是专业的，因此有反映其能力领域的专门头衔，如战略商业分析师、数据分析师、过程分析师或系统分析师等都是这些角色的一些实例。组织如何使用商业分析资源；这些资源的职能报告去向何处；使用的行业类型、项目类型和项目生命周期类型都是影响组织赋予对商业分析负责的人员何种头衔的因素。

对于许多角色来说，商业分析是其工作的一部分职责，但不一定是唯一的职责。这些角色的例子有企业架构师、商业架构师、项目组合经理、项目集经理、项目经理和运营分析师。在本指南和标准中提出的商业分析过程、工具和技术也与这些个人相关。由于商业分析的角色有许多不同的头衔和差异，因此本指南和标准使用的是商业分析专业人士，而不是商业分析师。当使用商业分析专业人士这个术语时，是为了简洁起见，它应该被认为可代表任何实施商业分析的人员，而不考虑该人员所拥有的头衔，或者其工作职能在工作中所占的百分比。本指南和标准的目的是建立对商业分析的理解，而不是职位的名称。

3.2.1　角色的演变

商业分析专业人士的角色的演变是当今存在各种工作职位的原因之一。在商业分析被确认为自成体系的学科之前，与需求相关的活动都是由各种其他角色执行的，例如项目经理、软件开发人员和产品质量控制分析师（一些组织称为质量保证分析员）。

开发人员并不总是具有与商业相关方进行有效工作所需的兴趣、沟通和商业技能，当项目经理为了项目的进度和成本参数而不得不放弃重要的商业需要时，常常对此感到矛盾。例如，对于程序分析师和系统分析师这样的角色来说，他们的演变是由于：需要有专门的资源专注于与需求相关的工作；需要将商业需求转化为技术团队的解决方案需求；确保支持这些需求的过程和规则被很好地理解。虽然这对项目团队来说是一种改进，但这些资源往往来自 IT，带来了大量的技术经验，并且在满足商业期望方面通常也是不足的。

为了改善技术分析师角色的不足之处，专注于商业方面的分析师职位开始出现。因为来自商业方的分析师更能理解企业面临的日常问题，理解问题或机会的背景，并且是倡导变革所需要的积极倡导者，所以这类职位的分析师工作良好。通常，技术专家对什么是可能的和可行的缺乏理解，并且其分析技能不足以从批判性思维的角度提出探究性问题或评估结果。如今，除了 IT 领域，在各种商业领域中都能发现商业分析资源。

3.2.1.1　角色的持续演化

商业分析专业人士的角色正在持续演变。很多趋势，如全球市场的兴起、在地理上分散的项目团队、技术进步和其他因素等都持续影响着其角色的演变。商业分析在五个方面的发展值得强调，因为每个方面都是扩展角色和创造角色头衔变化的促成因素：

- 组织在项目启动前识别执行充分分析的价值，以确保对问题进行清晰和正确的定义。

- 将商业分析扩展为专门的角色，例如，支持战略规划工作的商业分析专业人士，以及将候选项目创建成项目组合的项目组合经理。

- 承认创建项目不仅仅是为了交付软件解决方案。

- 认识到商业分析服务是有价值的，它们需要根据项目特征（包括所选择的项目生命周期）来进行裁剪。

- 揭示了许多组织正在使用混合的角色来执行项目管理和商业分析活动。

这些其后的趋势导致组织改变了它们对这些分析资源放置在组织内的哪些部门，以及如何命名和定义角色的想法。例如：

- 一些组织不再使用程序员或系统分析师的头衔，认识到将分析实践应用于非 IT 解决方案的价值。这些组织使用的角色示例包括商业过程分析师、商业规则分析师、商业架构师和需求分析师等。

- 在商业方面，一些组织使用商业关系经理、商业开发经理或产品所有者等角色来代表商业需要，同时使用技术分析师来代表 IT 需要。这些组织可以利用商业资源来执行项目的前期活动，例如，需要分析和商业论证创建，并且利用技术分析师进行与项目需求相关的活动。

- 对于转到敏捷产品交付模型的组织而言，商业分析专业人士的角色并不总是被单独认知的。这些组织通常会使用跨职能团队，每个团队成员通常可以担当多种角色。不管是否有团队成员担任商业分析专业人士的角色，整个团队都要负责商业分析。

- 一些组织认识到分析资源所提供的价值，将分析师职位专业化成角色，如数据分析师、可用性分析师或过程改进分析师，以便可以充分利用那些专业化人士所提供的价值。

- 对于那些认识到项目经理和商业分析专业人士所使用的技能集有一些重叠的组织，可以使用项目经理/商业分析专业人士的混合角色。

虽然商业分析专业人士这一角色在 IT 内部有着深厚的根基，但商业分析活动仍在非 IT 环境中由许多角色来执行。如第 1.1.3 节所述，商业分析可以在创建或改进产品、解决问题或寻求对客户需求的理解时进行。许多行业和类型的项目都受益于商业分析，包括建筑业、医疗保健业和制造业。那些跨行业进行商业分析的人员都可能被冠以未包含在本指南内的其他头衔。

3.2.1.2　商业分析专业人士来自哪里

由于这些趋势导致了商业分析专业人士的角色发生了变化，因此，人们通常会发现，很多执行商业分析的人员并没有从一开始就打算成为商业分析专业人士。许多商业分析专业人士是从其他角色演变而来的，例如，开发人员、产品质量控制分析员（一些组织中的质量保证分析员）或商业中的主题专家。商业分析专业人士能够为该职位带来各种技能和专长。项目团队可以从各种各样的技能组合中受益，但是技能组合的变化常常导致角色执行方式的变化（见第 3.2.1.3 节）。

今天，无论是从商业角度还是技术角度来看，重要的是，那些执行商业分析的人员都应该具备必要的技能，以促进商业和 IT 领域的合作，并且理解来自各相关方的需要。

3.2.1.3　差异影响质量

当商业分析专业人士缺乏足够的技能，或者他们拥有的商业分析技能、经验或能力在组织内存在很大差异时，商业分析工作就不能在项目集和项目间被始终如一地执行。这导致了角色的不同应用，这可能导致团队商业分析表现不佳或执行过度。与任何过程一样，减少差异可以使活动的执行方式更加一致，并且可以实现可重复性，从而提高执行效率。

这里描述的差异不应该与裁剪混淆。裁剪是调整那些对不同特性的项目执行得最好的商业分析活动的需要。例如，执行裁剪是为了确保商业分析能恰好适合不同复杂程度的项目或具有不同项目生命周期的项目（例如，预测型、适应型等）。有关剪裁的更多信息，见第 1.3.4 节。

本节提到的差异与具有类似特征的项目之间的商业分析的不一致应用相关。因为角色是复杂的，所需的技能也是先进的，这些差异可能仅仅因此而产生。商业分析技能需要时间来发展。拥有不同技能的商业分析专业人士可能倾向于从事自己熟悉的商业分析活动，而忽视他们觉得不擅长的活动。因为商业分析专业人士不知道组织或项目团队对他们的期望，或者不知道他们的角色可能提供的价值，差异也可能因此而产生。例如，来自商业方面的商业分析专业人士可能很自如地定义商业需求和编写商业论证。然而，当被要求与供应商进行互动以评估可能的解决方案时，商业分析专业人士可能觉得在供应商评审会议上不能很好地进行引导，并且无法提出探究性的问题来检查供应商提供的方案。在这种情况下，商业分析活动可能表现不佳并导致大量不希望的结果。

3.2.1.4　如何解决商业分析专业人士的差异

当商业分析的不一致执行是导致项目绩效不佳的根本原因，或者发生在优先考虑商业分析实践一致性的领域中时，组织应该探索不一致性以确定在商业分析中存在差异的原因。商业分析专业人士的职位可能已经发生了演变，并且为他当前致力于的工作创建了一个动态目标。也许该学科缺乏组织内部的标准过程，或者商业分析专业人士是从组织的许多领域中招募而来的，但是缺乏正式培训。不管原因是什么，都应该努力去理解成因。

无论是从整体层面还是个人层面，组织也可能希望了解商业分析专业人士的能力水平。在这种情况下，组织应该定义它所需要的商业分析专业人士的技能，并且将该列表与组织中使用的现有商业分析资源的技能进行比较。这样的技能分析被用来识别缺陷，以便措施和计划能够弥补存在的技能差距。这些差距可以通过增加受过培训和获得认证的从业人员来弥补，例如 PMI 的商业分析专业人士（PMI-PBA®）认证的持有人，或者通过实施培训计划，通过建立导师计划或其他选择来弥补。

组织还可以考虑对以往的项目工作进行自我反思，以评估商业分析在哪些领域做得好，在哪些领域做得不好，然后，利用这些信息来对未来的项目进行过程和人员决策。通过了解项目团队正在寻找的商业分析技能的类型，并且准确记录来自各商业分析专业人士资源中的技能清单，组织能够更好地将商业分析专业人士技能的组合分配给未来的项目。

为了最小化商业分析专业人士这一角色在执行中的差异，组织应该考虑缺乏哪些结构。组织如何将结构添加到商业分析专业人士角色的例子包括：

- 建立一个在所有项目集和项目中集中使用的一致的、可重复的商业分析方法；

- 当组织没有明确的过程时，采用行业/最佳实践标准；

- 为商业分析专业人士建立清晰的工作描述；

- 制定职业发展路经、职业框架和能力阶梯，以提供在商业分析类工作中晋升到下一级所需的技能指导；

- 建立面试核对表和客观的方法来评估未来新聘用的商业分析专业人士；

- 支持商业分析专业人士的专业发展机会，鼓励他们参加如 PMI 这样的专业协会，参与当地 PMI 分会活动和会议，或者为按需或课堂培训提供资金。

3.3   商业分析专业人士的影响力

3.3.1   概述

商业分析专业人士会领导但不会监督项目资源，这是项目经理的工作。商业分析专业人士的领导者可以监督团队中经验不足的商业分析专业人士的工作，或者商业分析经理可以从指定或分配的角度负责管理商业分析专业人士资源池。在项目层面上，项目经理负责资源分配、调度和工作进度（包括商业分析专业人士的工作进度）。

商业分析专业人士确实管理相关方参与，这通常被认为是与项目经理重叠的领域。进一步来看，商业分析专业人士与项目经理有不同的目标。因此，每个角色基于不同的目的管理相关方参与。商业分析专业人士的目标是确保相关方在整个商业分析过程中保持参与，从而通过不断发现和协作来获得构建解决方案所需的信息，并且使得解决方案的设计最终满足商业的需要。商业分析专业人士需要了解相关方的期望、可用性和个人利益，以及每个人对成功启发产品需求的能力的影响。当是否具有活力成为一个相关方团队压倒或关闭另一个相关方团队的原因，或者某个特定的相关方对解决方案变得不感兴趣，并且开始退出需求研讨会时，商业分析专业人士有责任分析和解决这些问题。因为相关方关系是由项目经理在整个项目中管理的，所以最好的策略是当相关方出现与解决方案相关的情境时，商业分析专业人士和项目经理一起合作。有关商业分析专业人士在管理相关方关系中的角色的更多信息，见第 5 章。

商业分析专业人士与相关方一起合作来引导和分析商业分析信息，并且演化和开发产品需求和其他必要信息，以便能够实现整个产品团队对产品特性有共同的理解。这使得建立和管理关系成为商业分析专业人士角色的一个非常重要的方面。商业分析专业人士维护一系列影响商业分析工作的关系。图 3-1 突出显示了商业分析专业人士需要在其影响范围内管理的一些相关方关系。

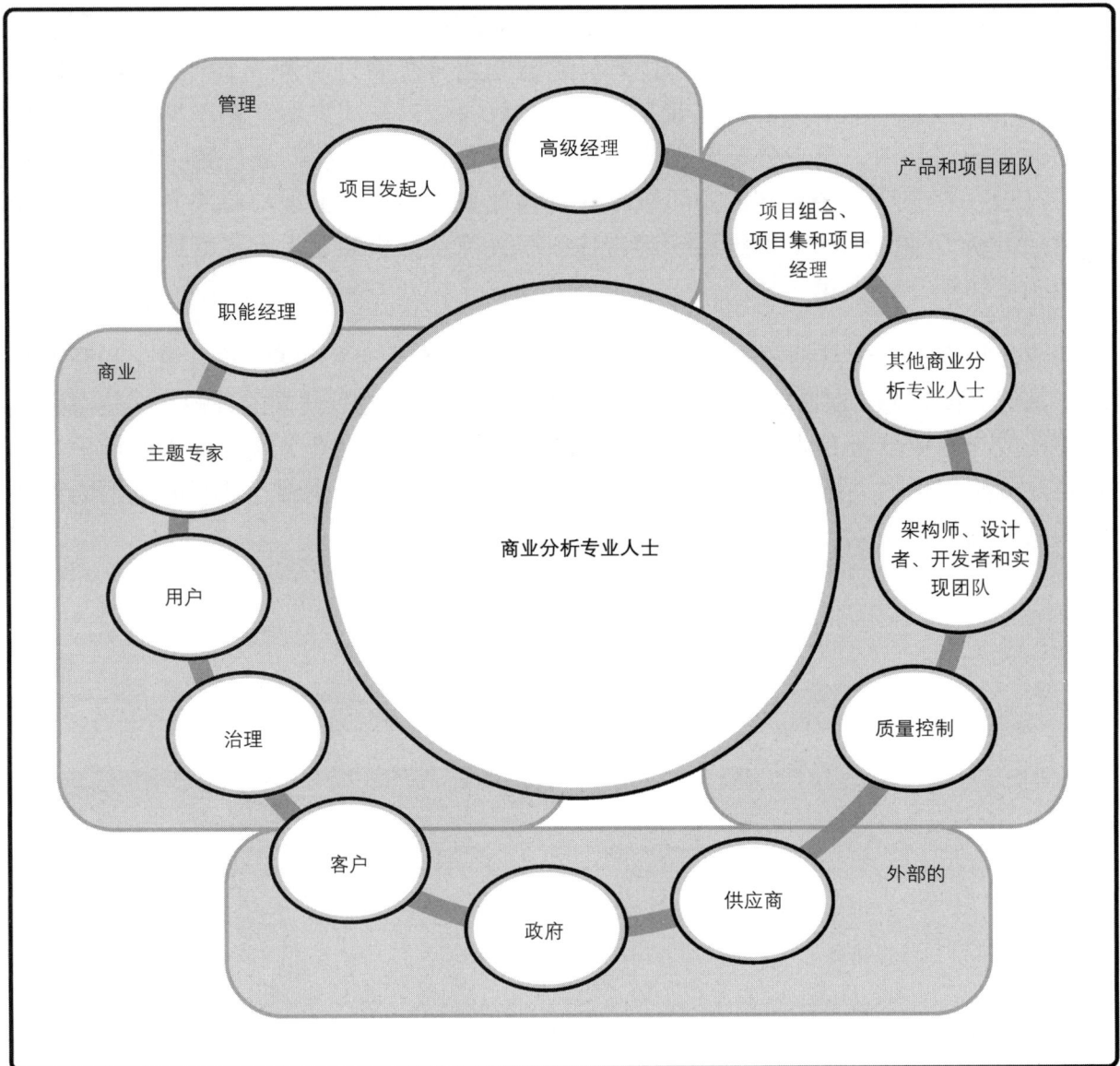

图 3-1　由商业分析专业人士所维护的关系

3.3.2　产品

商业分析专业人士通过全面的过程对主要相关方负责，以确保最佳解决方案的成功交付。该过程从需要评估开始，以解决方案评价结束，所有活动都以产品为中心。产品可以是有形的或无形的，例如组织结构、过程或服务。

在项目集和项目中，几乎所有发生在项目经理和商业分析专业人士的角色和职责间的混淆都可以通过理解每个角色的不同目标来解决。项目经理负责项目的成功交付；商业分析专业人士负责产品的成功交付。产品关注点需要对战略的理解，以调整提出的解决方案，并且实现组织和商业目标。因此，产品关注点远比项目关注点更广。关注点是在产品还是在项目上，这是项目经理和商业分析专业人士角色间的根本区别。要了解有关项目与产品的更多观点，见第 1.2.1 节。

本节介绍的技能和在第 4 章~第 9 章中描述的过程均可以帮助商业分析专业人士成功地向他们所在的组织提供解决方案。

3.3.3　组织

根据组织利用商业分析专业人士技能的方式，商业分析专业人士在组织内的定位可能有很大差异。当定位合理时，商业分析专业人士可以是可信赖的商业顾问和技术资源联络人。商业分析专业人士可以被认为是分配项目集和项目的关键资源，也可以被认为是组织内的领导者。商业分析专业人士需要直接接触关键的相关方，所以，像发起人或项目经理这样的领导者可以通过消除阻碍商业分析专业人士与相关方进行清晰沟通的任何障碍来确保和相关方的接触。

如图 3-1 所示，商业分析专业人士建立了许多关系，因此，建立关系是一项关键技能。商业分析专业人士在组织内处于一个有意思的位置，因为他们有责任领导和影响相关方，而不是通过监督权、职权或地位来实现的。这可能是商业分析专业人士角色中最难的方面之一，尤其是当商业分析专业人士缺乏潜在的软技能来实现这一点时。商业分析专业人士可以通过和相关方建立信任，以及向与他们打交道的人展示诚实、正直和透明来增强他们的领导能力。

3.3.3.1　商业分析专业人士的关系

商业分析专业人士需要发展和管理大量的关系，同时，需要他们管理的关系数量会随着项目或项目集的规模和复杂性的增加而增加。下面是由商业分析专业人士创建和管理的一些典型关系，以及针对每个关系为组织和商业分析专业人士所提供的价值的描述。

- **商业相关方和客户**。在某些组织与项目集和项目中，开发的解决方案在内部交付给商业相关方。当解决方案直接为商业领域解决问题或发现机会时，这些相关方也可以被称为"客户"。当开发的其他解决方案服务于组织外部的相关方时，这些相关方通常被称为客户。商业分析专业人士与那些将受到解决方案开发影响的人员（无论是商业相关方还是客户）都要建立强有力的关系，因为商业分析专业人士要确保他们的需求在最终产品中得到解决。商业相关方的范畴是广泛的，涵盖了所有对商业有兴趣的人员，因此，商业相关方可以由其他角色类型构成，如主题专家或用户。

- **设计团队**。商业分析专业人士通过充当商业倡导者，以及共享商业需要和当前状态环境的信息来支持设计团队。商业分析专业人士可以审查设计方案，并且给设计团队提供他们重视和考虑的反馈。

- **治理**。根据解决方案所对应的行业、组织、复杂性和风险级别，商业分析专业人士发现，他们需要经常与治理类别中的一个或多个角色进行协作。被认为是治理的部分角色包括法律、风险、发布管理、变更控制委员会、开发运营（DevOps，组织用来协调活动和改善开发和运营领域间的协作）、项目管理办公室（PMO）或商业分析卓越中心、合规审计师或官员。这些相关方可以提供关于规章、审计要求、商业规则，以及产品团队有义务支持和遵守的必要组织过程等方面的重要见解。商业分析专业人士与治理角色形成协作关系，以确保产品开发过程，包括确保需求和产品信息的管理按要求执行。

- **政府**。需要与州、联邦或国际一级的政府机构建立关系。通常，根据需要遵守的规则和规章，产品团队在过程或设计方面受到制约。商业分析专业人士可以在这些机构中建立联系点，这些机构可以提供指南、要求或问题的答案。

- **职能经理**。与职能经理建立关系可以帮助商业分析专业人士排除障碍，获得主题专家资源以参与启发会议，并且获得对商业有重大意义的商业问题或机会的关键见解。与经理建立融洽的关系为商业分析专业人士提供了强有力的支持，当出现超范围的问题或需要优先处理的问题时，他们可以提供支持。

- **项目组合和项目集经理**。商业分析专业人士将分析专业知识传授给项目组合和项目集经理以分析商业问题，推荐可行的方案，并且支持对从事哪些项目进行决策，以及如何对项目和项目活动进行优先级排序的决策。商业分析专业人士执行商业论证开发和可行性分析，以支持项目组合和项目集管理活动。

- **项目经理**。当商业分析专业人士和项目经理间建立了强有力的合作关系时，他们可以极大地影响项目的成功。项目经理/商业分析专业人士的工作关系应建立在相互信任和尊重的基础上，并且应努力加强彼此的优势。让发起人、相关方，以及其他项目团队成员形成统一战线，合作是必不可少的。沟通应该保持同步，每个角色应该能够在大多数活动中支持对方。

- **项目发起人**。发起人是产品和项目的拥护者，商业分析专业人士代表发起人拥护产品和项目。商业分析专业人士和发起人紧密合作，确定问题或机会，并且确认满足商业需要的解决方案。作为商业的拥护者——与项目团队的沟通桥梁，商业分析专业人士拥护项目生命周期内的变革。商业分析专业人士确保在解决方案中澄清商业愿景。

- **产品团队**。产品团队由共同参与开发产品的资源组成。项目团队成员是产品团队的成员，但并非所有的产品团队成员都可以包括在项目团队中。产品团队成员是商业分析专业人士在执行商业分析工作时的交互对象。一些如企业和商业架构师这样的角色在整个组织中提供支持（包括支持商业分析），但他们可能不直接作为项目团队的资源进行分配。

- **项目团队**。项目团队是一组在执行项目工作中共同行动以实现其目标的个人。无论项目的生命周期如何选择，商业分析专业人士都应该努力与项目团队建立牢固的关系，并且应视其为关键成员。当组织或项目生命周期没有识别商业分析专业人士的角色时，这并不意味着项目团队忽略了商业分析的工作。Scrum 团队将拥有 Scrum Master、产品负责人和开发团队。在使用敏捷方法的项目中，商业分析专业人士知道他们的角色职责取决于项目团队的需求，商业分析职责可以跨角色扩展。因此，与项目团队的关系总是至关重要的，但是商业分析专业人士的职责可能基于所选择的项目生命周期而改变。

- **产品质量控制（QC）**。在一些组织中，产品质量控制团队被称为质量保证（QA）测试团队，与他们建立良好的工作关系能提供不少效益。产品质量控制分析师是注重细节的，随着时间的推移，他们会成为产品/解决方案的专家。这一经验对于在解决方案中寻求洞察的商业分析专业人士来说是有价值的。质量控制分析师是审查商业分析可交付成果以寻找不一致、沟通不清晰的区域或不可测试的需求的最佳候选人。质量控制分析师应参加需求评审会议，以帮助商业分析专业人士发现需求中的错误或不一致，并且以此经历为契机，确保对进行测试活动的需求有足够的理解。质量控制分析师甚至可以为商业分析专业人士提供过渡活动的支持。商业分析专业人士可以进行类似的审查以支持质量控制，寻找测试用例中的错误和问题，并且通过强调在测试中需要重点关注的高风险领域以帮助质量控制分析师找出测试项。

- **与其他商业分析专业人士的关系**。商业分析专业人士也管理与组织中其他商业分析专业人士的关系。商业分析工作可能在多个角色中进行分配，一些商业分析专业人士负责商业论证、商业需求的开发；另一些商业分析专业人士与相关方一同为特殊相关方群体定义需求。另外，还有一些商业分析专业人士也可能承担开发解决方案和过渡需求的工作。无论工作是如何分配的，商业分析专业人士都需要与其他商业分析专业人士建立和促进关系。

当商业分析专业人士向单一职能领域进行报告时，与商业分析专业人士同行建立关系可能比分布在组织中的商业分析专业人士更容易。一些组织可以建立商业分析实践社区或卓越中心，以促进商业分析专业人士之间的协作。无论是否有正式的机构来促进这些关系，商业分析专业人士均可以在组织中建立商业分析专业人士的网络，以学习和分享最佳实践。高级商业分析专业人士和商业分析经理通过提高企业内部的商业分析能力来支持商业分析领域。

- **主题专家（SMEs）**。在所有的商业分析活动中，商业分析专业人士与大量的主题专家进行合作，特别是在启发和分析阶段。商业分析专业人士运用各种软技能与主题专家保持良好的合作关系。当主题专家缺乏对商业分析专业人士的尊重，或者发现商业分析专业人士不够可靠、诚实或透明时，主题专家的参与程度就会下降并导致启发会议的整体质量下降。

3.3.4　商业分析和行业知识

商业分析专业人士在进行商业分析时，对监督和了解行业内发生的变化饶有兴趣。商业分析专业人士利用行业信息来理解趋势如何影响当前在组织中实施的解决方案、正在进行的过程或现有项目（包括相关的需求和提议的解决方案）。

这些趋势包括但不限于：

- 产品开发。

- 新的、变化的市场。

- 客户偏好和购买习惯。

- 政府与国际法规。

- 影响现有或潜在解决方案的变更。

- 商业分析、项目组合、项目集的标准和实践。

3.3.5　职业发展

除了在工作中维护与商业分析专业人士同行的关系，许多商业分析专业人士还寻求在工作之外建立商业分析专业人士的关系网。这些外部关系提供了获取和转移知识的机会，为商业分析专业人士可能面临的一些挑战找到解决方案，获得对该行业新趋势的见解，并且与其他志同道合的专业人士进行协作。

由于商业分析的专业范围很广，所以商业分析专业人士很难达到他们觉得自己已经掌握了该学科的程度。商业分析的专业发展是一个持续的过程，不断获取知识是非常重要的。商业分析专业人士还通过分享、教授、教练和指导其他需要学习的商业分析专业人士来提高。在许多在线社区上，商业分析专业人士可以通过技术手段分享模板、白皮书、网络研讨会和其他培训材料来支持彼此的专业发展需求。获得专业认证也有助于个人的专业发展。

3.3.6　跨学科培训

除了指导自己的同行，商业分析专业人士通常还需要对组织内的人员进行启发和建模技术，以及针对商业分析专业人士可能用于与相关方协作的特定工具的培训。

商业分析专业人士可能需要展示商业分析的价值，增加企业内部对商业分析的接受度，或者提高商业分析卓越中心的效率。他们可以作为组织内部的代表，向其他人介绍商业分析对组织和项目成功所提供的价值。

3.4　商业分析专业人士的能力

3.4.1　概述

熟练的商业分析专业人士拥有多样化的技能，使他们能够高水准地成功运作。第 3.4.2 节~第 3.4.7 节概述了商业分析专业人士可能考虑拓展的知识、技能和个人素质，以提高角色的绩效。在附录 X3 中会对这些能力做进一步的阐述。所提供的技能列表并不是详尽的，而只是强调那些使用最广泛的技能。技能列表可以作为商业分析专业人士的核对表，以衡量和测量他们的个人能力，并且强调未来专业发展工作的目标领域。

3.4.2　分析技能

商业分析专业人士利用分析技能在不同的细节层次上处理各种类型的信息；进行信息分解；从不同的角度审视信息；得出结论；区分相关性与不相关性；应用信息来进行决策或解决问题。分析技能的范畴包括创造性思维、概念和详细思维、决策、设计思维、计算能力、解决问题、研究技能、足智谋和系统思维。

3.4.3　专家判断

专家判断与从应用领域、知识领域、学科和行业等方面获得的技能和知识相关，适用于正在进行的活动。它包括从由集体获得的商业和项目经验中获得的技能和知识。专家判断是商业分析专业人士决策过程中的一个重要组成部分，因为以前的经历常常与商业分析专业人士可能面临的挑战相似。专家判断包括运用获得的知识、事业环境因素及组织过程资产进行有效工作的技能。专家判断包括企业/组织知识、商业敏锐度、行业知识、生命周期知识、政治和文化意识、产品知识和标准。

3.4.4   沟通技能

利用沟通技能来提供、接收或启发来自各方的信息。由于商业分析专业人士需要管理的关系和互动的数量，以及需要交换的信息数量，该技能是商业分析专业人士需要掌握的最关键的技能之一。沟通技能的类别包括积极倾听、沟通剪裁、引导、非语言与语言沟通、视觉沟通技巧、专业写作和关系建立。

3.4.5   个人技能

个人技能是指能够识别个人属性的技能和素质属性。相关方、项目团队成员和同行使用该类别中的技能和素质属性来评价商业分析专业人士在个人层面上的有效性。当一名商业分析专业人士被认为在任何或所有这些技能和属性上都有较强的能力时，他就能够建立信誉。个人技能的类别包括适应性、道德、学习、多任务处理、客观性、自我意识、时间管理和职业道德。

3.4.6   领导力技能

领导力包括把一组人的注意力集中在一个共同的目标上，使他们能够像一个团队一样工作。商业分析专业人士利用这些技能，通过不同形式的启发来领导不同的相关方，通过相关方的差异进行分类，以帮助企业在需求和优先级上进行决策，并且最终获得支持，从而将解决方案过渡到商业环境中。领导力技能的类别包括推动变革的技能、谈判技能、个人发展技能，以及其他能使商业分析专业人士成为值得信赖的顾问的技能。

3.4.7   工具知识

工具知识是由各种类型的工具知识组成的，如果掌握了这些工具，实践者就能更有效地工作。商业分析专业人士使用各种软件和硬件产品来帮助他们与相关方进行互动并完成工作。工具知识的类别包括沟通和协作工具、桌面工具、报告和分析工具、需求管理工具和建模工具。

有关个人知识、技能和个人素质的更多信息（包括在第 3.4.2 节~第 3.4.7 节中介绍的每个技能类别），见附录 X3。

第4章 需要评估

需要评估包括用于以下过程：分析当前商业问题或机会；分析当前状态和将来状态来确定优化的解决方案，从而提供价值并满足商业需要；组合分析结果为决策者提供相关信息，以便他们决定对所提议的解决方案投资是否可行。

需要评估的过程包括：

4.1 识别问题或机会——识别待解决的问题或待寻求的机会的过程。

4.2 评估当前状态——检查所分析的当前环境以了解组织内部或外部的重要因素的过程，这些重要因素可能是问题或机会的原因。

4.3 确定将来状态——确定现有能力中存在的差距，以及为了达到所期望的将来状态而需要提出一系列变更的过程，以解决分析中存在的问题或抓住分析中出现的机会。

4.4 确定可行选项和提供建议——应用各种分析技术来检查可能的解决方案的过程，这些解决方案可以满足商业目的和目标，并且确定哪些选项是组织所追求的最佳方案。

4.5 引导产品路线图开发——支持产品路线图开发的过程。产品路线图在高层级上描绘了产品的哪些方面计划在项目组合、项目集，或者一个或多个项目迭代或发布的过程中交付，以及这些方面交付的潜在顺序。

4.6 组合商业论证——综合经过深入研究和分析的信息，以支持选择最佳的项目组合组件、项目集或项目，从而达成商业目的和目标的过程。

4.7 支持章程开发——利用在需要评估和商业论证开发工作中获得的商业分析知识、经验和产品信息，与发起人实体和相关方资源协作开发章程的过程。

图 4-1 概述了需要评估的各个过程。商业分析过程被描述为具有定义接口的互相独立的过程，但在实践中它们会以本指南无法全面详述的方式相互交叠和相互作用。

图 4-1　需要评估概述

需要评估的核心概念

需要评估的过程可以指导组织做出投资决策。在项目组合和项目集管理期间，商业分析结果用于确保项目组合或项目集的绩效能持续提供预期的商业价值；这些新举措与组织战略、项目组合和项目集的目标相匹配；通过使用准确的信息，对所提的项目组合组件、项目集和项目都进行了仔细审查；对所提的解决方案的各个方面都进行了价值和风险分析。在项目工作期间，会发生类似的匹配调整活动，以确保该计划与组织战略保持一致。

执行需要评估活动，是为了评估组织的内部和外部环境和当前能力，以确定一系列可行的解决方案选项，如果其中任何一项被执行，都将有助于组织满足商业需要。这些活动向决策人员提供了在确定要采取哪些战略举措；执行哪些活动；实施或终止哪些项目组合组件时可以使用的信息。该结果提供了在启动项目组合组件、项目集或项目，以及建立项目组合、项目集或项目和产品范围时所要使用的背景信息。

与相关方一起理解商业问题和机会对所有项目集和项目都很重要；需要评估记录的正式程度取决于组织、文化、环境、市场及可能的监管制约因素。

4.1 识别问题或机会

识别问题或机会是识别待解决的问题或待寻求的机会的过程。本过程的关键效益是，形成对本组织正在考虑解决的情境的清晰理解。如果没有完全理解问题或机会，组织寻求的解决方案可能并不满足商业需要。图 4-2 描述了本过程的输入、工具与技术和输出。图 4-3 是本过程的数据流向图。

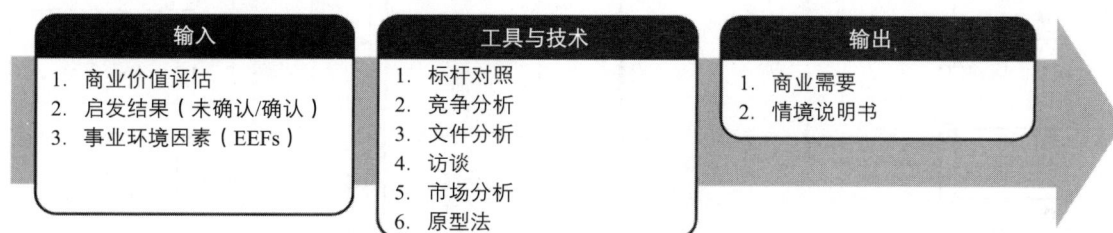

输入	工具与技术	输出
1. 商业价值评估 2. 启发结果（未确认/确认） 3. 事业环境因素（EEFs）	1. 标杆对照 2. 竞争分析 3. 文件分析 4. 访谈 5. 市场分析 6. 原型法	1. 商业需要 2. 情境说明书

图 4-2 识别问题或机会：输入、工具与技术和输出

在需要评估中执行的部分工作是识别正在解决的问题或需要把握的机会。为了避免过早地关注解决方案，应将工作重点放在了解当前环境和分析所发现的信息。提出诸如"我们正在解决什么问题？""有什么机会可以改变我们服务客户的方式？"等问题，可以与相关方一起探究情境，而不直接跳入解决方案。

实施不同类型的启发，来提取足够的信息，以充分识别问题或机会。一旦对情境有了广泛的理解，就有必要启发相关的信息来了解问题或机会的量级。缺乏数据可能导致提出的解决方案与手头的问题相比规模太小，或者太大。这一过程与第 6.3 节所述的"实施启发"共同发生，因为要识别问题或机会所需的大部分信息都是通过有效的启发获得的。

一旦问题被理解，就可以通过记录需要解决的当前问题或需要探索的机会来起草情境说明书。起草情境说明书可以确保对组织计划解决的问题或把握的机会有深入的了解。通过与关键相关方一起审查和批准情境说明书，确保解决方案团队能正确地评估情境。如果情境说明书没有得到正确的理解，或者相关方对情境有不同的理解，那么就会存在识别出错误的解决方案的风险。商业问题或机会是在支持项目组合和项目集管理的活动中被定义的，并且发生在项目实施的前期，因为它为商业论证的开发提供了基础。

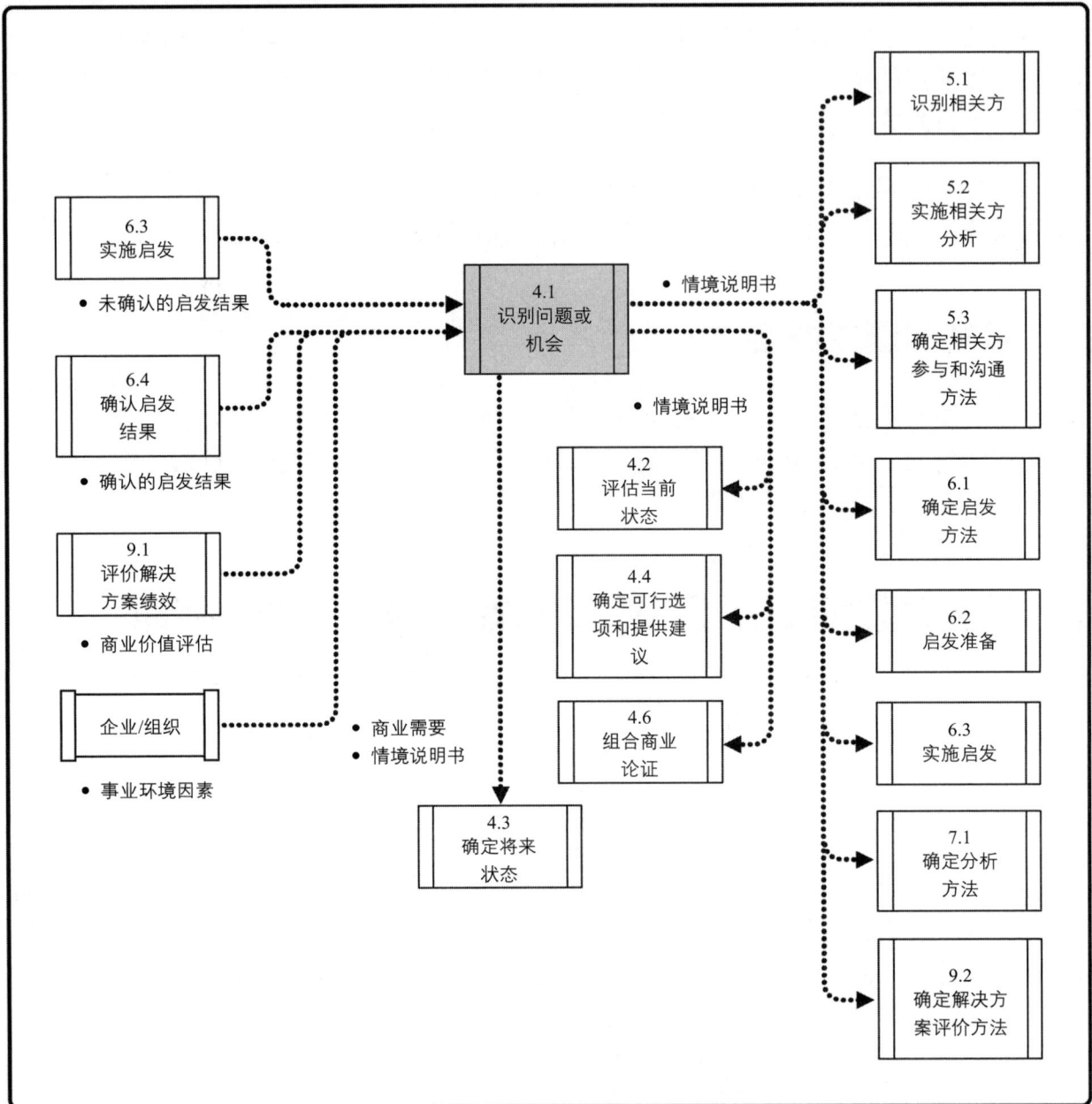

图 4-3   识别问题或机会：数据流向图

4.1.1   识别问题或机会：输入

4.1.1.1   商业价值评估

如第 9.1.3.1 节所述。在商业分析中，商业价值指的是时间、金钱、商品，或者作为交换回报的无形资产。商业分析包括审查已实施或部分实施的解决方案，来评估组织预期提供的商业价值是否被交付。当预期值与实际值间存在显著差异时，就要实施需要评估活动来分析情境并发现任何由此产生的问题或机会。当商业价值的评估为负数时，商业价值评估被用来确定问题是否存在，以及问题的严重程度。当评估的商业价值超过预期的价值时，所分析的情境被认为是一个机会，因为组织可以通过寻求机会来进一步提升所收到的积极成果。解决方案评价活动需要持续进行，因为随着时间的推移，组织可能改变其对解决方案的价值期望。

4.1.1.2　启发结果（未确认/确认）

如第 6.3.3.1 节和第 6.4.3.1 节所述。启发结果包括从启发活动中获得的商业分析信息。事先讨论的结果可以采用多种形式，如草图、图表、模型，以及活动挂图、便利贴或索引卡上的注释。以往的讨论和启发活动的结果可以作为一个起点，以充分了解情境，并且充分了解问题的背景或正在调查的机会。通过分析和持续的协作，用于识别问题或机会的启发结果可能从未确认转变为确认，这也表明了，在商业分析中启发和分析的迭代本质。

4.1.1.3　事业环境因素

如第 2.2.1 节和第 2.2.2 节所述。EEFs 是不受团队直接控制的条件，EEFs 影响、制约或指导项目组合、项目集或项目。在进行需要评估的活动（包括研究现有的问题或机会）时，可能审查各种各样的 EEFs，以便更好地了解正在调查的情境。一些例子包括：

- 强制与卖方或第三方供应商建立关系的合同限制，这可能是造成现有问题的因素；
- 法律和治理的限制，如联邦、州、地方、国际的法律和行业标准，可能施加制约因素或附加要求；
- 可能引起问题的市场条件，这些问题会阻碍当前产品的成功，如竞争对手的态度转变或组织在市场中的形象转变；
- 社会和文化影响对客户的购买习惯产生影响，并且对所提供的产品产生正面或负面的影响；
- 相关方的期望和风险偏好可能影响企业愿意或能够接受的解决方案选项。

4.1.2　识别问题或机会：工具与技术

4.1.2.1　标杆对照

标杆对照是将组织的实践、过程和测量结果与确立的标准，或者与行业内或跨行业的"一流"组织所取得的成果进行比较。其目的是获得对成功组织如何运作的深入了解。标杆对照的结果可以用来识别组织绩效需要改进的领域。标杆对照并不是商业分析专业独有的技术，但它是一种用来分析结果的商业分析技能。

一旦对情境有了广泛的了解，就有必要收集相关数据，以了解问题或机会的量级。商业分析专业人士应该尝试估量问题或机会的大小，以帮助确定合适规模的解决方案。当数据无法被切实收集，或者组织内部的信息不足以了解当前状态时，标杆对照的结果可能被用来提供信息。在《商业分析实践指南》的第 2.4.5.3 节中对标杆对照有进一步的讨论。

4.1.2.2　竞争分析

竞争分析是一种获取和分析组织外部环境信息的技术。利用竞争分析的结果，可以识别出形成威胁的竞争对手的优势，或者可能发现组织相比竞争对手的弱点。这些差距对于识别一个组织是否想保持竞争力至关重要。这些发现可用来识别客户需求中没有得到满足或完全被忽略的地方，从而提供了开发产品的机会以填补市场空缺或识别现有产品的新市场。竞争分析是市场分析的一个组成部分。在《商业分析实践指南》的第 2.4.5.3 节中对竞争分析有进一步的讨论。有关市场分析的信息，见第 4.1.2.5 节。

4.1.2.3　文件分析

文件分析是一种启发技术，用于分析现有文件以识别与需求相关的信息。在识别问题或机会时，该技术涉及审查与商业需要相关的信息。例如，战略目的和目标、绩效目的和结果、客户调查结果、关于当前过程的文件及可能会被分析的商业规则。目标是在确定问题或机会时，识别与审查最相关的信息，以支持分析工作。有关文件分析的更多信息，见第 6.3.2.3 节。

4.1.2.4　访谈

访谈是一种通过向个人或相关方群体提问并记录其反馈的方式，来启发信息的正式或非正式的方法。与关键相关方的访谈可以产生大量的信息，以支持对问题或机会的识别。可以进行跟进访谈，以发现有关正在检查的情境的更多细节。访谈是数种启发式技术之一，可以用来发现制定情境说明书所需要的信息。有关访谈的更多信息，见第 6.3.2.6 节。

4.1.2.5　市场分析

市场分析是一种技术，它用于获取和分析组织所在市场领域的市场特征和条件，然后将这些信息与组织的增长计划和预测相叠加。与任意数量的特征相关的信息都可以进行研究，如市场规模、趋势、增长率、客户、产品、分销渠道、机会、威胁，等等。所获得的信息被组织用于决策，特别是影响未来产品投资的决策。市场分析结果可以用来支持战略规划，并且为未来的启发提供背景。

分析结果可能有助于发现如消费者偏好的改变、进入市场的新竞争者、新法规或消费习惯的下降趋势等威胁。完整的市场分析包括关于组织运作、竞争者、风险和制约因素的领域，以及预期销售增长或市场份额的预测的行业和市场的信息。在分析问题或机会时，这些信息都是有价值的。

4.1.2.6　原型法

原型法是一种通过在构建预期解决方案前先提供其模型，以获取对需求的早期反馈的方法。在识别问题或机会时，这种方法有助于从客户的角度来学习和发现什么是有价值的。低保真原型通过模型来提供可能最终演变成产品设计的可视化的外观，当使用适应型的开发方法时，这对于识别项目中的问题和机会可能特别有价值。在视觉传达比语言交流更有效的情况下，低保真原型也可能有用。有关原型法的更多信息，见第 6.3.2.8 节。

4.1.3　识别问题或机会：输出

4.1.3.1　商业需要

商业需要是基于现有的问题或机会，推动组织变化的动力。它对为什么要提出组织变更，以及为什么要考虑新的项目组合组件、项目集或项目提供了理由。一旦明确了定义，在讨论将来状态、解决方案选项和商业需要时，它将用于提供背景信息。

4.1.3.2　情境说明书

在商业分析中，情境说明书是对问题或机会的客观说明，包括说明本身、情境对组织的效果，以及由此产生的影响。情境说明书为问题或机会的说明提供了一种简明的格式。当然，组织可以有其他的首选格式。重点并不在于格式，而在于确保团队在讨论解决方案之前讨论情境并对此达成一致。有关如何记录情境说明书，见《商业分析实践指南》的第 2.3.4 节。

4.1.4　识别问题或机会：裁剪考虑因素

表 4-1 描述了用于识别问题或机会的适应型和预测型裁剪考虑因素。

表 4-1   识别问题或机会的适应型和预测型裁剪

需要裁剪的方面	典型的适应型考虑因素	典型的预测型考虑因素
名称	识别问题或机会	
方法	在项目组合、项目集或项目启动前的早期计划迭代中执行；执行需要评估的正式程度取决于组织、文化、环境、市场和/或监管制约因素	在项目组合、项目集或项目启动前，需要评估是作为一个更正式的过程来执行的，情境说明书将在此过程中被起草、审查和批准
可交付成果	对于适应型项目，通常需要为其创建一个简短的项目意向书。无论采取何种形式，意向书通常都会陈述商业目标、价值主张、利益、目标、里程碑、客户和合作伙伴等。这是战略规划工作的一部分，也是项目的一部分。它还可能包括非常高层级的用户史诗，当故事被选择为所要发布的一个功能时，它们随后被分解为用户故事。 涉及较高风险或处于监管行业的情境可能需要书面的情境说明书	有文件记录的情况陈述。任何评估情况所需的模型

4.1.5   识别问题或机会：协作点

所有层级的管理者都可以作为信息的来源，提供问题或机会背后的背景和历史。这些管理者还可以消除阻碍获取其他掌握所需信息的关键相关方的障碍。有时，由于管理的有效性和在日程安排上的困难，这些管理者所拥有的信息很难获得。当出现这种情况时，商业分析专业人士可能需要与候选的代理人进行合作。

4.2   评估当前状态

评估当前状态是检查所分析的当前环境以了解组织内部或外部的重要因素的过程，这些因素可能是问题或机会的原因。本过程的关键效益是，它提供了对组织现有状态的充分理解，并且提供了关于确定当前状态中哪些元素将保持不变，以及哪些变更是实现将来状态所必需的背景信息。过程的输入、工具与技术和输出如图 4-4 所示。图 4-5 描述了过程的数据流向图。

图 4-4　评估当前状态：输入、工具与技术和输出

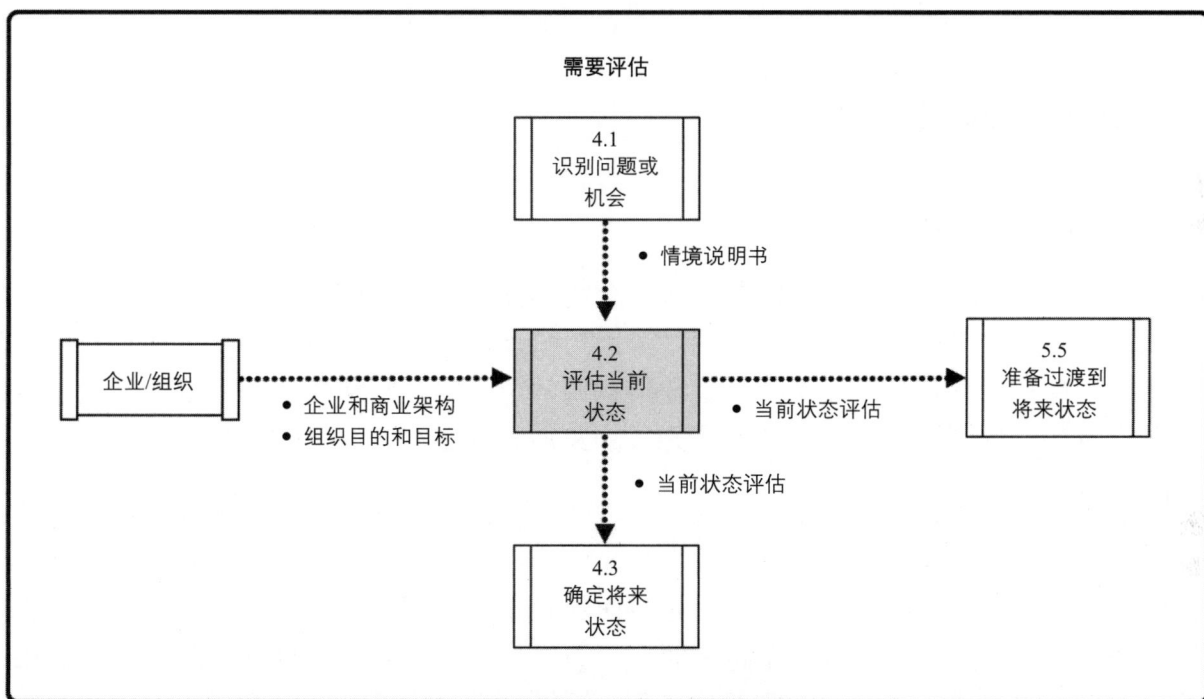

图 4-5　评估当前状态：数据流向图

评估当前状态（包括研究和分析现有组织环境的各个方面），以了解商业所关注或感兴趣的情境。分析领域可能涉及项目组合、项目集或项目、组织内的部门或业务单元、竞争环境的一个方面、特定的产品，或者其他一些领域。可以分析各种因素，如组织结构、当前能力、文化、过程、政策、企业与商业架构、人力资源与资本等能力，以及外部因素等。在通常情况下，作为该过程的一部分所获得的信息比作为定义问题或机会的一部分而分析的信息更加详细，因为正在进行的启发活动能持续不断地生成信息。评估当前状态与第 6.3 节中介绍的实施启发相关。

评估组织当前的能力是评估当前状态的一个重要关注点。能力是组织的功能、过程、服务或其他能力。能力使组织能够实现其战略。对问题及与其相关的根本原因的分析，使组织能够识别所需的或需要提升成熟度的能力来满足商业需要。捕获任何限制因素及与这些因素相关的根本原因，并且适当地记录为解决这些问题所需的能力或特性。

执行当前状态评估是为了充分了解问题或机会，以便充分了解情境，而不需要对需求进行全面分析。关于当前状态的信息，可以通过如文件分析、访谈、观察和调查等各种启发方法获得。

商业分析活动的重点应该是分析与定义情境说明书相关的领域，并且要小心，以避免分析那些超出范围的领域或对将来状态的最终定义没有帮助的领域。在当前状态已经被充分评估的情况下，有时可以将该知识作为定义将来状态的基础，而不进行另一次当前状态评估。在一些组织中，执行当前状态评估的分析资源可能与在获批并启动的项目中执行商业分析的分析资源不是同一个团队。

4.2.1 评估当前状态：输入

4.2.1.1 企业和商业架构

如第 2.2.2 节所述。企业架构是运作企业所必需的一系列商业及技术组件的集合。企业架构是以示意图或模型的形式组合的。可以对模型进行分析，以了解变革对企业各个方面的战略和运营的影响。商业架构是企业架构的一个子集，它包含组织的商业功能、组织结构、位置和过程等组件，还包括这些元素的文件和描述。

企业和商业架构是对当前状态评估的基本输入，因为它们从整体上直观地描述了企业和组织架构的不同方面，这些方面需要在将来的商业分析工作中加以理解。这些架构在当前的情况下提供了最大的价值，但即使是过时的模型也可以被利用，并且作为与商业相关方进行对话的起点。当架构模型不存在时，可以实施商业分析，以对所分析的情境最相关的模型的各个方面进行开发。除了架构模型，系统支持的实际系统或数据也可以从高层级进行审查，以理解关键数据组件、当前关系和商业规则。该工作可以借助企业或商业架构师的支持来执行。

4.2.1.2 组织目的和目标

组织目的定义了企业为实现其战略而建立的可衡量的目标。组织目标是旨在指导本组织的行动以达成其目标的声明。目的通常是广义的，并且其过程跨越一年或更长时间。目标则是为了成就目的，它更具体，而且其过程的时间跨度往往更短，通常其持续时间为一年或更短。目的和目标为决策哪些项目集或项目最应该被执行提供了应用标准。

现有的组织目的和目标可以作为当前状态分析的一部分来进行审查。组织目的和目标通常在公司内部的战略文件和商业计划中有所体现。可以审查这些文件和计划，以获得对该行业及其市场、竞争、现有产品、潜在新产品，以及发展组织战略中使用的其他因素的了解。如果无法对公司的战略文件和计划进行审查，则可能需要与相关方进行面谈以确定这些信息。在《商业分析实践指南》的第 2.4.1 节中对组织的目的和目标有进一步的讨论。

4.2.1.3　情境说明书

如第 4.1.3.2 节所述。情境说明书提供了关于商业部门要处理的问题或机会的客观陈述，以及情境对组织的影响和冲击。将当前状态的评估与情境说明书进行比较，以确定问题或机会对现有组织环境的影响。

4.2.2　评估当前状态：工具与技术

4.2.2.1　商业架构技术

商业架构技术是用于对商业架构的组织框架进行建模，每种框架都提供不同的方法来分析商业的各个方面。这些模型可以作为评估当前状态的核对单、框架或工作辅助工具，并且可以用于指导组织内的战略决策，特别是在项目组合和项目集层面的决策。

4.2.2.2　商业能力分析

商业能力分析是一种用于分析绩效的技术，它通过对组织开展工作所用的过程、人员技能和其他资源进行分析来完成。分析当前能力所获取的历史数据可用于理解趋势，并且确定哪些指标可以作为决定一项能力是否适合当前状态的有益参考。历史数据用于建立绩效标准，以评估当前和将来的绩效。在当前状态下，目标是确定规范，通过该规范可以对商业能力进行评估，以及持续测量和监督。在将来状态下，这个规范可以用来为将来绩效确立基准。

4.2.2.3　能力框架

能力框架提供了关于组织的关键技能、知识、行为、能力、系统及整体价值竞争力的一系列描述。被分析的这些能力可以用于人员或产品。能力框架可能包含有关实体、财务、信息或智力能力的信息。一些能力因为支持它们的资产而变得可用。实体能力可以是使用建造机械的能力，这需要机械本身和具有操作能力的个人；而智慧能力可以是版权和知识产权。人员的能力通常按照角色或职位列出。在培训、招聘，或者将人力资源分配到过程或项目时，该信息支持改进的决策。能力框架可能包含有关能力的信息，这些能力使组织能够在今天进行运营，并且可以用作执行差距分析以识别实现将来状态所需能力的起点。呈现能力信息有许多不同的格式，表 4-2 和表 4-3 分别展示了关注人员和关注产品的两种讨论。在任意一个表中的行和列均可以更改或切换。一些组织将这些类型的框架称为成熟度模型。

表 4-2　分析人员能力的能力框架格式示例

能力框架——商业分析工作类					
商业分析专业 人士	入门级	中级	高级 I	高级 II	高级 III
能力 1	描述个人应如何在 每个层级中展示能力				
能力 2					
能力 3					

表 4-3　分析产品能力的能力框架格式示例

测量的分类	成熟度				
	等级 0	等级 1	等级 2	等级 3	……
人员	人力资源标准				
过程	过程和方法标准				
技术	工具或技术标准				

4.2.2.4　能力表

　　能力表被用于分析当前或将来状态的能力。在将来状态的分析中，该模型可以用来显示解决问题或抓住机会所需的能力。该技术可用于描述情境、其根本原因和解决情境所需能力之间的关系。该模型可以提供一种简单的方法来可视化当前的问题、关联的根本原因，以及如果执行所提议的新能力或特性。如今，存在不同形式的能力表。表 4-4 描述了能力表的格式示例。在《商业分析实践指南》的第 2.4.5.1 节中对能力表有进一步的讨论。

表 4-4　能力表的格式示例

问题/当前限制	根本原因	新能力/特性
问题 1	问题 1 的第 1 个根本原因	• 新能力 • 新能力
	问题 1 的第 2 个根本原因	• 新能力
	问题 1 的第 3 个根本原因	• 新能力
问题 2	问题 2 的第 1 个根本原因	• 新能力 • 新能力
	问题 2 的第 2 个根本原因	• 新能力

4.2.2.5　启发技术

启发技术用于从各种来源中抽取信息。关于当前状态的信息可以通过各种启发式方法获得，如第 6.3 节"实施启发"中所述。在进行当前状态分析时，文件分析、访谈、观察法、问卷调查都是一些有效的常用技术。

- **文件分析**。用于分析现有文件并识别相关产品信息的启发技术。在组织中发现的许多文件都可以用来提供关于当前状态的相关信息，如培训材料、产品文献、标准操作程序或过去项目的可交付成果。有关文件分析的更多信息，见第 6.3.2.3 节。

- **访谈**。从相关方处启发信息的正式或非正式的方法。可以安排与拥有关于当前状态的关键信息的不同相关方进行访谈，如现有解决方案的用户或识别问题所处的现有过程的参与者。有关访谈的更多信息，见第 6.3.2.6 节。

- **观察法**。一种启发技术，它通过查看个人在其自身环境中执行工作或任务和执行过程的方式，从而提供一种直接的方法来启发有关如何执行过程或如何使用产品的信息。通过使用观察法，观察者可以亲身体验当前状态。有关观察法的更多信息，见第 6.3.2.7 节。

- **问卷调查**。旨在从大量的受访者中快速收集信息而设计的书面问题集。可以开发一些调查以启发有关当前状态的信息。例如，客户或商务相关方可能希望看到改进、关注或存在问题的领域。当过程涉及保密时，参与者可能更愿意提供他们在面对面讨论（如访谈）时不会提供的信息。有关问卷调查的更多信息，见第 6.3.2.9 节。

有关启发技术的更多信息，见第 6.3.2 节。

4.2.2.6　术语表

在商业分析中，术语表提供了关于产品的术语和缩略语的定义清单。术语表应在项目组合、项目集或项目分析中尽可能早地开始使用，以支持公共语言。因此，这是一种通常从需要评估活动就开始使用的方法。可以复用作为组织商业架构的一部分或从过去的项目归档资料中维护的公共术语表。有关术语表的更多信息，见第 7.3.2.3 节。

4.2.2.7　帕累托图

帕累托图是一种直方图，可以用来传达根本原因分析的结果。帕累托图是一种特殊的垂直柱状图，用来强调在一组数据中最重要的因素。纵轴可以描述任何对产品团队重要的信息类别，如成本或频率，或者时间或金钱等的后果。横轴可以显示正在测量的数据类别，如问题类型或原因类别。在分析问题时，纵轴可能描述不同类型问题发生的频率、确定原因类别的次数，或者解决不同产品问题的总成本。数据结果按降序显示，这很容易引起人们对问题、原因或成本的关注，这些数据结果具有最高的重要性，因此需要给予其最多的关注。帕累托图的格式有助于演示 80/20 原则，即 80% 的问题可以与 20% 的原因相关。帕累托图也称为帕累托表。创造这些视觉效果的过程叫作帕累托分析。图 4-6 显示了帕累托图的格式示例。

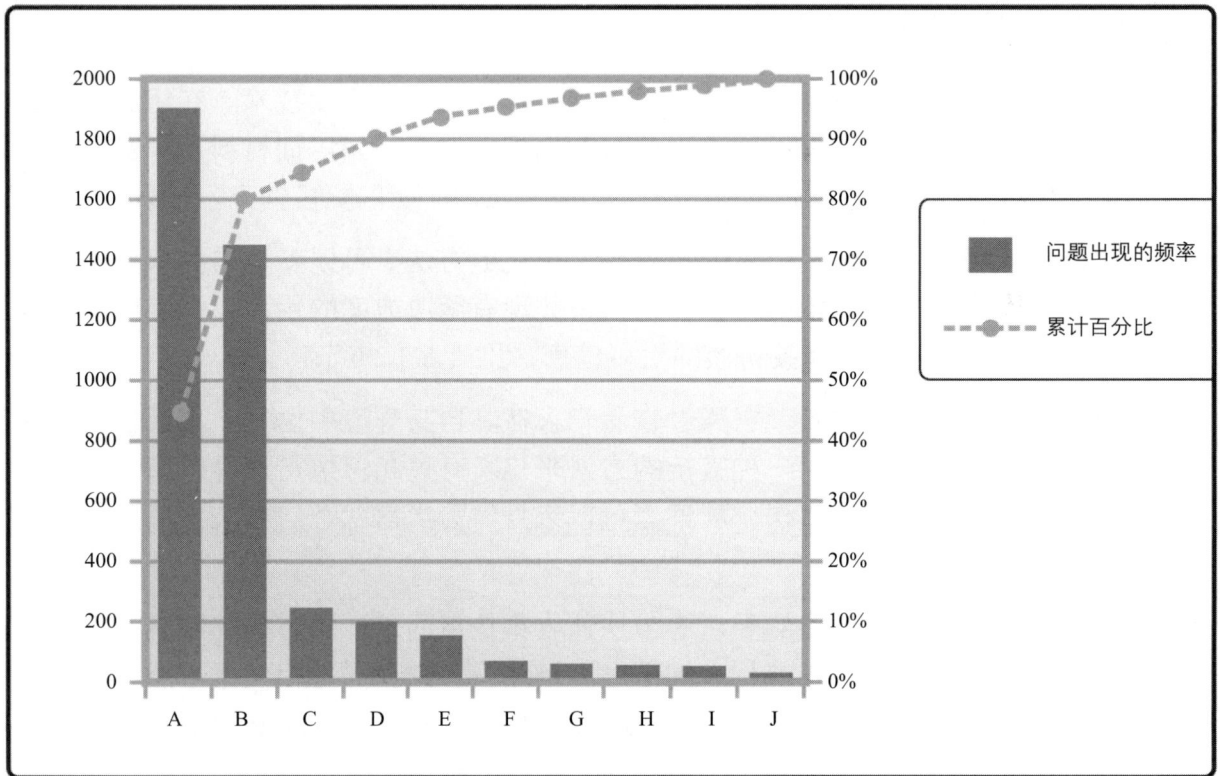

图 4-6   帕累托图的格式示例

4.2.2.8   过程流

过程流描述了商业过程和相关方与这些过程交互的方式。过程流可以用来记录商业的当前过程。图表为与相关方和产品团队讨论在现有环境下如何执行工作提供了可视化的背景。模型还可以用来分析过程对给定问题的贡献方式。价值流图（过程流的一种变体）可以用来识别增加价值（价值流）和不增加价值（浪费）的过程步骤。这些信息可以用来确定哪些领域的过程可以被简化以消除效率低下的问题。有关过程流的更多信息，见第 7.2.2.12 节。

4.2.2.9   根本原因和机会分析

情境一旦被发现、记录并针对其达成一致，就需要在采取行动之前进行分析。在商定待解决的问题或要寻求的机会之后，可以将问题或机会分解为根本原因或机会的贡献因素，以便提出可行的和适当的解决办法。用于执行此分析的两种常用技术如下：

- **根本原因分析**。是用于确定引起偏差、缺陷或风险的根本原因的技术。当应用于商业问题时，根本原因分析可以用来发现问题的潜在原因，以便能够设计解决方案来减少或消除它们。

- **机会分析**。是用于研究潜在机会的主要方面的技术，以确定能实现产品目标的可能变更。机会分析可能需要额外的工作来研究组织可能考虑进入的潜在市场。

一些可以用来分析根本原因和机会的技术，包括：

- **因果图**

  - **鱼骨图**。因果图的一种版本，用直观的方式描述问题及其根本原因。这些图是当前情境，以及问题发生的高层级原因的快照。它们有助于将问题的不良影响追溯到其根本原因上。使用这种技术可以帮助产品团队避免在不了解问题发生的真正原因的情况下直接跳到解决方案。

    鱼骨图使用鱼骨的形状。其中，问题（效果）列在鱼头处，问题的原因和子原因放在鱼的骨头上。原因被分成几个类别，每个类别都是从鱼的脊骨上分出的分支。类别的名称被放置在矩形框中，以便于识别不同的类别。鱼骨的结构提供了一个布局，以帮助人们直观地评估因果关系，并且收集想法和关联性。当首先分析问题的根本原因时，该模型通常是一个很好的起点。然而，这项技术并不足以理解所有的根本原因。鱼骨图通常还被称为因果图或石川图。图 4-7 显示了鱼骨图的格式示例。

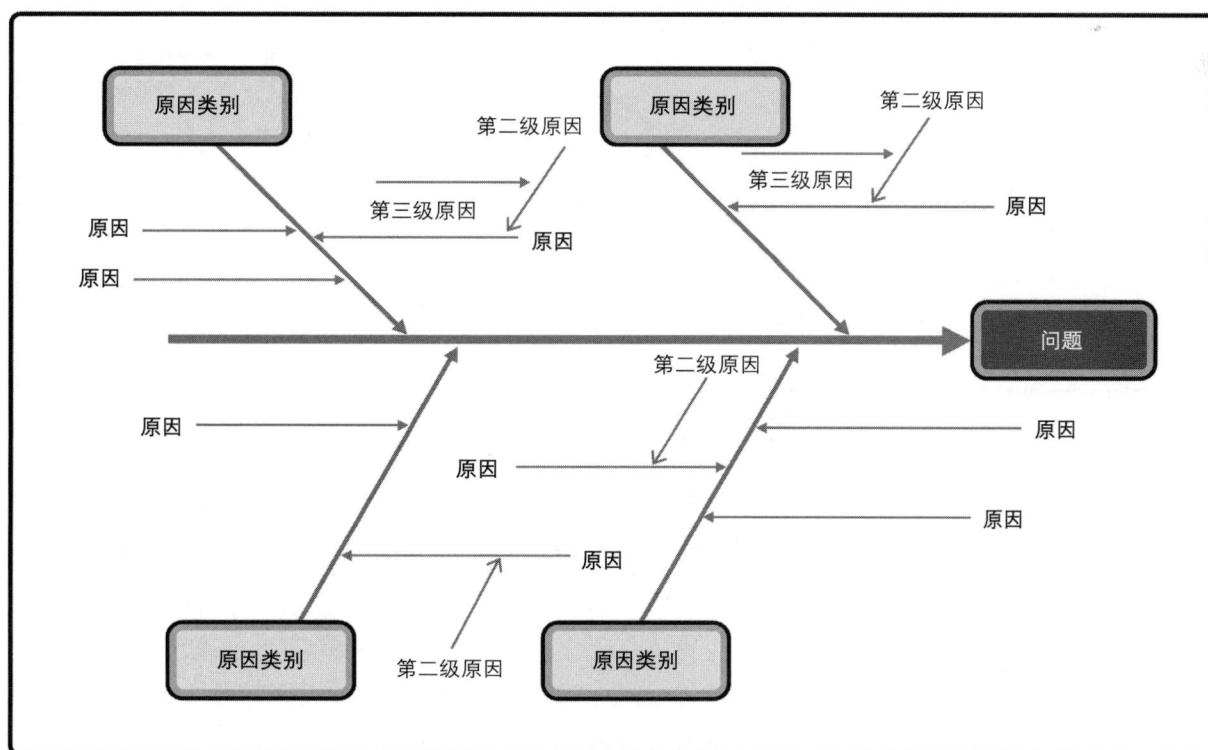

图 4-7　鱼骨图的格式示例

■ **关联图**。一种特殊类型的因果关系图，描述了特定情况的相关原因和结果。关联图有助于揭示在一种情境中所涉及的最重要的原因和结果。它们有助于将复杂的问题可视化，这些问题在多个变量之间有着看似难以处理的关系。在某些情况下，一个问题的原因可能是另一个问题的结果。关联图可以让相关方了解原因和结果间的关系，并且识别出哪些原因是产生问题的主要原因。关联图对于确定根本原因之间的关系非常有用，但是就像鱼骨图一样，它们都不足以理解所有的根本原因。

在不使用严格的线性过程的情况下，构建关联图可以帮助参与者单独隔离问题的每个维度。关注个人维度可以让参与者集中精力分析可管理的情境。当分析完成时，并且只有在整个关联图组合完成后，该图能让人们对问题有进一步的了解。图 4-8 显示了一种关联图的格式示例。在《商业分析实践指南》的第 2.4.4.2 节中对关联图有进一步的讨论，并且提供了示例。

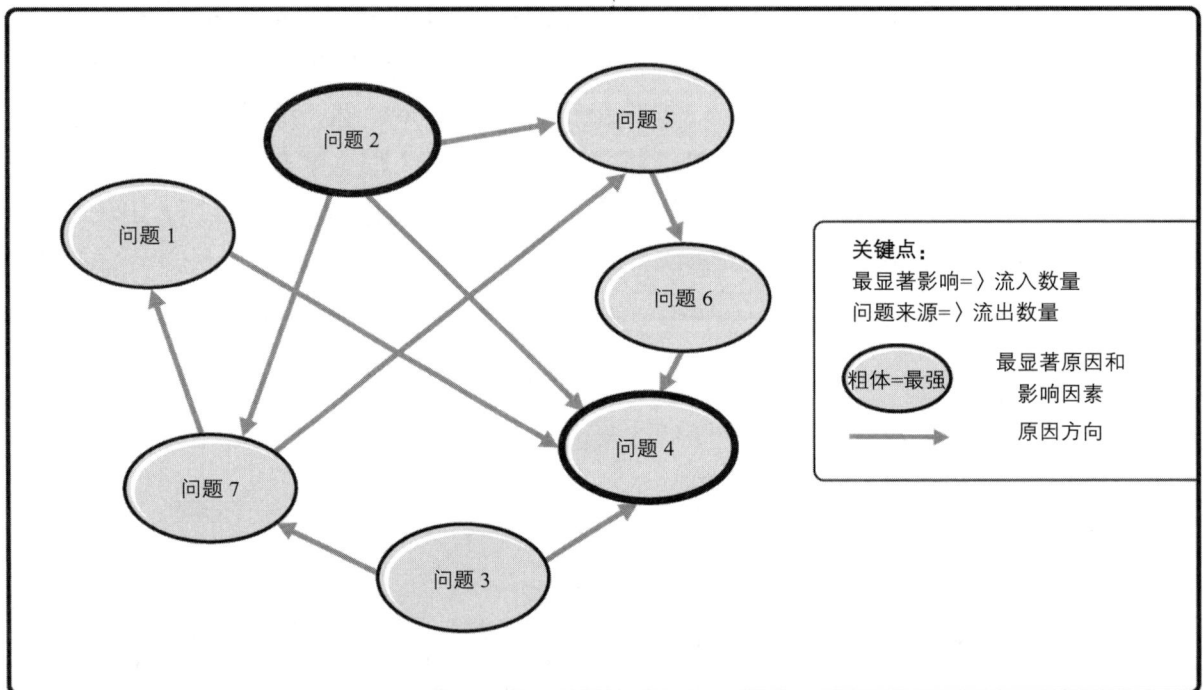

图 4-8　关联图的格式示例

● **五问法**。一种建议，即任何试图理解某个问题的人，都需要持续发问 5 次"为什么会出现这样的问题"，以便彻底理解问题的原因。这项技术并不提倡让一个人直接问参与者 5 次"为什么"；更确切地说，它提倡持续不断提问，使参与者参与到由更有针对性的提问所引发的更深层次的讨论中来。引导者或访谈者讨论问题，并且持续探究为什么会出现这种情境，直到问题的根本原因变得更清楚为止。通常是在经过了 5 轮提问后，才会发现问题的根本原因。在《商业分析实践指南》的第 2.4.4.1 节中对五问法技术有进一步的讨论。

4.2.2.10　SWOT 分析

SWOT 分析是一种分析组织、项目或选项的优势（Strengths）和劣势（Weaknesses），以及外部存在的机会（Opportunities）和威胁（Threats）的技术。该技术可用于评估组织战略、目的和目标，并且在讨论组织的高层级和重要方面时（特别是当它们与特定情境相关时），可以促进与相关方的讨论。SWOT 分析是一种被广泛使用的工具，可以帮助理解围绕商业需要的高层级观点。SWOT 分析可以用来创建一个结构化的框架，用于将情境分解为其根本原因或贡献因素。

SWOT 分析以如下的方式来调研内部和外部的情境：

- 内部
  - 说明组织有哪些优势来帮助解决问题或利用机会。
  - 揭示或承认为解决情境而需要减少的劣势。
- 外部
  - 确定外部环境中的潜在机会以缓解问题或抓住机会。
  - 显示在市场或外部环境中可能阻碍成功满足商业需要的威胁。

图 4-9 展示了 SWOT 图的格式示例。在《商业分析实践指南》的第 2.4.2 节中对 SWOT 图有进一步的讨论。

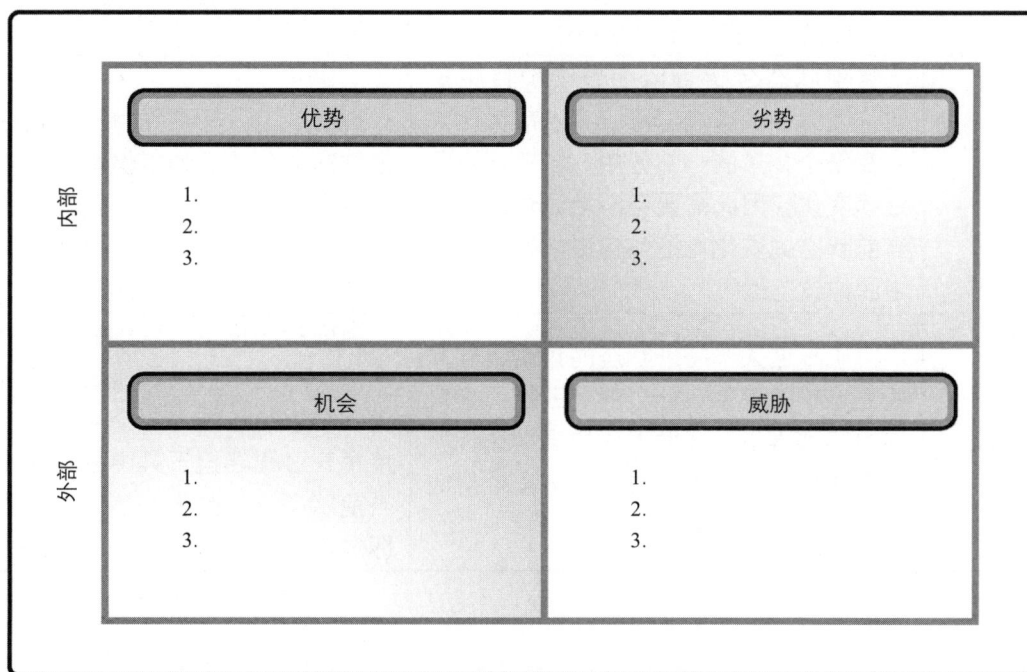

图 4-9　SWOT 图的格式示例

4.2.3　评估当前状态：输出

4.2.3.1　当前状态评估

当前状态评估是对当前运营模式或组织初始状态的理解。它是在对现有组织环境的审查中所取得的分析结果的最终展现。在分析当前状态时，捕获的典型信息可能是对现有商业背景的高级别的概述。示例包括关于现有商业过程、关键相关方、企业和商业架构、现有产品的模型和文本描述，以及这些项目是如何受到情境说明书中出现的问题或机会影响的。

当前状态评估可能只是对当前状态的理解，并不一定包括正式的文件。根据问题的规模、项目和行业的类型和复杂性，以及各种其他因素，可能不需要记录当前状态评估的结果。如果组织保持了完整的企业和商业架构，它也可以充分利用这些组织过程资产来代替为项目创建额外的现状文档。

4.2.4　评估当前状态：裁剪考虑因素

表 4-5 描述了用于评估当前状态的适应型和预测型裁剪考虑因素。

表 4-5　评估当前状态的适应型和预测型裁剪

需要裁剪的方面	典型的适应型考虑因素	典型的预测型考虑因素
名称	不一定是正式命名的过程;作为初始计划或迭代 0 的一部分执行	评估当前状态（当前状态分析）
方法	当前状态分析可以在整个项目中执行，因为每次迭代都可以将当前讨论集中在整个背景的一部分中。当前环境将继续变化，因此需要不断地评估以了解当前状态的变化可能如何影响在未完项中的拟议工作	当前状态分析是作为一个起点来为未来的商业分析工作提供背景。如果最近的状态评估是可用的，就有可能利用历史信息，避免进行另一种当前状态评估
可交付成果	为了推进关于将来状态的讨论，只需建立足够的模型。分析的范围及可交付的内容都集中在开发工作的早期迭代所必需的背景信息上，或者在开发轻量级商业论证时提供背景信息	当前状态模型可以完成到一个详细的水平。在需求启发开始之前，所构建的模型可以预先覆盖整个问题空间。可以包括在过程建模工具中生成的模型。从当前状态评估收集的信息可以通过利用标准化模板打包成当前状态评估文档

4.2.5　评估当前状态：协作点

商业相关方提供了深入的商业知识并提供了对当前状态的整体观点，包括了商业分析专业人士在开始对当前状态评估前所需的历史信息。与这些相关方建立关系是商业分析专业人士的第一步。如果项目启动了，商业相关方和商业分析专业人士应该在整个产品开发生命周期中保持协作。

4.3　确定将来状态

确定将来状态是确定现有能力中存在的差距，以及为了达到所期望的将来状态而需要提出一系列变更的过程，以解决分析中存在的问题或抓住分析中出现的机会。本过程的关键效益是，能识别出组织所需要的一组能力，以便能够从当前状态转变到期望的将来状态并满足商业需要。图 4-10 描述了本过程的输入、工具与技术和输出。图 4-11 是本过程的数据流向图。

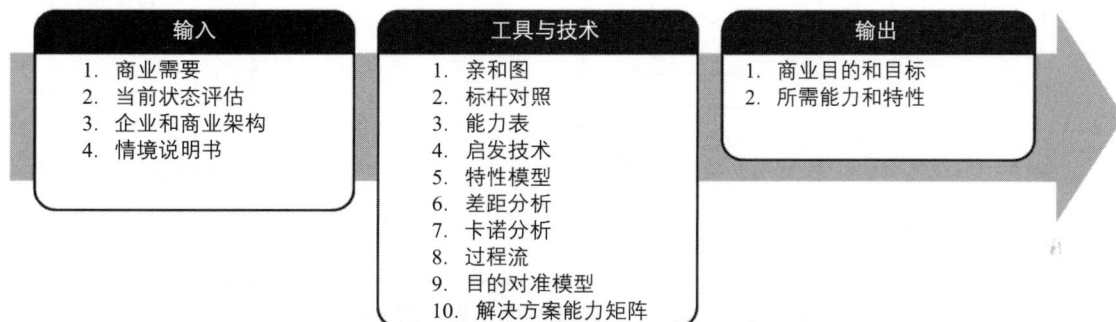

输入	工具与技术	输出
1. 商业需要 2. 当前状态评估 3. 企业和商业架构 4. 情境说明书	1. 亲和图 2. 标杆对照 3. 能力表 4. 启发技术 5. 特性模型 6. 差距分析 7. 卡诺分析 8. 过程流 9. 目的对准模型 10. 解决方案能力矩阵	1. 商业目的和目标 2. 所需能力和特性

图 4-10　确定将来状态：输入、工具与技术和输出

确定将来状态包括进行进一步的启发和分析，以定义满足商业需要所需的变更，并且确定哪些现有能力应该保留或应该增加哪些新的能力。在某些情况下，可能只需要推荐过程变更，而不需要增加新能力或其他资源。对于更复杂的情况，例如跨不同部门或涉及特别复杂的产品，将来状态可能涉及增加新的能力组合，包括过程变更、新机器、高技能的员工、实体工厂、新培训项目，新的或增强的 IT 系统，或者完全重新设计的产品，以及确定如何将这些新的元素与现有的能力相结合。

将来状态可能包括：

- 组织将承担的新工作；

- 通过外包以获取组织无法获得的能力；

- 以不同的方式应用现有资源；

- 增强的、新的或获得的能力组合。

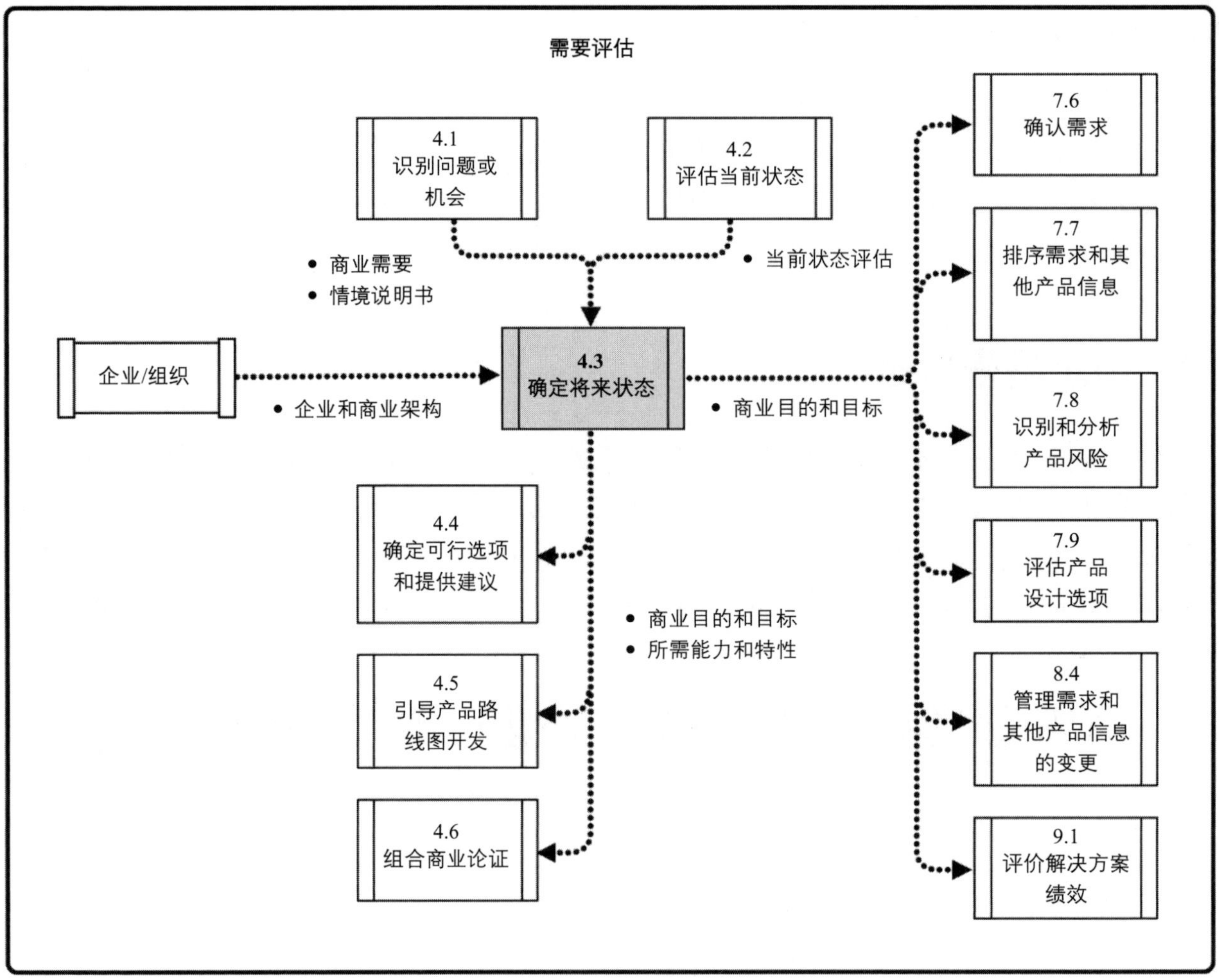

图 4-11　确定将来状态：数据流向图

　　进行商业分析以确定哪些能力组合将最好地解决所陈述的问题或机会。产品团队通过使用从当前状态分析中获得的关于情境和组织能力的信息开展工作。团队对将来状态将有一个清晰的定义，包括识别组织所需能力和特性，使组织从当前状态转变为所提议的将来状态。这里描述的所需能力和特性识别了需要的是什么，但没有规定推荐的解决方案。另外，需要进一步的分析来评估能力和特性将如何交付。这个分析的一部分包括获得关于用户或客户如何定义价值的透彻理解。

　　一旦获得了对将来状态的理解，将创建商业目的和目标来简要地传达商业希望项目组合、项目集或项目交付的内容。这里的商业目的和目标不应与组织目的和目标相混淆，后者是在分析当前状态中所要审查的一部分。商业目的和目标与组织目的和目标是一致的，但它们都处于较低的层次，因为它们都规定了商业正在寻求实现的既定目标。"商业"这一术语在这里用来表示组织遇到问题或希望获得机会的领域，并且代表有兴趣和意愿发起变更的组织区域。

4.3.1　确定将来状态：输入

4.3.1.1　商业需要

如第 4.1.3.1 节中所述。商业需要是组织应对现有问题或机会做出变更的动力。商业需要能够引导将来状态的商业目的和目标。它提供了组织为什么渴望变更的理由。商业需要提供了用于制定期望的将来状态所需的相关数据。

4.3.1.2　当前状态评估

如第 4.2.3.1 节中所述。提供关于当前环境的基本信息，将成为将来状态所依据的起点。当前状态评估可以包括关于当前环境的不同方面的信息，这些信息可以在确定需要进行哪些变更来解决问题或抓住机会时以供参考。在推荐新的能力之前，先回顾一下现有的能力，以了解产品团队工作的起点或基线。

4.3.1.3　企业和商业架构

如第 4.2.1.1 节中所述。企业和商业架构由运作企业所必需的一系列商业及技术组件组成。架构框架提供了关于当前状态的信息，这些信息可以用作讨论将来状态的起点。企业和商业架构支持产品团队了解当前的能力，并且帮助团队得出在将来状态下需要哪些新的或增强的能力的结论。

4.3.1.4　情境说明书

如第 4.1.3.2 节中所述。为理解当前存在的问题或机会提供了说明。这是建立将来状态的起点。将来状态是为了解决组织所面临的问题/机会而设定的。

4.3.2　确定将来状态：工具与技术

4.3.2.1　亲和图

在关于将来状态的讨论开始时，可以提议各种能力来解决正在分析的问题或抓住正在分析的机会。对将来状态的考虑应从更广泛的层面开始。通过不断的探索和沟通，产品团队筛选出不同的创意和备选方案。这些可以通过头脑风暴的形式来发现，头脑风暴是亲和图的配套技术。在第 5.1.2.1 节中对头脑风暴有相应的描述。

亲和图显示了创意的类别和子类别，这些创意彼此聚集或具有亲和力。在定义将来状态的考虑因素时，亲和图用于将大量的信息或创意处理为按类别组织的可管理的数据集。

为了解决问题，亲和图帮助整理问题或机会的相关原因。根据共同主题来分组数据的能力可以发现在单独考虑信息时不可能发现的见解。图 4-12 显示了亲和图的格式示例。在《商业分析实践指南》的第 2.4.5.2 节中提供了关于亲和图的实例并进行了深入的探讨。

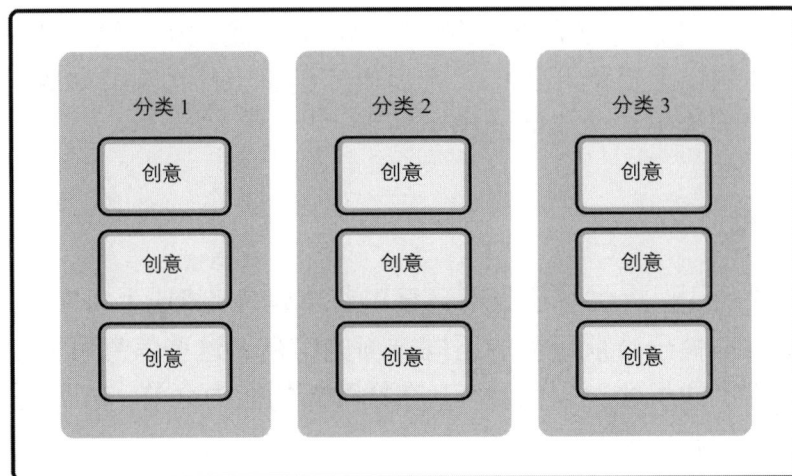

图 4-12　亲和图的格式示例

4.3.2.2　标杆对照

标杆对照是一种比较技术，用来将一组实践、过程和测量的结果与另一组进行比较。在将来状态分析中，这种技术提供了另一种方式来确定新的能力，即通过与外部组织的标杆对照研究进行比较，因为这些外部组织已经解决了类似的问题或抓住了组织正在考虑的机会。标杆对照研究通常被用来指导解决情境的最终建议，并且强调了哪些建议不值得考虑。有关标杆对照的更多信息，见第 4.1.2.1 节。

4.3.2.3　能力表

能力表将在当前状态中所识别的问题与它们的相关的根本原因，以及在将来状态中解决问题所需的能力相关联。在将从当前状态分析中获得的信息与从将来状态讨论中得到的信息关联起来时，这种技术是一个很好的选择模型。该模型在描述当前状态的同时也描述了解决问题和实现将来状态所需的能力或特性。有关能力表的更多信息，见第 4.2.2.4 节。

4.3.2.4　启发技术

启发技术用于从不同来源中抽取信息。如在第 6.3 节"实施启发"中所述，关于将来状态的信息可以通过各种启发方法获得。在将来状态分析中，一些常见的有效技术包括头脑风暴和引导式研讨会：

- 头脑风暴。一种用来在短时间内识别一系列创意的技术。在将来状态分析中，产品团队会就组织可能考虑用于解决这种情境的潜在能力进行对话。头脑风暴是一种可行的技术，可以帮助产品团队创建初始的能力表。它的配套技术是在第 4.3.2.1 节中所述的亲和图。有关头脑风暴的更多信息，见第 5.1.2.1 节。

- 引导式研讨会。由有经验且中立的引导师和一组通过精心挑选的相关方共同领导的结构化会议，以协作并朝着既定的目标工作。由于引导式研讨会支持参与者之间的交互、协作和良好的沟通，因此该技术是团队在定义将来状态时使用的一种可行的启发式技术。有关引导式研讨会的更多信息，见第 6.3.2.4 节。

关于启发技术的更多信息，见第 6.3.2 节。

4.3.2.5　特性模型

特性模型用树状或层级结构排列，以可视化的方式表示解决方案的所有特性。模型的优点是，有助于从视觉上和逻辑上对特性集进行分组。该模型可用于解析特性或能力的组合，有助于促进关于组织可能希望考虑的不同将来状态选项的讨论。可以创建不同版本的特性模型，每个版本都代表可能的将来状态备选方案。有关特性模型的更多信息，见第 7.2.2.8 节。

4.3.2.6　差距分析

差距分析是一种用于比较两个实体的技术，其分析对象通常是商业的当前状态和将来状态。在需要评估期间，通过检查当前状态和将来状态间的差异来执行差距分析。当前状态评估包括对现有环境中的要素进行深入探索，如过程、系统、人员，以及理解组织如今如何运作所必需的各种环境因素。将来状态评估包括探索解决问题或抓住机会所需的能力。差距分析是通过将所需的能力与现有的能力进行比较并识别差异或"差距"来执行的。这种差距指的是组织在将来状态下满足商业需要所缺少的能力。在《商业分析实践指南》的第 2.4.7 节中提供了关于差距分析的深入探讨。

4.3.2.7　卡诺分析

卡诺分析是一种从客户视角考虑产品特性的技术，用来对产品特性进行建模和分析。卡诺分析可以用来帮助产品团队理解在将来状态下考虑功能特性的重要程度。在卡诺分析中，产品特性被分为五类，并且标记在网格上。纵轴表示提供的特性将带来的客户满意度，横轴表示产品期望满足或交付特性的程度。当将产品特性放置到卡诺类别中时，通过考虑客户的观点或对特性的感知来确定功能分组。这种分类有助于产品团队理解每个特性是如何对客户的满意度做出贡献的。用卡诺调查来收集必要的数据并将其标记在网格上。在卡诺分析期间的发现为团队在考虑客户需求的优先级时提供了良好的信息。卡诺模型也可以用于分析产品。

在卡诺模型中有五种常用的产品特性类别。有些组织只使用前三种。每种情况的描述如下：

- 基本型。对相关方仅提供满意度较低的特性，但是，当最终解决方案缺失特性时，会引起极度不满。相关方不会对这一类别的特性给予太多的考虑，因为他们已假设这些特性将包含在最终解决方案里。

- 期望型。相关方考虑的、期望的并用来评估最终解决方案的特性。这些特性可以使相关方满意或不满意，这取决于解决方案在多大程度上能实现此类特性。

- 兴奋型。产品区别于竞争者产品的特性，有时被称为"哇"因素。愉悦源自感情因素。当这些特性存在时，相关方极度满意。当这些特性不存在时，通常，相关方甚至没有意识到该功能是可能的，并且不会对此感到不满意。

- 不关心型。既不会使客户满意也不会令其不满意的特性。客户不关心是否包含这些特性。这些特性沿卡诺模型的水平轴绘制。

- 反向型。当最终产品不包含这些特性时，相关方的满意度会增加。当最终产品呈现或增加这些特性时，相关方的满意度会降低。

客户的看法会随着时间的推移而改变。竞争对手可以在其产品中添加类似的"哇"因素，或者改进的"哇"因素，这反过来会降低初始产品的独特性。一旦客户的期望发生变化，那些曾经让人愉悦的兴奋型特性变成了期望型特性，甚至是基本型特性。

图 4-13 展示了卡诺模型的格式示例。

4.3.2.8　过程流

过程流用于描述在当前状态下的商业过程，并且作为在讨论将来状态时所期望和所需要变更的起点。当执行假设分析时，过程流建模是一种很好的技术，便于与关键相关方一起走查各种将来状态的场景。在过程流建模中产生的图表和流程可以被修改，以反映和分析各种将来状态并支持决策。存在各种仿真软件包，可用于对过程流的自动化和变更进行模拟，以分析将来状态的各种元素，然后开发解决方案选项，并且启动项目来实现这些变更。有关过程流的更多信息，见第 7.2.2.12 节。

4.3.2.9　目的对准模型

目的对准模型是一种技术，它提供了支持战略或产品决策的框架。该框架用于将选项与它所支持的商业目的进行对齐，从而对选项进行分类。该模型可以成为形成决策的基础，以确定选择何种选项及如何实现该选项。

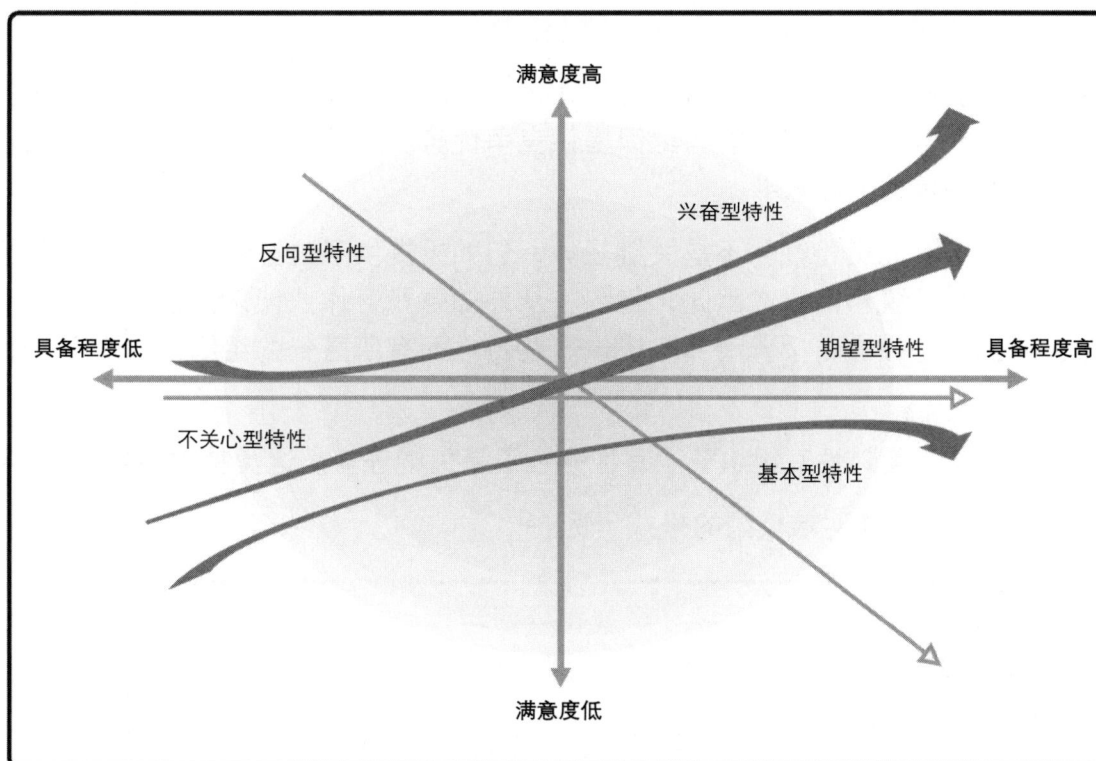

满意度高

兴奋型特性

反向型特性

具备程度低　　　　　　　　　　　　　　　期望型特性　　　　具备程度高

不关心型特性

基本型特性

满意度低

图 4-13　卡诺模型的格式示例

该模型有助于产品团队将商业战略与产品战略联系起来。例如，它可通过处理产品未完项中的特性来确定一个特性对于组织或发布的价值。对于将来状态分析而言，理解产品选项与商业目的的一致性有助于产品团队考虑不同的解决方案选项，以及要处理哪些特性和何时解决。有关产品未完项的更多信息，见第 7.3.2.4 节。

虽然这种技术通常被用作制定战略性或高层级产品决策的基础，但有些组织也使用它来分析和引导关于产品需求和特性的讨论，包括每个产品需求和特性所提供的价值。反过来，这些讨论可以成为优先级排序活动的输入。本节的其余部分将着重介绍如何使用目的对准模型对产品特性进行分类。

在项目层面上，产品特性被放置在象限矩阵上，并且要考虑两个因素：临界值和市场差异。被确定为高度关键的产品特性可能需要组织保持运营或满足法规。被评为市场区分者的产品特性可能有助于组织获得市场份额、增加销售额或超越竞争对手的产品。当确定如何最好地将特性定位到网格时，产品团队通过讨论来促进对价值的共同理解。分析提供的信息有助于组织确定应该投资哪些特性。模型中的四类目的和可能从特性角度采取的行动如下：

- 区分者。这类特性是关键任务，并且提供高度的市场差异化。它们可以帮助组织赢得市场份额，提高其竞争优势，并且超越其竞争对手。组织需要不断地在这一领域进行投资，以取得突破，提供独特性，并且在竞争中保持领先。当组织这样做时，客户会认为这个组织是一个创新者。

- 同等者。此类特性帮助组织保持其在市场上的同等地位。对同等特性的投资可能是关键任务，但它们不能为组织提供竞争优势。这类特性只是确保组织的业务与竞争对手保持同等水平。

- 合作伙伴。此类特性并不是关键任务，但如果提供了这些特性，它们将使组织能够在市场上脱颖而出。因此，组织将从外部寻找合作伙伴来提供这些特性，但不会对这些特性进行投资。通过提供这些特性而有所区分的组织是一个可行的合作伙伴。

- 谁在乎。这类特性对组织既没有区分也不是关键任务。这类特性通常不会被构建。

图 4-14 展示了功能对准模型的格式示例。

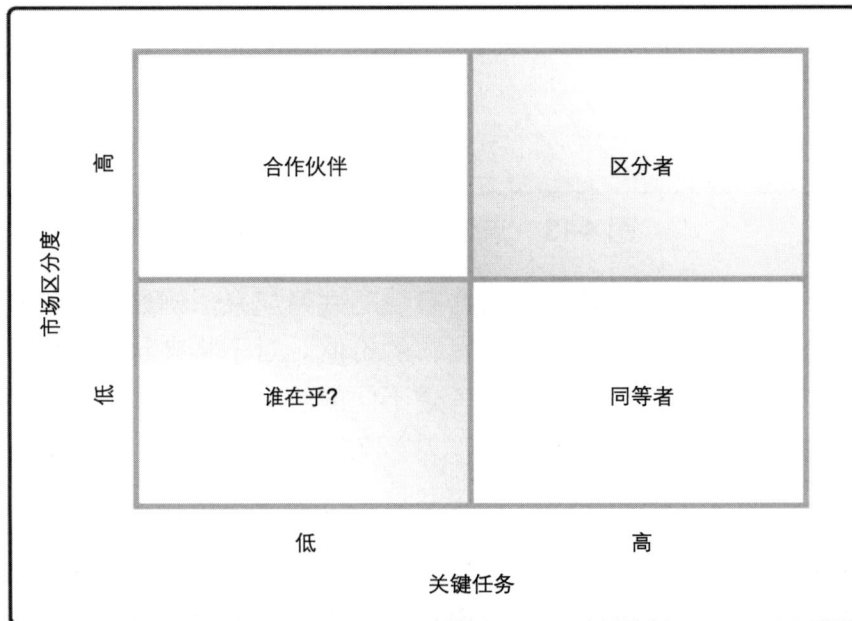

图 4-14　功能对准模型的格式示例

4.3.2.10　解决方案能力矩阵

解决方案能力矩阵是一种模型，它提供了一种简单的可视化方式，可在一个视图中检查能力和解决方案组件，确定在新的解决方案中的解决能力。当添加时间信息时，产品团队可以在计划讨论过程中使用该模型来理解不同的解决方案组件何时能被交付。

矩阵的第一列列出的是各种能力，矩阵的第一行列出的是解决方案组件。当该能力被解决方案的组件覆盖时，在位于行与列间的相交点填写"X"。产品团队可以利用解决方案能力矩阵来理解在解决方案或解决方案组件中覆盖了哪些能力。当团队希望沟通某项被用于解决方案的能力时，则可以用版本号或迭代号替换"X"。当然，有不同形式的解决方案能力矩阵可供选择。表 4-6 显示了用于构造解决方案能力矩阵的一种格式示例。

表 4-6　解决方案能力矩阵的格式示例

	解决方案组件 A	解决方案组件 B	解决方案组件 C	解决方案组件 D	解决方案组件 n
能力 1			X		
能力 2	X				
能力 3		X		X	
能力 4					
能力 5			X		
能力 n					

4.3.3　确定将来状态：输出

4.3.3.1　商业目的和目标

商业目的和目标识别了商业期望项目组合、项目集或项目交付的内容。商业目的和目标与组织的目的和目标是一致的，但处于较低的水平，因为它们规定了企业所寻求实现的既定目标。

4.3.3.2　所需能力和特性

所需能力和特性确定了组织为了获得期望的将来状态而需要取得的净变更列表。列出的能力和特性并没有规定解决方案，还需要进行额外的分析来确定这些能力和特征将如何交付。

4.3.4　确定将来状态：裁剪考虑因素

表 4-7 描述了用于确定将来状态的适应型和预测型剪裁考虑因素。

表 4-7　确定将来状态的适应型和预测型裁剪

需要裁剪的方面	典型的适应型考虑因素	典型的预测型考虑因素
名称	非正式命名的过程，而是作为未完项细化、商业建模、初始规划或迭代 0 的一部分来执行的	确定将来状态
方法	团队在各个切片中探索将来状态，并且根据主题、目的和目标对其进行讨论。一些组织可能对这项工作采取更广泛的或组织角度的观点。通常，关于将来状态的一些高层级信息是在项目启	在项目开始之前要进行将来分析，以了解商业目的和目标。通过理解从差距分析中得出的结果来定义所需的能力。在提出可行

需要裁剪的方面	典型的适应型考虑因素	典型的预测型考虑因素
方法	动或作为迭代 0 的一部分时形成的，但是随着新信息的出现，这些信息会不断地演化。将来状态的信息在每次迭代之前都会被审查，以确保将来状态所需的能力是已知的和被理解的	的解决方案之前，要对将来状态进行充分的定义和理解。将来状态的定义将被正式记录、审核和批准
可交付成果	将来状态的定义可以用轻量级文件来表示。用于促进讨论的模型所涉及的正式程度较低，通常在白板或翻页白纸上进行开发。捕获将来状态的定义，并且可供团队持续使用。其他可交付成果可能包括路线图、故事地图和产品未完项	将来状态的定义可以在工具或正式文档（如商业论证）中进行记录。用于帮助定义将来状态的模型通常是正式的，是用建模工具创建的，并且被存档以备将来参考

4.3.5　确定将来状态：协作点

在一些组织中，需要评估活动所涉及的分析资源可能来自另一个分析师团队，他们在项目批准或启动后执行商业分析专业人士的职责。商业分析专业人士通常会发现自己与同行协作，这些同行向不同的组织结构报告，或者支持着其他项目集和项目。

4.4　确定可行选项和提供建议

确定可行选项和提供建议是应用各种分析技术来检查可能的解决方案的过程，这些解决方案可以满足商业目的和目标，并且确定哪些选项是组织所追求的最佳方案。本过程的关键效益是，验证了所提解决方案的可行性，并且为管理者和决策者提供了最佳的行动计划，以满足商业目的和目标。图 4-15 描述了本过程的输入、工具与技术和输出。图 4-16 是本过程的数据流向图。

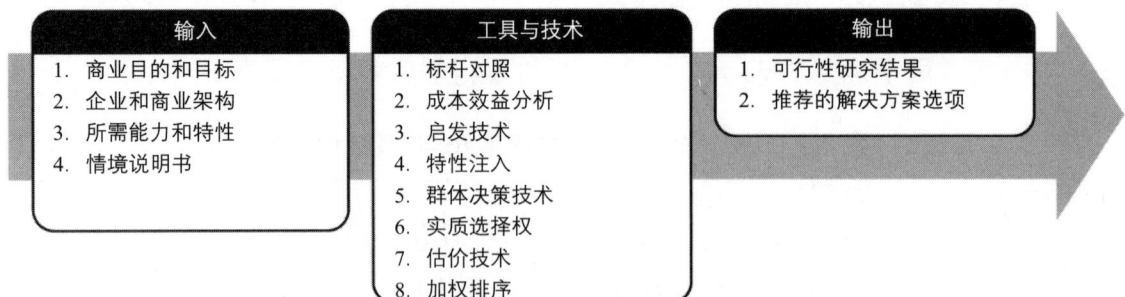

输入	工具与技术	输出
1. 商业目的和目标 2. 企业和商业架构 3. 所需能力和特性 4. 情境说明书	1. 标杆对照 2. 成本效益分析 3. 启发技术 4. 特性注入 5. 群体决策技术 6. 实质选择权 7. 估价技术 8. 加权排序	1. 可行性研究结果 2. 推荐的解决方案选项

图 4-15　确定可行选项和提供建议：输入、工具与技术和输出

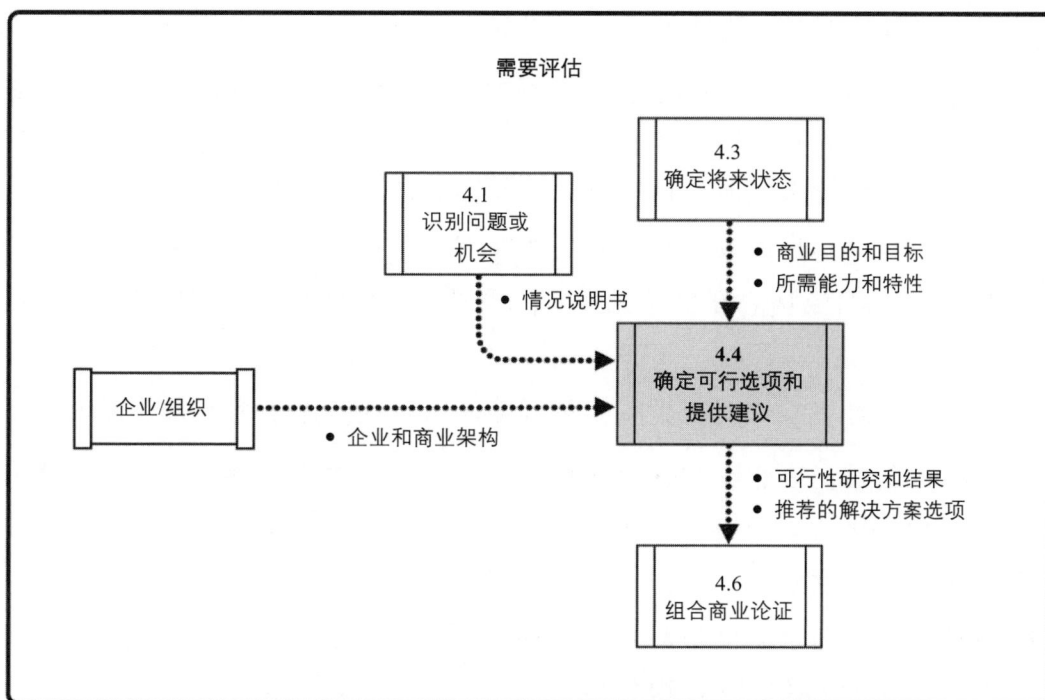

图 4-16　确定可行选项和提供建议：数据流向图

在确定可行选项时需要与相关方和产品团队成员进行讨论，并且进行进一步的分析，以定义可能的解决方案列表从而满足商业需要。产品团队在制定这些选项时会考虑当前和将来状态分析的信息。产品团队还为每个选项确定解决方案方法。解决方案方法是关于交付解决方案所必需的考量和步骤的高层级定义，从而将商业从当前状态过渡到将来状态。

相关方通常在并未完全理解周围情境的情况下提出解决方案。向关键决策者展示需要分析的结果，包括所选可行选项的合理性，以及可以降低选择不合适的解决方案的可能性。

确定可行选项和提供建议需要进行以下活动：

- 确定可行选项。使用当前和将来状态分析的结果来确定哪些解决方案选项是企业应考虑的最佳选项。

- 进行可行性分析。评估不同的因素，以确定所考虑的选项的可行性。组织可以规定，从正式文件（使用标准模板）中获取可行性分析的结果，但正式程度则取决于组织标准。对所考虑的每个选项进行分析的共同要素包括以下内容。

  - 制约因素。对解决方案有影响的限制性因素。有关制约因素的更多信息，见第 7.8 节。

  - 假设。在没有实际证据或论证的情况下，将每个选项都假定为是正确的、真实的或确定的任何未知因素。有关假设的更多信息，见第 7.8 节。

  - 产品风险。可能对解决方案的成功交付产生正面或负面效应的不确定事件或条件。有关产品风险的更多信息，见第 7.8 节。

■ 依赖性。解决方案得以成功实施所依赖的任何关系。依赖性引入了一定程度的风险，因此，具有若干依赖性的解决方案选项可能被视为更有风险，并且被确定为可行性更低。有关依赖性的更多信息，见第 7.8 节。

■ 文化。事业环境因素，它既影响商业分析工作的成功，又影响项目组合、项目集或项目的成功。在整个组织中缺乏赞同会限制最终解决方案的成功和预期价值。

■ 运营可行性。组织对变更的接受程度，以及在实施后变更是否能够持续。

■ 技术可行性。在组织中是否有现成的或是可通过外购获得的必要技术和专业技能，以采纳和支持解决方案选项。它还包括提议的变更是否与技术基础设施的其他部分兼容。

■ 保障性。一种非功能性需求的类别，用于评估组织随着时间的推移维护和管理每个选项的成本、工作量和易用性。

■ 成本效益可行性。对选项预期交付的成本和价值进行初始的粗略估算。在可行性分析中，这项估算不是一个完整的成本效益分析。

■ 时间可行性。评估是否可以在指定的时间限制内交付解决方案选项。时间制约因素可能是由组织、商业或外部因素强加的。

■ 价值。解决方案选项将提供给组织的商业价值。它包括对价值如何随时间而变化的讨论。

■ 确认。确保解决方案将满足客户和其他已确定的相关方的需要。每个选项都需要不同的方法和工作量来验证其与商业目标的一致性。当评估选项的整体可行性时，有些选项的确认可能很困难或费用昂贵，但可能对组织产生重大利益。

在第 7.8 节中对制约因素、假设、产品风险和依赖性进行了分析。

可行性分析应该提供足够的信息来比较可能的或可行的选项列表，它可能导致消除了一些被认为是不可行的选项。通常情况下，不只有一个因素（如成本或时间）会决定一个选项是否可行。因此，当考虑了上面提到的几个因素时，可行性的确定将得到最好的分析。

● 定义初步产品范围。根据每个选项将提供的能力定义高层级的范围。在这个阶段，关于产品范围的认知仍然保持在较高的层级。

● 定义高层级过渡需求。识别高层级过渡的考虑因素，如将组织过渡到指定解决方案所需的数据转换或培训需求。应注意在每个选项之间找出过渡需求的显著差异。

● 推荐最可行的选项。如果在完成可行性分析后，仍有不止一个选项可行，则提出一个建议来识别最可行的选项。识别所选择的选项，并且从理论上解释了为什么所选择的选项比其他选项更可行。

如果在分析完成后，只有一个选项被认为是可行的，那么在大多数情况下，这个选项将被推荐。当没有可行的选项来满足商业需要时，可用的一种选项就是建议什么都不做。当面对两个或多个可行的选项时，剩余的选择可以按每个选项所满足商业需要的程度按顺序排列。像加权排序这样的技术是进行这种分析的好选择。

4.4.1　确定可行选项和提供建议：输入

4.4.1.1　商业目的和目标

如第 4.3.3.1 节中所述。商业目的和目标识别了商业期望项目组合、项目集或项目交付的内容。每个正在考虑的可行选项都将被评估，以确定它如何满足所陈述的商业目的和目标。每个选项都会在不同程度上满足目的和目标，有一些选项会比其他正在考虑的选项更好地满足目的和目标。

4.4.1.2　企业和商业架构

如第 4.2.1.1 节中所述。企业和商业架构提供了对组织当前状态的洞察。当呈现可行选项时，可以在现有架构的环境中分析和解释每个选项。这样做可以帮助决策者更容易理解每个选项的大小和复杂性。

4.4.1.3　所需能力和特性

如第 4.3.3.2 节中所述。所需能力和特性确定了组织为获得期望的将来状态而寻求的净变更列表。每个提议的选项将在不同程度上解决能力和特性的问题。覆盖哪些能力和特性决定了每个选项的产品范围。最初，讨论是从高层级开始的，但是随着选项的制定、讨论和进一步细化，某些能力可以被确定为比其他能力更有价值，并且对所考虑的解决方案进行调整。

4.4.1.4　情境说明书

如第 4.1.3.2 节中所述。情境说明书是对问题或机会的客观说明，包括说明本身、情境对组织的效果，以及由此产生的影响。在确定可行选项列表时，情境说明书为讨论提供了背景。

4.4.2 确定可行选项和提供建议：工具与技术

4.4.2.1 标杆对照

标杆对照是将组织的实践、过程和测量结果与既定标准，或者行业内或跨行业的"一流"组织所取得的结果进行比较。标杆对照的结果有助于激发制定可行选项列表的思路。有关标杆对照的更多信息，见第 4.1.2.1 节。

4.4.2.2 成本效益分析

成本效益分析是一种财务分析工具，用于对项目组合组件、项目集或项目所提供的收益与其成本进行对比。它通常用于从一组选项中确定最可行的选项。成本效益分析通常在项目启动前实施，作为项目组合或项目集管理活动的一部分。完成成本效益分析需要对财务分析有一定的了解，因此商业分析专业人士可能经常在其组织内寻求财务分析师的支持，以协助完成这项工作。成本效益分析的结果被包括在商业论证中，以说明为什么选择和提出的解决方案选项被认为是最可行的选择。组织通常规定了何时和如何执行成本效益分析的标准，包括采用哪些财务评估方法。为了实施成本效益分析，应使用至少一种估价技术来进行财务评估。在第 4.4.2.7 节中对评估技术进行了定义。

4.4.2.3 启发技术

启发技术用于从不同来源中抽取信息。如第 6.3 节所述，通过应用各种启发技术，可以获得制定可行选项列表所需的信息。例如，原型法是通过开发一个原型模型来评估相关方对该模型的期望，以确定一个选项是否可行。原型法有助于消除选项的不确定性，从而降低与产品相关的风险。有关原型法的更多信息，见第 6.3.2.8 节。有关启发技术的更多信息，见第 6.3.2 节。

4.4.2.4 特性注入

特性注入是通过改进和加速产品团队开发和分析产品需求的方式来成功交付成果的框架和原则。该框架受到使用适应型开发方法的团队的欢迎。其观点是集中讨论和分析可以立即获得价值回报的特性。在预测型生命周期的方法中，相关方预先提供了大量的信息，团队分析信息集合，并且从整个信息集合中开发一组产品需求。特性注入挑战了这种传统的方法，它引导团队只分析那些被认为是最高价值的特性。目标是减少团队花在分析低价值需求上的时间。在使用特性注入时，产品团队应逆向工作，首先专注于价值，然后专注于特性，从而获得价值。特性注入遵循 3 个步骤。

- 步骤 1：确定商业价值。团队讨论商业活动试图实现的预期或需要的价值（成果）。

这些讨论可以使用像目的对准模型这样的技术，也可以使用其他的价值模型。当团队对预期的价值达成共同理解时，继续进行步骤 2。

- 步骤 2：注入特性。步骤 2 包括"注入"或确定将实现步骤 1 中所述商业价值的特性。产品团队确定交付预期价值所需的最小特性集。每个特性都以场景的形式呈现。用建模来促进这些讨论。

- 步骤 3：现场实例。本步骤是关于细节的阐述。商业要求通过与在步骤 2 中建模的场景偏离的实例来进行讨论。步骤 3 用于发现在过程中的变化或异常。这里讨论的实例有助于团队对解决方案所必须支持的所有场景达成共识，因此，这些场景扩展了产品范围。

特性注入将团队的讨论集中在更高价值的特性上。当制定不同的解决方案选项时应用发现。

4.4.2.5　群体决策技术

群体决策技术是一种可在群体环境中使用的技术，用于使参与者对所讨论的问题或话题做出最终决定。群体决策技术可以与其他技术结合使用，以决定所推荐的解决方案选项。团队确定如何在商业分析规划中做出决策，以避免在需要决策的时候产生误解或冲突。有关群体决策技术的更多信息，见第 8.3.2.7 节。

4.4.2.6　实质选择权

实质选择权是一种决策思维过程，可用于遵循适应型交付模型的项目。该技术的目标是使用与股权认购类似的思路来进行决策，从而对是否采纳某选项进行决策（如一个决策和在什么时间点）。有两个基本原理适用于实质选择权决策。第一，减少短期内需要做出的决策数量；第二，尽可能延迟所有的决策。推迟决策为产品团队提供了更多的时间来发现和改进其知识库；它减少了不确定性，避免了基于假设的决策。推迟决策允许产品团队保持其选项的开放性，并且在信息稀缺的时候不会让团队做出选择。与期权交易一样，实质选择权框架中的选项有到期日；等待时间过长会导致选项过期（选项将不再具有商业价值）。将这个决策框架应用到适应型项目中，团队可以应用实质选择权原则来决定在迭代中包含哪些故事，或者何时开始商业分析活动来明细故事。实质选择权是一种帮助团队决定何时做出决策，而不是如何或为什么做的技术。

4.4.2.7　估价技术

估价技术量化了选项所提供的回报或价值。在进行成本效益分析时，使用估价技术来建立客观评估解决方案的标准。有多种技术可供选用。具体使用哪种技术可能取决于组织的标准。一些常见的估价技术包括：

- 内部收益率（IRR）。项目投资的预计年收益率，包含了初始成本和持续成本。该值表示当所有现金流的净现值等于零时的利率。IRR 是测量成本回报的指标，因此，IRR 值越高，解决方案选项预期的回报就越高。

- 净现值（NPV）。预期收益的未来价值，体现在投资期收益的价值上。NPV 考虑了当前和未来的收益、通货膨胀及收益率因素（这些因素可以通过投资金融工具而不是投资项目组合、项目集或项目来获得）。通过 NPV 可以洞察投资是否会提供价值；NPV 越高，选项所预期提供的价值就越大。

- 投资回收期（PBP）。收回投资所需的时间，通常在数月或数年内。PBP 越长，风险越大。

- 投资回报率（ROI）。初始投资的回报率。ROI 的计算方法是将总预期净收益除以投资成本。成本可以是直接成本，也可以是包括直接和间接成本的总成本。如果使用总成本，将能得到更准确的 ROI 值。ROI 提供了对盈利能力的估计；因此，ROI 值越高，估计投资越好。

在有些组织中，某特定的因素可能是由政策决定的，如 NPV 或特定水平的回报。价值不一定总是以财务价值来表示；其他估价技术在这些情境下可能更有用。在《商业分析实践指南》的第 2.5.6 节中对估价技术有进一步的讨论。

4.4.2.8 加权排序

加权排序是一种支持目标决策的技术。它通常使用加权排序矩阵来进行。加权排序矩阵表用于根据一组选项对每个标准进行加权、评级和评分。每个标准都有一个权重。通常，基于标准对总体目标的重要性来确定其权重。在这种方法中，每个选项都根据它与其他选项无关的、使用共同尺度的满足程度来进行评级。将权重和评级相乘得到标准分数，将所有的标准分数相加并进行比较以确定优先的选择。在确定加权标准时要注意确保它们符合第 4.3 节中所确定的商业目的和目标。表 4-8 显示了加权排序矩阵的格式示例。在《商业分析实践指南》的第 2.5.5.1 节中对加权排序矩阵有进一步的讨论并提供了实例。

表 4-8　加权排序矩阵的格式示例

需要排名的项	标准（权重）				总得分	最终排名
	标准 1（权重 0.2）	标准 2（权重 0.4）	标准 3（权重 0.3）	标准 4（权重 0.1）		
选项#1	3×0.2=0.6	2×0.4=0.8	0	3×0.1=0.3	1.7	2
选项#2	0	0	2×0.3=0.6	2×0.1=0.2	0.8	3
选项#3	1×0.2=0.2	3×0.4=1.2	1×0.3=0.3	2×0.1=0.2	1.9	1

注：0=不满意；1=有点满意；2=部分满意；3=完全满意。

4.4.3　确定可行选项和提供建议：输出

4.4.3.1　可行性研究结果

可行性研究结果是通过完成可行性分析而得到的总结性成果。这些研究结果被打包以便于支持行政审查和决策。许多组织可能需要使用标准化模板来打包和沟通研究结果。虽然推荐的选项将随沟通包一起提供，但是应该提供与每个可行选项有关的足够信息，以防决策者不赞成优先选择。

4.4.3.2　推荐的解决方案选项

推荐的解决方案选项是为满足商业需要而确定的最佳行动方案。综合考虑完成分析的结果和因素，包括财务分析的结果，这个推荐是最好的选项。推荐的解决方案选项应包括选择该选项的原因概述，以及对做出决策的过程的高层级描述。如果在决策过程中应用了主观标准，这些标准也都应该包括在内。在项目组合或项目集层面，审查分析结果并做出决策和推荐，其中包括项目组合或项目集的最佳行动方案。在项目层面，推荐的解决方案是对将要开发的产品的高层级描述。

4.4.4　确定可行选项和提供建议：裁剪考虑因素

在表 4-9 中描述了用于确定可行选项和提供建议的适应型和预测型裁剪考虑因素。

表 4-9　确定可行选项的适应型和预测型裁剪

需要裁剪的方面	典型的适应型考虑因素	典型的预测型考虑因素
名称	非正式命名的过程；作为迭代 0 或后续迭代的一部分执行	确定可行选项和提供建议、商业论证分析或可行性研究
方法	可以创建解决方案的高层级愿景和产品范围的早期版本。在迭代 0 中评估初始解决方案选项。可以将其创建为"探测"任务，以研究解决方案在迭代过程中的可行性	识别可行的选项，完成可行性研究，并且在项目组合、项目集或项目启动前选择推荐的解决方案。项目和产品范围是预先确定并同意的，并且在整个项目集或项目的全过程中都坚持对其进行管理
可交付成果	解决方案选项很少被记录，而只是在最终产品中实现。可以执行功能或技术"探测"以研究或调查实现用户故事的可行选项	可行性研究结果和推荐的解决方案选项

4.4.5　确定可行选项和提供建议：协作点

在确定某解决方案的可行性时，架构师和设计师都是有价值的贡献者，因为他们利用自己的专业知识来评估制约因素、依赖性、技术可行性，以及提出的选项与现有架构的匹配方式。项目经理可以担任 SME，为正在讨论的选项分享有关成本、风险、进度和资源的见解。财务分析师可通过使用一种或多种估价技术来评估财务分析以评估选项。

4.5 引导产品路线图开发

引导产品路线图开发是支持产品路线图开发的过程。产品路线图在高层级上描绘了产品的哪些方面计划在项目组合、项目集，或者一个或多个项目迭代或发布的过程中交付，以及这些方面交付的潜在顺序。本过程的关键效益是，它在相关方之间产生了对可交付成果及其潜在订单的共同期望。图 4-17 描述了本过程的输入、工具与技术和输出。图 4-18 是本过程的数据流向图。

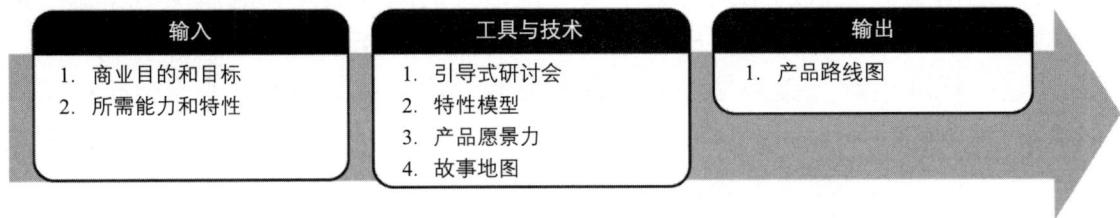

输入	工具与技术	输出
1. 商业目的和目标 2. 所需能力和特性	1. 引导式研讨会 2. 特性模型 3. 产品愿景力 4. 故事地图	1. 产品路线图

图 4-17　引导产品路线图开发：输入、工具与技术和输出

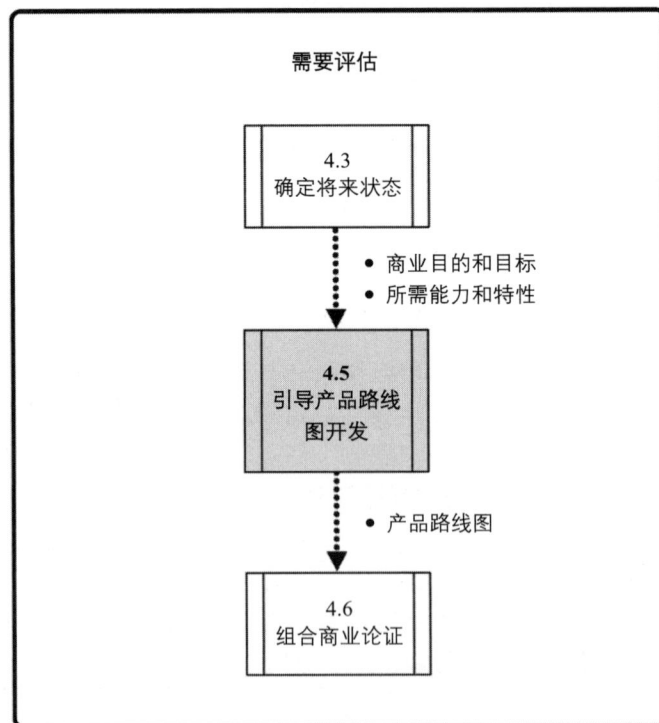

图 4-18　引导产品路线图开发：数据流向图

在商业分析中，产品路线图提供了关于产品的重要信息，提供了对产品愿景，以及随着时间的推移产品如何支持组织战略、商业目的和目标的洞察。组织战略是通过项目组合、项目集和项目实现的。产品路线图有助于把组织战略和产品愿景与可执行的计划联系起来，从而通过交付产品实现战略目标。在项目组合层面，可以创建产品组合路线图，为一组产品设定愿景、策略和时机。

开发产品路线图的过程是一个协作的过程，汇集了来自业务和开发团队的资源，以形成对所要求的内容和原因的共同理解。该过程还需要开发不同的"假设"情景，以供团队在审查各种计划和交付选项，以及制定和巩固最终决策时使用。讨论从高层级开始，重点关注产品愿景，然后延续至较低层级的细节，最终定义产品发布，以及每个版本将提供哪些特性。在路线图中可以包括里程碑，以显示何时实现对达成战略目标至关重要的目标。

在产品路线图中通常会引用并记录几个关键要素，包括以下内容：

- 战略信息。关于产品如何支持整体组织战略的信息（如提供更好的市场定位或提高客户满意度）。

- 项目组合。产品与项目组合的关系，以及产品与项目组合中其他产品的关系。

- 项目集。产品与项目集的关系，以及产品与项目集中其他产品的关系。

- 举措。与产品相关的正在考虑或正在开发的不同项目的概述信息。

- 产品愿景。对产品、意向客户及如何满足需求的解释。产品愿景将正在开发的产品与开发的原因联系在一起。

- 成功标准。可用于确定解决方案成功与否的指标。

- 市场力量。任何影响或改善产品开发的外部市场力量。

- 产品发布。识别预期的产品发布，以及每个发布版本所包含的主题或高层级的特性。在指定产品发布时，可能需要对项目生命周期提出一些高层级的假设。

- 特性。产品将提供的与产品发布相匹配的能力。特性通常是按照优先级排序的，并且从每项特性如何支持组织战略、商业目的和目标的角度来进行解释。

- 时间线。特性集将被交付的预期窗口（对于预测型生命周期的项目来说，一般为 3~6 个月，而适应型方法的交付时间更短）。

产品路线图可以用文本文档的形式组合，也可以采取视觉模型的形式组合。组织可以使用产品路线图软件来建立和传达产品路线图信息。无论路线图是正式的还是非正式开发的，关键是产品信息要汇总起来，并且与相关方和产品团队成员共享，从而使人们提高对产品的预期增长和开发，以及将如何帮助组织达成其目的和目标的认知。

产品路线图是内部使用的，但它们也向客户、供应商和组织外部的其他人提供有价值的信息。可能需要调整提供给不同接收者的信息类型和级别。例如，外部客户可能不需要知道产品如何与组织战略相匹配，或者对此不感兴趣。若进行外部审查时，在本质上被认为是机密的信息也可能需要移除。与客户共享的发布日期可能需要定义得宽泛一些（覆盖一个时间范围而不是某个特定日期），因此，与客户沟通的日期会更可靠，如果日期出现波动，客户也不会太沮丧。内部接收者也会有不同的沟通需求，如产品经理需要有关产品的最详细的信息。

4.5.1 引导产品路线图开发：输入

4.5.1.1 商业目的和目标

如第 4.3.3.1 节中所述。商业目的和目标识别了项目组合、项目集或项目的可交付成果。产品开发是为了满足商业需要，因此，它们需要与既定的商业目的和目标保持一致。

4.5.1.2 所需能力和特性

如第 4.3.3.2 节中所述。所需能力和特性确定了组织需要获得的净变更列表，以达到预期的将来状态。所需能力和特性可以反映在产品路线图中以传达预期的交付时间。

4.5.2 引导产品路线图开发：工具与技术

4.5.2.1 引导式研讨会

引导式研讨会采用的是结构化会议，由有经验且中立的引导师和一组精心挑选的相关方共同领导，以协作并朝着既定的目标工作。用引导式研讨会可以引出开发产品路线图所需的信息。由于引导式研讨会支持参与者之间的交互、协作和改善沟通，因此是一种可行的启发式技术。有关引导式研讨会的更多信息，见第 6.3.2.4 节。

4.5.2.2 特性模型

特性模型是一种范围模型，用树状或层级结构排列，以可视化的方式表示解决方案的所有特性。可以引用现有的特性模型，或者创建新的特性模型来标识产品路线图的特性列表。可以进行引导式研讨会来识别特性，并且将特性列表（按优先级排序）列到产品路线图中。有关特性模型的更多信息，见第 7.2.2.8 节。

4.5.2.3　产品愿景力

产品愿景力是一种为产品或产品发布设定高层级方向的技术。在使用该技术时，需要与团队成员进行对话，以便把团队对产品的设想进行可视化并获得一致意见。产品愿景力可通过使用多个启发技术来实现，如协作游戏。它通常以开发书面或可视化交付物为结果，以确保对产品及其方向（如愿景说明书或产品盒）有共同的理解。愿景说明书是对产品期望的概括性和高层级的描述，如目标市场、用户、主要效益，以及产品与市场上其他产品的区别。愿景说明书为开发团队提供了足够的指导，以确保其成员能共同分享对产品的共同理解，而不用彻底审查特性列表。有关协作游戏和开发产品盒的更多信息，见第 6.3.2.2 节。

4.5.2.4　故事地图

故事地图是一种根据用户故事的商业价值和用户通常执行它们的顺序来对用户故事进行排序的技术，以便团队能够对将要构建的内容有共同的理解。故事地图有助于传达产品团队将负责交付的特性和产品组件。在产品路线图的开发过程中编写的故事通常是高层级的，可能作为史诗而存在。稍后，史诗被分解成其他史诗或个人故事。该技术的输出为产品路线图的开发中提供了有深刻见解的信息。有关故事地图的更多信息，见第 7.2.2.16 节。

4.5.3　引导产品路线图开发：输出

4.5.3.1　产品路线图

产品路线图提供了产品特性的高层级视图，以及构建和交付这些特性的顺序。它被用来沟通产品如何随着时间的推移而发展和成熟。产品路线图包括关于产品愿景和产品在其整个生命周期中演变的信息。产品路线图作为规划工具用来理解产品，以及随着产品的改进和增强它将如何继续支持组织战略。产品路线图应与战略规划工作中确定的目标和里程碑相一致。

4.5.4　引导产品路线图开发：裁剪考虑因素

表 4-10 描述了用于引导产品路线图的适应型和预测型裁剪考虑因素。

表 4-10　引导产品路线图的适应型和预测型裁剪

需要裁剪的方面	典型的适应型考虑因素	典型的预测型考虑因素
名称	引导产品路线图开发	
方法	路线图的可视化表示是根据主题和特性而展开，并且可以涵盖短期或长期的观点。路线图随着新特性的识别和优先级的	路线图可能显示高层级的里程碑、特性或产品组件。产品路线图涵盖了更长的时间框架（如 12 个月），并且变更不频繁。

需要裁剪的方面	典型的适应型考虑因素	典型的预测型考虑因素
方法	调整而修改。产品的价值会随着特性集的调整而定期地变更。可以为单个产品或整个项目组合创建路线图	当提出变更时，需要评估是否对先前陈述的和预期的价值产生影响。可以为单个产品或整个项目组合创建路线图
可交付成果	产品路线图	

4.5.5　引导产品路线图开发：协作点

项目组合和项目集经理均可以作为开发路线图所需的有价值的信息来源。在定义新产品如何与组织战略匹配，以及确保新产品如何与项目组合或项目集中的其他产品关联时，他们是关键的贡献者。他们可以与商业分析专业人士密切合作以转移这方面的知识。

4.6　组合商业论证

组合商业论证是综合经过深入研究和分析的信息，以支持选择最佳的项目组合组件、项目集或项目，从而达成商业目的和目标的过程。本过程的关键效益是，它有助于组织以一致的方式审察项目集和项目，使决策者能够确定项目集和/或项目是否值得所需的投资。图 4-19 描述了本过程的输入、工具与技术和输出。图 4-20 是本过程的数据流向图。

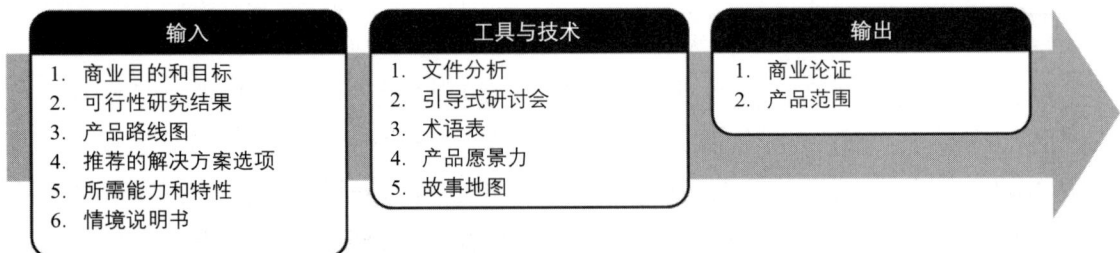

输入	工具与技术	输出
1. 商业目的和目标	1. 文件分析	1. 商业论证
2. 可行性研究结果	2. 引导式研讨会	2. 产品范围
3. 产品路线图	3. 术语表	
4. 推荐的解决方案选项	4. 产品愿景力	
5. 所需能力和特性	5. 故事地图	
6. 情境说明书		

图 4-19　组合商业论证：输入，工具与技术和输出

需要评估

| 4.1
识别问题
或机会 |
| 4.3
确定将来
状态 |
| 4.4
确定可行
选项和提供
建议 |
| 4.5
引导产品路
线图开发 |

• 情境说明书

• 商业目的和
目标
• 所需能力和
特性

• 可行性研究
结果
• 推荐的解决
方案选项

• 产品路线图

| 4.6
组合商业
论证 |

• 商业
论证
• 产品
范围

• 产品范围

• 商业
论证

| 4.7
支持章程
开发 |
| 5.5
准备过渡到将
来状态 |
| 6.1
确定启发
方法 |
| 6.2
启发准备 |
| 6.3
实施启发 |
| 7.1
确定分析
方法 |
| 7.8
识别和分析
产品风险 |
| 8.1
确定跟踪和
监督方法 |
| 8.2
确立关系和
依赖性 |
| 8.3
选择和批准
需求 |
| 8.4
管理需求
和其他产品
信息的变更 |
| 9.2
确定解决
方案评价
方法 |
| 9.1
评价解决
方案绩效 |

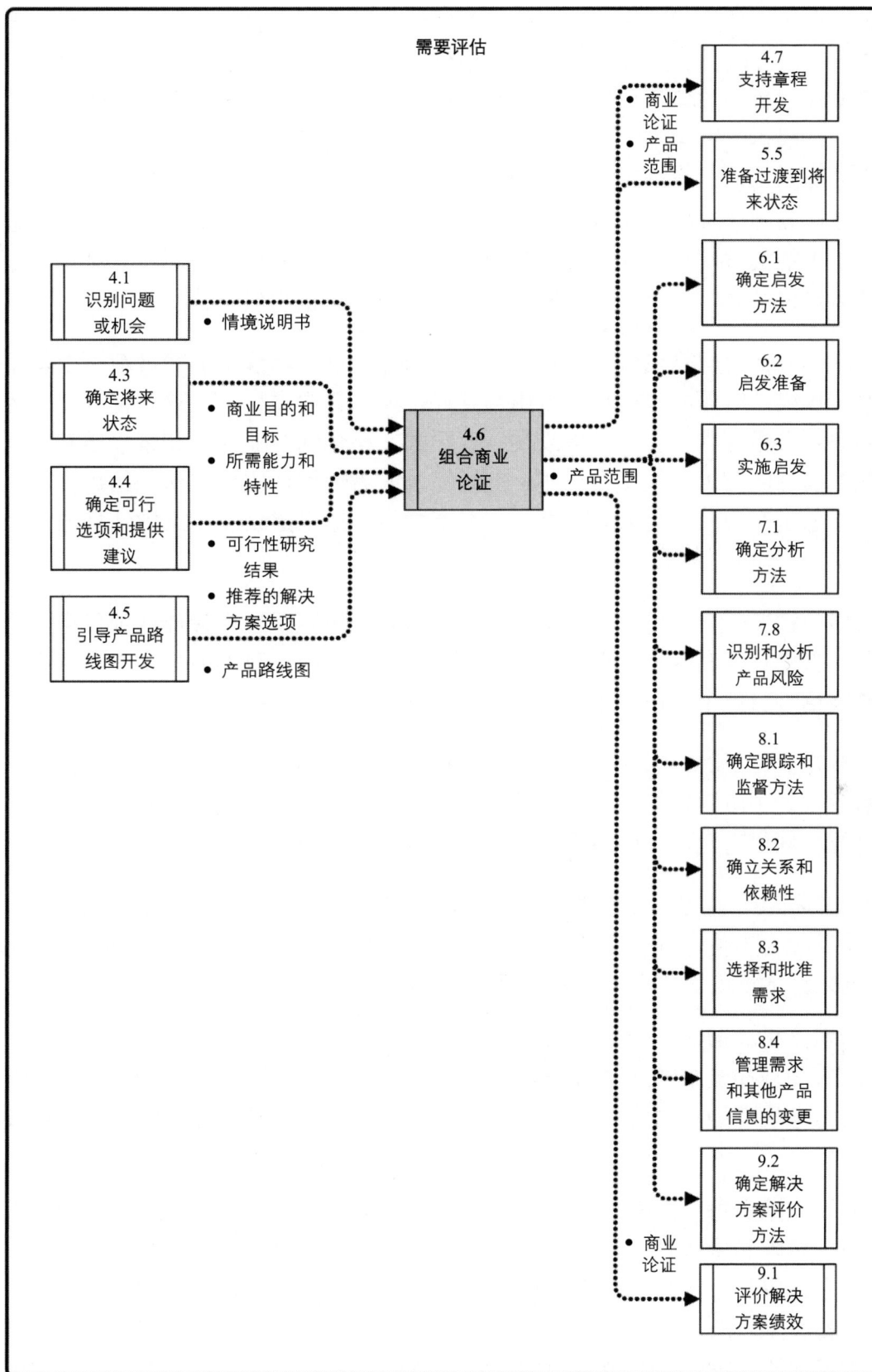

图 4-20　组合商业论证：数据流向图

组合商业论证包括对关键决策者所需要的信息进行组合和打包以评估项目组合组件、项目集或项目的工作，并且确定项目组合组件、项目集或项目是否值得继续执行。商业论证提供了文档化的经济可行性研究，确立了由项目组合、项目集或项目交付的效益的有效性。商业论证提供信息来确定组织是否应该解决问题或抓住机会。另外，商业论证还探索了问题或机会的本质，展示了成功的根本原因或贡献者，并且研究了有助于完整建议的多个方面。在需要评估过程中完成的大部分分析都可用于商业论证的开发。商业论证提供了确立目标所需的关键信息，并且作为章程的主要输入。从提出的变更中识别预期价值，并且确保价值定位被清楚地传达，这是商业论证的一个关键组成部分。

并非所有的商业问题或机会都需要正式的商业论证。组织中的管理者可以基于竞争压力、政府授权或执行倾向来批准项目组合组件、项目集或项目。在这些情况下，可以使用章程来启动项目组合组件、项目集或项目。正式文档化的商业论证和章程通常都是大型或高度制度化公司的要求。虽然在一些小型组织，或者使用适应型方法的组织中，正式的商业论证并不总是有用，但定义问题/机会、分析情境、提出建议和定义评估标准的思维过程适用于所有组织。

在大多数情况下，在商业论证中进行的分析有助于组织选择最佳的项目组合组件、项目集或项目来投资并满足商业需要。商业论证帮助组织以一致的方式审查项目组合组件、项目集和项目。当这个过程被接受时，组织应该做出更好的决策。

当生成商业论证时，组织可能需要使用标准化的、预先批准的商业论证模板。通常，组织对商业论证中所包含的内容有自己的要求，并且使用一套模板或商业论证软件来简化和规范过程。任何商业论证中的通用组件都应至少包括以下内容：

- 问题/机会。指定是什么激发了行动的需要。使用情境说明书或类似文件记录通过项目组合组件、项目集或项目来解决的商业问题或抓住的商业机会。使用相关数据来评估情境，并且识别哪些相关方或相关方群体会受到影响。

- 情境分析。描述一个潜在的解决方案将如何支持商业目的和目标。包括问题的根本原因或机会的主要贡献者。通过相关数据来支持分析以确认理由。将需要的能力与现有的能力进行比较。它们之间的差距将形成项目组合、项目集或项目的目标。

- 建议。给出每个潜在选项的可行性分析结果。为每个选项指定任何制约因素、假设、风险和依赖性。对备选项按顺序排列，并且列出推荐的选项。包括为什么推荐它，以及为什么不推荐其他选项的理由。对推荐选项的成本效益分析进行总结，包括实施方法、里程碑、依赖性、角色和职责。在第 4.4 节中产生的工作成果为开发商业论证提供了必要的研究和背景信息，并且为决策者提供了充分的证据，以证明所请求的行动是必要的和可行的。

- 评价。包括衡量效益实现的计划。此计划通常包括用于评估解决方案如何对商业目的和目标做出贡献的指标。可能需要额外的工作来捕获和报告这些指标。该计划是在执行第 9.2 节"确定解决方案评价方法"时同步形成的。

当创建一个商业论证时，它就成为启动项目组合组件、项目集或项目的有价值的输入，为团队提供有关商业需要，以及该需要的经批准的解决方案的简明而全面的见解。商业论证不仅仅是一个简单的输入，它还是在整个项目组合、项目集或项目中不断被引用的动态文档。随着时间的推移，基于在项目组合、项目集或项目进展中的发现，可能需要对商业论证进行评审和更新。

开发商业论证可以由许多因素驱动，包括：

- 市场需求。
- 组织需要。
- 客户请求。
- 战略机会。
- 技术进步。
- 法律和法规需求。
- 生态影响。
- 社会需要。

在多阶段项目中，可以定期评审商业论证，以确保项目组合组件、项目集或项目正朝着交付商业效益的方向发展。在项目的早期阶段，由发起组织定期评审商业论证有助于确认该项目仍然与商业论证相一致。发起人应当赞同商业论证的范围和限制条件，并且作为关键相关方，负责在项目启动之前批准商业论证。

虽然适应型和预测型项目生命周期都认为商业论证是启动项目相关工作的关键输入，但适应型方法将组合"刚好够用"的内容就启动。当使用适应型方法时，随着解决方案的进一步完善，特性也将被继续添加。因此，商业论证将不包含完整的效益列表，这一点与预测方法不一样。适应型方法将从非常高的层级来估算成本和进度，然后通过迭代开发周期逐步扩展此信息，而预测方法将预先完成所有这些分析。

4.6.1　组合商业论证：输入

4.6.1.1　商业目的和目标

如第 4.3.3.1 节所述。商业目的和目标明确了商业寻求达成的既定目标。商业目的和目标与项目组合组件、项目集或项目间的共同链接就是商业论证。商业目的和目标都包含在商业论证中，以提供有关业务期望通过所提议的变更来实现的背景。

4.6.1.2　可行性研究结果

如第 4.4.3.1 节所述。可行性研究结果是从可行性分析中得出的总结结果。结果包含在商业论证中，以向决策者提供支持信息，决策者据此来确定项目组合组件、项目集或项目是否应予启动。决策者可以评审结果，以理解所分析的解决方案，以及其为什么被认为是可行的选项。可行性结果也支持所推荐的解决方案选项为何被推荐。

4.6.1.3　产品路线图

如第 4.5.3.1 节所述。产品路线图提供了产品特性的高层级视图，以及将构建和交付这些特性的顺序。来自产品路线图的关键信息包含在商业论证中，以便决策者深刻理解产品期望如何随时间而演变。

4.6.1.4　推荐的解决方案选项

如第 4.4.3.2 节所述。推荐的解决方案选项是为满足商业需要而确定的最佳行动路线的解决方案选择。推荐的解决方案选项在商业论证中展示，并且为其选择提供合理化的支持信息。

4.6.1.5　所需能力和特性

如第 4.3.3.2 节所述。所需能力和特性标识了组织为了达到所期望的将来状态而需要获得的净变更列表。推荐的解决方案所需能力和特性都被列在商业论证中，以便决策者深刻理解所推荐的解决方案选项需要哪些能力和特性。

4.6.1.6　情境说明书

如第 4.1.3.2 节所述。情境说明书是对问题或机会的客观说明，包括说明本身、情境对组织的效果，以及由此产生的影响。在商业论证中包含了情境说明书，以清楚地传达推荐的解决方案所解决的问题或抓住的机会。情境说明书有助于人们在评审商业论证时，了解组织面对的问题或机会，并且尽量减少对潜在解决方案的快速判断。

4.6.2　组合商业论证：工具与技术

4.6.2.1　文件分析

文件分析是一种启发式技术，用于分析现有文档并识别相关产品信息。在组合商业论证时，将评审多个不同来源的文档，以获取建立商业论证所需的相关信息。所用的最相关文件是"需要评估"过程的输出。有关文件分析的更多信息，见第 6.3.2.3 节。

4.6.2.2　引导式研讨会

引导式研讨会采用的是结构化会议，由有经验且中立的引导师和一组精心挑选的相关方共同领导，以协作并朝着既定的目标工作。因为引导式研讨会支持参与者之间的交互、协作和改善沟通，当团队需要获取信息和支持来组合商业论证时，该技术是一个很好的选择。有关引导式研讨会的更多信息，见第 6.3.2.4 节。

4.6.2.3　术语表

在商业分析中，术语表提供了关于产品的术语和缩略语的定义清单。当组合商业论证时，术语表提供了相关方和产品团队可能都不熟悉的通用词汇表，并且特别关注那些需要在商业论证中清楚理解的信息的术语。当产品团队在项目组合、项目集或项目中共享术语表时，应在商业论证或团队工作区中提供共享术语表的链接。有关术语表的更多信息，见第 7.3.2.3 节。

4.6.2.4　产品愿景力

产品愿景力是一种产品团队可以使用的技术，以获得对产品的共同理解，并且为其开发制定高层级的方向。产品愿景力包括帮助团队发展其产品创意的讨论。愿景说明书或类似的输出包含在商业论证中，明确地定义了构建解决方案的目标和原理，为决策者提供团队共享的有关产品的相同理解。有关产品愿景力的更多信息，见第 4.5.2.3 节。

4.6.2.5　故事地图

故事地图是一种根据用户故事的商业价值和用户通常执行它们的顺序来对用户故事进行排序的技术，以便团队能够对将要构建的内容有共同的理解。故事地图有助于沟通产品团队负责交付的特性和产品组件。产品组件可以分配到产品发布，以便在交付特性时进行沟通。当包含在商业论证中时，故事地图为项目组合组件、项目集或项目的审批者提供了有洞察力的信息。写入商业论证的故事通常是在高层级上编写的，并且可能作为史诗而存在。稍后，史诗被分解为其他史诗或个人故事。有关故事地图的更多信息，见第 7.2.2.16 节。

4.6.3　组合商业论证：输出

4.6.3.1　商业论证

商业论证提供了文档化的经济可行性研究报告，从价值的角度确立了由项目组合组件、项目集或项目所交付的效益的有效性。商业论证是商业目的和目标与为执行商业策略而建立的项目组合组件、项目集和项目间的公共链接。可能有数个商业论证来支持商业目的和目标。当创建用于启动项目组合组件、项目集或项目的章程时，使用已批准的商业论证作为输入。在需要评估中，商业论证作为"需要评估"过程的最后步骤之一被组合。

4.6.3.2　产品范围

产品范围被定义为描述解决方案的特性和功能。产品范围根据"确定可行选项和提供建议"（见第 4.4 节）中选择的可行选项而变化。决策者可以接受在商业论证中提出的推荐选项，选择一个替代方法，或者推迟或拒绝商业论证。如果商业论证获得批准，无论批准的是何种解决方案方法，都将确定初始产品范围。此时，通过与所选选项相关的能力和特性，可以在高层级上理解产品范围。随着产品团队的深入分析，产品范围不断细化。在整个项目中，可根据商业需要、风险，或者由预算或进度所施加的一个或多个制约因素来修改产品范围。

4.6.4　组合商业论证：裁剪考虑因素

表 4-11 描述了用于组合商业论证的适应型和预测型裁剪考虑因素。

表 4-11　组合商业论证的适应型和预测型裁剪

需要裁剪的方面	典型的适应型考虑因素	典型的预测型考虑因素
名称	非正式命名的过程；作为项目章程的一部分执行	组合商业论证
方法	开发了一组初始特性，随着时间的推移，增加了更多的特性。估算已经足够详细了，可以继续下去。在商业论证中包含了足够的信息来推进决策。在早期迭代中，通过交付更高风险的特性来确认解决方案的可行性。与预测型方法相比，它能更快地获得投资回报，因为特性是通过迭代交付的。预算可能集中在发起人必须花费多少上，而不是在成本评估上。范围是通过首先解决最高优先	创建完整的产品特性列表、严格的估算、完整定义的效益列表、风险列表、假设、制约因素和依赖性。要求正式签署一个全面阐述的商业论证。由于可行性直到项目后期才被确认，因此它被认为是比适应型方法风险更高的方法。投资回报是在完成整个项目时才获得的。商业论证包括成本估算。效益是被估算出来的，直到项目完成才实现。资金通常被用来覆盖整个产品开发周期

续表

需要裁剪的方面	典型的适应型考虑因素	典型的预测型考虑因素
方法	级的特性来确定的。随着特性的增加，对效益/价值的评估也随之发生变化	
可交付成果	可回顾和修改的轻量级商业论证	正式的详细商业论证

4.6.5　组合商业论证：协作点

在商业论证开发的时候，项目组合组件、项目集或项目都还没有启动，但在通常情况下，作为批准商业论证的发起人资源已经获知。预定的发起人是这次变更的商业冠军。发起人在商业分析专业人士的支持下撰写商业论证，或者提供信息以支持商业论证的开发。发起人提供了关于商业需要和当前状态环境的丰富信息。发起人可能是联络人，定位和促进变更，并且寻求关键决策者对商业论证的批准。商业分析专业人士与发起人合作，以了解如何通过批准过程支持发起人。

4.7　支持章程开发

支持章程开发是利用在需要评估和商业论证开发工作中获得的商业分析知识、经验和产品信息，与发起人实体和相关方资源协作开发章程的过程。本过程的关键效益是，它能够使商业论证顺利过渡到章程开发，并且为相关方提供对项目组合、项目集或项目的目标（包括产品范围和需求）的基本理解。图 4-21 描述了本过程的输入、工具与技术和输出。图 4-22 是本过程的数据流向图。

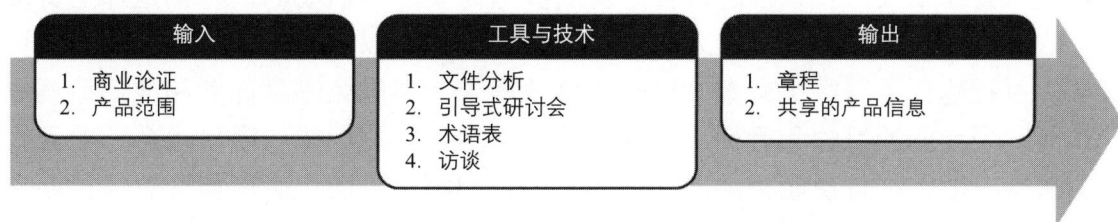

输入	工具与技术	输出
1. 商业论证 2. 产品范围	1. 文件分析 2. 引导式研讨会 3. 术语表 4. 访谈	1. 章程 2. 共享的产品信息

图 4-21　支持章程开发：输入、工具与技术和输出

项目组合章程是由发起人发布的文件，它授权和指定了项目组合结构，并且将项目组合与组织的战略目标联系起来。项目集章程授权了项目集管理团队使用组织资源来执行项目集，并且将项目集与组织的战略目标联系起来。项目章程由项目发起人发布，正式授权项目的存在，并且为项目经理提供将组织资源应用于项目活动的权限。章程建立了范围边界，并且为项目组合组件、项目集或项目的启动创建了记录文件。

通过在组织内建立内部协议的形式，章程用于在商业和产品开发团队间建立伙伴关系，以确保解决方案的正确交付。章程提供了规划范围管理过程所需的背景，并且作为高级经理可以正式接受和承诺启动项目的沟通机制。制定章程提供了讨论关键角色和责任的机会。章程中包括了授权和为整个团队设定期望的决策。开发章程的工作有助于确定项目组合、项目集或项目的目标，因为它清楚地传达了需要完成的事情。商业分析活动支持项目组合、项目集和项目章程的开发。

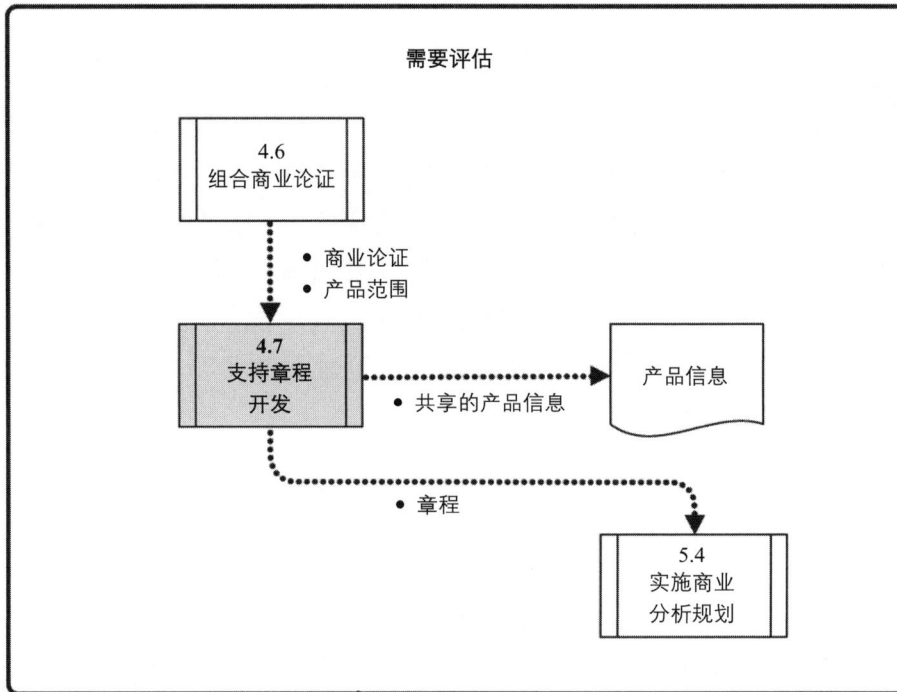

图 4-22　支持章程开发：数据流向图

章程的开发应该是一项协同工作，涉及来自整个团队的各种资源，包括产品开发、发起人、客户和其他相关方。章程的开发应得到参与需要评估活动的，特别是那些负责开发商业论证的分析资源的支持。发起人应处于合适的级别，以获得资金并为项目提交资源。创建章程的过程建立了对解决方案、风险、资源需求、高层级进度计划和成功标准的共同理解，从而实现商业的目的和目标。章程有助于将相关方的期望与项目组合、项目集或项目的目的保持一致，并且说明相关方如何参与项目和相关阶段以确保实现总体预期。

章程中的信息是在高层级上呈现的，但比在第 4.4 节中建议推荐的解决方案时所收集的信息更为详细。章程中的信息侧重于项目组合组件、项目集或项目将如何执行的策略讨论，其中包括将所选解决方案交付给商业所需元素的信息。识别了初始财务资源，以及内部和外部相关方（他们将相互作用并影响项目的总体结果）的信息。章程中所提供的高层级信息作为沟通项目组合、项目集或项目的策略需要的起点，并且用于在随后的过程中开发详细的元素。例如，章程的信息在制定范围说明书时将被明细，对范围元素的详细描述在整个项目中被定义并逐步明细。章程中的预算概要信息是以后制定详细成本的基础。

章程的信息通常包括：

- 描述和目标。

- 商业目的/目标。

- 高层级产品和项目组合、项目集或项目的范围。

- 风险。

- 里程碑进度计划概要。

- 预算概要信息。

- 高层级风险和依赖性。

- 成功标准。

- 与项目组合、项目集或项目有关的内部和外部信息，这些信息受项目组合组件、项目集或项目的结果或执行的影响，例如，发起人、客户、团队成员、参与该项目的群体和部门，以及其他受项目影响的人或组织。

章程的大小取决于项目组合、项目集或项目的复杂性，以及在其创建时已知的信息。章程至少应提供对解决方案的高层级描述和特征，以便以后可以制定详细的需求。在大型或制度严格的公司中，通常需要正式的文件化章程。虽然这种形式并不总适用于较小的组织，或者某些采用自适应方法的组织，但是在需要评估中所采用的思维过程可以定义问题或机会，分析形势，提出建议，并且定义评估标准，从而为建立章程奠定基础，以适用于所有的组织。

不管是否需要正式的输出，章程验证了项目组合、项目集或项目与组织的战略及所进行工作的一致性。章程需要足够的信息来保证项目组合、项目集或项目的资金，并且授权团队开始工作。在一些组织（通常是那些采用预测型生命周期的组织）中，章程是一份需要批准和签署的大型正式文件。在其他组织（通常是那些使用适应型生命周期的组织）中，可交付成果可能是一份轻量级的章程和继续执行的口头授权。如果没有制定正式的章程，则需要获取或开发类似的信息，并且将其作为详细项目范围说明书的基础。没有制定正式章程的组织通常进行非正式的分析，以确定进一步的范围规划所必需的内容。在一些组织中，可以在决定是否使用预测型或适应型的项目生命周期之前制定章程。

4.7.1　支持章程开发：输入

4.7.1.1　商业论证

如第 4.6.3.1 节所述。商业论证描述了相关信息，以确定该项目是否值得所需的投资。需要评估和商业论证都为确定项目组合组件、项目集或项目的目标奠定了基础，并且作为章程的输入。在通常情况下，商业论证包含了商业需要和成本效益分析，以证明和建立项目组合组件、项目集或项目的边界，这是在创建章程时所必需的信息。

4.7.1.2　产品范围

如第 4.6.3.2 节所述。产品范围被定义为描述解决方案的特性和功能。在章程开发的过程中，初始的产品范围是通过包含有高层级的产品需求来建立的。章程还可以包括关于超出范围特性的信息，以便清楚地识别任何已经从范围内推迟或删除的特性。

4.7.2　支持章程开发：工具与技术

4.7.2.1　文件分析

文件分析是一种通过分析现有文件，以识别相关产品信息的启发式技术。它可以被用来识别在章程开发中所用的信息。审查组织结构图以识别潜在的相关方清单，或者审查现有商业架构模型以了解被提议的变更所影响的商业领域，它们是如何审查现有文件来启发信息以开发章程的两个例子。有关文件分析的更多信息，见第 6.3.2.3 节。

4.7.2.2　引导式研讨会

引导式研讨会采用的是结构化会议，由有经验且中立的引导师和一组精心挑选的相关方共同领导，以协作并朝着既定的目标工作。例如，开发产品需求。引导式研讨会用于启发开发章程所需的信息。由于引导式研讨会支持参与者之间的交互、协作和改善沟通，当用于开发章程并获得相关方对其所含信息的一致意见时，该技术是一种实用的启发式技术。有关引导式研讨会的更多信息，见第 6.3.2.4 节。

4.7.2.3　术语表

在商业分析中，术语表提供了关于产品的术语和缩略语的定义清单。在制定章程时，术语表可以向相关方和产品团队提供他们不熟悉或通常被误解的术语的通用词汇表，特别是明确要求理解章程中的信息的术语。如果产品团队通过项目组合、项目集或项目共享术语表，则可以从章程或团队工作空间中共享术语表的链接。有关术语表的更多信息，见第 7.3.2.3 节。

4.7.2.4　访谈

访谈是从相关方处启发信息的正式或非正式的方法。在开发章程以启发必要的信息时，该技术是一种可行的技术。访谈需要与拥有关键信息的不同相关方安排时间表。访谈可以在应用其他启发技术之后使用，从访谈中获得的信息可以用来启动章程或填补信息空白。有关访谈的更多信息，见第 6.3.2.6 节。

4.7.3　支持章程开发：输出

4.7.3.1　章程

章程建立了范围边界，并且创建了记录项目组合组件、项目集或项目启动的文件。通过在组织内部建立内部协议的形式，它可用于在商业和产品开发团队之间建立伙伴关系，以确保项目组合、项目集或项目的正确交付。商业分析可用于开发章程。在预测型生命周期中，通常被指派执行商业分析的个人支持发起人来执行这项工作。在适应型生命周期中，发起人可以创建章程，但产品所有者可以为商业分析工作做出贡献，以支持章程的开发。

4.7.3.2　共享的产品信息

共享的产品信息包括在协作过程中产品团队讨论和共享的所有信息的汇编。当章程被协作开发时，产品团队对委托项目组合组件、项目集或项目交付的解决方案获得共同的理解。建立共同的理解降低了产品团队可能开发出与相关方期望不一致的最终解决方案的风险，并且使团队能够在开发过程中更有效地工作。

4.7.4　支持章程开发：裁剪考虑因素

表 4-12 描述了用于支持章程开发的适应型和预测型裁剪考虑因素。

表 4-12　支持章程开发的适应型和预测型裁剪

需要裁剪的方面	典型的适应型考虑因素	典型的预测型考虑因素
名称	章程开发	支持章程开发
方法	作为一个整体，是在项目开始实施之前创建的，提供了关于项目的轻量级的信息、实施的理由、高层级的范围、能力和成功的标准。在章程开发讨论期间做出的决定将在迭代过程中被回顾，以确保正在进行的工作仍与项目开始时所提出的愿景保持一致	在项目开始实施之前创建的项目组合组件、项目集或项目的详细信息，包括实施的理由、高层级的范围、能力和成功标准。一旦获准，章程中所列的指导方针就得到遵守。章程的信息不会改变，除非所提出的变更得到授权人的批准
可交付成果	章程开发到足以使各方对项目和解决方案达成共同理解的程度。可包括定义范围的模型，如系统交互图	正式章程、多页文件。可包括定义范围的模型，如系统交互图。组合在由标准化的组织模板所创建的文件中

4.7.5　支持章程开发：协作点

项目组合、项目集和/或项目经理与商业分析专业人士一起工作，将商业论证转化为项目组合、项目集或项目章程。

第5章 相关方参与

相关方参与包括识别和分析那些与解决方案有利益关系的人员，以确定如何以最佳的方式使他们参与、沟通和协作，建立对定义解决方案所需的商业分析活动的共同理解，以及对商业分析过程进行定期评估来确保其有效性的过程。本章将从商业分析的角度介绍相关方的参与。

在商业分析中，相关方参与的过程如下：

5.1 识别相关方——识别可能影响、受影响或被认为受评估区域影响的个人、群体或组织的过程。

5.2 实施相关方分析——调研和分析关于可能影响、受影响或被认为受评估区域影响的个人、群体或组织的定量和定性信息的过程。

5.3 确定相关方参与和沟通方法——在整个产品生命周期中，基于对相关方在商业分析过程中的需要、利益和角色的分析，开发适当的方法来有效地使相关方参与并与其沟通的过程。

5.4 实施商业分析规划——获取关于团队将要执行的商业分析活动，以及所需任务的角色分配、职责和技能组合的共同协议而执行的过程，目的是成功完成商业分析工作。

5.5 准备过渡到将来状态——确定组织是否准备好进行过渡，以及组织将如何从当前状态转移到将来状态，以便将解决方案或部分解决方案整合到组织运营中的过程。

5.6 管理相关方参与和沟通——在商业分析过程中促进相关方适当参与的过程，使相关方对正在进行的商业分析工作有适当的了解，并且在其演化过程中与相关方分享产品信息。

5.7 评估商业分析绩效——通常基于项目组合组件、项目集或项目的持续可交付成果和结果的背景，来考虑组织应用的商业分析实践有效性的过程。

图 5-1 概述了相关方参与的各个过程。商业分析过程被描述为具有定义接口的互相独立的过程，但在实践中它们以本指南无法全面详述的方式相互交叠和相互作用。

```
                              ┌─────────────────────┐
                              │    相关方参与概述    │
                              └─────────────────────┘
```

5.1 识别相关方

1. 输入
   1. 启发结果（未确认/已确认）
   2. 企业和商业架构
   3. 情境说明书
2. 工具与技术
   1. 头脑风暴
   2. 访谈
   3. 组织结构图
   4. 过程流
   5. 问卷调查
3. 输出
   1. 相关方登记册

5.2 实施相关方分析

1. 输入
   1. 启发结果（未确认/已确认）
   2. 企业和商业架构
   3. 情境说明书
   4. 相关方登记册
2. 工具与技术
   1. 工作分析
   2. 人物分析
   3. RACI 模型
   4. 相关方图
3. 输出
   1. 更新的相关方登记册

5.3 确定相关方参与和沟通方式

1. 输入
   1. 情境说明书
   2. 更新的相关方登记册
2. 工具与技术
   1. 启发技术
   2. 人物分析
   3. RACI 模型
   4. 回顾和经验教训
   5. 相关方图
3. 输出
   1. 相关方参与和沟通方法

5.4 实施商业分析规划

1. 输入
   1. 商业分析绩效评估
   2. 章程
   3. 事业环境因素
   4. 来自所有其他知识领域的规划方法
   5. 产品风险分析
2. 工具与技术
   1. 燃尽图
   2. 分解模型
   3. 估算技术
   4. 规划技术
3. 输出
   1. 商业分析计划

5.5 准备过渡到将来状态

1. 输入
   1. 商业论证
   2. 当前状态评估
   3. 产品风险分析
   4. 产品范围
   5. 需求和其他产品信息
   6. 解决方案设计
   7. 相关方参与和沟通方法
2. 工具与技术
   1. 启发技术
   2. 群体决策技术
   3. 工作分析
   4. 优先级方案
   5. 过程流
   6. SWOT 分析
   7. 用户故事
3. 输出
   1. 准备就绪评估
   2. 过渡计划

5.6 管理相关方参与和沟通

1. 输入
   1. 相关方参与和沟通方法
   2. 更新的相关方登记册
2. 工具与技术
   1. 启发技术
3. 输出
   1. 相关方参与和沟通改进

5.7 评估商业分析绩效

1. 输入
   1. 商业分析计划
   2. 商业分析组织标准
   3. 商业分析绩效指标和测量
   4. 商业分析工作产品
2. 工具与技术
   1. 燃尽图
   2. 启发技术
   3. 过程流
   4. 回顾和经验教训
   5. 根本原因和机会分析
   6. 偏差分析
3. 输出
   1. 商业分析绩效评估

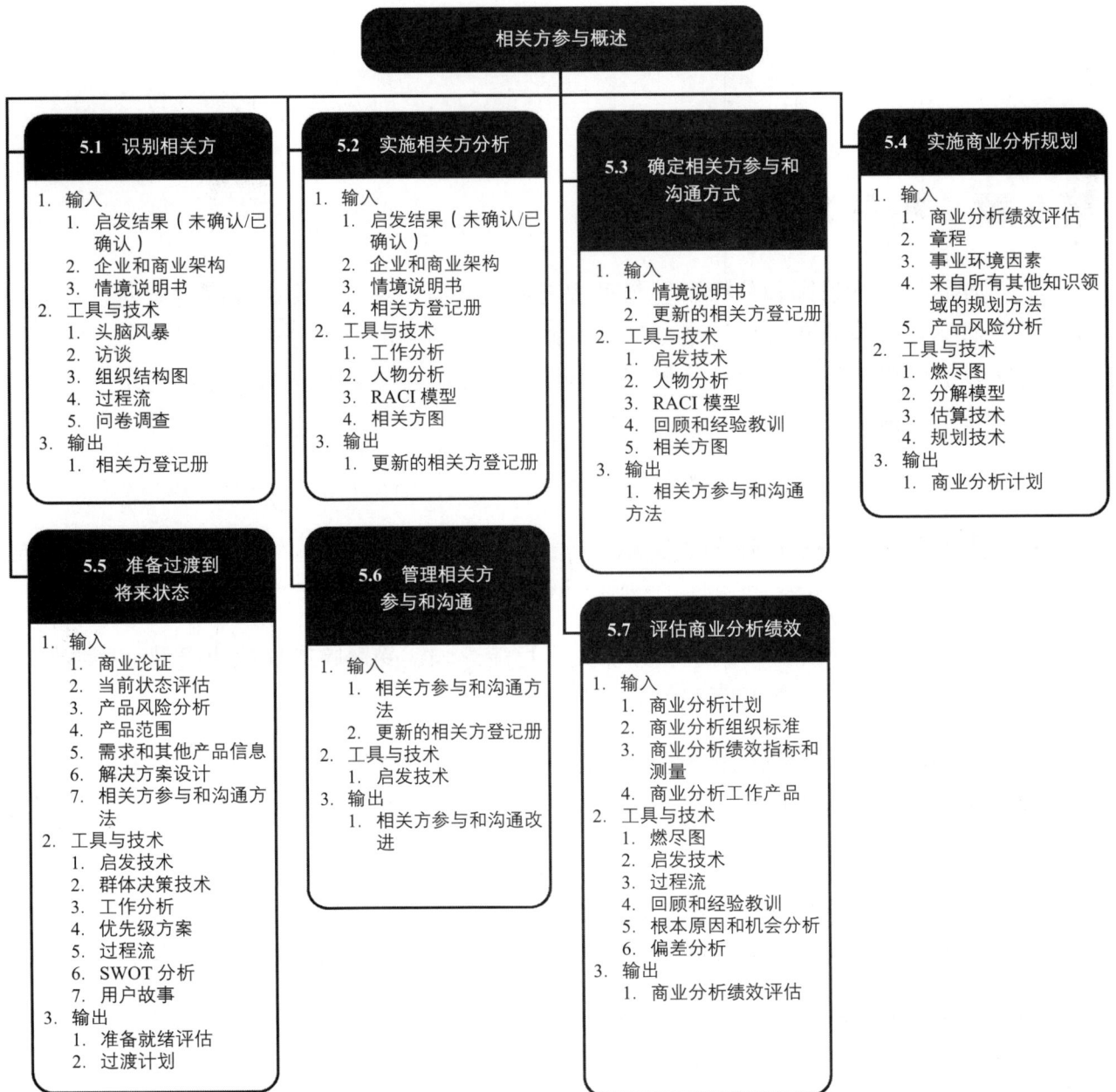

图 5-1 相关方参与概述

相关方参与的核心概念

相关方参与涉及对相关方的需要和特征进行分析的活动，以了解如何以协作的方式最佳地进行相关方识别、参与、沟通。相关方参与并不是商业分析所特有的，但在本学科内实施相关方参与，其目标是确保在商业分析过程中相关方的最佳参与。

商业分析中的大部分工作涉及沟通。相关方参与过程直接或间接提高了那些与分析中的情境或解决方案相关的人员的意识。清楚地了解谁需要被纳入和参与到商业分析过程中，并且实施与合作伙伴开展的支持协作或应用实践，这对于商业分析和跨项目组合、项目集和项目的管理大有裨益。相关方参与能最好地体现相关方社区群体，以及保障其持续的利益和参与。

5.1 识别相关方

识别相关方是识别可能影响、受影响或被认为受评估区域影响的个人、群体或组织的过程。本过程的关键效益是，它有助于确定在整个与商业分析相关的活动中应该考虑谁的利益。图 5-2 描述了本过程的输入、工具与技术和输出。图 5-3 是本过程的数据流向图。

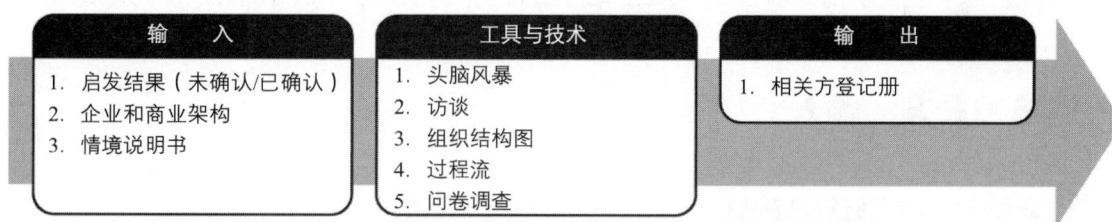

输　入	工具与技术	输　出
1. 启发结果（未确认/已确认）	1. 头脑风暴	1. 相关方登记册
2. 企业和商业架构	2. 访谈	
3. 情境说明书	3. 组织结构图	
	4. 过程流	
	5. 问卷调查	

图 5-2　识别相关方：输入、工具与技术和输出

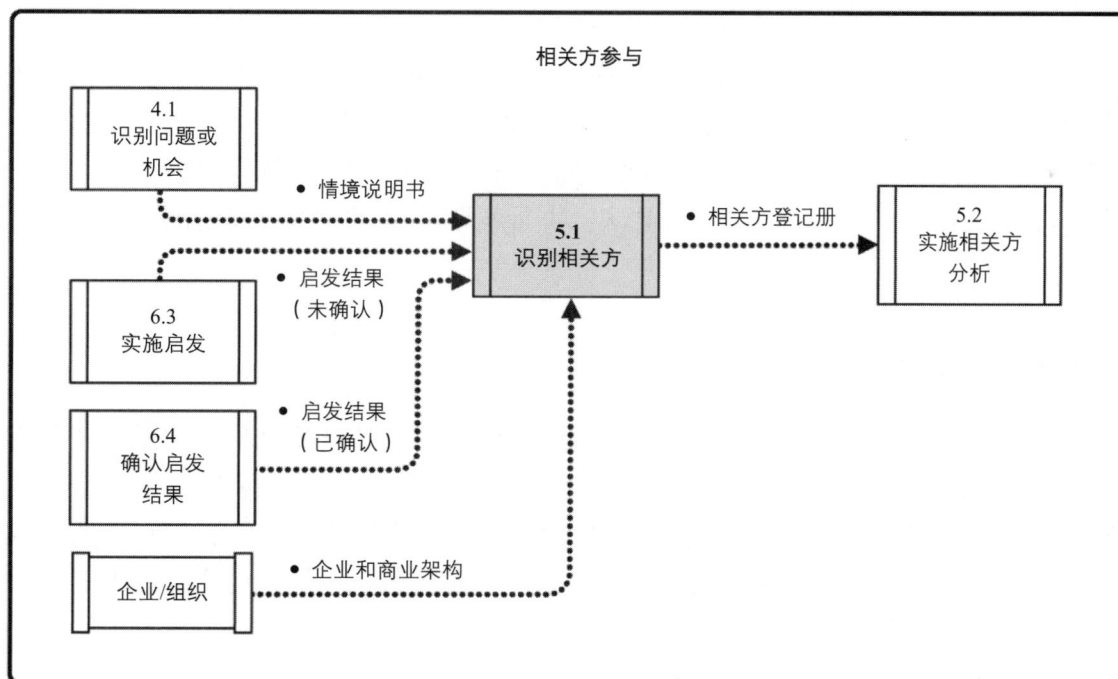

图 5-3　识别相关方：数据流向图

根据《PMBOK®指南》，相关方是指能影响项目组合、项目集或项目的决策、活动或结果的个人、群体或组织，以及会受到或自认为会受到项目组合、项目集或项目的决策、活动或结果影响的个人、群体或组织。在商业分析中，相关方是可能影响解决方案，或者受解决方案影响，或者自认为会受到解决方案影响的个人、群体或组织。因此，这些个人和组织都可被称为产品相关方。

产品相关方参与了需求的探索，并且通过分享与最终产品需求有关的商业分析信息来支持需求启发。随着更多的情境和产品需求信息被发现，对于任何在早期被识别或定义为产品相关方的人而言，其属性也会随之改变。产品团队也将随着产品范围的分析结果及应对方案的演进，对产品相关方的列表做出相应调整。在本标准和指南中，相关方被定义为受到解决方案影响的人，因此，产品相关方的定义也基于同样的假设。

因为相关方的识别是作为商业分析和项目组合、项目集和项目管理的一部分来执行的，因此，在工作中可能存在很多重叠的地方。协作可以确保商业分析和项目组合、项目集和项目管理工作避免冗余或差距，角色之间的合作关系也可以带来更好的最终结果。

5.1.1　识别相关方：输入

5.1.1.1　启发结果（未确认/已确认）

如第 6.3.3.1 节和第 6.4.3.1 节所述。启发结果包括从完成的启发活动中获得的商业分析信息。启发贯穿整个商业分析过程。在任何时间点，未确认和已确认的启发结果均可作为识别相关方的数据来源。在识别可能存在潜在相关方的其他领域时，即使是未确认的结果也可能被证明是有价值的。有时，未确认的启发结果将引发与相关方的后续的讨论，从而可以进一步发现其他相关方和与产品相关的信息。通过分析和持续的协作，用于识别相关方的启发结果可以从未确认转为已确认，从而表明在商业分析中的启发和分析的迭代属性。

5.1.1.2　企业和商业架构

如第 4.2.1.1 节所述。企业和商业架构是运作企业所必需的商业及技术组件的集合，包括组织的商业功能、组织结构、组织定位和组织过程。企业和商业架构通常包含了有关整个组织中的角色模型和文字描述。此信息可以被用作识别相关方的来源之一。架构模型可以与相关方共享，这可以帮助参与者发现缺失的但需要添加到相关方登记册中的相关方。

5.1.1.3　情境说明书

如第 4.1.3.2 节所述。情境说明书提供了对问题或机会的客观说明，以了解情境对组织的效果，以及由此产生的影响。这些内容用于确定范围边界，以指导哪些相关方应被纳入相关方登记册。

5.1.2　识别相关方：工具与技术

5.1.2.1　头脑风暴

头脑风暴法是一种启发式技术，可以用来在短时间内识别一系列创意（如风险、相关方或潜在解决方案选项的清单）。头脑风暴法是在群体环境中实施的，并且由一位引导者引导。首先，提出一个主题或问题，要求小组就该主题生成尽可能多的创意。这些创意都应自由、快速地提出，并且所有创意都会被接受。因为讨论是在群体环境中进行的，所以参与者可以从其他人的创意中得到启发，从而产生更多的创意。所有响应都会在小组成员面前进行记录，因而进展能够持续反馈给参与者。引导者具有重要作用，他确保了所有的参与者都参与到讨论中来，并且确保不让某个人垄断讨论环节，或者评论或评判其他人提出的创意。头脑风暴由两部分组成：创意的产生和分析。分析过程是将初始的创意清单转化成可用的信息表单。在识别相关方的过程中可以使用头脑风暴来创建相关方名称的初始列表。在《商业分析实践指南》的第 3.3.1.1 节中对头脑风暴有进一步的讨论。

5.1.2.2　访谈

访谈是从相关方处启发信息的一种正式或非正式的方法。可以与相关方（如发起人或运营经理）进行访谈，以确定将参与商业分析一个或多个方面工作的相关方清单。有关访谈的更多信息，见第 6.3.2.6 节。

5.1.2.3　组织结构图

组织结构图是描述组织内部或部分组织内部报告结构的模型。这些模型可经评估后用于促进发现可能受分析中的解决方案影响，或者对分析中的解决方案施加潜在影响的相关方群体或个人。

现有的组织结构图可作为构建组织结构图的起点。当组织结构图在组织中不可用或不存在时，则需要从头开始构建全新的组织结构图。在创建组织结构图时，最好与建模部门的代表或人员进行协作来完成。基于组织的规模和在商业分析过程中使用组织结构图的方式，商业分析专业人士会决定将组织结构图中的角色细化到单个相关方的级别是否有意义。如果目标只是确定受到提议的解决方案影响的群体数量，那么组织结构图中的角色所细化的级别已经足够了。

角色的设置可能因组织、区域，或者所支持的客户类型的不同而不同。来自相同群体的相关方可能以不同的方式使用产品。当在相关方分析中识别出上述差异时，应在相关方登记册中有所体现，并且将发现的差异体现在团队为进一步分析角色而创建的人物上。评审组织结构图的最终目的是，发现需要构建解决方案以满足其需要和可能提供需求的所有相关方。只要遗漏一个角色类型就有可能导致正在实施的解决方案无法满足成百上千客户的需要。在《商业分析实践指南》的第 3.3.1.2 节中对组织结构图有进一步的讨论 。

5.1.2.4 过程流

过程流以可视化的方式记录人们在工作中或与产品交互时所执行的步骤或任务。这些模型通常都已被商业相关方充分地理解，因此它们是一种很好的工具，可用于促进关于缺失相关方的讨论，或者用于确认已启动的相关方登记册。在识别相关方时，讨论可以集中在理解负责执行现有过程的角色，或者与这些现有过程的输出相互影响的角色。可以构造过程流以预见将来状态，然后，可以通过审查如何在将来实施工作以识别新的相关方。有关过程流的更多信息，见第 7.2.2.12 节。

5.1.2.5 问卷调查

问卷调查是一系列书面问题，旨在从众多受访者中快速收集信息。调查可以用来收集信息以建立或维护相关方清单。有关问卷调查的更多信息，见第 6.3.2.9 节。

5.1.3 识别相关方：输出

5.1.3.1 相关方登记册

在项目管理中，相关方登记册是一个项目文件，它包括对项目相关方的识别、评估和分类。在商业分析中，任何可能影响建议或预期的解决方案，或者受到或被认为受到其影响的个人、群体或组织，都必须被添加到相关方登记册中。

5.1.4 识别相关方：裁剪考虑因素

表 5-1 描述了识别相关方的适应型和预测型裁剪考虑因素。

表 5-1　识别相关方的适应型和预测型的裁剪

需要裁剪的方面	典型的适应型考虑因素	典型的预测型考虑因素
名称	识别相关方	
方法	相关方在最初的规划中被识别出来。通常，使用头脑风暴法，并且随着相关方的识别，可以在适应型生命周期中的任何一点更新	相关方清单是在商业分析规划中确定的，如果产品范围发生了变更，或者启发和分析活动识别出了新的相关方，则可以更新或修订
可交付成果	可能是轻量级文件或模型中提到的相关方清单，也可能只涉及头脑风暴的结果	相关方登记册，或者可能需要使用已批准的相关方登记册模板

5.1.5 识别相关方：协作点

企业和商业架构师对组织的各个方面进行建模，包括与内部人力资源相关的信息，以及支持与企业有关的外部人力资源。架构师可共享描述当前组织单元、角色和技能的模型，以强化相关方识别的活动。

5.2 实施相关方分析

实施相关方分析是指调研和分析关于可能影响、受影响或被认为受评估区域影响的个人、群体或组织的定量和定性信息的过程。本过程的关键效益是，它提供了关于相关方的重要见解。可以在选择启发和分析技术时使用；判断在商业分析工作中的不同时间选择哪些相关方参与是适当的；确定要使用的最佳沟通和协作方式。图 5-4 描述了本过程的输入、工具与技术和输出。图 5-5 是本过程的数据流向图。

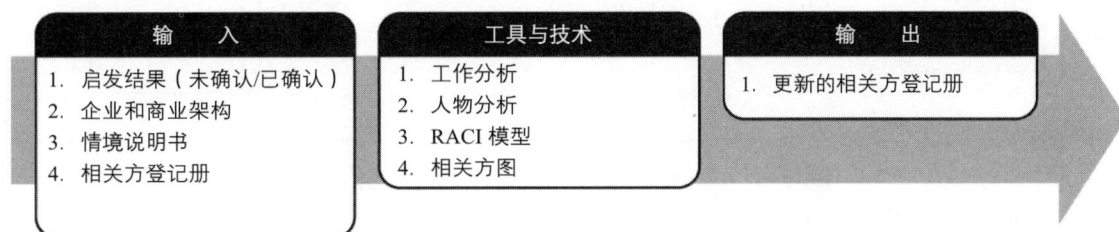

输　　入	工具与技术	输　　出
1. 启发结果（未确认/已确认） 2. 企业和商业架构 3. 情境说明书 4. 相关方登记册	1. 工作分析 2. 人物分析 3. RACI 模型 4. 相关方图	1. 更新的相关方登记册

图 5-4　实施相关方分析：输入、工具与技术和输出

实施相关方分析可系统地评审和考虑定量和定性的信息，以了解相关方特征并确定相关方在解决方案中的利益和立场。此类分析通常是在规划阶段实施的，因此，产品团队可以尽可能早地了解相关方对商业分析过程的影响。相关方分析的结果常用于开发有效的方法，以便在整个项目中（特别是与需求相关的活动）与相关方进行互动和沟通。

相关方分析是迭代进行的，并且在整个项目中随着新的相关方被发现，或者现有的相关方关系或特征的变更而被重新修订。细化产品范围可能导致相关方的增加或删减。早期规划可生成初始版本的相关方清单，但随着相关方被进一步识别，则需要对其进行维护。当大量的相关方被识别时，相关方分析可能涉及按共同的特征对相关方清单进行分组，这将有助于简化分析。

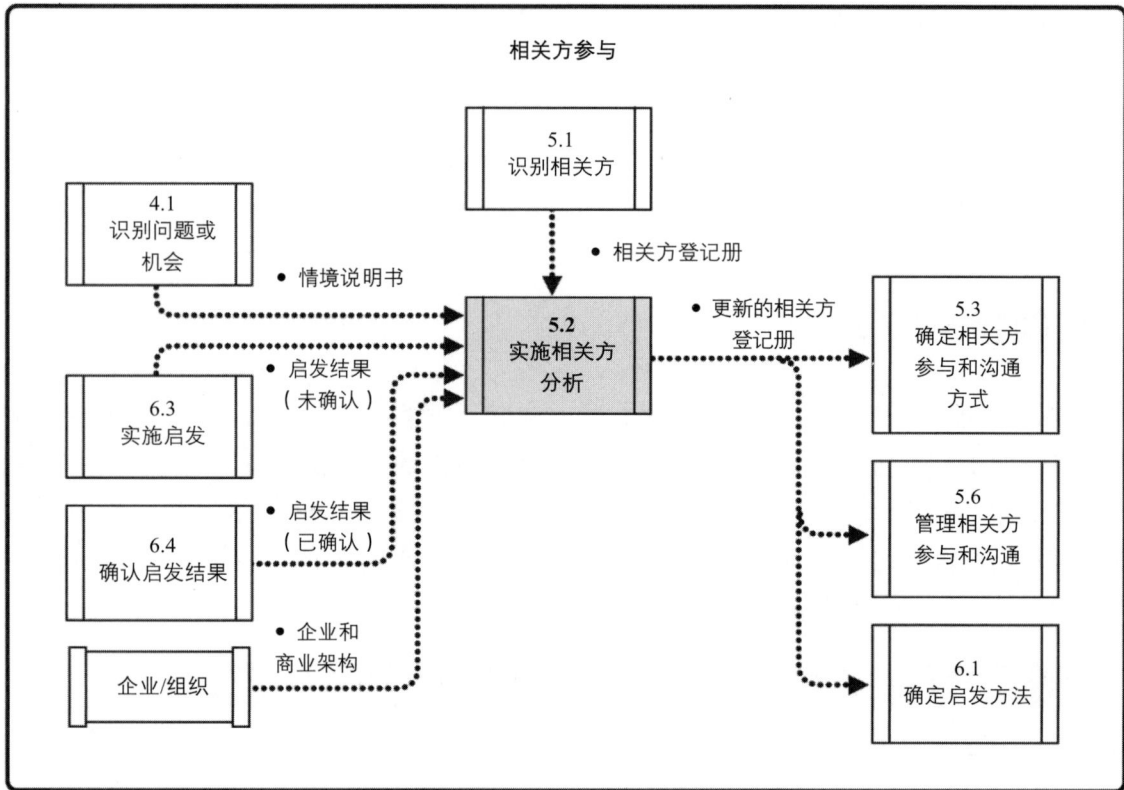

图 5-5 实施相关方分析：数据流向图

在进行相关方分析时，可以分析任意数量的特征，以便更清晰地了解已识别的相关方（见第 5.1 节）。当确立角色和责任，以及确定如何最佳地与相关方参与和协作时，从分析中收集的信息有助于进行决策。基于情境，分析还可以用来确定哪些相关方应该参与。部分特征可能包括：

- **态度**。识别对支持工作和接受推荐的解决方案选项是否支持、感兴趣或有动机的各方。

- **经验**。相关方可能在商业分析过程中向团队提供关于行业、组织和解决方案经验的理解。

- **利益**。识别从解决方案中获得正向或反向收益的相关方。这反过来又可能对与需求相关的活动产生积极或消极的影响。

- **影响力水平**。探知那些在组织或产品团队中具有影响力的人，这些人都可能阻碍或支持提议的解决方案。

可以选择任意数量的特征来分析相关方。产品团队需要共同确定用于分析的特征。在《商业分析实践指南》的第 3.3 节中对相关方分析和特征有进一步的讨论。

5.2.1　实施相关方分析：输入

5.2.1.1　启发结果（未确认/已确认）

如第 6.3.3.1 节和第 6.4.3.1 节所述。启发结果包含了从已完成的启发活动中获取的商业分析信息。在分析相关方的特征时，可以使用先前讨论和启发活动的已有结果。即使在启发结果尚未得到确认时，这些信息也可以作为执行这项工作的基础。通过分析和持续协作，用于实施相关方分析的启发结果可以从未确认转变为已确认。这也表明了，在商业分析中的启发和分析所具有的迭代性质。

5.2.1.2　企业和商业架构

如第 4.2.1.1 节所述。企业和商业架构是运作企业所必需的商业和技术组件的集合，包括商业功能、组织结构、组织定位和组织过程。企业和商业架构包含关于组织内各种角色的模型和文本描述。这些信息可以作为开始分析相关方的起点。

5.2.1.3　情境说明书

如第 4.1.3.2 节所述。情境说明书提供了对问题或机会的客观说明，以了解情境对组织的效果，以及由此产生的影响。在相关方分析过程中需要这种信息，以便对相关方进行确定和分类，以及确定每个相关方会如何受到推荐的解决方案选项的影响。

5.2.1.4　相关方登记册

如第 5.1.3.1 节所述。相关方登记册是一个产品文件，它包括对项目相关方的识别、评估和分类。在商业分析中，任何可能影响建议或预期的解决方案，或者受到或被认为受到其影响的个人、群体或组织，都必须被添加到相关方登记册中。相关方登记册为实施相关方分析提供了最新的相关方清单。登记册应在商业分析和项目组合、项目集和项目管理活动中得到维护。

5.2.2　实施相关方分析：工具与技术

5.2.2.1　工作分析

工作分析是一种用于识别工作需求和在特定工作中有效执行的能力的技术。它可以用来确定培训需求，作为撰写招聘职位的先决条件，或者支持绩效评估过程。当创建新工作或修改现有工作时，该技术常用于起草工作说明书并帮助识别该工作的推荐资格清单。

工作分析的输出可以包括工作的高层级描述、工作环境的描述、个人所要执行的活动的详细清单、首选的人际关系技能清单，或者所需的培训、学历和证书的清单等。

工作分析的结果可以在商业分析中使用，以获得对相关方角色的理解，尤其当项目需要替换或修正工作流和商业过程时特别有用。当解决方案涉及创建一个或多个新角色时，该技术可用于定义新角色所需完成的任务，以及成功胜任该工作所需要的素质和特征。在《商业分析实践指南》的第 3.3.3.1 节中对工作分析有进一步的讨论。

5.2.2.2 人物分析

人物是一个虚构的角色，用来表示个人或相关方群体，也可称为用户类别。对于单个类别而言，人物可以包括一定数量的特征描述（由团队决定哪些是值得提取的特征），如名称、叙述、目的、行为、动机、爱好、环境、人数统计和/或技能。人物叙述（如有）讲述了关于用户类别的故事，其目标是分析使用信息或发掘相关方需求，以确定用户类别如何与解决方案进行交互。根据团队同意提取的特征，人物叙述的内容多少可以从简单的摘要段落到 1~2 页的描述。与相关方不同，人物可能对项目的成果没有利益关系，也可能对解决方案毫无影响力。

人物分析是一种可以用来分析一类用户或过程执行者的技术，以理解他们的需要或产品设计和行为需求。在相关方分析中，人物分析的结果提供了可用于构建更有效的商业分析方法的见解。人物可用于产品开发或 IT 系统开发，以设计或规划用户体验。由于不可能获得相关方登记册中的每位相关方的需求，因此，有必要对相关方按用户类别进行分组，并且为每类用户建立相应的角色以理解其需要。

人物与相关方的主要区别在于人物是虚构的角色，而相关方是真实的人。描述人物和相关方的主要区别在于，人物包含了更多关于个人或群体在问题或解决方案空间中如何运作的细节。例如，人物可以用来描述方法的定义、执行任务的首选方法和执行特定任务的频率。通常，这种深度信息并不适用于所有的相关方，而只适用于最关键或最受影响的相关方。在《商业分析实践指南》的第 3.3.3.2 节中对人物分析有进一步的讨论。

5.2.2.3 RACI 模型

RACI 模型是一种常见的责任分配矩阵类型，它使用执行、负责、咨询和知情来定义相关方在项目活动中的参与状态。项目组合、项目集或项目经理可以开发一个 RACI 模型来识别一个工作主体的角色和职责。在商业分析中，可以通过开发 RACI 来传达参与商业分析工作的人员的角色和责任。产品团队应当避免假设参与商业分析过程的每个人都清楚地了解他们的角色和工作分配。当参与多个项目团队并履行不同角色时，相关方可能感到困惑。相关方也可能对分配给他们的角色与他们所期望的角色产生混淆。通过 RACI 模型确定角色和责任有助于最大限度地减少混淆和冲突，尤其是在责任可能存在重叠的领域。

相关方分析涉及如何描述相关方的分类，例如，他们的权力、影响力、受影响度或利益。这种分类可以帮助确定相关方可能的参与度，以及他们在商业分析过程中所担任的角色。对于参与度的分类（如无意识的、抗拒的、中立的、支持的和主导的）可以用来考虑任何相关方或相关方群体对产品或项目的实际或期望的参与度，这些将在规划过程中作为制定相关方参与方法的一部分加以考虑。

反过来，这些分类也可用于确定什么是适当的参与度，以及在 RACI 模型中如何对相关方进行分类。RACI 模型表明，在产品或项目生命周期，或者不同的商业分析过程中的不同节点，相关方可以有不同的参与度。RACI 模型将突出单一责任和共同责任的情况。RACI 的分类如下：

- R——"负责"执行任务的角色或人员。
- A——对完工任务或任务质量"负责"的角色或人员；最终批准者。
- C——为完成任务可以向其"咨询"信息的角色或人员。
- I—— 在一定程度上受任务影响，需要对为完成任务而正在进行的流程和工作"知情"或及时了解的角色或人员。

表 5-2 显示了 RACI 模型的格式示例。在《商业分析实践指南》的第 2.3.1 节中对 RACI 模型有进一步的讨论，并且提供了实例。

表 5-2 RACI 模型的格式示例

	角色 1	角色 2	角色 3	角色 4	角色 5	角色 n
任务 1	A	C	R		C	
任务 2	A	I	R	C	C	
任务 3	I	A	R	C	C	
任务 4		A	R	C	I	
任务 5	R	A	I	I	C	
任务 n						

5.2.2.4 相关方图

相关方图是用于对相关方及其互相之间的关系，以及相关方与分析中的解决方案间的关系进行分析的技术集合。存在若干种相关方图技术。相关方矩阵和洋葱图只是其中的两种，具体介绍如下。

- **相关方矩阵。**相关方矩阵是一种使用象限或矩阵来分析一组相关方的技术。X 轴和 Y 轴标有产品团队选定用于分析的变量名称，例如：

- **影响**。相关方会对产品需求产生多大影响。

- **冲击**。解决方案一旦被实施,将对相关方产生多大的影响。

每个相关方的名称或群体的名称都将被分别放置在四个象限的一个中,如图 5-6 所示。矩阵分析的影响和冲击导致了以下关系:

- **高影响/低冲击**。本象限中的相关方可以作为解决方案团队和商业分析工作的产品牵头者或拥护者。此类人群包括不直接受解决方案影响,但可能管理一个或多个受解决方案影响的相关方群体的决策者。虽然该相关方群体可以将功能需求工作推迟至主题专家向他们报告的时候,但仍需谨慎地与这一类别的相关方保持开放的沟通,以充分获得他们的支持和拥护。

- **高影响/高冲击**。本象限包含会在商业分析过程和与需求相关的活动中参与的关键相关方群体。这些相关方是需求的关键来源,因此,在规划中应为这些相关方分配足够的商业分析工作量。该象限中的相关方对项目的制定或破坏具有影响力,因此,需要与他们(重要的资源)进行频繁的沟通,并且与他们建立强有力的伙伴关系和信任关系。

- **低影响/低冲击**。本象限中的相关方不应被忽视,并且应纳入最初的讨论中,以验证他们之间的关系是否已得到正确评估。这些相关方可能发现,他们的需求是在最后时刻才被包含到最终产品中的,或者这些需求的价值被排得很低,以至于解决方案团队从未实现过这些需求。该象限中的相关方可能对工作没有影响,也可能对工作没有兴趣或意识。此类别的相关方应被监督,以确保他们与解决方案间的关系不会随着解决方案定义的变化而改变。

- **低影响/高冲击**。本象限中的相关方也是需求的关键来源。虽然这些相关方本身在组织中可能并不拥有很大的权力,但他们可以由拥有重要权力的个人来代表。本象限中的相关方可能代表了很大一部分的产品需求,因此,需要花足够的时间来了解情境并进行需求启发。应注意确保与该相关方群体之间的沟通,并且确保相关方所关心的任何问题都是已知的和已被解决的。该象限中的相关方也可能代表了那些能适应已实施的解决方案的人。

图 5-6 显示了相关方矩阵的格式示例。

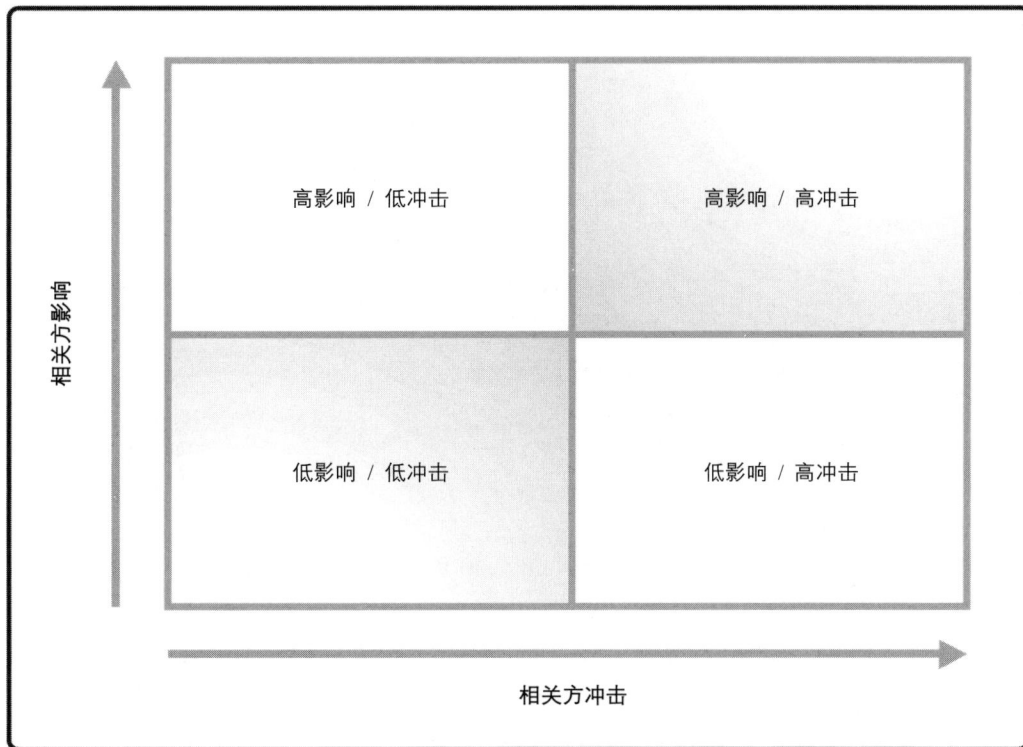

图 5-6　相关方矩阵的格式示例

- **洋葱图**。洋葱图是一种可以用来建模一个主题的不同方面之间关系的技术。在商业分析中，可以创建洋葱图来描述相关方和解决方案之间存在的关系。该解决方案代表一个或多个产品。相关方可以是组织内部的，也可以是组织外部的。该模型被建立后，通过模型所展示的人员与解决方案之间的关系的强度或重要性来帮助团队分析相关方。最接近洋葱图中心的相关方代表了那些与解决方案有最密切或最紧密关系的人，如最终用户或产品开发相关方。洋葱图外圈部分的相关方代表了那些与解决方案有不太重要关系的人。团队可以决定模型的层次或关系所表示的意义。举例如下：

  - 第 1 层。直接参与解决方案开发的相关方。

  - 第 2 层。直接受解决方案影响的相关方。

  - 第 3 层。与直接受解决方案影响的人工作或交互的相关方。

  - 第 4 层。外部相关方。

图 5-7 显示了洋葱图的格式示例。

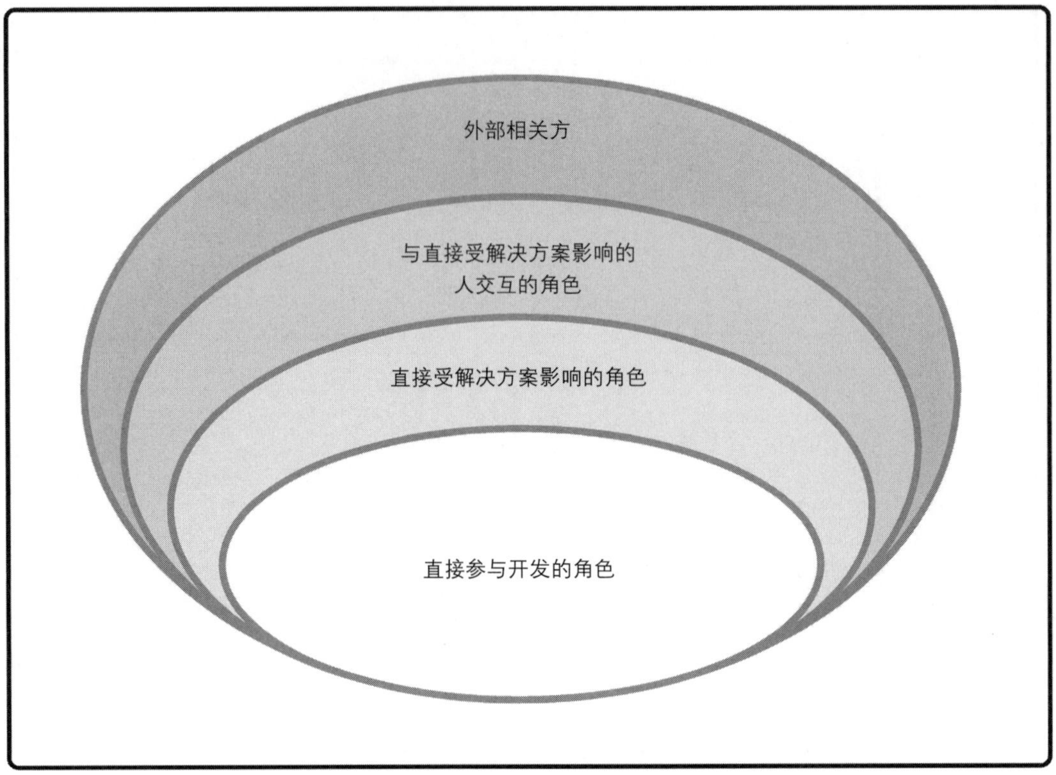

图 5-7　洋葱图的格式示例

当团队正在寻找一种简洁的方式来表达相关方之间的关系信息时，洋葱图是一个很好的选择。其他方法，如头脑风暴法或组织结构图法，也都可作为辅助技术来帮助团队识别需要在洋葱图中描述的相关方角色。有关组织结构图的更多信息，见第 5.1.2.3 节。有关头脑风暴的更多信息，见第 5.1.2.1 节。

5.2.3　实施相关方分析：输出

5.2.3.1　更新的相关方登记册

相关方分析的结果可能包括对相关方名称，或者任何与相关方特征相关的支持信息的添加或修改。保持相关方登记册的准确性对于成功实施商业分析至关重要，因为遗漏任何一个相关方都可能最终导致关键产品需求的缺失。表 5-3 显示了相关方登记册的格式示例。

表 5-3　相关方登记册的格式示例

相关方	角色	态度	兴趣	冲击水平	影响程度	沟通偏好	位置	成功标准	工作时间

5.2.4　实施相关方分析：裁剪考虑因素

表 5-4 描述了用于实施相关方分析的适应型和预测型裁剪考虑因素。

表 5-4　实施相关方分析的适应型和预测型裁剪

需要裁剪的方面	典型的适应型考虑因素	典型的预测型考虑因素
名称	相关方或人物分析	相关方分析
方法	与预期的解决方案价值相关的相关方的利益和影响。通常，在初始计划或早期迭代期间执行，并且当某一次迭代需要关于相关方的具体细节时，可以在下一迭代开始之前重新回顾	分析任何数量的相关方特征。在商业分析规划期间执行，因为启发和分析活动需要分析新的相关方，或者相关方在项目生命周期中的态度和影响程度都可能改变，所以如果产品范围发生变更，该分析可被重新回顾/修改
可交付成果	可能包括相关方图、人物、模型或轻量级文件	包括相关方姓名和特征的清单的相关方登记册

5.2.5　实施相关方分析：协作点

项目经理和商业分析专业人士的工作在进行相关方分析活动时可能有重叠，因为这两个角色都在理解相关方特征和管理相关方方面有既得利益。在适应型生命周期项目中，实施该分析的任何角色之间都可能存在利益和责任的重叠。为了避免工作的冗余，商业分析专业人士应当与项目组合经理、项目集经理和项目经理协作完成这项工作。每个角色都会提供各自独特的观点，项目组合经理、项目集经理和项目经理分别分析相关方对项目组合、项目集和项目的影响；商业分析专业人士则负责分析相关方对解决方案的影响，并且确保商业分析过程的有效性。为了相关方的利益，产品团队应作为一个有凝聚力的整体进行运作，从而避免对相关方提出不一致的或冗余的要求。

5.3　确定相关方参与和沟通方法

确定相关方参与和沟通方法是在整个产品生命周期中，基于对相关方在商业分析过程中的需要、利益和角色的分析，开发适当的方法来有效地使相关方参与并与其沟通的过程。本过程的关键效益是，它提供了一种清晰的、可操作的方法，使相关方参与到整个商业分析和与需求相关的活动中，从而使相关方通过最佳的沟通方法和频次获得正确的信息，以满足计划的需要和相关方的期望。图 5-8 描述了本过程的输入、工具与技术和输出。图 5-9 是本过程的数据流向图。

输入	工具与技术	输出
1. 情境说明书 2. 更新的相关方登记册	1. 启发技术 2. 人物分析 3. RACI 模型 4. 回顾和经验教训 5. 相关方图	1. 相关方参与和沟通方法

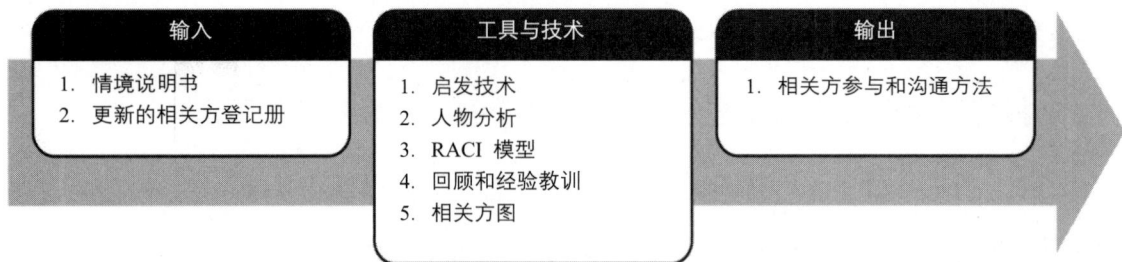

图 5-8　确定相关方参与和沟通方法：输入、工具与技术和输出

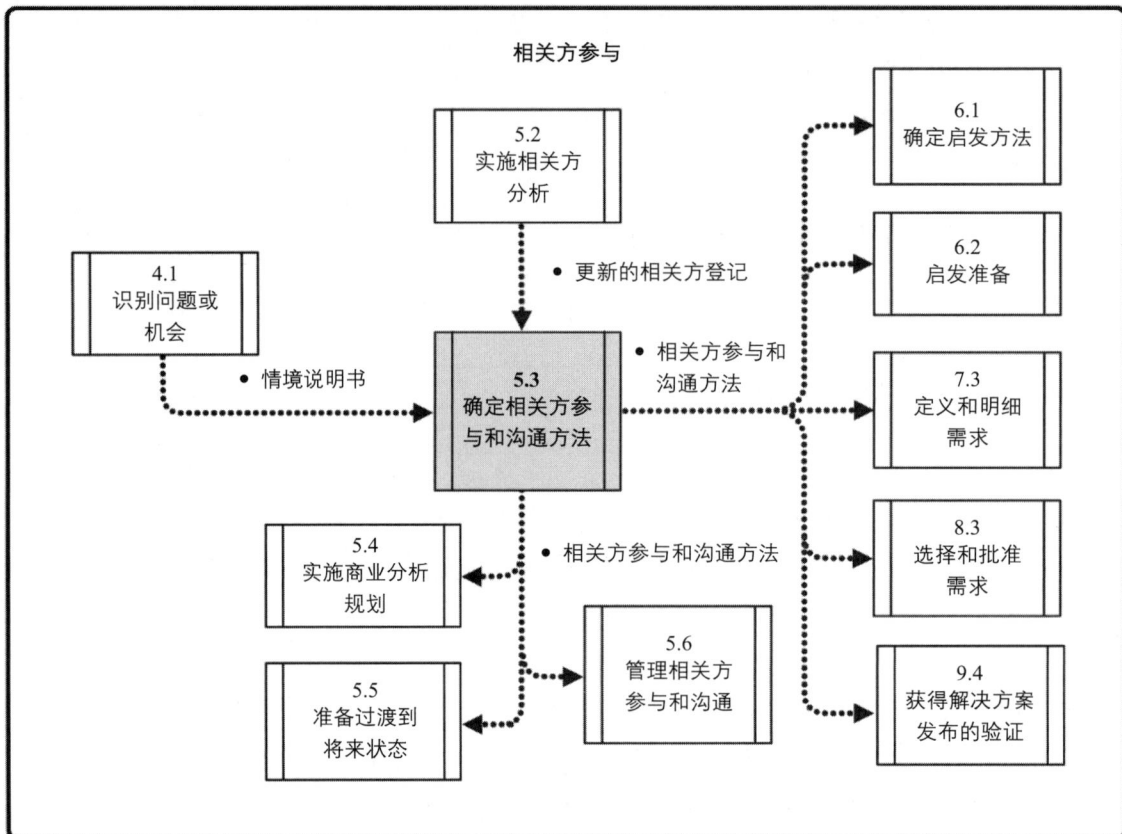

图 5-9　确定相关方参与和沟通方法：数据流向图

确定相关方参与和沟通意味着需要设计不同的方法，来确保在产品生命周期中的适当时点从相关方处获得最佳水平的承诺。相关方参与和沟通方法是通过综合考虑相关方分析结果、相关的组织规范和标准，以及从过去与相关方参与中吸取的经验教训而开发的。

相关方参与和沟通方法通常有五个组成部分：

- 每个相关方或相关方群体的参与程度，通常基于相关方登记册中归纳的 RACI 模型和其他相关方特征进行判定。

- 决策方法，如协商一致的决策、发起人的决策或经加权分析的决策等。这些决策方法通常都与相关方的输入同时定义，并且考虑组织规范和标准。

- 获得批准的方法，包括谁可以批准需求和其他产品信息，以及谁可以拒绝需求。批准的方法还包括必要的批准手续，例如，是否需要签署，如果需要，是否可以接受电子签名或电子邮件批准。

- 如何组织、存储和维护产品和项目的信息，以支持向相关方和其他人员提供信息。标准的知识库、需求管理工具、建模工具、敏捷团队工具和记录保留策略的组织标准通常都被作为可用的驱动选项。在选择这些选项时，应尽可能考虑相关方的偏好。

- 如何让相关方获知最新的产品和项目工作情况。需要考虑哪些相关方需要哪些信息，以及相关方对沟通的详细程度、沟通频次和相关方所处时区的偏好。此外，还需要考虑组织的沟通媒界和工具选项，如可用的特定沟通技术、授权的沟通媒介、视频会议、远程协作工具和安全要求等。在选择这些选项时，应尽可能考虑相关方的偏好。

当与组织外部相关方进行沟通时，也必须考虑相同的因素，如传递信息的最佳方法和时机。与外部相关方的沟通可以从发送端和接收端的单个联系点开始，并对它们进行疏导，以确保消息传递的一致性。

在商业分析中，很少有一成不变的方法可以用来与所有的相关方就需求和其他产品信息进行沟通。当裁剪考量使得沟通变得非常复杂时，与相关方的沟通可能变得非常耗时。下列问题有助于确定沟通的内容和方法，以及可能由谁来实施沟通工作。

- 是谁在实际使用这些信息？

- 这些信息需要被放在正式文件中吗？

- 这些信息需要全部以书面的形式记录下来吗？还是可以用其他方式传达？

在《商业分析实践指南》的第 3.4.11 节中对沟通方法有进一步的讨论。

商业分析角度的相关方参与和沟通与项目组合、项目集和项目经理管理的相关方参与和沟通间存在着显著的重叠。虽然存在重叠，但角色之间的关注点有所不同。例如，商业分析专业人士负责产品开发过程中的相关方参与，而项目组合、项目集和项目经理则负责他们权限范围内的相关方参与。商业分析专业人士有必要与项目组合、项目集和项目经理合作，以确定哪些相关方需要参与到产品的生命周期中，并且确定其适合的参与程度，同时，避免沟通中的冗余和差异。此外，商业分析专业人士通常依赖于项目组合、项目集和项目经理，或者与他们合作，一起与相关方进行协商并确保获得期望的承诺。

需要多花些时间考虑如何以最佳方式使相关方参与并与其沟通，这可以通过多种方法来达成，包括从非常正式的方法到非常不正式的方法。在需要或期望正式化的组织中，相关方参与和沟通的方法将是正式商业分析计划的组成部分（在第 5.4 节对此有更详细的讨

论)。使用适应型生命周期的工作也需要沟通或协作才能成功，"规划沟通"是生命周期所固有的，而不仅仅是一个正式执行的活动。

无论规划参与和沟通的程度正式与否，规划的思维过程对于成功开发产品而言都是至关重要。如未进行规划，相关方最终可能被临时邀请参与，或者他们在有时间的时候才能参与其中。在这样的情况下，产品团队将面临以下风险：无法获得启发、分析和决策所需的相关方参与；无法很好地平衡相关方的利益；未考虑相关方的沟通偏好。以上这些风险都可对解决方案决策和开发产生负面影响。

5.3.1　确定相关方参与和沟通方法：输入

5.3.1.1　情境说明书

如第 4.1.3.2 节所述。情境说明书是对问题或机会的客观说明。情境说明书连同在相关方登记册中的相关方清单，为理解分析领域，以及指导有关相关方参与和沟通方法的决策提供了背景。

5.3.1.2　更新的相关方登记册

如第 5.2.3.1 节所述。更新的相关方登记册中包含了相关方分析的结果，包括对相关方名称，以及任何与相关方特征相关的支持信息的添加或修改。通过相关方分析所获得的相关方特征是确定相关方如何最佳地参与产品开发活动的关键因素。

5.3.2　确定相关方参与和沟通方法：工具与技术

5.3.2.1　启发技术

启发技术用于从来源中抽取信息。作为确定相关方参与和沟通方法的一部分，直接与相关方一起工作很重要，这样可以了解他们的心态、他们的需要，以及什么最适合他们参与。这样做也有助于发展或加强与他们的良好关系。一些可用于支持确定相关方参与和沟通方法的常见启发技术包括头脑风暴、引导式研讨会和访谈。

- **头脑风暴**。一种用来在短时间内识别一系列创意的技术。它可以用来产生沟通方法的创意，以及确保如何让所有相关方参与进来。有关头脑风暴的更多信息，见第 5.1.2.1 节。

- **引导式研讨会**。由有经验且中立的引导者和一组通过精心挑选的相关方共同领导的结构化会议，以便协作并朝着既定的目标工作。引导式研讨会的结构可促成高效和集中的会议，让相关方讨论参与和沟通。有关引导式研讨会的更多信息，见第 6.3.2.4 节。

- **访谈**。一种用于为相关方参与和沟通方法启发信息的技术。在相关方方便的时候，安排与拥有关键信息的不同相关方进行访谈。必要时，可通过个人访谈让每位相关方都有机会坦率地说出有关相关方参与的关注事项。有关访谈的更多信息，见第 6.3.2.6 节。

有关启发技术的更多信息，见第 6.3.2 节。

5.3.2.2 人物分析

人物是虚构的角色，代表个人或相关方群体。当相关方的类型由人物所描述时，继续分析以寻找可为相关方参与和沟通建议有效方式的模式。有关人物分析的更多信息，见第 5.2.2.2 节。

5.3.2.3 RACI 模型

RACI 模型是一种常见的责任分配矩阵类型，它使用执行、负责、咨询和知情来定义相关方在项目活动中的参与状态。RACI 模型可以用来呈现每个相关方或相关方群体对不同商业分析活动的期望参与程度。RACI 的建模结果可以用来理解所分配的职责，以及如何最好地与已识别的相关方和群组进行参与和沟通。有关 RACI 模型的更多信息，见第 5.2.2.3 节。

5.3.2.4 回顾和经验教训

回顾和经验教训通过利用过去的经验来计划未来的工作。为确定最佳的相关方参与和沟通方法，可以考虑从过去的项目或之前的迭代中获取建议，或者借鉴过去对类似产品开发工作有效的方法的经验教训。有关回顾和经验教训的更多信息，见第 5.7.2.4 节。

5.3.2.5 相关方图

相关方图有助于分析相关方的特征，如相关方群体的权力、影响、冲击和利益。对于相关方当前和期望的参与程度的持续相关方映射和考虑都是确定相关方参与和沟通方法的一部分。有关相关方图的更多信息，见第 5.2.2.4 节。

5.3.3　确定相关方参与和沟通方法：输出

5.3.3.1　相关方参与和沟通方法

相关方参与和沟通方法汇总了关于以下内容的协议：每个相关方或相关方群体的参与程度；制定决策和获得批准的方法；如何组织、存储和维护产品和项目信息，以确保相关方和其他人员得到告知；相关方如何获悉最新的产品和项目信息及工作情况。

5.3.4　确定相关方参与和沟通方法：裁剪考虑因素

表 5-5 描述了用于确定相关方参与和沟通方法的适应型和预测型裁剪考虑因素。

表 5-5　确定相关方参与和沟通方式的适应型和预测型裁剪

需要裁剪的方面	典型的适应型考虑因素	典型的预测型考虑因素
名称	非正式命名的过程	确定相关方参与和沟通方法
方法	产品负责人，代表了相关方的沟通需求和偏好，以及团队的其他成员口头上同意要传达的产品信息的格式和详细程度。相关方的参与和沟通应作为整个初期和持续的协作团队规划的一部分加以考虑。当团队成员在一处办公时，大多数沟通都可以当面进行	在商业分析计划中纳入了关于参与的人员、要沟通的信息，以及如何与相关方进行参与和沟通的规划。规划活动发生在启发开始之前。可以指定要沟通的产品信息的格式和详细程度，以及这些信息如何因相关方或相关方群体而异
可交付成果	非独立的可交付成果	相关方参与和沟通方法成为商业分析计划的一个组成部分

5.3.5　确定相关方参与和沟通方法：协作点

高级经理对相关方的优先级是互补的还是冲突的有着最广泛的理解。产品团队可以与高级经理协同工作，以审查相关方参与和沟通方法，尤其是当组织的优先级或政治因素对相关方参与产生影响时。有必要与项目组合、项目集和项目经理开展协作，以确保相关方参与和沟通方法是一致的。

5.4　实施商业分析规划

实施商业分析规划是获取关于团队将要执行的商业分析活动，以及所需任务的角色分配、职责和技能组合的共同协议而执行的过程，目的是成功完成商业分析工作。本过程的结果被整合为一个商业分析计划，该计划可以被正式或非正式地记录和批准，这取决于团队的运作方式。无论计划是否被正式记录，所有规划过程的结果都应该在整体方法中加以考虑。在实施商业分析工作时，如未进行规划决策，可能导致无法获得最优的方法。本过程的关键效益是，它通过鼓励讨论并制定关于如何进行商业分析工作的协议来设定期望，以及避免在实施过程中对角色和职责产生混淆。

图 5-10 描述了本过程的输入、工具与技术和输出。图 5-11 是本过程的数据流向图。

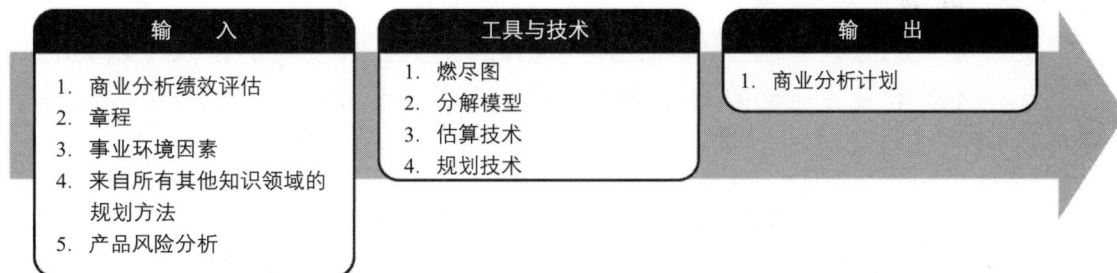

图 5-10　实施商业分析规划：输入、工具与技术和输出

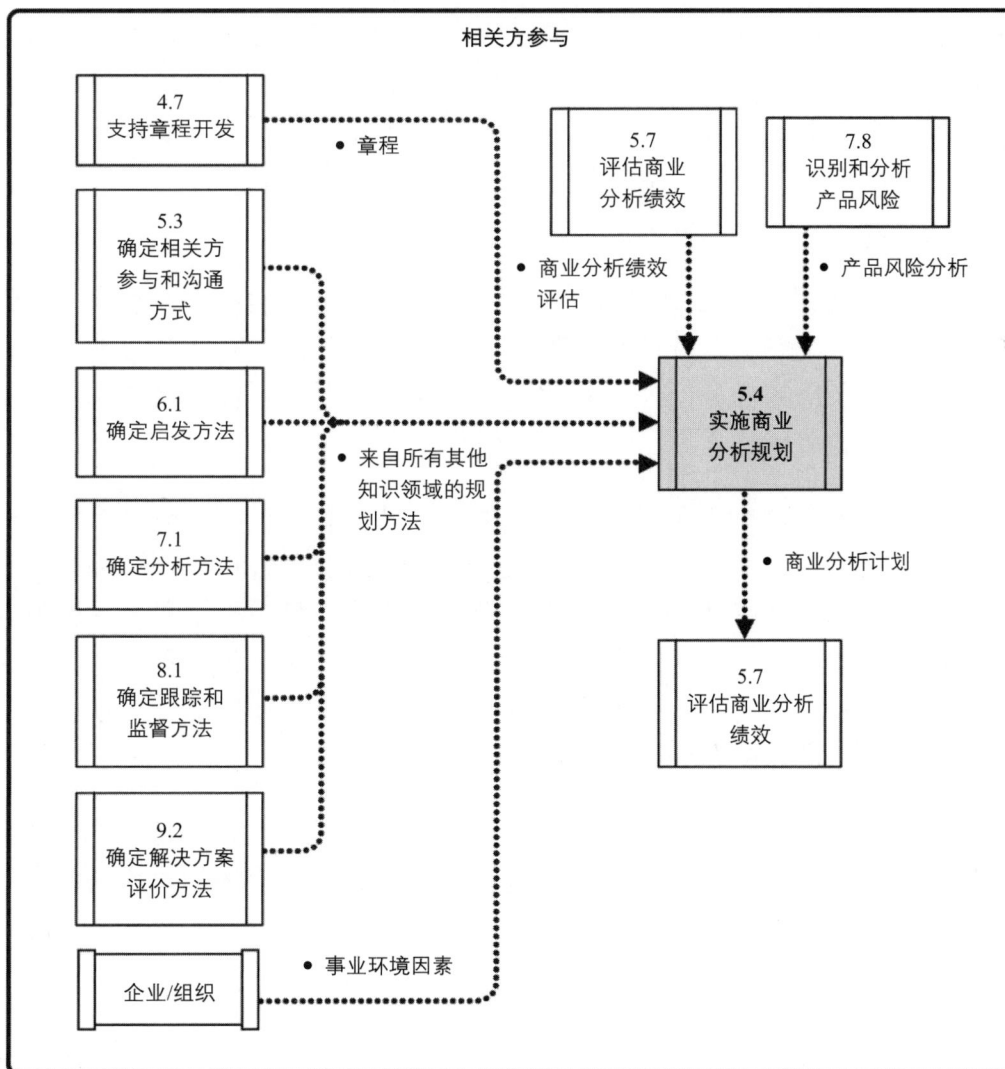

图 5-11　实施商业分析规划：数据流向图

实施商业分析规划过程有三个主要目标：

- 将所有知识领域的方法整合到一系列有关如何实施商业分析的协议和决策中。

- 对商业分析活动的工作级别进行估算。

- 从方法组件和估算中组合商业分析计划。

与这些组件相关的活动以明显不同的方式完成，这些工作使用的是以计划驱动的预测型生命周期，而不是以变更驱动的适应型生命周期。在本节和第 5.4.4 节中对这些不同的方式进行了说明。

在开发商业分析计划时，为选择的规划选项提供解释是一种良好的实践。例如，对于使用适应型生命周期的项目，分析活动的深度和节奏都将与使用预测型生命周期的项目不同。解释规划选项为何被选择可为审查计划的人员提供了背景及决策的依据。

使用预测型生命周期开发的解决方案通常使用以计划驱动的方法进行估算和规划。无论是按从工作的开始到结束划分，还是按阶段划分，估算通常是为每项工作所涉及的角色而创建的。根据所选择的规划技术，估算的详细程度可能有所不同。从商业分析的角度来看，这意味着为完成每个独立的商业分析任务所需的预期工作量创建了单独的时间估算。一旦这些任务被估算出来，它们就会被组织成一个适当的工作计划。

使用以变更驱动的适应型生命周期开发解决方案的团队仍然需要考虑商业分析的任务、任务的工作级别和工期、依赖性和约束、活动顺序。然而，除团队可能很快开发的大型或复杂产品未完项条目的任务以外，商业分析工作和商业分析任务通常都不会因估算和规划的目的而被分解为单独的条目。

对于适应型生命周期的方法而言，作为在发布级别上有意进行的规划会议的一部分，优先级通常作为首要的规划因素。对于在每次迭代开始时有意进行的规划而言，优先级和实时估算都可用来选择团队将承诺交付的产品未完项条目，随后将这些条目分解为任务。一些使用适应型方法的团队还将分解和估算时间以便梳理，或者为制作大型或复杂条目做好准备。这些条目都是当前迭代的一部分，或者都是产品未完项中的下一项。只是其尚未准备就绪，也就是说，尚未被充分理解并开始开发。

尽管存在这些差异，但仍需要留出时间进行商业分析规划，并且将其作为产品开发的一部分。无论采用哪种类型的生命周期，都需要进行商业分析规划的思维过程。

5.4.1　实施商业分析规划：输入

5.4.1.1　商业分析绩效评估

如第 5.7.3.1 节所述。商业分析绩效评估汇总了在过去工作中使用的商业分析过程和技术的有效性。作为规划如何为即将进行的工作实施商业分析的一部分，商业分析绩效评估可能建议调整商业分析的过程和技术，以在与相关方群体合作时优化其价值。

5.4.1.2　章程

如第 4.7.3.1 节所述。章程正式授权了项目组合组件、项目集或项目的成立，确立了其边界，并且创建了启动记录。章程提供了对范围的初步理解，并且为产品开发计划提供了背景和理由。章程与商业分析规划方法（见第 5.4.1.4 节）一起成了识别应实施商业分析的哪些方面和评估所涉及的工作级别的基础。

5.4.1.3　事业环境因素

如第 2.2.1 节和第 2.2.2 节所述。EEFs 是不受团队直接控制的条件，EEFs 影响、制约或指导项目组合、项目集或项目。当审查作为商业分析计划的一部分的所有知识领域方法时，EEFs 的影响经常需要被考虑，以确保商业分析计划的合理性。有关这些方法的清单，见第 5.4.1.4 节。需要考虑的 EEFs 包括以下几个方面：

- 可能影响商业分析工作的形式，以及那些负责商业分析的人员何时用何种方法与相关方协作的因素，包括社会和文化的影响和问题、相关方的期望和风险偏好、法律和合同限制及政府或行业标准。此外，组织文化、结构、管理，以及设施和资源的地理分布往往都会对商业分析的实施产生极大影响。人力资源管理政策和流程可能影响所涉及个人的可用性，以及所选个人的能力和技能的水平。

- 可能影响支持商业分析的技术和工具的选择的因素，包括支持商业分析的工具可用性，例如会议工具、建模工具、产品需求或未完项管理工具，以及可能与之关联的任何安全策略、过程及协议。

- 可能影响或约束商业分析结果的因素，包括企业架构、重用现有产品的组织承诺，甚至包括前期商业分析工作的结果。重用的承诺可使一些组织获得不同类型的产品或项目的商业分析计划模板。此类模板包含了团队可重用或修改后重用的在所有知识领域中经常使用的方法。

5.4.1.4 来自所有其他知识领域的规划方法

其他知识领域的规划方法可以合并成一个完整的商业分析计划。与章程一起，它们都可作为考虑商业分析活动复杂性和持续时间的基础，并且将其纳入与商业分析工作相关的任何估算中。这些组件是：

- 在第 5.3.3.1 节中描述的相关方参与和沟通方法；
- 在第 6.1.3.1 节中描述的启发方法；
- 在第 7.1.3.1 节中描述的分析方法；
- 在第 8.1.3.1 节中描述的跟踪和监督方法；
- 在第 9.2.3.1 节中描述的解决方案评价方法。

5.4.1.5 产品风险分析

如第 7.8.3.1 节所述。产品风险分析包括识别和分析产品风险的综合结果。风险更高或更复杂的产品和项目可能需要额外的工作来处理风险或复杂性。

5.4.2 实施商业分析规划：工具与技术

5.4.2.1 燃尽图

燃尽图是用来计算项目的某些可跟踪对象随着时间推移的剩余数量的可视化图形。当剩余的被跟踪对象的数量随着时间的推移而增加时，燃尽图有助于可视化进展、暂停工作或追溯。在适应型生命周期中工作的团队通常使用燃尽图来跟踪从一次迭代到另一次迭代中剩余的产品未完项条目数量。一些适应型从业者会跟踪剩余的工作时间或剩余的任务，然而其他适应型的从业者对此持谨慎态度，他们认为，对时间或任务的精细跟踪可能导致团队管理工作的碎片化。

对于使用适应型生命周期的工作，在早期迭代中的工作通常会揭示一些对需求和与其相关联的产品未完项的调整。随着对解决方案的了解越来越深入，新的需求和产品未完项条目也往往都会在早期迭代中出现。这些未发现的额外工作增加了产品未完项条目的数量，也可能导致在燃尽图中的图形上下波动。这种波动最初会被认为是使用适应型生命周期的一部分，然而，随着开发和交付的实施，当产品未完项条目的数量在一次又一次的迭代中不断增加，或者当进度变得平缓或停滞时，可能就要引起关注。因此，从商业分析的角度来看，研究从燃尽图中观察到的趋势可为修改商业分析的实施方式或投入的时间提供建议。

图 5-12 显示了一个在未完项中跟踪剩余产品未完项条目的示例，它展示了一个在使用适应型生命周期的项目中发生的常见事件，其中，剩余产品未完项条目的数量在早期迭代中有所增加，随后便稳定地减少。

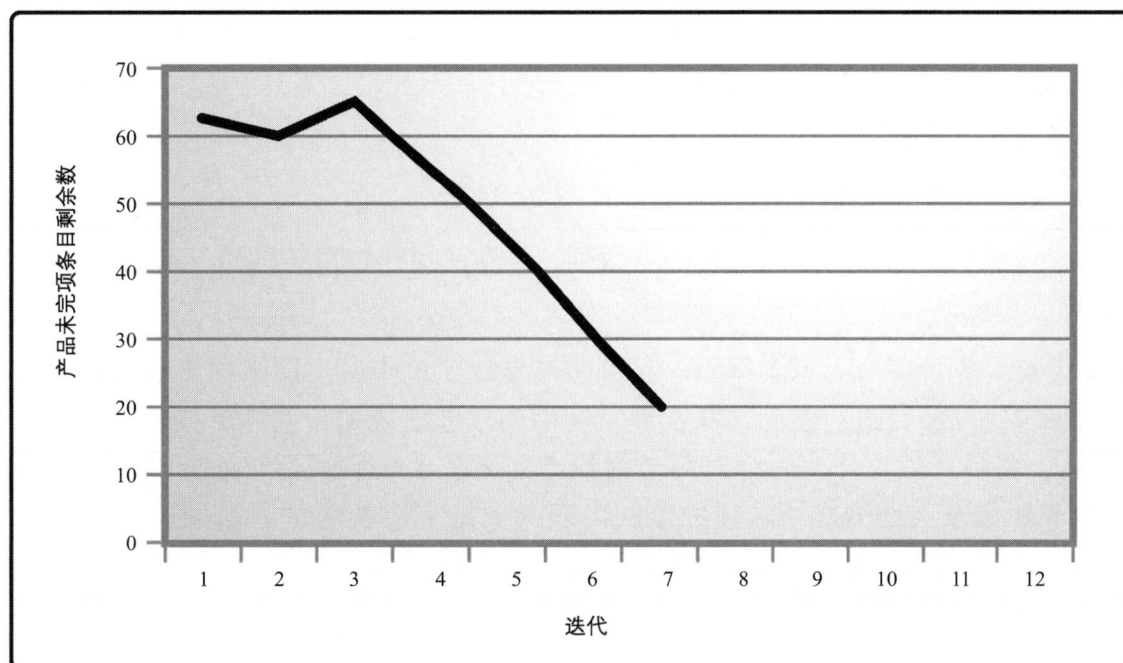

图 5-12　实施商业分析规划：典型的产品未完项燃尽图

5.4.2.2　分解模型

分解模型是一种分析模型，用于将高层级描述的信息分解为更小、更细分的层级结构。出于估算的目的，通常用分解方法来分析的典型对象可能包括范围、工作成果、可交付成果、过程、功能或其他可以细分为较小元素的对象类型。对于需要将细分的商业分析任务和可交付结果分别进行评估的产品开发工作来说，可使用分解模型来确定需要估算的内容，并且最终将其排序为商业分析工作计划。在《商业分析实践指南》的第 3.5.2.2 节中对分解模型有进一步的讨论。

5.4.2.3　估算技术

估算技术用于对可能的数值或成果进行定量评估。用于工作的典型估算技术可以包括以下的一项或多项：

- **亲和估算**。是相对估算的一种形式，其中，团队成员将产品未完项条目组织到产品未完项条目组（每个产品未完项条目的大小相同）中，或者团队成员使用类似 T 恤衫尺码（如小号、中号、大号和特大号）作为估算尺度。

- **自下而上估算**。是一种通过汇总低层级任务的估算来估算项目持续时间或成本的方法。分解模型通常可用来识别这些较低层级的任务。

- **德尔菲法**。是用于支持通过匿名估算来获得共识及支持决策。有关德尔菲法的更多信息，见第 8.3.2.4 节。

- **估算扑克**。是一种协作式的相对估算技术，具有相对估算所用的协商一致的规模。例如：

  - 数学斐波那契数列。0,1,1,2,3,5,8,13,21,34,…

  - 增加了其他数字后的斐波那契数列，普遍使用的数值范围是 0,1,2,3,5,8,13,20,40 和 100。

参与估算扑克的每个人都会得到一系列按商定比例的卡片。团队成员通常会集中于对项目的产品未完项条目进行参考估算，通常使用德尔菲法或宽带德尔菲技术（见第 8.3.2.4 节）。然后，将参考估算作为后续对每个附加产品未完项条目的相对估算的基础。团队成员持有的卡片代表了他们在所选择的范围内表示的按商定参考估算所需的工作水平的估算。那些做了最高和最低估算的人在解释了他们的基本理由后，每个人再重新估算。该过程一直重复直到结果趋同为止。

- **相对估算**。是一种用于创建估算的技术，该估算来自对相似的工作主体进行比较而不是基于成本或时间的绝对单位进行估算。相对估算虽然与通常基于历史数据的类似估算相似，但不完全相同。对于相对估算来说，团队同意用某种方法来表示对一个产品未完项条目的估算，然后将其他产品未完项条目与商定的估算进行比较。

- **宽带德尔菲技术**。是德尔菲法的一个变型，其中包含更多的沟通和人际协作，以使由许多不同的人分别为相同的任务或产品未完项条目进行的差异很大的估算趋同。一些组织采用了正式的方法来应用宽带德尔菲技术，其中所有的估算都是由专家组匿名创建的。该团队的成员通过协作来讨论估算，然后以匿名的方式重新估算。其他组织采用了非正式的方法来应用宽带德尔菲技术，其中，那些做了最高和最低估算的人解释了他们的基本理由后，每个人再重新估算。无论采取何种方法，该过程都会一直重复，直到结果趋同为止。

5.4.2.4　规划技术

典型的规划技术可以包括下列的一项或多项：

- **产品未完项**。产品未完项是需要向解决方案交付的所有产品未完项条目的清单，通常是用户故事、需求或特性。在未完项中的单个条目被估算为按优先级选择团队将在即将到来的迭代中交付的条目的一部分。如第 7.3.2.2 节所述，任何对产品未完项条目的商业分析工作都会集中在确保产品未完项条目满足准备就绪的定义。准备一份产品未完项条目可帮助团队细化他们对该条目的商业理解，使团队有足够的信息来开始开发。尽管使用适应型方法的团队经常通过分配工作来使产品未完项条目就绪，包括在下一次迭代或两次小版本中查看可能被选择交付的条目的时间，通常不会单独拆分该时间，而是被视为交付条目所需时间的一部分。换言之，有些团队确实会单独考虑增加额外的时间，以细化未完项目。有关产品未完项的更多信息，见第 7.3.2.4 节。

在一个适应型的生命周期中，团队计划和承诺将要交付的工作的时间取决于团队使用的适应型方法。当使用适应型方法时，未完项管理和看板都可以作为规划的一部分。有关未完项管理的更多信息，见第 7.7.2.1 节。有关看板的更多信息，见第 7.7.2.4 节。

- **滚动式规划**。是一种迭代式的规划技术，对近期要完成的工作进行详细规划，对远期工作只做粗略规划。从商业分析的角度来看，作为预测型生命周期一部分的商业分析专业人士可以负责或与项目经理共同合作，在整个项目进度中指定的时间间隔内为商业分析任务创建滚动式估算。为了在适应型生命周期内进行规划，滚动式规划可以在发布级别时使用，以确定当前或下一版本的相关特性和功能。类似地，在滚动式规划的背景下，渐进的细化或进一步的分析确定了在当前版本中要包含的特定特性和史诗，并且随着项目的进展，还将有新的信息被纳入计划中。

- **故事地图**。是一种用于对使用适应型生命周期的项目进行规划的技术。故事地图用于根据用户故事的商业价值和用户通常执行它们的顺序来对用户故事进行排序，以便团队能够对将要构建的内容有共同的理解。从商业分析的规划角度来看，故事地图有助于对何时需要花费更多的精力进行分析提供建议。有关故事地图的更多信息，见第 7.2.2.16 节。

- **工作分解结构（WBS）**。是采用预测型生命周期的项目规划技术。WBS 对项目团队为实现项目目标和创建所需的可交付成果而实施的全部工作范围的层级分解。通常，WBS 按照项目阶段和在该阶段中的组件或可交付成果进行细分。WBS 成为创建进度的基础，该进度根据估算、优先级、依赖项和约束来对需要完成的工作排序。对于使用预测型生命周期的项目来说，WBS 通常在规划期间被首先创建，然后在定期计划的间隔（如阶段关卡）进行修订。从商业分析的角度来看，商业分析专业人士将负责关注商业分析任务的 WBS 部分。

5.4.3 实施商业分析规划：输出

5.4.3.1 商业分析计划

商业分析计划如果被正式记录下来，就可以是项目组合、项目集或项目管理计划的子计划，也可以是一个单独的计划。它通过组合所有知识领域的子方法来定义商业分析方法。商业分析计划可以包括对商业分析活动工作水平的估算。它涵盖了整个商业分析方法，从相关方参与到如何管理需求的决策。商业分析计划比需求管理计划更广泛，需求管理计划关注如何启发、分析、记录和管理需求。无论是否被正式记录，商业分析计划都提供了其所有组件所达成的协议的摘要。

无论何时，书面的商业分析计划都是必需的文件，它应该以通俗易懂的方式编写，因为它将被评审查并可能需要得到关键相关方的批准。

有关商业分析计划的更多信息，见《商业分析实践指南》的第 3 章。

5.4.4 实施商业分析规划：裁剪考虑因素

表 5-6 描述了用于实施商业分析规划的适应型和预测型裁剪考虑因素。

表 5-6 用于实施商业分析规划的适应型和预测型裁剪

需要裁剪的方面	典型的适应型考虑因素	典型的预测型考虑因素
名称	非正式命名的过程；作为初始规划或迭代 0 的一部分执行	实施商业分析规划
方法	有些团队通过决定如何实施发现和细化未完项来制定他们的商业分析规划方法。商业分析所需的支持型活动很少与设计、开发或改善产品所需的时间分开进行估算。相反，它是未来迭代的总体规划的一部分	计划包括商业分析分析任务、支持型活动、角色和职责。在开始任何启发活动之前，使用来自其他知识领域的组件计划来组合商业分析计划。估算了启发、分析、跟踪与监督和评价活动所需的支持型活动。为整个计划获得批准或签署
可交付成果	很少有独立的可交付成果。有些团队在将每次迭代的任务清单创建为燃尽图时，获取特定的分析任务，或者将商业分析的内容添加到项目章程中，作为授权项目资源的一部分。商业分析规划的一些结果会反映在准备就绪的定义中	包含工作分解结构的商业分析计划

5.4.5 实施商业分析规划：协作点

商业分析专业人士应与关键相关方协作来建立商业分析计划，以确保其参与、与其达成一致并获得其同意。与项目团队一起构建计划让参与人员拥有了主人翁意识，并且通过使团队认识到工作的实际实施情况来设置期望值。当项目可能产生额外的费用时，项目发起人对计划的各个方面都可能感兴趣，额外的费用包括研讨会参与者的差旅及为工作添置专门的商业分析工具等。对于适应型的方法来说，所做的任何轻量级规划都将以项目团队的方式来执行。

在规划领域，项目经理和商业分析专业人士的角色会有重叠，尤其是在相关方的识别和参与、沟通、风险识别、估算和制订工作计划等方面。商业分析专业人士应与项目经理紧密协作，以避免工作冗余，并且降低结果不一致的风险。

5.5 准备过渡到将来状态

准备过渡到将来状态是确定组织是否准备好进行过渡，以及组织将如何从当前状态转移到将来状态，以便将解决方案或部分解决方案整合到组织运营中的过程。本过程的关键效益是，组织可以成功地接受由实施新的解决方案或解决方案组件所带来的变更，并且在该解决方案投入运营后，任何产品、项目集组件或整体项目集的预期效益可得以持续。图5-13 描述了本过程的输入、工具与技术和输出。图 5-14 是本过程的数据流向图。

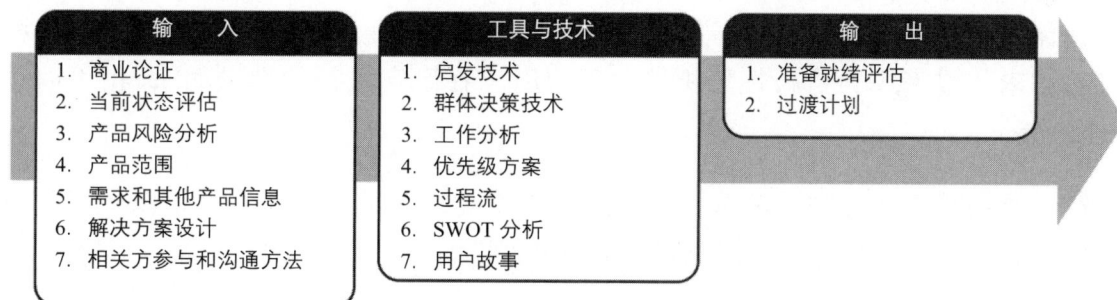

输　入	工具与技术	输　出
1. 商业论证	1. 启发技术	1. 准备就绪评估
2. 当前状态评估	2. 群体决策技术	2. 过渡计划
3. 产品风险分析	3. 工作分析	
4. 产品范围	4. 优先级方案	
5. 需求和其他产品信息	5. 过程流	
6. 解决方案设计	6. SWOT 分析	
7. 相关方参与和沟通方法	7. 用户故事	

图 5-13　准备过渡到将来状态：输入、工具与技术和输出

准备过渡包括评估组织可以成功地从产品开发过渡到运营的准备情况，并且制订计划来识别成功过渡的需求。过渡准备就绪评估确定了组织在将来状态下运作或使用其功能的能力和利益。准备就绪评估用于识别准备就绪的任何缺口（这些缺口被认为是达到最终状态的风险），以及应对缺口的风险对策。过渡准备就绪评估可与组织准备就绪评估的结果合并，从而可以查看组织在合并任何变更后的总体准备就绪情况，以及组织的 EEFs 和组织过程资产所带来的影响。组织准备就绪的程度可以用成熟度模型进行衡量（如模型可用）。通过使用成熟度模型，可将组织在实践、程序和文化方面的成熟度与其他组织进行比较。将一个组织的准备就绪程度与类似组织进行比较可以揭示与过渡有关的竞争机会或挑战。

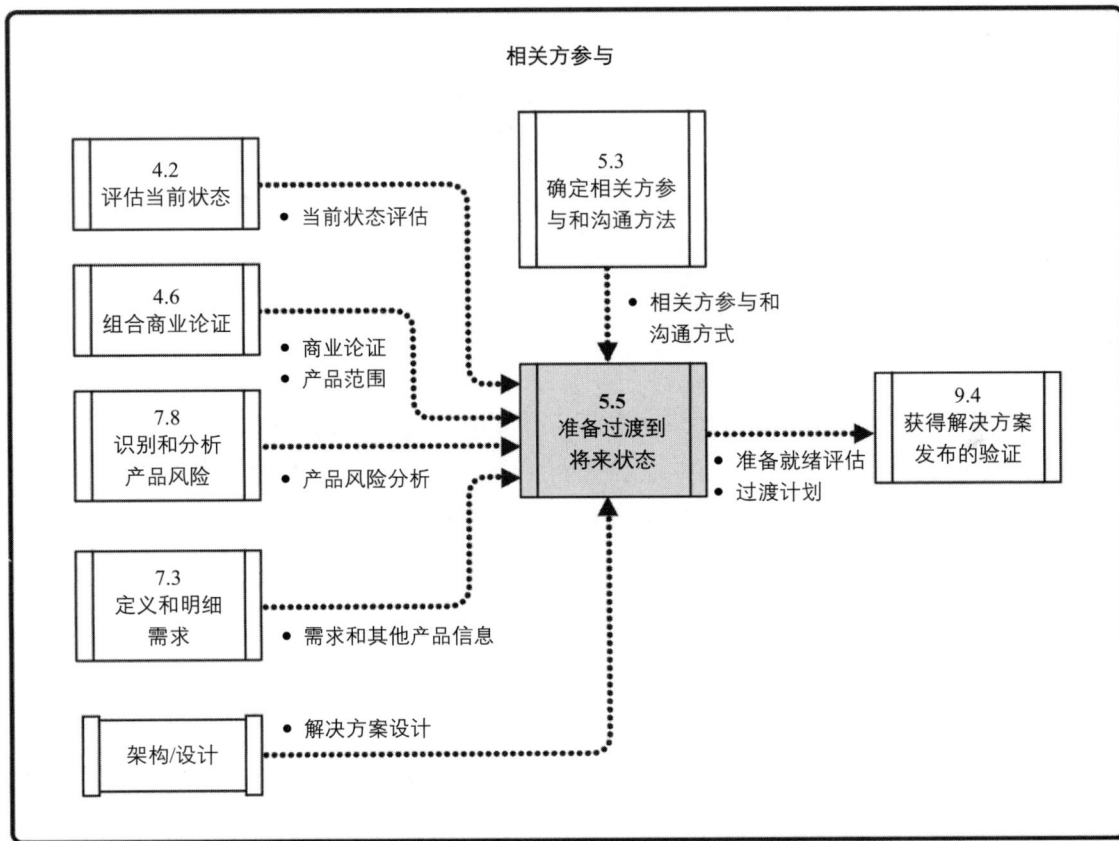

图 5-14　准备过渡到将来状态：数据流向图

准备过渡到将来状态可以识别和利用过渡需求。过渡需求描述了临时能力（如数据转换和培训需求），以及从当前状态过渡到将来状态所需的变更操作。在建模、定义和详细阐述产品需求，或者作为可行性分析的一部分时（在确定可行的选项时），也可以识别出新的过渡需求。

准备过渡到将来状态需要考虑所有已知的过渡需求和准备就绪因素，以支持制订一个关于如何实施过渡的计划。规划过渡的常用策略包括：

- 大规模一次性地切换到将来状态。

- 按目标片段（如按地区、客户类型或雇员类型）分阶段发布将来状态。

- 当前和将来状态的"时间盒"式共存，随后在将来的特定日期进行最终切换。

- 当前和将来状态的永久式共存。

无论选择何种策略，商业分析都支持创建一个与负责过渡的所有角色协作开发的过渡计划。该计划解决了所有的过渡需求，包括为成功切换和适应将来状态所需的所有沟通、上线、培训、程序更新、商业恢复更新和附属品的开发。过渡计划与其他能够实现将来状态的预期版本相互协调。它确保了在商业可以接受变更（包括由过渡本身所引起的任何中断）时执行过渡，并且方案上线也不会与进程内的项目集和项目工作发生冲突。随着新的过渡需求出现（包括处理在组织准备就绪中的缺陷），可能要对过渡计划进行相应的调整。

过渡计划可能包含或引用过渡需求，该过渡需求可以以适合组织的任何样式来表达。该计划通常包含标有不得晚于完工时间的过渡活动检查清单。在最正式的格式中，它包含与项目管理负责人和运营负责人协作制定和管理的规定时间表。

成功的产品发布依赖于交付具有预期能力的解决方案，并且为使用该解决方案的用户做好准备。对于某些产品来说，成功的发布还依赖于运营环境的建立与转换。对于大型或复杂的产品、客户群或分散的用户群来说，如果没有一个经过深思熟虑和可执行的过渡计划，成功是不可能的。

使用预测型生命周期的大型组织通常采用非常正式的方法过渡到将来状态。然而，无论组织的规模如何，适应型和预测型的组织在过渡活动的执行领域中都依赖于严谨和规则，有时也依赖于自动化来将解决方案过渡到其运营领域，从而尽可能地使过渡活动平稳和无缝对接。考虑到这种严谨和规则，过渡计划通常在产品生命周期的早期就会被初步考虑，从而了解为实现过渡将要做的工作。

5.5.1　准备过渡到将来状态：输入

5.5.1.1　商业论证

如第 4.6.3.1 节所述。商业论证描述了有关确定提案是否值得被投资的相关信息。商业论证为过渡提供了环境，并且为过渡活动的优先级提供了基础。

5.5.1.2　当前状态评估

如第 4.2.3.1 节所述。当前状态评估是在评估当前状态过程中所产生的分析结果的峰值。该评估可以和解决方案设计一起进行检查，以识别它们之间的差异，从而考虑如何处理这些差异。解决方案设计领域的典型差异有：

- 提供比当前状态更少的功能。
- 用新的或改进的能力替换当前状态功能。
- 提供了先前在当前状态中不存在的能力。

5.5.1.3　产品风险分析

如第 7.8.3.1 节所述。产品风险分析包括识别和分析产品风险的综合结果。对于更高风险或更复杂的产品和项目来说，可能需要额外的工作来化解风险或降低复杂度，这将作为过渡的一部分。

5.5.1.4　产品范围

如第 4.6.3.2 节所述。产品范围被定义为描述解决方案的特性和功能。理解产品范围可能是决定如何进行过渡，以及需要哪些特殊资源和协调的基础。

5.5.1.5　需求和其他产品信息

如第 7.3.3.1 节所述。需求和其他产品信息包括了有关解决方案的所有信息，是启发和分析活动结果的峰值。过渡需求是产品需求和其他产品信息的一部分。过渡需求描述了临时能力，例如，数据转换和培训需求，以及从当前状态过渡到将来状态所需的操作变更。任何用于定义和阐述商业、相关方和解决方案需求的建模或文本技术，尤其是（但不完全是）非功能性需求，都可能揭示过渡需求。通常，在讨论其他需求和产品信息时，会出现过渡需求。

5.5.1.6　解决方案设计

解决方案设计是准备过渡到将来状态的关键输入，因为它确定了将来状态。解决方案的设计通常包括规范和图表。这些规范和图表通常基于已被商业分析识别和阐述的产品信息，但又超出了仅由商业分析所指定的信息。在可能和适当的情况下，解决方案设计应利用商业和企业架构的特性。解决方案设计还包括具有过程流的商业程序规范。可以将解决方案设计与提议的解决方案设计选项进行比较。这样的评估可以提供关于设计挑战的见解，这些挑战需要作为过渡到将来状态的一部分来应对。有关评估解决方案设计选项的更多信息，见第 7.9 节。

5.5.1.7　相关方参与和沟通方法

如第 5.3.3.1 节所述。相关方参与和沟通方法对相关方如何在项目组合、项目集或项目中参与和沟通的所有治理协议进行了总结。该方法确定了哪些相关方应该参与到过渡的准备工作中，以及如何最好地与他们协作。在过渡活动中，如果没有关键相关方的参与，过渡工作可能执行得很差。

5.5.2　准备过渡到将来状态：工具与技术

5.5.2.1　启发技术

启发技术用于从来源中抽取信息。在准备过渡到将来状态时，一些有效的常见技术包括头脑风暴、引导式研讨会和访谈。

- **头脑风暴**。用来在短时间内识别一系列创意。头脑风暴帮助产品团队从思考产品的开发转移至思考产品的过渡。有关头脑风暴的更多信息，见第 5.1.2.1 节。

- **引导式研讨会**。由有经验且中立的引导者和一组通过精心挑选的相关方共同领导的结构化会议，以协作并朝着既定的目标工作。引导式研讨会通过分享关于过渡的创意，创造了一个获得协同效应的机会。相关方可以通过参与这些会议来增加在解决方案中的主人翁意识，这反过来可能有助于实际过渡本身。有关引导式研讨会的更多信息，见第 6.3.2.4 节。

- **访谈**。用于启发准备过渡到将来状态的信息。与关键相关方（包括那些日常工作可能受到过渡影响的人）的访谈，可用于评估过渡的准备就绪程度，也可用于启发过渡需求。个人访谈经常被用来评估准备就绪程度，以便每个相关方都可以坦率地谈论有关过渡的关注事项。有关访谈的更多信息，见第 6.3.2.6 节。

有关启发技术的更多信息，见第 6.3.2 节。

5.5.2.2　群体决策技术

群体决策技术可用于使参与者对正在讨论的问题或话题做出最终决策。决策技术可以帮助达成关于将解决方案从开发环境过渡到运营环境的最佳方法的决策。有关群体决策技术的更多信息，见第 8.3.2.7 节。

5.5.2.3　工作分析

工作分析是一种用于识别工作需求和在特定工作中有效执行的能力的技术。它可以用来确定培训需求，作为撰写招聘职位的先决条件，或者支持绩效评估过程。作为准备向将来状态过渡的一部分，工作分析常被用于思考应该雇用和培训什么样的人员，以支持将来状态所需要的新角色。有关工作分析的更多信息，见第 5.2.2.1 节。

5.5.2.4　优先级方案

优先级方案是用于对需求、特性或任何其他产品信息进行排序的不同方法。在任何有必要实施分段过渡的情况下，优先级排序可作为准备过渡的一部分。分段过渡的典型原因包括：

- 需要处理大量的过渡需求或准备就绪问题；
- 存在复杂的过渡需求或问题；
- 需要在多个地点进行过渡。

有关优先级方案的更多信息，见第 7.7.2.5 节。

5.5.2.5　过程流

过程流以可视化的方式记录人们在工作中或与产品交互时所执行的步骤或任务。部分包含需求和其他产品信息的过程流，为在新程序中的培训材料提供了基础。一旦发生过渡，这些过程流就将到位。必要时，可以创建额外的过程，用来描述过渡过程本身，使负责过渡的人员更容易地知道需要完成什么工作。有关过程流的更多信息，见第 7.2.2.12 节。

5.5.2.6　SWOT 分析

SWOT 分析是一种分析组织、项目或选项的优势（Strengths）和劣势（Weaknesses），以及外部存在的机会（Opportunities）和威胁（Threats）的技术。聚焦于过渡的 SWOT 分析可以帮助产品团队准备过渡。通过将关注点描述为优势、劣势、机会和威胁，SWOT 分析为参与者提供了一个可以在高层级表达他们对过渡的期望和关注的途径。准备就绪的问题可能从已被识别的劣势和威胁中显露出来。有关 SWOT 分析的更多信息，见第 4.2.2.10 节。

5.5.2.7　用户故事

用户故事是一种从用户的角度记录相关方需求的方法，其关注的焦点是，用户在完成该故事后所获得的价值或效益。对于使用适应型生命周期开发的解决方案，一些过渡需求可以表示为用户故事。过渡的用户故事可能聚焦于诸如对培训材料和沟通的期望、关于将来状态的上线或新程序等主题上。有关用户故事的更多信息，见第 7.3.2.9 节。

5.5.3　准备过渡到将来状态：输出

5.5.3.1　准备就绪评估

过渡准备就绪评估确定了组织向将来状态过渡或使用其功能时的能力和利益。评估用于识别准备就绪的任何缺口（这些缺口被认为是达到最终状态的风险），以及应对缺口的风险对策。准备就绪评估可以采用提供准备就绪评价结果的报告形式，也可以采用准备就绪检查清单的形式，通过检查准备就绪特征，可以揭示仍需要注意的过渡元素。

每个过渡都有一些独特的方面，这些方面来自为准备就绪而评价的特定产品或组织。还有一些过渡准备就绪评估的通用方面，可适用于所有组织或行业内的所有组织。这些通用方面可在基于行业成熟度模型的准备就绪评估中找到。

5.5.3.2　过渡计划

过渡计划是基于准备就绪评估和过渡策略来编写的。从商业分析的角度来看，过渡计划包括可操作的和可测试的过渡需求。虽然过渡计划的一些通用方面可以在解决方案之间被重复，但其他方面可能高度关注过渡中所包含的产品和行业，以及正在发生过渡的特定组织。在《商业分析实践指南》的第 6.11 节中对过渡策略的考量有进一步的讨论。

5.5.4　准备过渡到将来状态：裁剪考虑因素

表 5-7 描述了准备过渡到将来状态的适应型和预测型裁剪考虑因素。

表 5-7　准备过渡到将来状态的适应型和预测型的裁剪

需要裁剪的方面	典型的适应型考虑因素	典型的预测型考虑因素
名称	准备过渡到将来状态	
方法	对于小规模的增量发布到生产，在故事或单独的过渡故事中将有过渡任务来推动发布到生产。对于在大规模环境中的实施，可使用大量或所有关于过渡的预测型考虑因素，即使是在生产刚就绪，便将产品片段交付以获得反馈的情况下也是如此	准备就绪评估和过渡需求都可用于确定过渡策略，并且作为过渡计划的基础。它包括支持操作程序、培训附带资料、服务水平协议、上线附带资料、与其他版本协调和应急计划的信息
可交付成果	格式可能与"已完成的定义"的一部分，或者用户故事过渡到大规模产品发布的正式计划不同。对于某些组织，而不是一个计划本身来说，对过渡的考虑可能体现在设置保留的时间块或特定的迭代来完成过渡，并且与将拥有解决方案的操作区域协调，包括清理技术债务的时间	准备就绪评估和过渡计划，可能包括准备就绪核对单和时间表

5.5.5　准备过渡到将来状态：协作点

准备和实施过渡需要实施商业分析和项目管理的人员，以及准备团队和发布管理团队的人员之间进行密切协作。

在定义过渡活动时，可使用从商业分析中获得的有关现有解决方案、替换解决方案和过渡需求的知识。治理角色提供关于由过渡需求和定义的过渡活动所产生的机会和威胁的反馈。在大规模环境中实施过渡时，协作可以采用开发运营（DevOps）方法的形式，即开发、质量控制和运营（IT 和商业运营）协作，通过把解决方案分成小片段进行操作，以支持其快速发布。每个小片段都为其用户提供附加功能。开发运营（DevOps）将为所有参与过渡的团队提供协调。

5.6　管理相关方参与和沟通

管理相关方参与和沟通是在商业分析过程中促进相关方适当参与的过程，使相关方对正在进行的商业分析工作有适当的了解，并且在其演化过程中与相关方分享产品信息。本过程的关键效益是，它持续促进了相关方参与商业分析过程和定义解决方案，并且与相关方保持了持续沟通。图 5-15 描述了本过程的输入、工具与技术和输出。图 5-16 是本过程的数据流向图。

输　　入	工具与技术	输　　出
1. 相关方参与和沟通方法 2. 更新的相关方登记册	1. 启发技术	1. 相关方参与和沟通改进

图 5-15　管理相关方参与和沟通：输入、工具与技术和输出

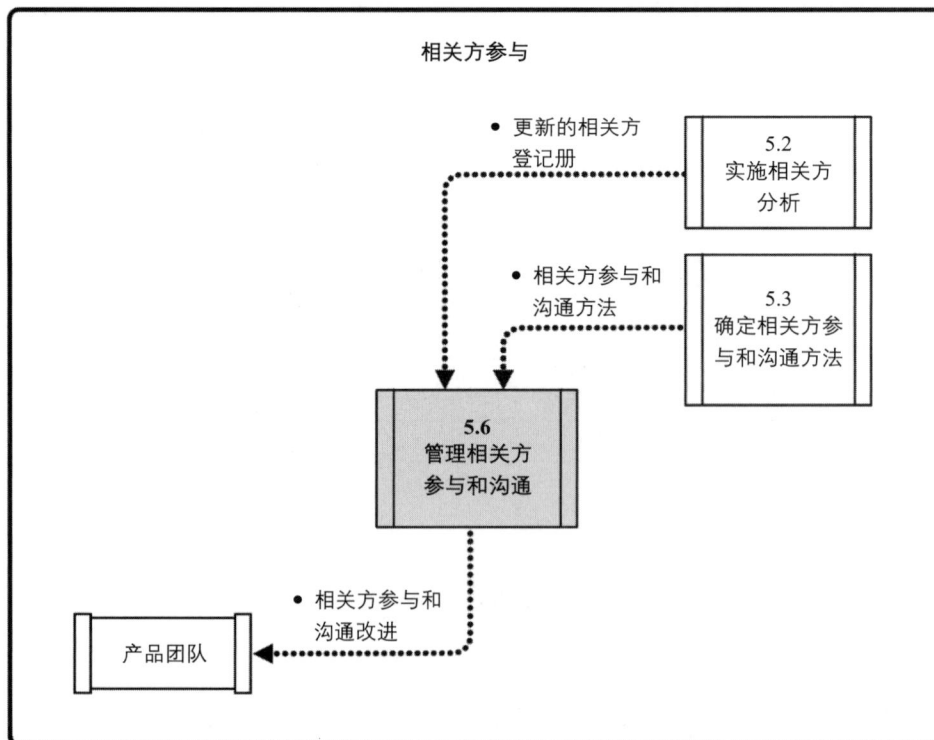

图 5-16　管理相关方参与和沟通：数据流向图

管理相关方参与和沟通的重点是，监督相关方在商业分析活动中的参与，以确保相关方全程参与并评估他们的参与是否足以让他们清楚地理解需求和其他产品信息。

实施商业分析的项目团队成员经常需要与负责管理相关方参与和沟通的人员紧密协作以清除障碍，因为相关方参与的工作活动要比参与的商业分析活动多得多。

在正式记录相关方参与和沟通方法的组织中，某些参与和沟通问题的解决有时需要更新相关方参与和沟通方法。

5.6.1　管理相关方参与和沟通：输入

5.6.1.1　相关方参与和沟通方法

如第 5.3.3.1 节所述。相关方参与和沟通方法对相关方如何在项目组合、项目集或项目中参与和沟通的所有治理协议进行了总结。为确保相关方继续保持并积极参与，以及在整个产品开发生命周期中沟通一直是开放和持续的，相关方参与和沟通方法中的协议提供了规范。

5.6.1.2　更新的相关方登记册

如第 5.2.3.1 节所述。更新的相关方登记册包括项目或产品相关方的识别、评估和特征。相关方特征是用于评估某一特定相关方的参与和沟通在任何时候都是最理想的关键因素。

5.6.2　管理相关方参与和沟通：工具与技术

5.6.2.1　启发技术

启发技术用于从来源中抽取信息。管理参与和沟通需要探索相关方在跨商业分析活动中参与或进行沟通的必要变更方式。这种探索可以通过在相关方参与和沟通方式中建立推荐项来制定。启发揭示了相关方的观点，并且使产品团队能够通过头脑风暴来解决可能出现的任何有关参与或沟通的挑战。在启发有关参与或沟通的挑战的信息时，应让那些负责清除障碍的人员参与进来。在一些组织中，政治或观念可能使其谨慎行事，以避免将相关方参与和沟通从整体的相关方参与和沟通的关注点中分离出来进行商业分析。有关启发技术的更多信息，见第 6.3.2 节。

5.6.3　管理相关方参与和沟通：输出

5.6.3.1　相关方参与和沟通改进

相关方参与和沟通改进是指导工作和团队协作以解决商业分析参与和沟通问题的结果。对于出现的挑战，负责商业分析的人员常常通过与有管理责任、权威和/或责任清除障碍的人员密切合作并依赖他们来解决问题。

5.6.4　管理相关方参与和沟通：裁剪考虑因素

表 5-8 描述了管理相关方参与和沟通的适应型和预测型裁剪考虑因素。

表 5-8　管理相关方参与和沟通的适应型和预测型裁剪

需要裁剪的方面	典型的适应型考虑因素	典型的预测型考虑因素
名称	非正式命名的过程	管理相关方参与和沟通
方法	通常使用定期安排（通常是每天）、非常短（不超过 15 分钟）的团队会议来发现现有的或潜在的障碍——相关方参与和沟通不是最佳的。在其被揭露出来后，相关的团队成员应立即清除这些障碍	商业分析专业人士直接或在定期安排的进度汇报会议、风险会议及与项目管理人员的对话中提高相关方的参与关注度
可交付成果	"基本规则"或其他书面约定规则的可能变更	改进的参与和沟通反映在方法、计划、问题日志和其他文件的变更中

5.6.5　管理相关方参与和沟通：协作点

商业分析专业人士与负责清除障碍的团队成员协作，以解决相关方的参与问题，并且支持负责项目相关方参与的项目经理。发起人提供授权以确保清除障碍，以及必要的相关方是支持的并继续履行其在工作中的角色和义务。主题专家（SMEs）可以帮助清除障碍，鼓励相关方继续参与对产品的支持，并且可以帮助找到有关参与和沟通问题的解决方案。在一些组织中，负责组织发展/变更管理（OD/CM）的领域可以协作来解决参与和沟通问题。

5.7　评估商业分析绩效

评估商业分析绩效通常基于项目组合组件、项目集或项目的持续可交付成果和结果的背景，来考虑组织应用的商业分析实践有效性的过程。在项目级别上工作良好的实践可以被提升为最佳实践和标准，以供组织在未来项目中使用。本过程的关键效益是，它提供了调整商业分析实践的机会，以满足项目、项目团队及组织的需要。图 5-17 描述了本过程的输入、工具与技术和输出。图 5-18 是本过程的数据流向图。

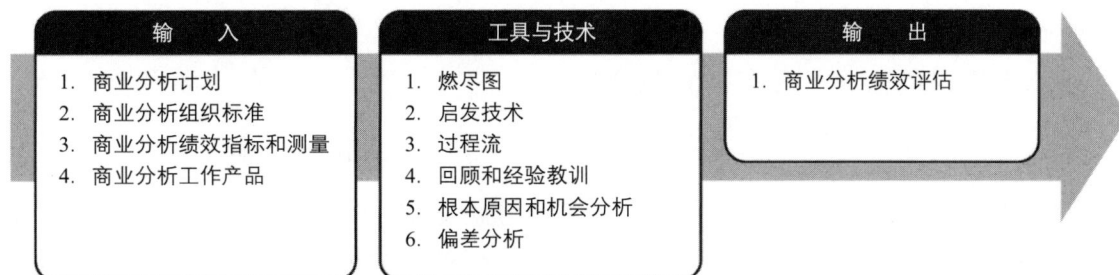

输　　入	工具与技术	输　　出
1. 商业分析计划 2. 商业分析组织标准 3. 商业分析绩效指标和测量 4. 商业分析工作产品	1. 燃尽图 2. 启发技术 3. 过程流 4. 回顾和经验教训 5. 根本原因和机会分析 6. 偏差分析	1. 商业分析绩效评估

图 5-17　评估商业分析绩效：输入、工具与技术和输出

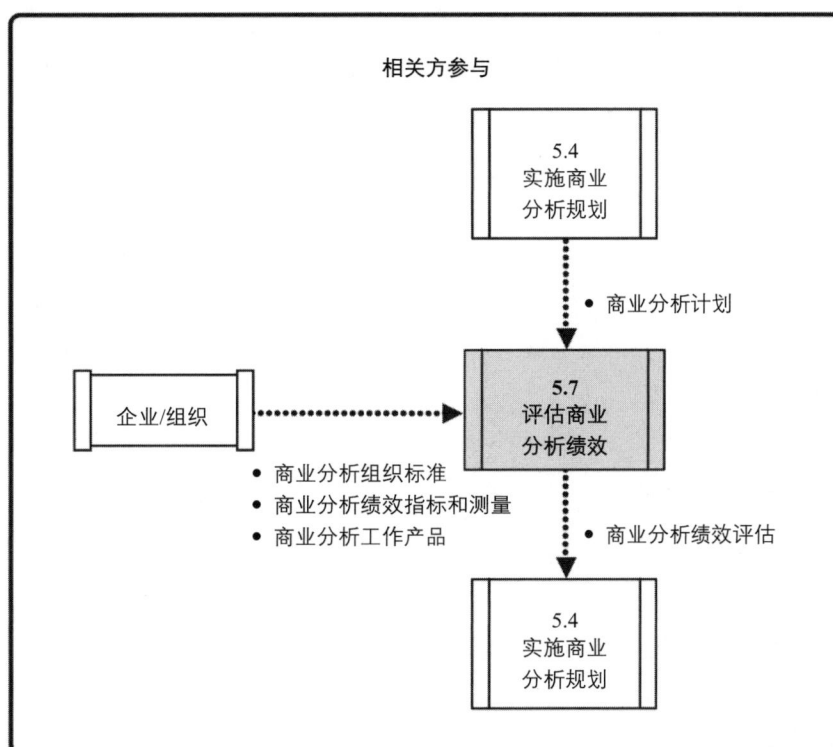

图 5-18　评估商业分析绩效：数据流向图

商业分析绩效评估是一项通常由组织承担的活动。组织持续改进其实践和过程以支持向其相关方交付价值。

评估商业分析绩效的首要目的是从产品开发经验中获得洞察力，以考虑哪些商业分析工具和技术工作良好，哪些面临挑战。可以用于评估的例子包括：

- 所使用的技术如何满足参与者和其他相关方的需要？

- 启发和分析是否实施得有效？

- 是否有足够的时间实施商业分析？

- 相关方是否充分参与?

- 是否有相关方被遗漏?

- 是否有需求被遗漏或没有被充分理解?

- 是否存在与商业分析工作的质量或完整性直接相关的产品缺陷?

对于那些面临挑战的工具和技术,评估商业分析绩效的目的是,识别改进并对其采取行动,或者用其他更有效的工具和技术替换面临挑战的工具和技术。对于那些工作良好的技术,评估商业分析绩效的目的是,考虑是否有机会促进或增加这些技术在其他项目上的使用。

当预期的支持型活动,或者要遵守的交付时间表或承诺有很大的变化时,改进商业分析实践是否有助于应对这些变化就很值得研究了。作为评估商业分析绩效的一部分,与实施商业分析的个人的相关技能问题可以通过培训、辅导,或者在必要时指派另一个人专注于商业分析等方式来确定和解决。

5.7.1 评估商业分析绩效:输入

5.7.1.1 商业分析计划

如第 5.4.3.1 节所述。商业分析计划包括关于如何实施商业分析的过程,以及如何做出决策的决定。可以将商业分析计划与实际实施的操作进行比较,以便在将来更好地进行规划。商业分析工作计划(商业分析计划的子组件)可以包括支持型活动估算,并且这些估算可以与实际工作行动相比较,以帮助团队改进未来的估算。

5.7.1.2 商业分析组织标准

如第 2.3 节所述。这些标准可能包括对如何实施商业分析,以及使用哪些工具来支持商业分析工作的期望。这些标准还可能包括在组织层面上建立的用于商业分析的关键绩效指标(KPI)。商业分析组织标准是评估商业分析绩效的标杆的一部分。

5.7.1.3 商业分析绩效指标和测量

商业分析绩效指标是定性或定量的度量或推论,用于评估商业分析实践的有效性。一些指标与商业分析实践本身的使用和有效性的感知有关,另一些则把需求问题作为商业分析实践中潜在问题的指标。还有一些指标把商业分析活动的实际支持型活动、持续时间或完成程度间所存在的巨大差异视为考虑是否有必要改进商业分析实践的理由。从测量中获得的数据也可以作为商业分析绩效评估的输入。

当指标被测量时，可以定量地指出商业分析实践有效性中可能存在的问题，可测量的指标包括：

- 需求缺陷占所有缺陷的百分比。

- 遗漏的需求的百分比。

- 错失的商业目标数量。

- 不稳定、易变更的需求的百分比（经初始启发和分析后仍继续发生多次变更的需求）。

- 需求得到客户验收的平均耗时。

- 进行经验总结或回顾的团队的百分比。其中，商业分析实践是讨论的主题之一，并且对商业分析实践进行了改进。

- 团队使用标准商业分析模板的百分比。

- 完成商业分析可交付成果的百分比。

- 商业分析可交付成果的交付日期的延误。

- 按"状态"（如已提议、已批准、正在实施、已完成、被推迟、被拒绝、已取消和已实施）来统计需求的数量。

- 关于需求的未解决问题或提问的数量。

- 相关方的评论数量，该评论可表明他们对商业分析活动或实施商业分析的人员感到不满意、不安或担心。

- 关键绩效指标（KPI）和服务水平协议（适用于通过 KPI 来定义可接受绩效水平的组织）。

团队应该就如何测量这些指标，以及使用怎样的方式来计算指标达成一致。例如，通过将某一时间点以后识别出的需求数量与至今为止所识别出的需求总数量进行比较，可以计算出遗漏需求的百分比。

对于使用适应型方法开发的解决方案来说，稳定性缺乏是一个非常有价值的指标。虽然在适应型生命周期中可以预期并接受变更，但随着项目的推进，可以预期稳定性将得到逐渐增加。基于已商定的准备就绪定义，对于适应型项目来说，需要考虑的其他指标包括关于用户故事的开放式问题或提问的数量，或者准备用于开发的用户故事的百分比，以便及时进行迭代规划。

当查看与商业分析绩效相关联的指标时，务必保持谨慎。因为这些指标很难分离出糟糕的商业分析实践以作为项目和产品开发问题的唯一原因。与这些指标相比，产品开发的其他方面的问题对于问题的产生具有同等或更重要的贡献作用。

5.7.1.4　商业分析工作产品

作为在产品开发工作中核实需求的一部分，可以根据在商业分析组织标准中建立的标杆来评估商业分析可交付成果的质量，这些可交付成果可用于详细说明、描述或以可视化的方式展示需求和其他产品信息。在核实需求和趋势时发现的问题表明，在许多工作中所出现的相同类型的问题可能是由于使用了不恰当的商业分析技术、从业人员不具备使用技术的能力、相关方不会使用技术进行参与，或者使用技术获得的细节不足。这些类型的问题都应作为评估商业分析绩效的一部分进行考虑。

5.7.2　评估商业分析绩效：工具与技术

5.7.2.1　燃尽图

燃尽图是项目的某些可跟踪对象随着时间推移的剩余数量的可视化图形。从商业分析的角度来看，当燃尽图显示出工作停滞，或者经过几次迭代后显示为负进展时，它就变得重要了，以确定对产品需求的糟糕或不完整的分析，或者没有充足的时间来完成这项工作，是否是导致团队问题的原因，以及其他项目因素是否也涉及其中或是问题的唯一原因。通过查看燃尽图中剩余产品未完项条目的减缓或停滞态势，可以发现团队速度的减缓。对于使用适应型方法交付的解决方案，速度减缓意味着用户故事没有被正确地切片或定义，或者不是以定义和交付增量价值的方式对用户故事进行切片。有关燃尽图的更多信息，见第 5.4.2.1 节。

5.7.2.2　启发技术

启发技术用于从来源中抽取信息。几种常见的评估商业分析绩效的技术包括头脑风暴、引导式研讨会、访谈和问卷调查。

- **头脑风暴。** 用来在短时间内识别一系列创意。头脑风暴有一个基本规则——"每个创意都是好的"，它创建了一个团队成员可以识别绩效问题和潜在的解决方案的环境，如不存在这样的环境，他们可能对此保持缄默。有关头脑风暴的更多信息，见第 5.1.2.1 节。

- **引导式研讨会。** 由有经验且中立的引导师领导的结构化会议，以朝着既定的目标工作。采用引导式研讨会来评估商业分析绩效可有助于将讨论聚焦于绩效。有关引导式研讨会的更多信息，见第 6.3.2.4 节。

- **访谈。** 用于从团队成员处启发有关商业分析绩效的信息。个人访谈为团队成员提供了一个机会，让他们坦率地说出他们可能关心的内容。有关访谈的更多信息，见第 6.3.2.6 节。

- **问卷调查**。设计一系列书面问题，旨在从众多受访者中快速收集信息。问卷调查也可以用来从小群体中快速获得匿名反馈。可以开发调查来启发有关团队成员希望看到有绩效改进或有问题的领域的信息。如果该过程是保密的，参与者可能更愿意提供他们在面对面的讨论（如访谈）中不愿意提供的信息。有关问卷调查的更多信息，见第 6.3.2.9 节。

有关启发技术的更多信息，见第 6.3.2 节。

5.7.2.3　过程流

过程流以可视化的方式记录人们在工作中所执行的步骤或任务。它们可以用来模拟任何类型的活动，包括商业分析活动。绘制和分析商业分析活动的流程可以用来识别可能与过程相关的问题的原因。有关过程流的更多信息，见第 7.2.2.12 节。

5.7.2.4　回顾和经验教训

回顾和经验教训通过使用过去的经验来计划未来的工作。

- **回顾**。定期安排的或在工作主体完成后（如在一次迭代结束后）举行的会议。回顾在适应型生命周期的项目中最常用。会议的议程为每个团队成员提供了陈述以下内容的机会。

  - 什么是有用的？

  - 什么是没用或不清晰的？

  - 需要变更什么？改进的机会是什么？我们现在可以做什么变更？

协作游戏的使用有益于回顾。有关协作游戏的更多信息，见第 6.3.2.2 节。

回顾通常集中于正在进行的特定工作上。同样，在回顾期间提出的建议通常也针对的是特定的工作，尽管它们也可以在适当的时候被推广至组织内部得以更广泛地使用。

- **经验教训**。对已完成项目活动的反馈进行讨论、分析和记录的会议。它们通常被使用预测型生命周期开发解决方案的团队执行。适用于回顾会议的问题同样也适用于经验教训会议。

经验教训与回顾间的最大区别在于处理在会议期间提出的问题的时间，以及记录结果的正式程度。回顾通常定期并频繁地举行。对于适应型生命周期来说，回顾通常伴随着解决方案的完整片段或切片的交付和演示。回顾也可以在每周安排一次，而不用考虑交付。

回顾是以高度协作的方式进行的，并且所做的决策经常在没有正式文件的情况下执行。经验教训是在一个阶段结束时举行的，如项目收尾、项目集完工时，或者当发生值得学习的事件时。对于预测型方法来说，经验教训通常在阶段门卡或开发阶段结束时举行。虽然经验教训可以被更频繁地举行，但在项目中，经验教训举行的次数要少于回顾，并且可能是由事件的发生而不是由固定的日程安排所驱动的。经讨论的知识被正式记录并存储在知识库中以供参考或后续行动。项目团队可在当前项目中利用经验教训，或者在规划未来项目时把经验教训作为输入。

在《商业分析实践指南》的第 3.4.6.1 节和第 3.4.6.2 节中对经验教训和回顾都有进一步的讨论。

5.7.2.5　根本原因和机会分析

根本原因和机会分析技术用于分析问题和机会。当根本原因和机会分析应用于评估商业分析绩效时，可以发现商业分析绩效挑战背后的根本原因，或者识别部分商业分析实践之所以工作良好的原因。一些问题的根本原因可能源于商业分析实践者的技能水平或产品开发的其他方面，而不仅仅是商业分析实践本身。有关根本原因和机会分析的更多信息，见第 4.2.2.9 节。

5.7.2.6　偏差分析

偏差是对已知基准或预期值的可计量的误差、偏离或分歧。偏差分析是一种确定实际绩效与基准的差异程度及原因的技术。

作为核实需求的一部分，无论属于哪种产品生命周期，当商业分析工作产品的预期格式和内容与实际生成的格式和内容存在显著差异时，偏差分析可用于找出产生偏差的原因。

对于使用适应型生命周期开发的解决方案来说，很少从工作或日程安排的角度对商业分析工作单独进行检查，因为关注点是用于展示和反馈的小批量、可生产的产品能力片段的端到端的交付。产品未完项条目要足够小，这样"完成"或"未完成"的选定就可取代对任何产品未完项条目或其中任务的完成百分比的跟踪。也就是说，一些使用适应型方法的团队可以对燃尽图进行观察，并且对观察到的结果进行偏差分析，以考虑他们的商业分析实践是否会导致与预期结果的重大偏差。

对于使用预测型生命周期开发的解决方案来说，在商业分析工作被单独跟踪的情况下，偏差分析可能发现在商业分析已完成百分比或进度偏差方面所存在的一些潜在原因。这反过来又可能影响所使用的商业分析技术、技术的使用程度，以及将要使用技术的群体。

　　综上所述，当查看与商业分析绩效相关联的指标时，务必保持谨慎。因为这些指标很难分离出糟糕的商业分析实践以作为项目和产品开发问题的唯一原因。与这些指标相比，产品开发的其他方面的问题对于问题的产生具有同等或更重要的贡献作用。

5.7.3　评估商业分析绩效：输出

5.7.3.1　商业分析绩效评估

　　商业分析绩效评估汇总了关于一般商业分析过程和商业分析技术（尤其是已使用的商业分析技术）有效性的知识。在某些情况下，它还反映出实施商业分析的人员的技能，或者相关方参与的程度或质量。在项目集或项目级别上工作良好的实践可以被提升为最佳实践和标准，以供组织在未来项目中使用。对于那些面临挑战的工具与技术，可以提出改进建议，或者用其他工具与技术对其替换。与实施商业分析的个人或相关方参与者有关的绩效问题也会被识别，并且可以通过培训、辅导，或者在必要时指派其他人员专注于商业分析等方法来解决。部分组织通过利用日志来跟踪提议的建议。

5.7.4　评估商业分析绩效：裁剪考虑因素

　　表 5-9 描述了评估商业分析绩效的适应型和预测型裁剪考虑因素。

表 5-9　评估商业分析绩效的适应型和预测型裁剪

需要裁剪的方面	典型的适应型考虑因素	典型的预测型考虑因素
名称	非正式命名的过程，被作为实施回顾的一部分来执行	评估商业分析绩效或实施经验教训
方法	遵循"检查和适应"的原则，团队需在整个开发过程中对实践进行定期和频繁的实践评审。这些评审至少应在每次迭代结束时进行，并且根据发现的结果采取行动，以为下次迭代调整商业分析实践。这些变更将在下次迭代中实现的	作为项目管理的监督和控制的一部分，商业分析专业人士在完成工作时，在里程碑处，以及在持续进行的事件中提供经验教训。商业分析专业人士也可以单独使用规划中所定义的指标来分析绩效。在产品开发过程中，无论何时召开这些会议，都可对经验教训采取后续行动。当评估发生在产品开发已经进行了很长时间，或者在产品开发完成后，这些建议更有可能被应用于未来的产品开发工作，而不是已经评估过的产品开发工作
可交付成果	对于实践或参与者的变更建议，可以通过口头或书面的方式传达	对实践变更的建议可以作为单独的商业分析评估文件来记录。在具有更正式的过程或管理的组织中，它们可以被记录在需求管理工具中，从而对工作流、工作指令、模板、方法或配置进行修改

5.7.5 评估商业分析绩效：协作点

对于使用适应型生命周期执行的工作，项目团队成员将分担检查和调整所有实践（包括用于商业分析的实践）的责任。对于使用预测型生命周期执行的工作，担任其他角色的团队成员可以洞察由商业分析专业人士创建的分析可交付成果是如何支持他们的工作的，或者整个商业分析过程是如何满足他们的需要的。提供这种洞察力的关键角色之一是质量控制分析师。

第 6 章　启发

启发包括规划和准备启发、实施启发，以及确认启发结果的过程。启发从各种来源抽取需要、需求，以及其他产品信息等信息。

启发过程包括：

6.1 确定启发方法——全面考虑如何实施启发活动、涉及哪些相关方、使用哪些启发技术、启发活动的最佳实施顺序的过程。

6.2 启发准备——组织和调度资源并为单个启发活动准备必要材料的过程。

6.3 实施启发——应用各种启发技术从相关方和其他来源抽取信息的过程。

6.4 确认启发结果——对启发结果执行跟进活动、确定使用了适当的正式程度、与相关方一起评审准确性与完整性，以及与历史信息进行比较的过程。

图 6-1 概述了启发的各个过程。商业分析过程被描述为具有定义接口的互相独立的过程，但在实践中它们会以本指南无法全面详述的方式相互交叠和相互作用。

```
                        ┌─────────────────────┐
                        │      启发概述        │
                        └─────────────────────┘
```

6.1 确定启发方法	6.2 启发准备
1. 输入 　1. 产品范围 　2. 情境说明书 　3. 相关方参与和沟通方法 　4. 更新的相关方登记册 2. 工具与技术 　1. 头脑风暴 　2. 访谈 　3. 回顾和经验教训 3. 输出 　1. 启发方法	1. 输入 　1. 启发方法 　2. 产品范围 　3. 需求和其他产品信息 　4. 情境说明书 　5. 相关方参与和沟通方法 2. 工具与技术 　1. 文件分析 　2. 访谈 3. 输出 　1. 启发准备材料
6.3 实施启发	**6.4 确定启发结果**
1. 输入 　1. 启发准备材料 　2. 产品范围 　3. 情境说明书 2. 工具与技术 　1. 头脑风暴 　2. 协作游戏 　3. 文件分析 　4. 引导式研讨会 　5. 焦点小组 　6. 访谈 　7. 观察法 　8. 原型法 　9. 问卷调查 3. 输出 　1. 未确认的启发结果	1. 输入 　1. 启发准备材料 　2. 未确认的启发结果 2. 工具与技术 　1. 文件分析 　2. 术语表 　3. 访谈 　4. 观察法 　5. 走查 3. 输出 　1. 确认的启发结果

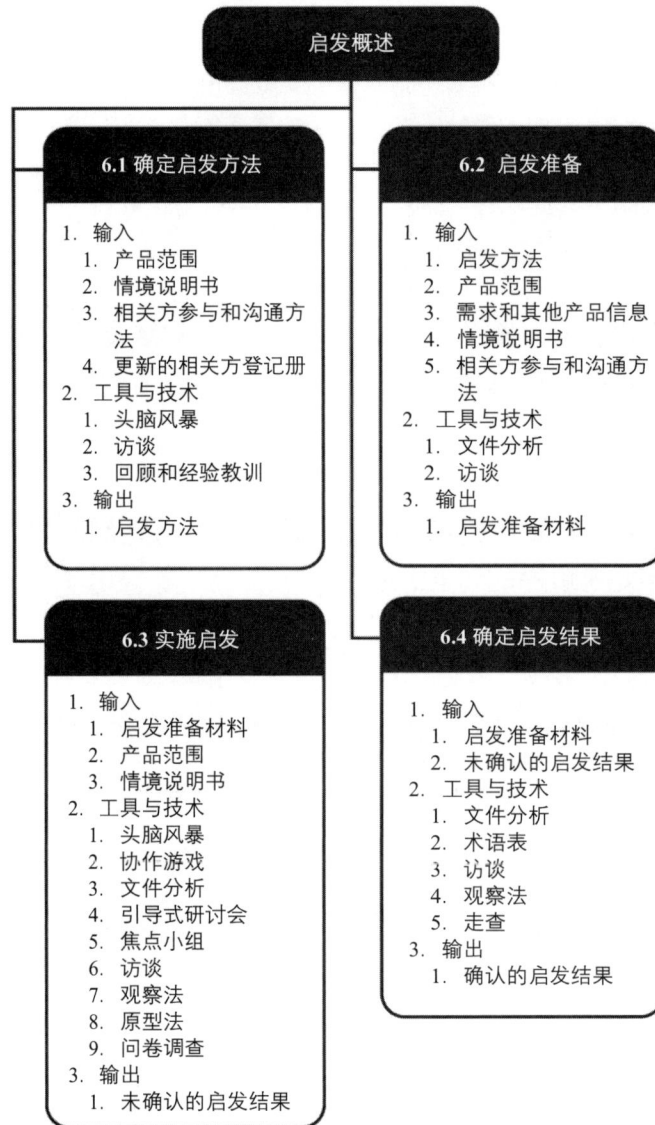

图 6-1　启发概述

启发的核心概念

　　启发是从相关方和其他来源抽取信息的活动。因为术语"收集"或"汇总"意味着相关方已经有了正准备被收集或汇总的产品信息，所以启发不仅仅代表收集或汇总产品信息。相关方通常有想要的东西、需要和创意，但是他们难以清晰表达。启发依靠知识和经验来识别合适的方法和技术，以便从多个来源抽取信息。商业分析专业人士和相关方通过反复交互以获得对产品信息的共同理解，这是对术语"启发"的更准确的描述。

　　启发是高度循环的。对于产品信息中的每个抽象层级，可能都需要重复多次启发。例如，将执行所有的启发过程来定义商业需求，并且再次定义更详细的产品需求，如相关方需求或解决方案需求。尽管相同的商业分析专业人士不可能定义产品信息的各个抽象层级，但启发过程在整个产品和项目生命周期中被重复执行。甚至，当实施启发以理解单一概念时（如现有过程的当前状态），也会多次迭代这些过程，以从不同来源获取观点或填补信息中的空白。

启发也与分析一起迭代实施，以达到渐进明细的目的。当分析商业分析的信息时，因为无关的信息被删除了，所以信息量有时会减少。当结果是模糊不清的和开放的时，就需要询问额外的问题和实施更多的启发活动。

图 6-2 展示了启发和分析的迭代本质。启发和分析活动经常会同时进行。对于产品信息中的每个抽象层级和概念来说，需要重复图 6-2 所示的过程，直到分析不再产生新的问题，并且信息减少到能描述商业问题或机会的解决方案，或者可以接受在信息不完整的情况下继续推进所导致的风险。

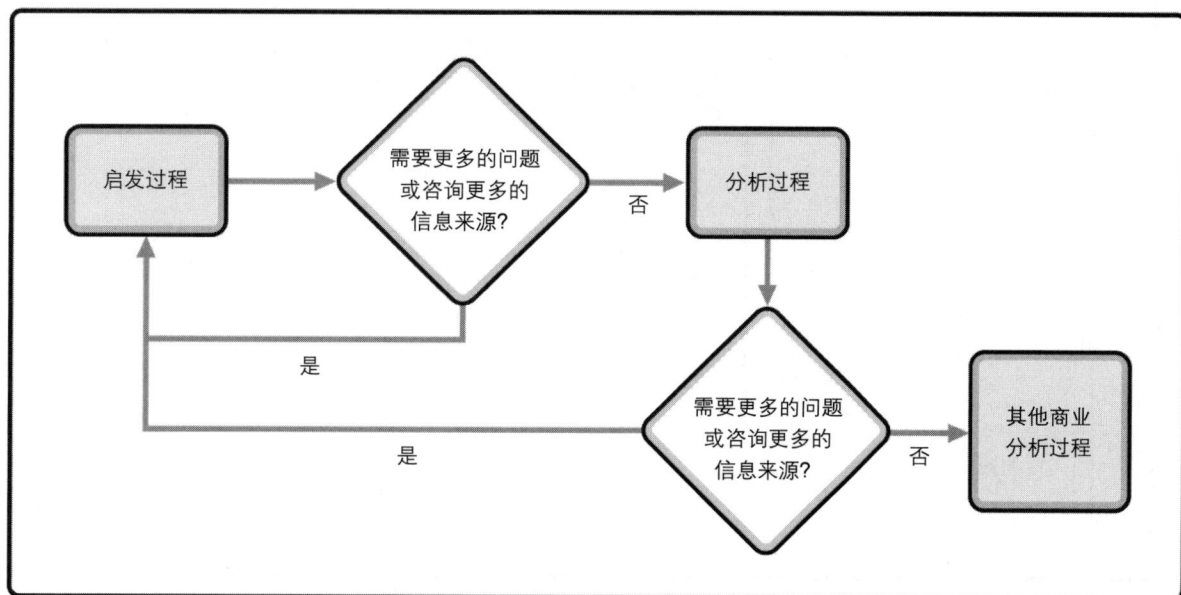

图 6-2 启发和分析的迭代本质

对于使用适应型生命周期的项目，其每次迭代都需要经历启发和分析过程。在整个项目过程中，因为特性和功能被划分在众多迭代中，所以启发和分析也被划分在每次迭代中，并且发生的周期更短，频率更高。通常，对于使用预测型生命周期的项目，在项目前期就已经完成了大部分的启发和分析工作。

6.1 确定启发方法

确定启发方法是全面考虑如何实施启发活动、涉及哪些相关方、使用哪些启发技术、启发活动的最佳实施顺序的过程。本过程的关键效益是，对相关方时间的有效利用、高效的相关方协作，以及有组织的启发方法。图 6-3 描述了本过程的输入、工具与技术和输出。图 6-4 是本过程的数据流向图。

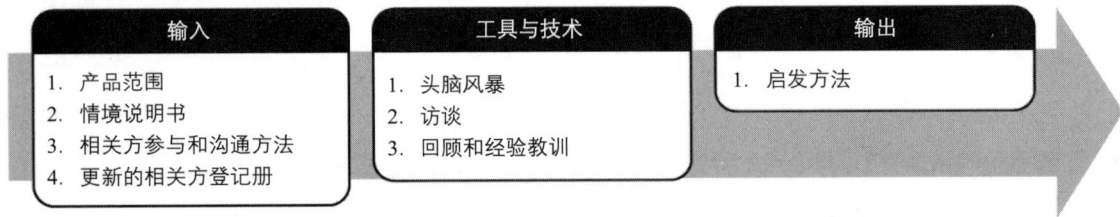

输入	工具与技术	输出
1. 产品范围 2. 情境说明书 3. 相关方参与和沟通方法 4. 更新的相关方登记册	1. 头脑风暴 2. 访谈 3. 回顾和经验教训	1. 启发方法

图 6-3　确定启发方法：输入、工具与技术和输出

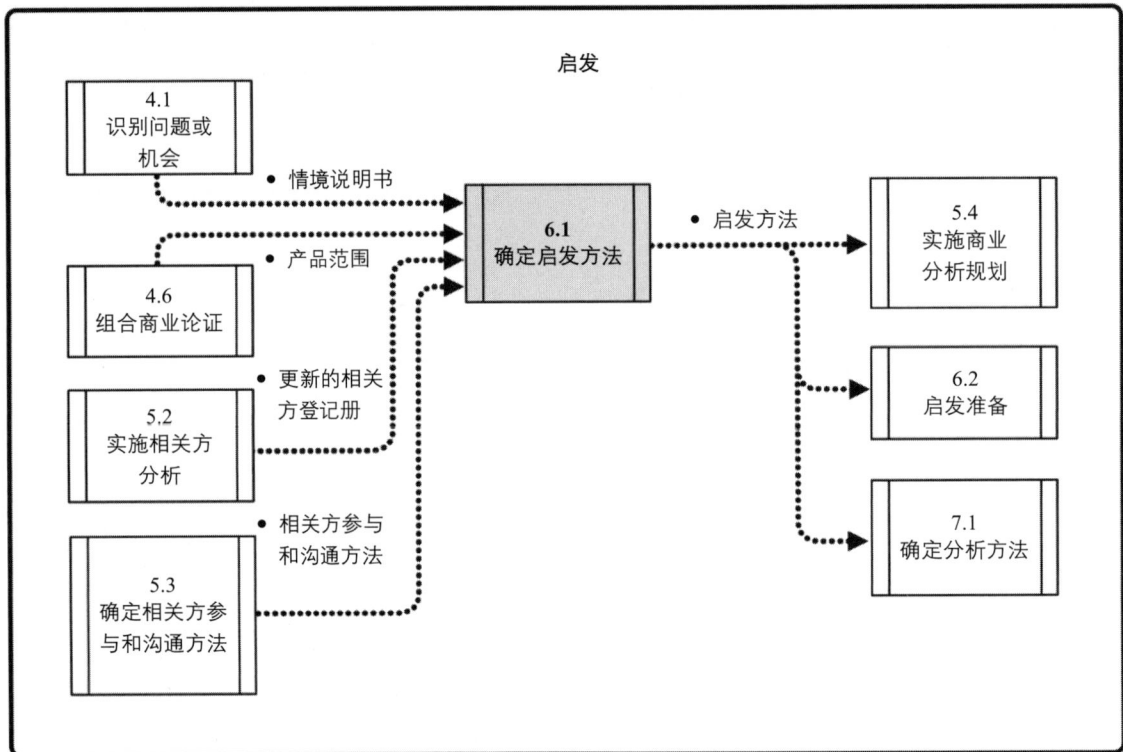

启发

4.1 识别问题或机会		5.4 实施商业分析规划
4.6 组合商业论证	6.1 确定启发方法	6.2 启发准备
5.2 实施相关方分析		7.1 确定分析方法
5.3 确定相关方参与与和沟通方法		

情境说明书　　产品范围　　更新的相关方登记册　　相关方参与和沟通方法　　启发方法

图 6-4　确定启发方法：数据流向图

启发方法有助于阐述如何构建启发活动。创建启发方法所需的工作涉及思考如何最好地协调和实施启发。启发方法中的一些要素包括但不限于以下内容：

- **要启发什么信息。** 需要什么来定义问题、解决问题，或者回答问题？

- **在哪里找到这些信息。** 信息在哪里（在哪些文件中，出自哪里，在谁的头脑中）？

- **如何获取信息。** 用什么方法可以从来源处获取这些信息？

- **何时实施启发活动。** 应按照什么顺序实施启发活动，以及应何时安排启发活动？

一个全面的启发方法有以下效益：

- 定义问题、改进效果或产生解决方案所需信息的清晰想法；

- 尽量减少不必要的启发活动；

- 来自每个启发活动的有价值结果；

- 有效地和可预测地利用相关方的时间来启发信息；

- 更好地全面关注整个启发过程。

6.1.1　确定启发方法：输入

6.1.1.1　产品范围

如第 4.6.3.2 节所述。产品范围被定义为描述解决方案的特性和功能。产品范围提供了背景并定义了边界，以确定为实现进一步细化范围项的目的需要启发什么信息。根据被启发的信息类型，或许已经有一些可利用的产品信息。例如，如果团队正在确定或改进启发方法来启发解决方案需求，那么相关方和商业需求可能都已经存在，并且能为启发什么信息提供更好的基础。

6.1.1.2　情境说明书

如第 4.1.3.2 节所述。情境说明书描述了商业有兴趣解决的问题或抓住的机会，并且对何时确定启发什么信息提供了背景。

6.1.1.3　相关方参与和沟通方法

如第 5.3.3.1 节所述。相关方参与和沟通方法对相关方如何在项目组合、项目集或项目中参与和沟通的所有治理协议进行了总结。它包含有关如何有效地与相关方交互的信息。可能存在某些相关方的偏好，该偏好表明了哪些启发技术用于特定的相关方或相关方群体是最适合的。例如，有的相关方可能喜欢以一对一的方式互动，而有的则喜欢采用群体协作技术。

6.1.1.4　相关方登记册

如第 5.2.3.1 节所述。相关方登记册包含谁可能影响所分析的领域或受所分析的领域影响的信息，以及有关相关方或相关方群体的资料信息。登记册的信息用于确定实施启发活动的最佳方法。例如，相关方在项目里的角色或在组织中的职位可能确定他或她可以提供哪些细节和/或观点。同时，也可以推断，资深相关方的时间可能更少，并且更难参加群体启发活动。

6.1.2　确定启发方法：工具与技术

6.1.2.1　头脑风暴

头脑风暴是一种用来在短时间内识别创意的启发技术。头脑风暴可以用于识别启发的来源清单，以及使用哪种启发技术。有关头脑风暴的更多信息，见第 5.1.2.1 节。

6.1.2.2　访谈

访谈是从相关方处启发信息的正式或非正式的方法。访谈是通过提准备好的和/或即兴的问题并记录反馈来实施的。商业分析专业人士可能希望访谈主题专家，来发现启发信息的其他来源，以便获得相关方对启发过程的偏好，或者利用一种或多种技术来了解相关方的体验和舒适度。有关访谈的更多信息，见第 6.3.2.6 节。

6.1.2.3　回顾和经验教训

回顾和经验教训通过利用过去的经验来计划未来。为了创建启发方法，商业分析专业人士可能需要依赖他们过去的经验，或者来自具有专业知识或受过以下培训的个人或群体的经验。

- 裁剪启发方法来满足项目需要。
- 识别启发信息的最可靠来源。
- 确定使用的最佳技术。
- 阐明启发活动之间的依赖关系和相互作用。

结合了经验和专家判断，回顾和经验教训可以用来裁剪启发方法以确保其最适合项目。有关回顾和经验教训的更多信息，见第 5.7.2.4 节。

6.1.3　确定启发方法：输出

6.1.3.1　启发方法

启发方法描述了如何实施启发、启发什么信息、在哪里找到信息、如何获得信息，以及何时实施启发活动。启发方法可以被记录下来，也可以是一个为即将实施的启发工作做准备的思考过程。不论其是否被正式地记录，用于规划启发活动的决策和思考过程都可以分享给项目团队，以确保每个人都知道即将进行的活动和他们自己的角色。在更正式的生命周期中，启发方法被称为启发计划。有关创建启发方法的更多信息，见《商业分析实践指南》的第 3.4.7 节和第 4.3 节。

6.1.4　确定启发方法：裁剪考虑因素

表 6-1 描述了用于确定启发方法的适应型和预测型裁剪考虑因素。

表 6-1　确定启发方法的适应型和预测型裁剪

需要裁剪的方面	典型的适应型考虑因素	典型的预测型考虑因素
名称	非正式命名的过程	确定启发方法
方法	虽然可能发生一些高层级的规划活动，但大多数启发方法都是在每次迭代的早期中被定义的，这些方法针对将要在迭代中发生的启发活动。由于启发通常用于在开发前的几次迭代中对产品未完项条目进行细化，因此所定义的启发方法通常不仅仅用于当前迭代中正在开发的工作。可以选择协作启发技术来从相关方处获取信息	在规划阶段的早期定义了高层级的启发方法。启发方法在整个项目组合、项目集或项目中被细化
可交付成果	不是独立的可交付成果。启发方法不会被正式记录，但是当团队对启发活动期间的预期有了共同理解时，启发方法也就完成了	详细的启发方法存在于商业分析计划中

6.1.5　确定启发方法：协作点

启发有时会因制约因素而被缩减，但是这样做会对项目组合、项目集、项目和产品带来额外风险，从而导致返工或产品缺陷。从项目组合、项目集或项目经理，以及职能经理处获得早期的支持和认同，考虑适当的启发活动的数量，来支持规划、设定期望值和降低风险。在决定商业分析活动的顺序时，这些角色可以一起工作，以确定资源可用性将如何影响排序决策。

6.2　启发准备

启发准备是组织和调度资源并为单个启发活动准备必要材料的过程。本过程的关键效益是，启发活动被有效地组织和实施，并且参与者预先了解他们为什么要参与活动和他们需要什么。图 6-5 描述了本过程的输入、工具与技术和输出。图 6-6 是本过程的数据流向图。

输入	工具与技术	输出
1. 启发方法 2. 产品范围 3. 需求和其他产品信息 4. 情境说明书 5. 相关方参与和沟通方法	1. 文件分析 2. 访谈	1. 启发准备材料

图 6-5　启发准备：输入、工具与技术和输出

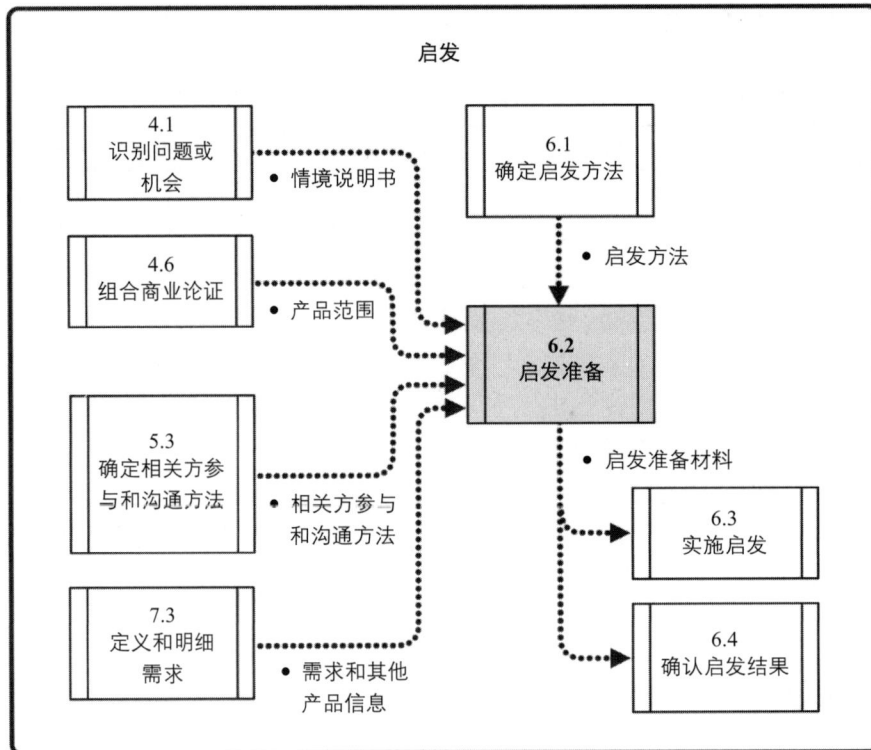

图 6-6　启发准备：数据流向图

启发准备是在启发活动开始之前所实施的规划。准备材料有利于引导者有效地实施启发，以确保与相关方花费的时间是有效的并提供了最大价值。对于大型的启发参与，准备实际上可能比启发活动本身更耗时。对于不涉及其他人的启发活动（如文件分析），准备可能比较简短。

准备取决于启发的目的和选择的启发技术。对于大型研讨会，可以创建演示文件来帮助引导讨论。如果正在使用的是协作游戏，准备将包括游戏的设置，以及全面考虑的操作指令。非正式的准备笔记也有助于引导。准备笔记可以根据计划的进度来测量达成的进度，并且可以用来调整对将来启发活动的期望。

可实施以下活动为启发活动做准备。

- **确定目标**。为每个启发活动设定目标，以确保每项活动都能有效地实施。目标是启发活动正在进行的原因。启发活动应该能够提供某些价值和效益，以证明为获得所需信息而花费的时间是合理的。

- **确定参与者**。识别启发活动所需的参与者是至关重要的。没有合适的参与者可能导致重新安排启发活动。如果活动此时已开展，启发活动可能执行不畅，或者没有达成既定目标。经验不足的参与者可能不具备提供所需信息的背景；他们可能需要更多的时间来跟上进度，或者如果这些参与者不熟悉所使用的启发技术，则可能要接受培训。

- **识别资源**。某些启发活动需要支持材料，如访问现有系统或文件。这些资源可以在准备过程中获取。

- **识别启发活动的问题**。可以在实施启发活动之前准备好问题，以确保启发活动的目标得以实现。商业分析专业人士可能还需要考虑如何捕捉启发结果，以及是否需要资源来协助实施启发，并且预先协调这些资源。

- **设置议程**。可事先将要被讨论或研究的主题和通常的时限提供给参与者，让其知道对他们的期望。如果需要参与者进行事前准备工作，建议事先与他们沟通，以确保他们做好了准备。应该分发所有已准备的材料，如演示文稿、笔记，或者基准和/或启发活动指导的模型。可以创建分析模型，并且将其作为启发准备活动的一部分，以便在启发过程中应用模型来识别需要回答的问题或需要审查的主题。这个过程可以与第 7.2 节并行实施。

- **安排启发活动**。为每个相关方群体安排适当的时间。确保为启发活动准备所有的支持材料，如会议室、投影仪、白板、挂图和书写工具等。

有关如何进行启发准备的更多信息，见《商业分析实践指南》的第 4.4 节。

6.2.1　启发准备：输入

6.2.1.1　启发方法

如第 6.1.3.1 节所述。启发方法解释了如何实施启发，包括将被实施的启发活动。启发活动需要提前准备，以确保其能提供价值。参与者清单也可以从启发规划工作中获取。

6.2.1.2　产品范围

如第 4.6.3.2 节所述。产品范围被定义为描述解决方案的特性和功能。产品范围提供了背景以确定启发活动的目标，并且在随后为问题和设置议程做好准备。可能还有更多的信息来源以供参考。

6.2.1.3　需求和其他产品信息

如第 7.3.3.1 节所述。需求和其他产品信息包括有关解决方案的所有信息，是启发和分析活动结果的峰值。需求和其他产品信息提供了相关背景以确定启发活动的目标，并且在随后为问题和设置议程做好准备。先前启发的需求或模型可用于指导启发活动。对于大多数受众来说，可视化呈现更容易接受和提供反馈。有关可视化模型的更多信息，见第 7.2 节。

6.2.1.4　情境说明书

如第 4.1.3.2 节所述。情境说明书提供了对提议的解决方案所要解决的问题或抓住的机会的目标陈述。情境说明书用来确定启发活动的目标，并且在随后对问题和设置议程做好准备。

6.2.1.5　相关方参与和沟通方法

如第 5.3.3.1 节所述。相关方参与和沟通方法对相关方如何在项目组合、项目集或项目中参与和沟通的所有治理协议进行了总结。它定义了相关方的偏好和需要，以便采取最适合的方式使相关方参与并与其沟通。在确定启发方法和使用何种启发技术时，要考虑这些偏好和需要。在启发准备活动时，需要重新考虑相关方参与和沟通方法，以防止启发需要根据具体的相关方偏好进行裁剪。

6.2.2　启发准备：工具与技术

6.2.2.1　文件分析

文件分析是用于分析现有文件来识别相关产品信息的启发技术。它可以用来获得已有文件库中的现成信息，从而减少相关方所需的启发时间。文件分析的结果可以用来支持启发准备。在相关方直接参与前，启发的信息可以用于制定议程、识别启发活动的问题，或者提供上下文和背景信息。有关文件分析的更多信息，见第 6.3.2.3 节。

6.2.2.2　访谈

访谈是一种从相关方处启发信息的正式或非正式的方法。初步的访谈可以通过与可能参与启发活动的人员确认目标，或者讨论准备步骤和材料来支持启发准备，以便参与者知道在启发活动之前和期间对他们的期望是什么。启发的信息可以用于制定议程、识别启发活动的问题，或者在将一组相关方聚在一起之前提供上下文和背景信息。有关访谈的更多信息，见第 6.3.2.6 节。

6.2.3 启发准备：输出

6.2.3.1 启发准备材料

启发准备材料是为最大限度提升达成启发活动目标的可能性，同时优化与启发参与者花费的时间而创建的条目。启发准备材料可以是正式的，也可以是非正式的，这取决于引导者的偏好。准备材料可以包括：

- 启发活动目标。
- 议程。
- 背景信息。
- 需要讨论的问题。
- 支持启发技术的基本规则和/或指令。
- 用来帮助构建启发活动的演示材料和/或产品信息（包括模型）。

6.2.4 启发准备：裁剪考虑因素

表 6-2 描述了用于启发准备的适应型和预测型裁减考虑因素。

表 6-2　启发准备的适应型和预测型裁减

需要裁剪的方面	典型的适应型考虑因素	典型的预测型考虑因素
名称	非正式命名的过程；作为未完项梳理或明细的一部分被执行	启发准备
方法	无论何时实施启发，都要进行准备。高层级产品信息的启发发生在迭代 0，更详细的产品信息的启发发生在随后的迭代中。在迭代中的启发可以明确当前迭代的信息，或者在一到两次迭代之前明细产品信息	无论何时实施启发，都要进行准备。高层级产品信息的启发发生在项目组合和项目集的级别，更详细的产品信息的启发发生在项目的分析阶段
可交付成果	启发是频繁的，目的是阐述足够的信息；准备材料是轻量级的	启发的范围较大；准备材料可能更详细

6.2.5 启发准备：协作点

可以事先咨询相关方，以便其知道对他们的期望。如果有需要他们提前完成的启发准备活动，则给予其提醒。预先进行足够的沟通，以确保相关方能够预留时间。

6.3　实施启发

实施启发是应用各种启发技术从相关方和其他来源抽取信息的过程。本过程的关键效益是，它可从合适的来源获得信息，以充分定义和明细需求及其他产品信息。图 6-7 描述了本过程的输入、工具与技术和输出。图 6-8 是本过程的数据流向图。

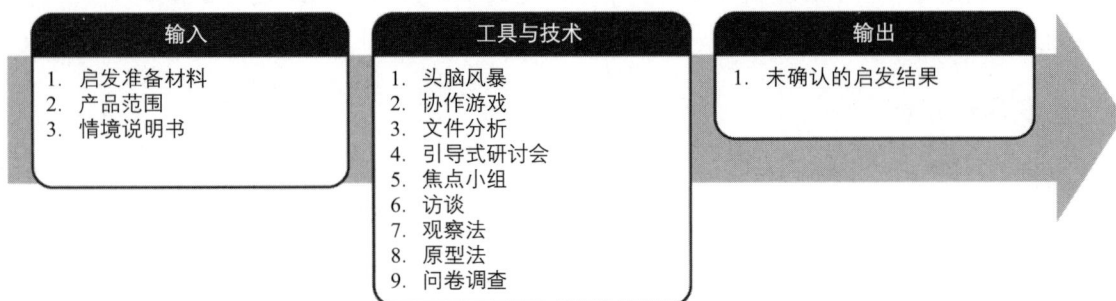

输入	工具与技术	输出
1. 启发准备材料 2. 产品范围 3. 情境说明书	1. 头脑风暴 2. 协作游戏 3. 文件分析 4. 引导式研讨会 5. 焦点小组 6. 访谈 7. 观察法 8. 原型法 9. 问卷调查	1. 未确认的启发结果

图 6-7　实施启发：输入、工具与技术和输出

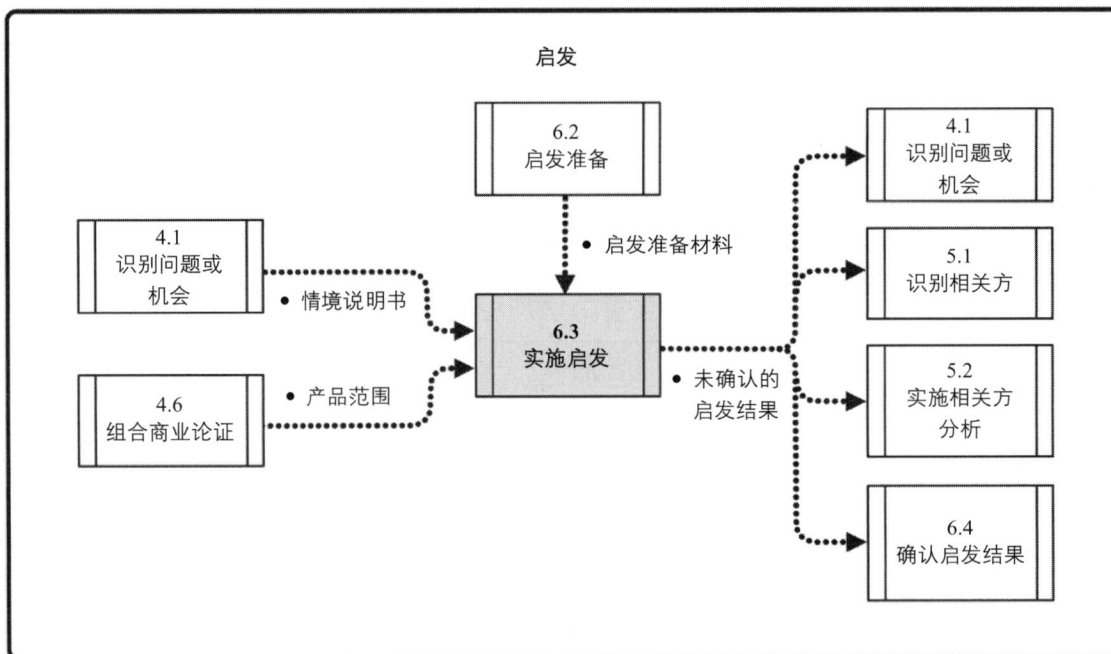

图 6-8　实施启发：数据流向图

不论采用何种技术，启发活动均可以分为三个阶段。

- **开场**。开场设定了启发活动的阶段、节奏和总体目的。

- **主体**。主体是提出问题并给出或揭示答案的所在。

- **收尾**。收尾为具体活动提供了完美的结束。

跟进活动支持启发，并且用于确认启发结果。一旦启发完成，或者跟进活动与启发活动并行实施，信息可以得到进一步整合和确认。在第 6.4 节中对启发活动的跟进有进一步的讨论。有关如何实施启发活动的更多信息，见《商业分析实践指南》的第 4.5 节。

6.3.1　实施启发：输入

6.3.1.1　启发准备材料

如第 6.2.3.1 节所述。启发准备材料是为最大限度提升达成启发活动目标的可能性，同时优化与启发参与者花费的时间而创建的条目。启发准备材料在实施启发时用于构建和指导启发活动。

6.3.1.2　产品范围

如第 4.6.3.2 节所述。产品范围被定义为描述解决方案的特性和功能。在开发启发活动的目标和实施启发时会采用产品范围，以确保讨论聚焦于主题。

6.3.1.3　情境说明书

如第 4.1.3.2 节所述。情境说明书提供了对提议的解决方案所要解决的问题或抓住的机会的目标陈述。情境说明书和在启发准备活动时获取的任何背景内容，可一同用来确保启发参与者对所讨论的主题有共同的理解，并且有助于指导启发讨论。

6.3.2　实施启发：工具与技术

6.3.2.1　头脑风暴

头脑风暴是一种用来在短时间内识别一系列创意（如风险清单、相关方清单或潜在的解决方案选项清单。）的启发技术。头脑风暴在群体环境中使用，并且由一个引导者带领。与从同一个小组的成员中逐个记录他们的创意相比，采用头脑风暴所产生的经常会更多。通常，其他启发技术会与头脑风暴技术一起使用，如焦点小组或研讨会。有关头脑风暴的更多信息，见第 5.1.2.1 节。

6.3.2.2　协作游戏

协作游戏是促进协作、创新和创造力以达成启发活动目的的一系列启发技术。协作游戏使用游戏的方法来鼓励团队参与并加强交流。协作游戏可以帮助产品团队解决问题、团队建设和做出决策。协作游戏所需的工具通常非常简单，并且只需要很少的安排，如白板、活动挂图板、马克笔和便笺。协作游戏有很多种类型。以下介绍几种。

- **产品盒**。一种使用游戏来聚焦对客户重要的产品特性的启发技术。目标是将参与者分成几个团队，要求每个团队设计一个盒子来表示产品是如何包装的。通常，会提供一个空白的盒子和一些艺术素材，并且要求每个团队装饰盒子，以吸引客户购买的方式来进行产品的营销。团队对颜色、设计和标语的使用识别了客户期望拥有的产品效益和特性。因为盒子的大小限制了可以展示的信息，所以该技术提供了对客户来说最有价值的效益和特性的洞察。

- **快艇**。一种启发技术，使用游戏来启发有关客户/相关方发现有问题的产品特性的信息。在一张大纸上画一艘船和几个锚。参与者被要求思考他们不喜欢的当前产品的特征，并且在每个锚上写几个描述问题的词。可以不断将锚添加到图上，直到所有的问题都已提出。然后，团队逐个讨论每个锚，并且评估移走该锚可以让艇的行驶速度快多少。该技术提供给团队一种方法，来识别产品问题并量化该问题所带来的影响。该游戏提供了一种非对抗性和间接的方法来启发产品问题的信息，同时淡化了直接将产品缺陷通知产品团队所带来的不快。快艇活动也可以有不同的表现形式，例如帆船，其形式与快艇类似，但它使用的是船帆来鼓励团队识别积极影响，而不是锚来识别消极影响。

- **蜘蛛网**。一种启发技术，用于发现被分析的产品与其他产品之间的未知关系。该技术可以帮助产品团队识别产品的竞争力方面，并且可能导致产品范围的变更。参与者可以是任何类型的相关方，但是当该技术用来驱动创新时，客户才是最佳的参与者，因为他们经常可以提供有关产品的不寻常的洞察力。该技术通过在一张大纸的中间画一个圆圈来代表产品。参与者有几分钟的时间来进行头脑风暴，以列出可能在某种程度上与所列产品有关的其他产品。参与者被邀请在圆圈周围绘图以代表他们识别出的产品。然后，在产品之间绘制关系。参与者在绘制产品时解释这些关系的性质。蜘蛛网游戏可以使用各种各样的材料来标识产品和关系。通过使用不同的材料，可以让参与者展示不同产品和关系之间的重要性或风险等方面所存在的差异。当游戏完成时，图纸看起来像一张有许多颜色和符号相互纠缠的蜘蛛网。

6.3.2.3　文件分析

文件分析是一种通过分析现有文件，以识别相关产品信息的启发技术。使用文件分析的效益包括：

- 从个人收到的信息可能是主观的，或者个人没有准确把握信息，而文件信息更加客观；

- 文件可能包含个人所没有的信息；

- 解释同样的材料，书面文件可能提供更多的背景信息和解释；

- 文件可能有足够的信息作为起点，从而在当面的启发活动中节省了重要相关方的时间；

- 最新的文件可以是关于任何产品的结构和能力的良好信息来源。

当使用文件分析时，重要的是要能识别所使用信息的准确性和相关性。当前状态的文件可能代表不再适用的商业或技术制约因素。如果将过时的信息适当地当作历史基准，那么它依然可能是相关的，将来的启发可以以此为基础。文件分析是一种用于在直接使相关方参与前理解商业环境和情境的可行技术。在《商业分析实践指南》的第 4.5.5.2 节中对文件分析有进一步的讨论。

6.3.2.4　引导式研讨会

引导式研讨会采用的是结构化会议，由有经验且中立的引导师和一组通过精心挑选的相关方共同领导，以协作并朝着既定的目标工作。当目标聚焦于将跨职能的相关方聚在一起来定义和讨论产品信息时，该研讨会通常被称为需求研讨会。研讨会被认为是一种用于跨多个领域快速定义产品信息和协调相关方差异的主要技术。因为其所具有的互动群体的本质，有效引导的会议可以建立信任，加强关系，改善参与者之间的沟通，最终促进相关方达成一致。对于有效引导的研讨会，主持会议的人员要具有做引导师的经验。其他技术，如头脑风暴和协作游戏，也可以用于引导式研讨会，以帮助实现会议的目标。在《商业分析实践指南》的第 4.5.5.3 节中对引导式研讨会有进一步的讨论。

6.3.2.5　焦点小组

焦点小组将经过资格预审的相关方和主题专家会聚到一起，以了解他们对所提议的解决方案的期望和态度。焦点小组提供了直接从客户和/或终端用户那里获得反馈的机会。会议以一种允许健康的团队活力、自由的思想交流和足够的反馈水平的方式来引导以达成会议目标。在《商业分析实践指南》的第 4.5.5.4 节中对焦点小组有进一步的讨论。

6.3.2.6　访谈

访谈是一种从相关方处启发信息的正式或非正式的方法。访谈是通过提准备好的和/或即兴的问题并记录反馈来实施的。访谈通常是在访问者和被访问者间以个人为基础进行的，但是也可能涉及多个访问者和多个被访问者。与有经验的项目参与者、相关方和主题专家进行访谈，有助于识别和定义所需解决方案的特性和功能。通过花时间了解相关方的情境和潜在的痛点，访谈也可以用来与相关方建立关系和信任。以此目的所实施的访谈可能没有记录的结果。在《商业分析实践指南》的第 4.5.5.5 节中对访谈有进一步的讨论。

6.3.2.7　观察法

观察法是一种启发技术，它通过查看个人如何在其自己所处环境中执行工作或任务及实施过程，来获取有关如何执行过程，或者如何使用产品的信息。观察过程的细节特别有帮助，因为相关方在谈论他们的工作时，可能难以回忆起具体细节。相关方也可能对他们是否作为不知道，因此可能无法与他们沟通。观察法通常采用观察者查看过程工作者执行工作的方式来执行，但也可以采用由观察者亲身体验或执行工作的方式来执行。观察法的目的是发现相关方不能或不愿意提供的信息，并且在形成产品需求的过程中使用这些信息。观察法这一技术的主要缺点是，人们在被观察时可能有不同的行为。在《商业分析实践指南》的第 4.5.5.6 节中对观察法有进一步的讨论。

6.3.2.8　原型法

原型法是一种在实际构建解决方案之前，先提供预期解决方案的工作模型，并且据此获得对需求的早期反馈的方法。原型法也被称为概念验证（PoC）。因为原型是有形的，所以相关方能够对产品模型获得可视化的体验，并且可能体验产品模型，而不仅限于讨论需求的抽象表述。这提供了一个根据现有的需求集来验证概念性的工作解决方案的机会，以寻找需求中的潜在差距。原型法通过模型创建、用户体验、反馈生成和原型修订的迭代循环来支持渐进明细的概念。原型可以是真实结果的模拟（如在架构模型中），也可以是产品的早期版本。以下是几种常见的原型。

- **故事板**。故事板是一种通过一系列图像或插图显示序列或导航的原型技术。
- **线框图**。线框图是一种表示用户界面的静态蓝图或示意图的图形，用于识别基本功能。
- **演进式原型**。过程中的实际完成的解决方案的原型。

在《商业分析实践指南》的第 4.5.5.7 节中对原型法有进一步的讨论。

6.3.2.9　问卷调查

问卷调查是一系列书面问题，旨在从众多受访者中快速收集信息。调查对象代表了分布在广阔地理区域的不同人群。作为启发的一种形式，该技术的效益是，以相对较少的费用覆盖大量人群。调查的典型关注点是确保足够的回复率。在《商业分析实践指南》的第 4.5.5.8 节中对问卷调查有进一步的讨论。

6.3.3　实施启发：输出

6.3.3.1　未确认的启发结果

未确认的启发结果包括从完成的启发活动中获取的各种信息。启发活动的结果可以被正式或非正式地记录下来。文件形式可以是多种多样的，从包含初步需求的白板快照，到在需求管理工具中记录的信息。主要的记录结果是一组包含用于实施其他商业分析过程的大量信息的启发笔记。结果可能以各种形式出现，如草图、图形、模型、活动挂图、视频、录音、便笺纸或索引卡。

6.3.4　实施启发：裁剪考虑因素

表 6-3 描述了用于实施启发的适应型和预测型裁剪考虑因素。

表 6-3　实施启发的适应型和预测型裁剪

需要裁剪的方面	典型的适应型考虑因素	典型的预测型考虑因素
名称	未完项梳理或明细	实施启发
方法	启发是频繁发生的，目的是明细足够的信息。高层级产品信息的启发用于开发未完项，更详细的产品信息的启发则发生在后续的迭代中，迭代中的启发可以澄清当前迭代的信息，或者在一到两次迭代之前明细产品信息	高层级产品信息的启发发生在项目组合和项目集的级别，更详细的产品信息的启发则发生在项目的分析阶段。然而，随着在后期阶段发生的变更，启发过程会重复
可交付成果	对启发结果的共同理解可能没有被文档化，文档化的程度不够，或者没有在模型中体现出来	全面的和文档化的启发结果

6.3.5　实施启发：协作点

当商业分析由多位商业分析专业人士执行时，分析团队将共同努力，以确保每位商业分析专业人士的角色和职责都是清晰的，团队能有效开展工作，避免重复劳动。在团队中只有一位商业分析专业人士的情况下，项目组合经理、项目集经理、项目经理或产品团队中的其他人都可能支持启发工作（如通过记笔记），以允许商业分析专业人士专注于引导。

6.4　确认启发结果

确认启发结果是对启发结果执行跟进活动、确定使用了适当的正式程度、与相关方一起评审准确性和完整性，以及与历史信息进行比较的过程。本过程的关键效益是，它确认了在启发过程中理解了相关方和启发结果。图 6-9 描述了本过程的输入、工具与技术和输出。图 6-10 是本过程的数据流向图。

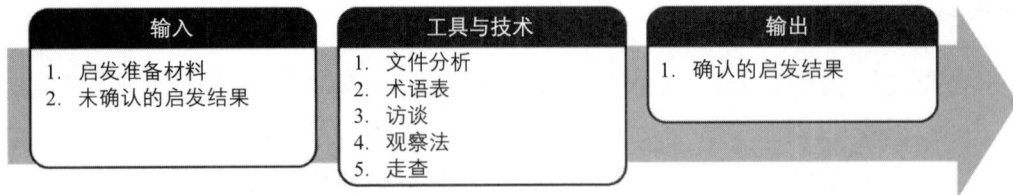

输入	工具与技术	输出
1. 启发准备材料 2. 未确认的启发结果	1. 文件分析 2. 术语表 3. 访谈 4. 观察法 5. 走查	1. 确认的启发结果

图 6-9　确认启发结果：输入、工具与技术和输出

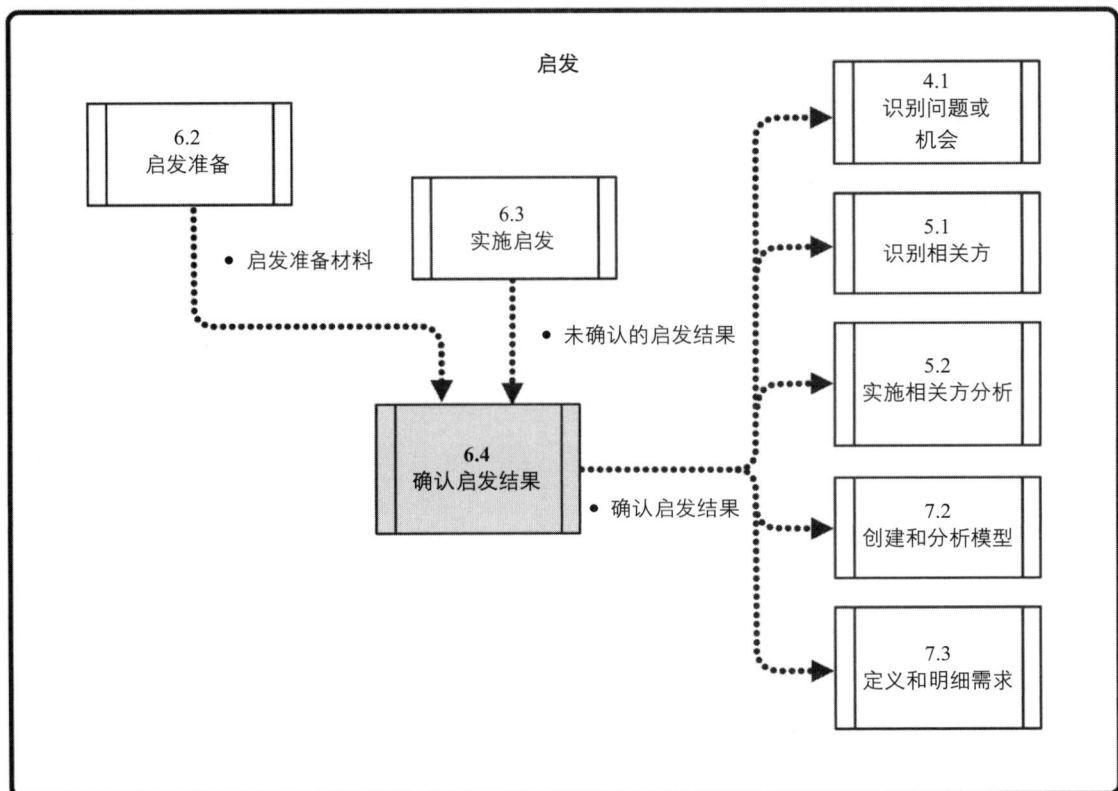

图 6-10　确认启发结果：数据流向图

在启发期间，信息可以通过多种媒介获取，例如白板、活动挂图、会议记录和录音设备。启发结果可能需要：

- 被细化和/或被更正，以及被消除多余信息；

- 被组织、分类和整合；

- 与先前启发的信息进行比较，并且在未来的启发中被跟踪差异；

- 根据相关方的需要转化为适当的正式程度；

- 被打包以便用于分发。

启发结果可以用不同的方式来确认。启发结果可能被分发给最初提供这些信息的参与者，以确认其准确性。在其他时候，可能要求参与者在启发过程中澄清和纠正信息就足够了，从而可以同步实施和确认启发。同步确认被认为是适应型生命周期中的常见做法。

根据情境，这两种方法可以是同样有效的，但在某种情况下也可能是无效的。例如，当关键相关方安排代理人或下属作为代表参加启发活动时，在启发过程中直接确认结果的方式不是首选的。当相关方不愿意在启发之外抽出时间来审查和批准结果时，单独的审查和确认周期可能不是最佳的方式。当确定项目集或项目的最佳启发方法时，团队应该讨论并就如何审查和确认启发结果达成一致。

6.4.1　确认启发结果：输入

6.4.1.1　启发准备材料

如第 6.2.3.1 节所述。启发准备材料是为最大限度提升达成启发活动目标的可能性，同时优化与启发参与者花费的时间而创建的条目。用于构建启发活动的启发准备材料（如之前启发的产品信息），可能根据在启发过程中所了解到的信息而被更新，并且与启发结果进行比较，以确定是否存在问题或差距需要进行额外的启发。为此，第 6.4 节的"确认启发结果"经常与第 7.2 节的"创建和分析模型"和第 7.3 节的"定义和明细需求"一起实施。

6.4.1.2　未确认的启发结果

如第 6.3.3.1 节所述。未确认的启发结果包括从完成的启发活动中获得的商业分析信息。以各种格式记录的启发结果，通过一种可由提供信息或具有原始资料的人进行审查、理解和确认的方式得到合并和组织。在完成这个过程后，未确认的启发结果演变为确认的启发结果。

6.4.2　确认启发结果：工具与技术

6.4.2.1　文件分析

文件分析是一种通过分析现有文件，以识别相关产品信息的启发技术。文件分析可以用来比较启发结果和历史信息（如在启发活动期间使用的现有程序或现有材料），以确认准确性。有关文件分析的更多信息，见第 6.3.2.3 节。

6.4.2.2   术语表

术语表是关于产品的术语和缩略语的定义清单。术语表用于为产品团队提供在对话和贯穿其他商业分析输出（如需求文件、模型、用户故事等）中所用术语的共同理解。当确认启发结果时，术语表是一个有用的工具，它使产品团队能够就术语的含义达成一致，并且可识别在整个产品团队、组织或行业中所使用的不同术语。有关术语表的更多信息，见第 7.3.2.3 节。

6.4.2.3   访谈

访谈是从相关方处启发信息的正式或非正式的方法。访谈是通过提准备好的和/或即兴的问题并记录反馈来实施的。必要时，可实施跟进访谈，以确认启发结果并澄清在启发活动中的任何差异。有关访谈的更多信息，见第 6.3.2.6 节。

6.4.2.4   观察法

观察法是一种启发技术，它通过查看个人如何在其自己所处环境中执行工作或任务及实施过程，来获取有关如何执行过程，或者如何使用产品的信息。观察法可用于非观察启发结果与实际情况的交叉核对。有关观察法的更多信息，见第 6.3.2.7 节。

6.4.2.5   走查

走查是一种同行评审，在这种评审中，材料的作者和同行评审者一起查看已编写的信息。可实施走查来评审启发结果，以确认在这个时点的结果是准确性的，或者澄清所提出的任何差异。有关走查的更多信息，见第 7.6.2.4 节。

6.4.3   确认启发结果：输出

6.4.3.1   确认的启发结果

启发结果包括从完成的启发活动中获得的商业分析信息。确认的启发结果表明产品团队已经达成共识，并且就启发信息的准确性达成一致。确认启发结果可以在完成启发后由相关方群体评审提供的材料后获得，也可以在实施启发时同步获得。

6.4.4   确认启发结果：裁剪考虑因素

表 6-4 描述了用于确认启发结果的适应型和预测型裁剪考虑因素。

表 6-4　确认启发结果的适应型和预测型裁剪

需要裁剪的方面	典型的适应型考虑因素	典型的预测型考虑因素
名称	非正式命名的过程；作为未完项梳理或明细的一部分被实施	确认启发结果
方法	启发被实施，并且结果得到同步确认	可以同步进行启发的实施和确认，也可以在启发完成后的某个时点再进行确认
可交付成果	对启发结果的共同理解可以被文档化或在模型中体现出来	承认启发结果是准确的。启发结果通常是全面的和文档化的

6.4.5　确认启发结果：协作点

　　启发结果通常需要被主题专家、产品所有者、发起人和/或项目组合、项目集或项目经理确认，以确保所获得的信息是准确的。商业分析专业人士与这些角色保持沟通，从而使参与者在启发活动的进展和信息的演变过程中保持参与和知情。

第 7 章　分析

分析包括对产品信息进行足够详细的检查和记录的过程，以确保能反映相关方的需要，与相关方的目的和商业目标保持一致，并且能够识别可行的解决方案设计。

分析过程包括：

7.1　确定分析方法——提前考虑如何实施分析的过程，包括要分析什么、哪些模型最有利于生产，以及需求和其他产品信息将如何被核实、确认和排序。

7.2　创建和分析模型——创建任何产品信息的结构化表示（如图、表或结构化文本）的过程，以便通过识别信息中的差距或发现无关信息来促进更深入的分析。

7.3　定义和明细需求——以不同受众所需的合适的详细程度、格式和正式程度来细化和记录需求及其他类型的产品信息的过程。

7.4　定义验收标准——就什么能证明解决方案的一个或多个方面已被成功开发达成一致的过程。

7.5　核实需求——检查需求是否质量过关的过程。

7.6　确认需求——检查需求是否满足商业目的和目标的过程。

7.7　排序需求和其他产品信息——理解产品信息的单个部分如何实现相关方目标的过程，并且使用该信息及其他已商定的优先级因素来促进对工作的排序。

7.8　识别和分析产品风险——揭示和检验假设和不确定性的过程，这些假设和不确定性可能对解决方案的定义、开发和预期结果产生积极或消极的影响。

7.9　评估产品设计选项——基于商业目的和目标、期望的实施成本、可行性和关联的风险来识别、分析和比较解决方案设计选项，以及应用该评估结果对所提的设计选项提供建议的过程。

图 7-1 概述了分析的各个过程。商业分析过程被描述为具有定义接口的互相独立的过程，但在实践中它们会以本指南无法全面详述的方式相互交叠和相互作用。

图 7-1　分析概述

分析的核心概念

分析是对信息进行检查、分解、合成和澄清以进一步理解、完善和改进信息的过程。分析是任何项目组合、项目集或项目都要执行的主要活动之一，通常需要承担大量的工作。除分析、建模和记录产品信息之外，分析还通过确保信息正确、符合标准、可跟踪到目的、识别内在风险及可转化为产品设计等来完善一系列产品信息。

分析可以用于任何产品信息，但重点还是与需求相关的信息。产品信息的类型和格式在很大程度度上取决于项目的生命周期。分析过程通常以迭代方式进行，并且与启发过程同时执行。

7.1　确定分析方法

确定分析方法是提前考虑如何实施分析的过程，包括要分析什么、哪些模型最有利于生产，以及需求和其他产品信息将如何被核实、确认和排序。本过程的关键效益是，为执行开发解决方案的商业分析工作提供了共识。图 7-2 描述了本过程的输入、工具与技术和输出。图 7-3 是本过程的数据流向图。

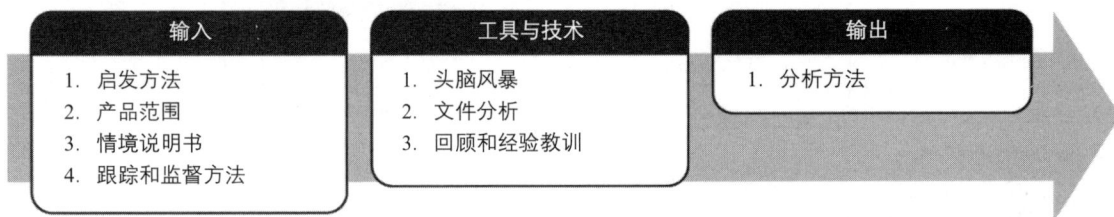

输入	工具与技术	输出
1. 启发方法 2. 产品范围 3. 情境说明书 4. 跟踪和监督方法	1. 头脑风暴 2. 文件分析 3. 回顾和经验教训	1. 分析方法

图 7-2　确定分析方法：输入、工具与技术和输出

分析方法确定了在商业分析过程中要考虑的相关产品信息类型。它包括有利于生产的模型选择思路、需要收集的需求特性，以及对如何核实、确认和排序产品信息的解释。

当使用预测型交付方法时，分析方法还应为项目组合、项目集或项目定义需求生命周期。需求生命周期表示需求在被定义、明细、核实、确认和排序时所经历的各个阶段或状态。当使用适应型交付方法时，需求状态可能更不明显。用户故事的状态可能是未准备就绪、已准备就绪或已完成，其中已完成的用户故事则被关联至可满足需求的那部分解决方案的交付和验收中。

在《商业分析实践指南》的第 5.2.3.1 节中对需求特性有进一步的讨论。

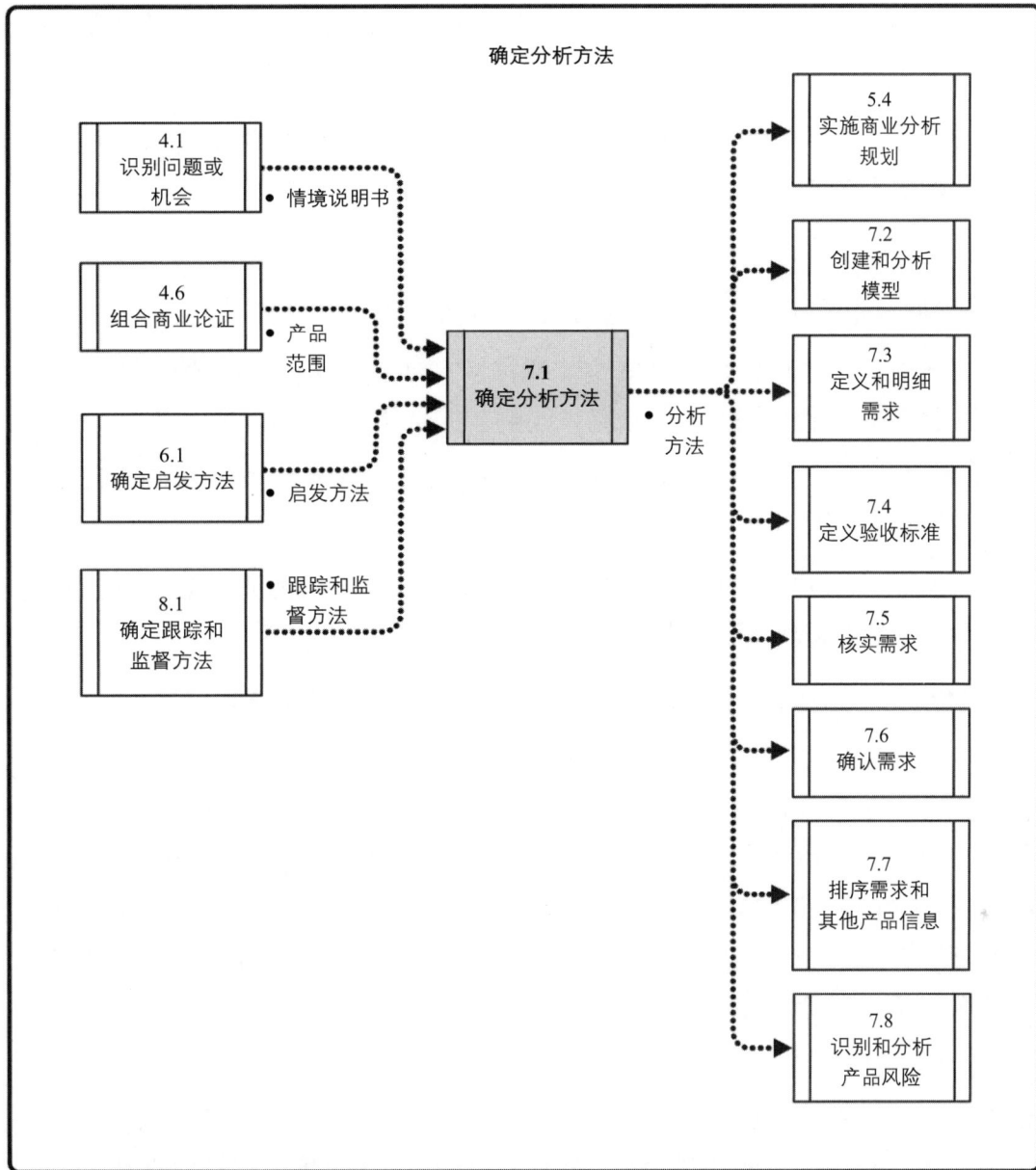

图 7-3　确定分析方法：数据流向图

分析方法使用了在第 8.1 节中定义的需求架构，该架构明确了需求、模型和其他产品信息之间的相互关系。分析方法还识别了哪些分析模型是最合适的，以及它们是如何彼此关联的。此外，分析方法还定义了哪些分析活动是相互关联的、在开始记录需求时使用哪些模板、使用哪些工具，以及如何修订这些活动。对于不太需要正式文件的组织来说，分析方法明确了是否需要保留在分析会议中产生的草稿或非正式笔记，以及何时需要使用更正式的文件。

基于多种因素（如复杂性、风险和价值），分析方法还包括考虑哪些分析活动和技术可能有用，何时使用应该使用它们，谁应该参与其中，以及适用于产品生产的合适格式。

在适应型生命周期中，确定分析方法可能未被正式命名，但确定分析方法的活动仍然是相似的。确定分析方法应当包括：

- 何时和如何创建与分析模型，哪些模型是最适合的，哪些相关方将使用和评审模型，使用何种建模语言，以及模型应该细化到什么程度；

- 何时对需求进行定义和明细，以及适用于需求的适当深度级别；

- 定义验收标准的方法，以描述获取验收标准的时间和级别；

- 核实的方法，以了解谁将参与核实需求、核实的时间、核实的频率，以及如何最好地确保需求得到了良好的记录、理解，并且符合相关标准；

- 如何确认需求，以了解用来确认需求的信息，以及谁应参与并确保需求是满足商业目的和目标的；

- 项目组合、项目集或项目的早期排序方法，以确保相关方对如何确定优先级及谁有权决定优先级有正确的期望；

- 识别和管理风险的方法，以确保在分析活动中不会漏掉重要风险；

- 在早期评估产品设计的方法，以便就设计工作的级别和时间达成一致。

并非所有的技术都需要在分析开始之前确定下来，但通过提前考虑，商业分析专业人士可以在使用各种技术时准备得更充分。分析的部分规划包括，确定哪些类型的分析工具与技术在任何给定的时间点对已知的参与者、项目组合、项目集或项目是最有用的。部分分析方法可能在开始执行分析时才开始规划，而在其他情况下，预定义的分析方法将根据需要进行更新。在《商业分析实践指南》的第 3 章中对各种分析方法的规划有进一步的讨论。

分析在与启发同时进行时是最有效的。分析经常会引发与情境相关的重要问题，这就需要更多的启发。无论采用何种项目生命周期，启发和分析通常都是以迭代和交互的方式进行的。因此，确定分析方法将是一项在项目组合、项目集或项目的整个生命周期内被重复执行的活动。

7.1.1 确定分析方法：输入

7.1.1.1 启发方法

如第 6.1.3.1 节所述。启发方法解释了如何进行启发，包括将要进行的启发活动。商业分析团队使用启发方法作为确定分析方法的某些方面的出发点。规划的启发技术及其输出可能影响分析技术的适用性。个别启发活动的时间会影响相关分析活动何时实施。基于启发的输出何时能准备就绪，相关方参与启发活动的时间也将影响分析的时间。但这并不是指启发需要在分析开始之前就必须全部完成，实际上，它们两者通常都是以微小增量的方式同时进行的。

7.1.1.2　产品范围

如第 4.6.3.2 节所述。产品范围被定义为描述解决方案的特性和功能。产品范围定义了开展分析的边界。

7.1.1.3　情境说明书

如第 4.1.3.2 节所述。情境说明书提供了有关商业寻求解决的问题或抓住的机会的客观说明，以及该情境给组织带来的效果和影响。情境说明书提供了正在被分析的问题或机会的背景，以帮助确定需要分析的信息及可能的分析方法。商业分析专业人士会面对不同类型的信息，情境说明书有助于区分那些可能干扰正确分析的无关信息。

7.1.1.4　跟踪和监督方法

如第 8.1.3.1 节所述。跟踪和监督方法定义了如何在项目组合、项目集、项目或产品中执行跟踪和变更管理过程。该方法的组件之一是需求、模型和其他产品信息之间彼此相互关联的方式，这是选择分析技术用以支持创建模型、组合使用模型及识别模型需求的一项重要输入。

7.1.2　确定分析方法：工具与技术

7.1.2.1　头脑风暴

头脑风暴是一种用来在短时间内识别一系列创意的技术。在确定分析方法时，头脑风暴有助于识别分析工具与技术，包括那些可能在商业分析专业人士的典型工具集之外的工具与技术。有关头脑风暴的更多信息，见第 5.1.2.1 节。

7.1.2.2　文件分析

文件分析是一种通过分析现有文件，以识别相关产品信息的启发技术。文件分析可以帮助确定组织中的哪些现有模型可用作分析的起点，从而影响需要执行的分析活动及活动持续的时间。有关文件分析的更多信息，见第 6.3.2.3 节。

7.1.2.3   回顾和经验教训

回顾和经验教训通过利用过去的经验来计划未来的工作。在确定分析方法时，回顾和经验教训可以利用过去的分析经验来规划未来的分析工作。在确定分析方法时，需要回顾在过去类似的情况下，哪些工作是有效的，哪些工作可能需要改进。结合经验和专家判断，回顾和经验教训是裁剪分析方法以满足项目组合、项目集或项目和组织需要的基础。有关回顾和经验教训的更多信息，见第 5.7.2.4 节。

7.1.3   确定分析方法：输出

7.1.3.1   分析方法

分析方法描述如何开展分析；如何核实、确认并排序需求和其他产品信息；如何识别和分析风险；如何评估设计选项；希望用什么技术和模板来开展分析。分析方法包括描述需要获取的需求特性及需求架构对分析模型的影响。它还描述了组织在分析过程中可能使用的其他信息或模型。此输出可能在整个项目组合、项目集或项目过程中被更新。

7.1.4   确定分析方法：裁剪考虑因素

表 7-1 描述了用于确定分析方法的适应型和预测型裁剪考虑因素。

表 7-1   确定分析方法的适应型和预测型裁剪

需要裁剪的方面	典型的适应型考虑因素	典型的预测型考虑因素
名称	非正式命名的过程	确定分析方法
方法	描述在分析过程中要定义和完善的产品信息的类型。尽管会有一些高层级规划，但大多数分析方法都是在每次迭代之前或稍早前被定义的，以便在迭代过程中进行分析。在一次迭代中执行的分析可能在以后的迭代中才被开发团队使用	高层级分析方法在规划阶段的早期被定义。分析方法在整个项目组合、项目集或项目中被不断完善。它描述了在分析过程中要定义和完善的产品信息的类型
可交付成果	不是一个单独的可交付成果	详细的分析方法包含在商业分析计划中

7.1.5   确定分析方法：协作点

基于各自的经验，商业分析专业人士与同行一起协同工作以帮助识别可能相关的分析工具、模板和技术。建议与其他负责产品信息不同方面的商业分析专业人士一起协作，可以避免重复工作并确保分析活动的连续性。

7.2 创建和分析模型

创建和分析模型是创建任何产品信息的结构化表示方式（如图、表或结构化文本）的过程，以便通过识别信息中的差距或发现无关信息来促进更深入的分析。本过程的关键效益是，它有助于以有序的方式传递信息，这有助于实现数据的清晰度、正确性和完整性。图 7-4 描述了本过程的输入、工具与技术和输出。图 7-5 是本过程的数据流向图。

输入	工具与技术	输出
1. 分析方法 2. 确认的启发结果 3. 需求和其他产品信息	1. 系统交互图 2. 数据字典 3. 数据流向图 4. 决策树和决策表 5. 生态系统图 6. 实体关系图 7. 事件清单 8. 特性模型 9. 目的模型和商业目标模型 10. 建模明细 11. 组织结构图 12. 过程流 13. 原型、线框图和显示—操作 —响应模型 14. 报告表 15. 状态表和状态图 16. 故事地图 17. 系统接口表 18. 用例图 19. 用户界面流	1. 分析模型

图 7-4 创建和分析模型：输入、工具与技术和输出

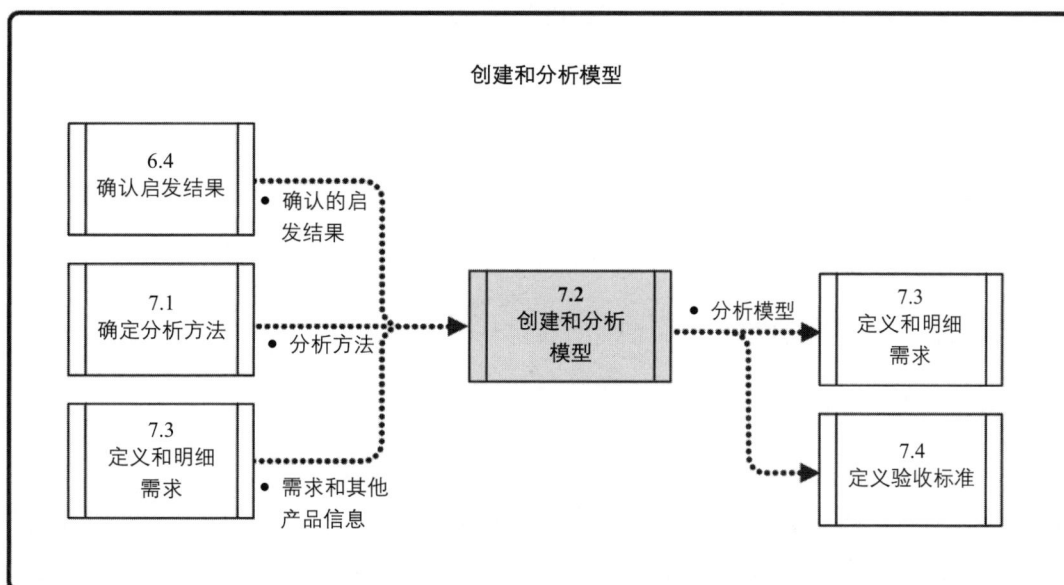

图 7-5 创建和分析模型：数据流向图

模型是信息的可视化表示方式，以图、表或结构化文本等简洁的形式，有效地排列和传递大量信息。创建和分析模型包括开发采用分析方法确定的分析模型，以及使用已开发的模型来改进整体产品信息。通过从多个角度探索解决方案，分析模型有助于发现信息中的差距和识别无关信息。模型为讨论和分析提供了背景信息，有助于更好地理解复杂关系和概念。模型通常比文字描述更能清晰地传递信息。模型提供了一种简洁的格式来表示信息，并且可用于与相关方一起澄清和发现信息。分析模型需要查看一些信息（不一定查看所有的信息），并且寻找进一步探索问题空间的模式。

当与启发活动一起执行时，创建和分析模型可以是单独的或交互式的活动。创建和分析活动是高度迭代的。模型草图根据确定的启发结果进行创建。这些模型有可能通过启发会议的方式返回至启发阶段，以识别需要在模型中改进和重新分析的新信息。创建和分析模型过程通常与第 7.5 节的"核实需求"和第 7.6 节的"确认需求"同时进行。

模型是发生在创建和分析模型过程之外的商业分析活动的重要输入，这些活动包括：

- 定义和明细需求；

- 建立信息共识；

- 绘制项目组合、项目集和项目内部和之间的关系和依赖性地图；

- 寻找需要进行额外启发的信息差距；

- 识别以前未涵盖的相关方；

- 在启发或评审过程中促进相关方对信息的理解；

- 评估产品的当前状态和将来状态之间的能力差距；

- 分析变更以识别产品受影响的领域；

- 理解什么对用户是有价值的；

- 在项目组合中排序产品信息或项目；

- 估算商业分析工作；

- 为架构设计提供商业前景。

上述活动的实施可能需要更新现有模型或创建新模型。

模型可以分为以下五类：（1）范围模型（界定解决方案范围）。（2）过程模型（如何使用解决方案）。（3）规则模型（解决方案需要遵守的规则）。（4）数据模型（在过程或系统中使用的数据及数据的生命周期）。（5）接口模型（解决方案如何与其他系统和用户交互）。通过五种不同角度或模型类别来对解决方案进行分析，商业分析专业人士可以获得产品的完整轮廓。模型分类如表 7-2 所示。

表 7-2　模型分类

类　　别	模型例子	模型例子
范围模型	构建和组织所分析的商业领域的特性、功能和边界的模型	• 系统交互图 • 生态系统图 • 事件清单 • 特性模型 • 目的模型和商业目标模型 • 组织结构图（见第 5.1.2.3 节） • 用例图
过程模型	描述商业过程及相关方与其交互方式的模型	• 过程流 • 用例（见第 7.3.2.8 节） • 用户故事（见第 7.3.2.9 节）
规则模型	为执行既定的商业政策而定义或限制商业的各个方面的概念和行为模型	• 商业规则目录（见第 7.3.2.1 节） • 决策表 • 决策树
数据模型	记录在过程或系统中使用的数据及数据的生命周期的模型	• 数据字典 • 数据流向图 • 实体关系图 • 状态图 • 状态表
接口模型	辅助理解特定系统，以及它们在解决方案和用户之间的关系的模型	• 显示—操作—响应模型 • 原型图 • 报告表 • 系统接口表 • 用户界面流 • 线框图

　　建模语言有很多种，每种都有其优势和劣势。《商业分析实践指南》的第 4.10.6 节中对建模语言有进一步的讨论并提供了实例。

　　没有一个单独的模型能把项目组合、项目集或项目中全部有用的内容表示清楚。同样，不存在需要创建所有模型的情形。有些模型在特定领域会比其他模型更有用。一些对完成商业分析有用的模型可能需要团队中更多的技术资源来创建。商业分析需要根据已知的情境选择最有用的模型，并且确定与谁一起合作能最佳地创建和评审这些模型。虽然模型可以提供比文本描述更高的清晰度，但有些分析模型还是需要使用文本来详细阐述其可视化的内容，以协助相关方理解如何阅读和解释模型。在这些情况下，文本和可视化元素可以很好地结合在一起来传递恰当的信息。

　　本过程的技术部分描述了多种可用于分析目的的模型以供选择。在第 7.2.2.10 节中描述的建模明细并不是一个模型，而是描述如何使用模型组合来确认完整性或寻找差距的一种技术。本指南的其他章节也介绍了一些模型，表 7-2 列出了其对应的章节号。还有一些模型在本指南中没有提及。商业分析专业人士可以使用各种不同的模型，甚至在某些必要的情况下可以定制一个新的模型。

7.2.1　创建和分析模型：输入

7.2.1.1　分析方法

如第 7.1.3.1 节所述。分析方法定义了如何实施分析，包括创建一个候选模型列表。在分析模型时，商业分析专业人士可能需要创建新的模型类型，并且可能需要对原有的分析方法进行更新。分析方法还描述了需求架构，用来说明在建模明细中最有可能相互关联的模型。有关建模明细的更多信息，见第 7.2.2.10 节。

7.2.1.2　确认的启发结果

如第 6.4.3.1 节所述。确认的启发结果表示产品团队已经对启发结果达成了共识，并且对启发信息的准确性达成了一致。确认的启发结果包括完成启发活动所得的笔记、需求和其他输出。这些结果包括了创建模型初稿所需的信息。随着模型被创建并用于分析差距，商业分析专业人士可能发现与范围、过程、规则、数据或接口有关的额外问题，此时需要进行额外的启发活动。

7.2.1.3　需求和其他产品信息

如第 7.3.3.1 节所述。需求和其他产品信息包括有关解决方案的所有信息，是启发和分析活动结果的峰值。这些和输入最相关的信息的子集，就是之前定义的所有需求、验收标准和其他分析模型。随着工作的进展，需求和其他产品信息的数量会逐渐增加或精确，这为创建新模型或分析现有模型提供了更多的背景。

7.2.2　创建和分析模型：工具与技术

7.2.2.1　系统交互图

系统交互图是一种范围模型，显示了解决方案中系统的所有直接系统和人机界面。系统交互图清晰地描述了范围内的系统和所有的输入或输出，包括提供输入和接收输出的外部系统或参与者。

如第 7.2.2.5 节中所描述的生态系统图，系统交互图通常应尽早创建以定义范围，并且可在识别新信息时进行更新。系统交互图还有助于识别接口需求和数据需求。图 7-6 显示了系统交互图的格式示例。在《商业分析实践指南》的第 4.10.7.3 节中对系统交互图有进一步的讨论并提供了实例。

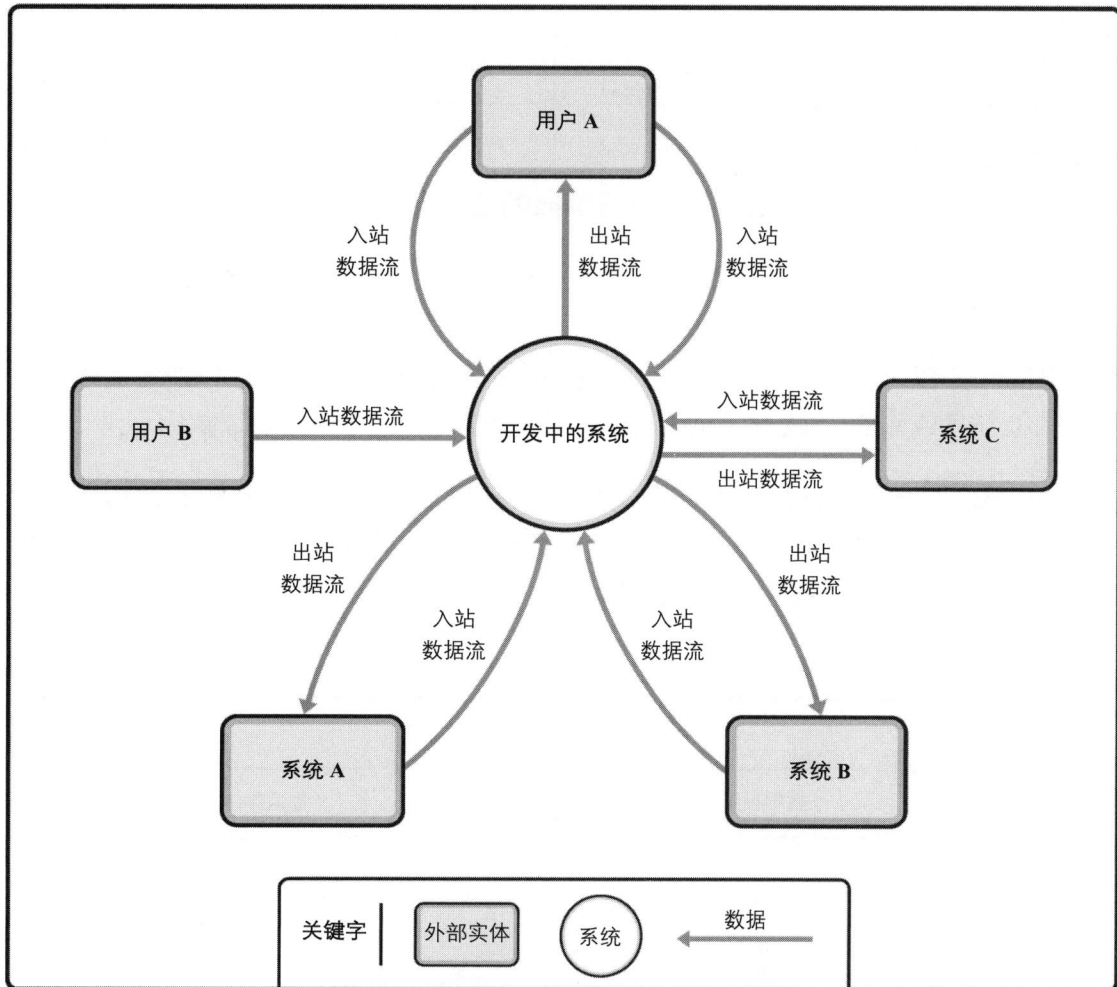

图 7-6　系统交互图的格式示例

7.2.2.2　数据字典

数据字典是罗列数据对象的数据域及其属性的一种数据模型。数据域是实体关系图中数据对象的补充细节，见第 7.2.2.6 节。数据域的属性详述了域的信息，包括数据执行的商业规则。

数据字典通常在使用其他数据模型识别数据对象之后，并且在数据对象需要指定更多细节时创建。数据字典可从现有系统中提取，以作为系统中所有数据的寄存器，并且可用作系统增强的输入。它们通常与定义需求和验收标准一起创建。图 7-7 显示了数据字典的格式示例，数据字典的列数通常比图 7-7 所显示的要多。在《商业分析实践指南》的第 4.10.10.3 节中对数据字典有进一步的讨论并提供了实例。

ID	商业数据对象	域名	实例属性 1：数据类型	实例属性 2：数据类型	实例属性 3：数据类型	实例属性 4：数据类型	实例属性 5：数据类型
BDO001	商业对象名称 1	域名 1	字母数字				
BDO002	商业对象名称 1	域名 2	图像				
BDO003	商业对象名称 1	域名 3	整数				
BDO004	商业对象名称 1	域名 4	整数				
BDO005	商业对象名称 2	域名 5	字母数字				
BDO006	商业对象名称 2	域名 6	字母数字				

图 7-7　数据字典的格式示例

7.2.2.3　数据流向图

数据流向图是描述数据在外部实体、数据存储和过程之间流动的一种数据模型。外部实体可以是参与者或系统。数据流向图显示了每个过程的数据输入和输出。

数据流向图通常在分析过程中创建。通常，需要先创建实体关系图、过程流和生态系统图，以识别在数据流向图中所显示的数据对象、过程和系统。图 7-8 是数据流向图的格式示例。在《商业分析实践指南》的第 4.10.10.2 节中对数据流向图有进一步的讨论并提供了实例。

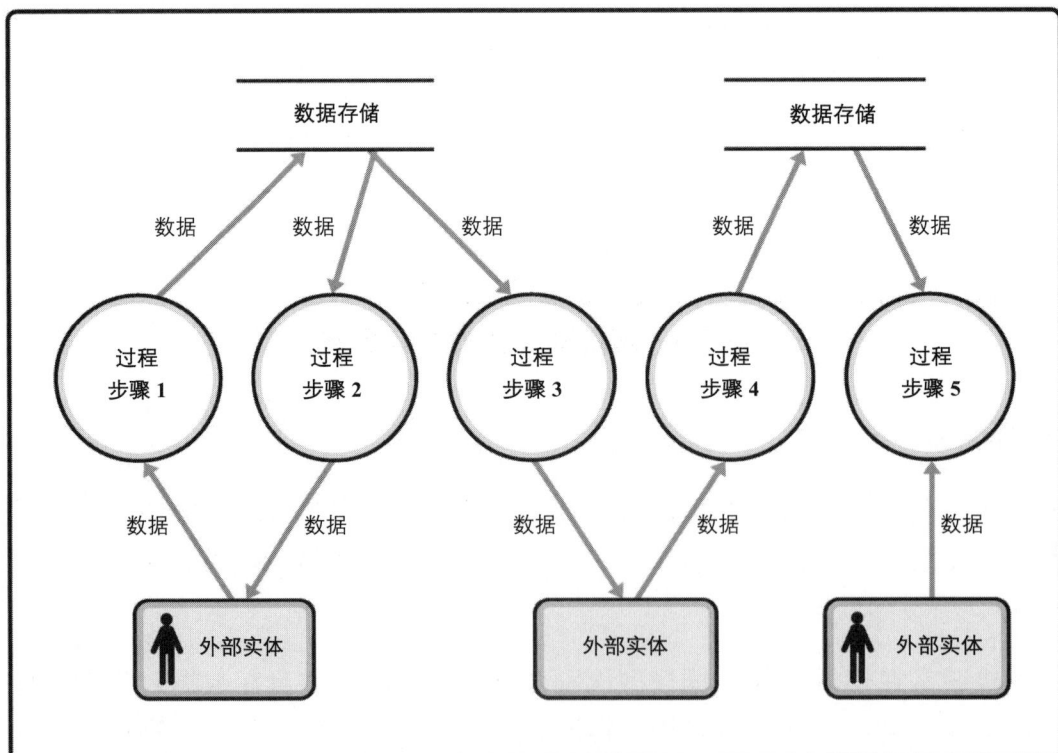

图 7-8　数据流向图的格式示例

7.2.2.4　决策树和决策表

决策树和决策表都是描述一系列决策和这些决策所导致的成果的规则模型。决策树和决策表都经常用于商业规则建模。虽然两种决策模型的使用方式不同，但可能需要同时使用它们。决策树以可视化的方式显示了导致成果的决策和选择的流向，并且可以显示有序排列的决策。决策表则有助于确保商业分析专业人士考虑了所有可能的决策场景及相应成果的组合。

两种决策模型都可在进一步分析决策逻辑的任意时间点上使用。对于相关方来说，决策树通常比决策表更易于进行评审。决策树和决策表都可作为创建测试用例的基础，每个决策和成果的组合都是一个测试用例。图 7-9 是决策树的格式示例，图 7-10 是决策表的格式示例。在《商业分析实践指南》的第 4.10.9.2 节中对决策树和决策表有进一步的讨论并提供了实例。

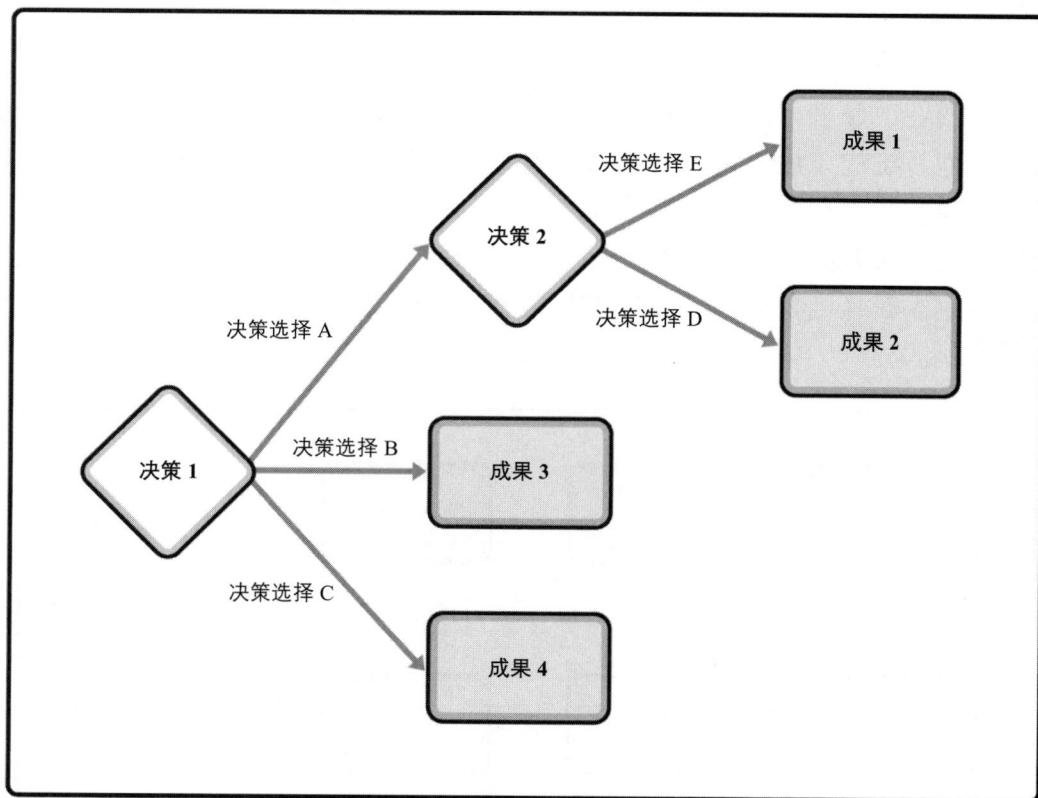

图 7-9　决策树的格式示例

决策表	规则 1	规则 2	规则 3	规则 4
条件				
条件 1	决策选择 A	决策选择 A	决策选择 B	决策选择 C
条件 2	决策选择 E	决策选择 D	—	—
条件 3	—	—	—	—
成果				
成果 1	X	—	—	—
成果 2	—	X	—	—
成果 3	—	—	X	—
成果 4	—	—	—	X

图 7-10　决策表的格式示例

7.2.2.5　生态系统图

生态系统图是一种范围模型，显示了所有相关的系统、系统之间的关系，以及流经它们的可选的任何数据对象。这些系统是逻辑系统（商业角度），因此可能与实际物理系统（实施角度）的结构图并不匹配。

生态系统图在项目初期即被创建，这将非常有利于理解所有可能受影响的系统或将会影响范围内其他系统的系统。可以为项目组合或项目集创建生态系统图，以帮助识别项目之间的潜在依赖性。生态系统图有助于商业分析专业人士发现直接与解决方案连接的系统及解决方案的上下游系统在哪些地方可能存在接口需求或数据需求。图 7-11 显示了生态系统图的格式示例。在《商业分析实践指南》的第 4.10.7.2 节中对生态系统图有进一步的讨论并提供了实例。

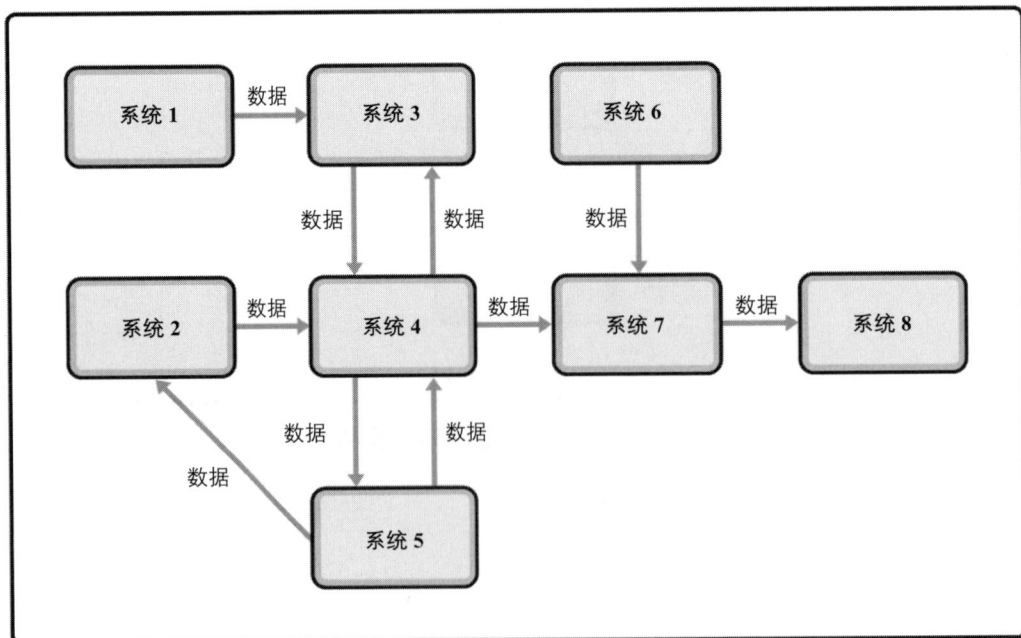

图 7-11　生态系统图的格式示例

7.2.2.6　实体关系图

实体关系图也称为商业数据图，是一种显示产品中的商业数据对象或感兴趣的信息片段，以及这些对象之间的基数关系的数据模型。基数是指一个实体和其他实体发生关系的次数，以及这种关系是否必需或可选。在实体关系图中显示的数据对象不是数据库中确切的数据对象，而是从商业角度得到解决方案中数据的概念视图。实体关系图有助于识别在系统中创建、被系统使用或从系统输出的数据。当与过程模型一起使用时，实体关系图还可用于从过程的角度对重要数据进行建模。

实体关系图通常在分析的早期阶段被创建以便于理解要分析的数据的范围。此模型还有助于识别可能创建、使用或处理数据的任何过程及有关数据的商业规则。实体关系图也是数据库的设计人员和架构师在设计数据库时可能使用的输入。图 7-12 显示了实体关系图的格式示例。在《商业分析实践指南》的第 4.10.10.1 节中对实体关系图有进一步的讨论并提供了实例。

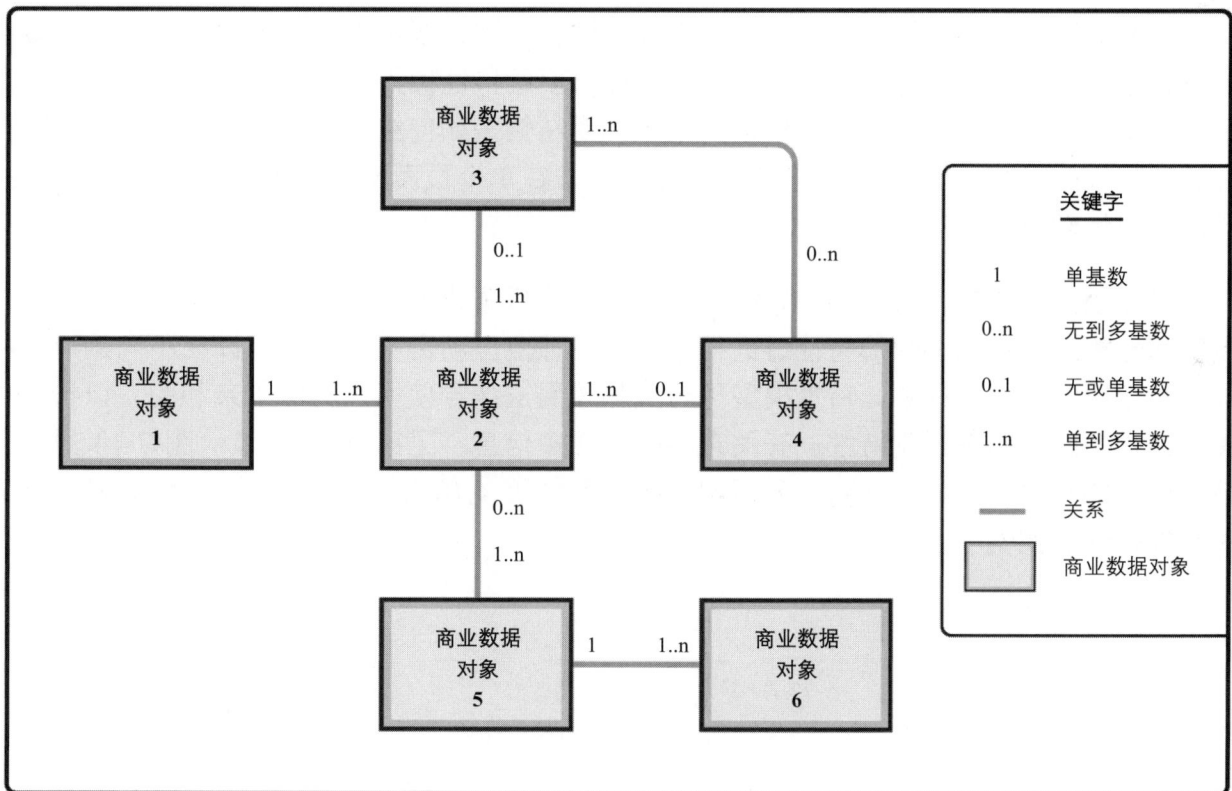

图 7-12　实体关系图的格式示例

7.2.2.7　事件清单

事件清单是描述触发解决方案行为的任何外部事件的范围模型。事件清单帮助定义解决方案必须做出反应或处理的范围内事件。事件响应表是事件清单的延伸，用于描述系统对任何事件触发器的响应。

　　事件清单应在早期创建以确保定义工作范围，并且随着工作的持续开展和新事件的识别而更新。创建事件响应表有助于识别用例、用户故事或系统流。图 7-13 显示了事件响应表的格式示例，其中，事件清单由前两列组成。

事件响应表			
ID	事件	系统状态	系统响应
1	事件 1	系统状态 1	对事件 1 和系统状态 1 的系统响应
2	事件 2	系统状态 1	对事件 2 和系统状态 1 的系统响应
3	事件 3	系统状态 2	对事件 3 和系统状态 2 的系统响应
4	事件 4	系统状态 2	对事件 4 和系统状态 2 的系统响应
5	事件 5	系统状态 3	对事件 5 和系统状态 3 的系统响应

图 7-13　事件响应表的格式示例

7.2.2.8　特性模型

　　特性模型是一种范围模型，用树状或层级结构排列，以可视化的方式表示解决方案的所有特性。大多数项目都具有不同层级的特性，顶层特性称为第 1 级（L1）特性，其次是第 2 级（L2）特性，等等。特性模型有助于说明特性是如何组合在一起的，以及哪个特性是其他特性的子特性。特性模型很实用，它们易于在单个页面中显示不同层级的许多特性，代表了整体解决方案的特性集。

　　特性模型通常在项目初期开始创建，以显示项目集或项目范围内的所有特性，并且在启发和分析过程中识别附加特性时进行更新。在适应型项目中，特性可以在不同的迭代中加以标记以便于发布计划。特性模型可与头脑风暴法结合使用，类似于亲和图，以帮助相关方通过关注分组来识别特性。有关亲和图的更多信息，见第 4.3.2.1 节。图 7-14 显示了特性模型的格式示例。在《商业分析实践指南》的第 4.10.7.4 节中对功能模型有进一步的讨论并提供了实例。

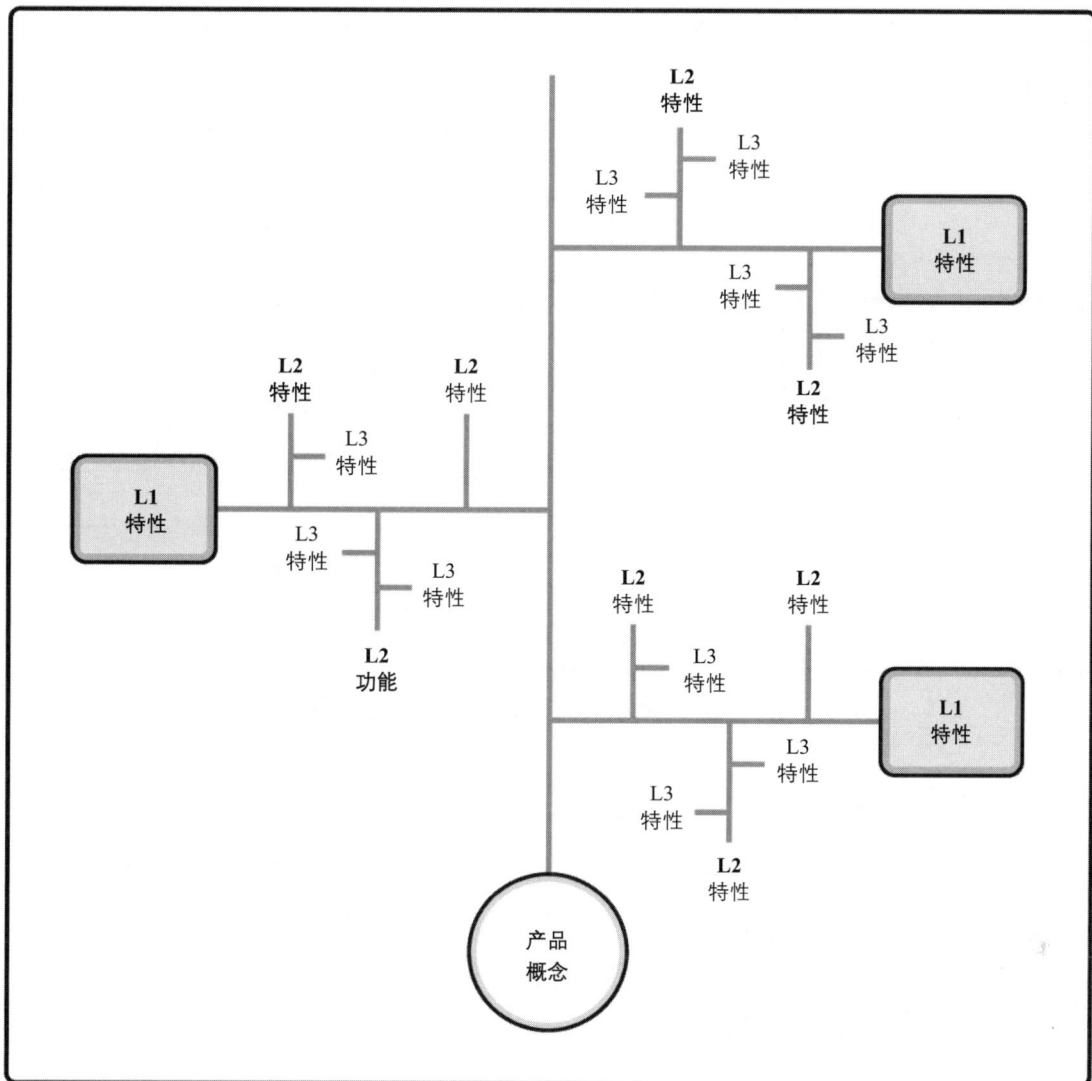

图 7-14　特性模型的格式示例

7.2.2.9　目的模型和商业目标模型

目的模型和商业目标模型都是组织并反映与其他产品信息有关的目的和商业目标的范围模型。目的模型通常显示了解决方案的相关方目的，并且指出了任何支持或冲突的目的关系。商业目标模型与商业问题、商业目标和顶层特性有关。目的模型和商业目标模型通常都是在新项目集或项目的开始或更早的时候被创建，以便于在项目组合中对项目集和项目进行排序。出于优先级目的，可以在任何时间点创建目的模型和商业目标模型。

在商业目标模型中，商业问题和商业目标通过把高层级商业策略分解为较低层级的问题和商业目标，以可视化的方式表示项目组合、项目集或项目的价值，以及解决方案如何实现商业目标。不论价值是否被确定为增加收入、降低成本或避免损失，目的模型和商业目标模型都能以可视化的方式表示支持特性优先级决策和产品范围管理的价值。

图 7-15 显示了商业目标模型的格式示例。在《商业分析实践指南》的第 4.10.7.1 节中对商业目标模型有进一步的讨论并提供了实例。

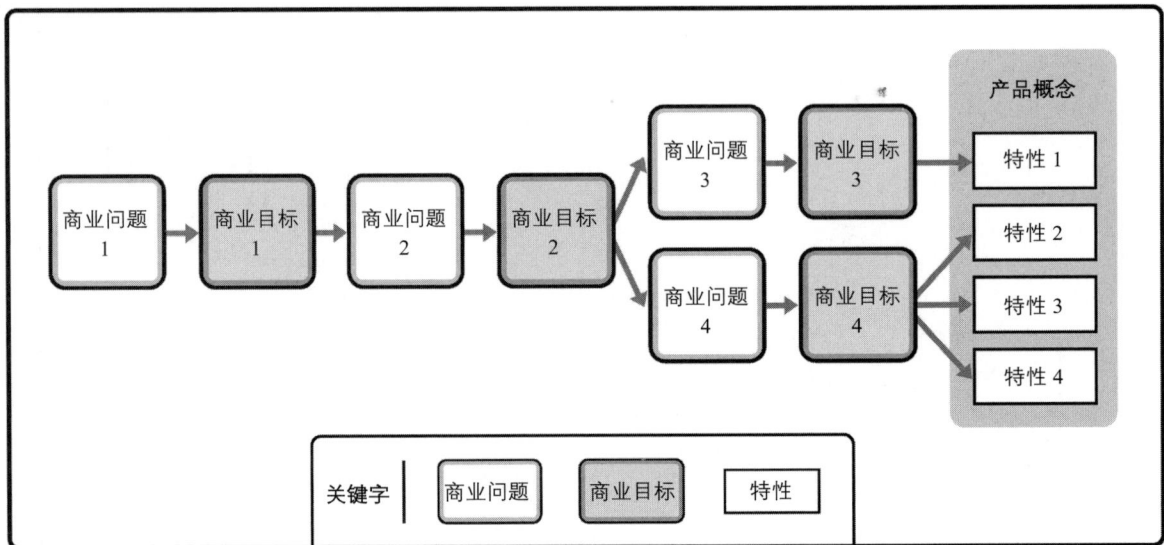

图 7-15   商业目标模型的格式示例

7.2.2.10   建模明细

建模明细是一种使用模型组合来进一步识别产品信息中的差距、不一致或冗余的技术。在分析方法中定义的需求架构将帮助确定哪些模型最适合组合使用。组合使用模型还可相互支持来完成工作。例如，将用来展示执行任务步骤的模型（如过程流）与组织结构图进行对比，既可确保过程流涵盖了所有的相关方，也可核实组织结构图是否涵盖了所有的步骤执行人。

- **跟踪矩阵**。跟踪矩阵是用于连接或跟踪条目之间链接的表格。最常见的情况是，商业分析专业人士使用跟踪矩阵将需求反向跟踪到特性和商业目标上，或者正向跟踪到代码或其他开发工件或测试用例上。然而，在创建和分析模型的过程中，商业分析专业人士还可以重新调整跟踪矩阵的用途，用来分析模型以确保它们的完整性。

  模型和模型元素之间的常用对比包括：

  - 特性模型中的特性与商业目标模型中的特性；

  - 过程流与特性模型中的特性；

  - 显示—操作—响应模型与用户界面流或过程流中的步骤；

  - 数据流向图中的数据条目与实体关系图中的对象；

- 系统接口表与生态系统图中的系统；

- 状态表或状态图中的过渡与过程流。

图 7-16 显示了使用跟踪矩阵来映射一些需求对象以进行建模明细的格式示例。有关跟踪矩阵的更多信息，见第 8.2.2.5 节。虽然跟踪矩阵可用于系统性地对比一些模型，但模型之间也可进行非正式地比较，甚至通过并排查看模型这一手动方式来进行。

L1 过程步骤	L2 过程步骤	特性	REQID	需求
L1 过程步骤 1	L2 过程步骤 1	特性 1	REQ001	需求 1
L1 过程步骤 1	L2 过程步骤 2	特性 1	REQ002	需求 2
L1 过程步骤 1	L2 过程步骤 3	特性 2	REQ003	需求 3
L1 过程步骤 2	L2 过程步骤 1	特性 3	REQ004	需求 4
L1 过程步骤 2	L2 过程步骤 2	特性 4	REQ005	需求 5

图 7-16　使用跟踪的建模明细的格式示例

- **交互矩阵**。交互矩阵是跟踪矩阵的轻量级版本，用于确定需求是否足够详细，或者是否遗漏任何实体。两种类型跟踪矩阵的主要区别是，交互矩阵表示一个特定的时间点。因此，交互矩阵无须维护，仅用于在项目期间的任何给定时间对需求进行评价。

在交互矩阵中，行表示产品信息，通常以用例、用户故事或过程流的形式来表示；列表示不同类型产品信息的名称，如数据实体、商业规则或用户界面。矩阵的填写方法是，在某行产品信息使用某列产品信息或实体的相交处的框中画 X。图 7-17 显示了使用交互矩阵将几个过程流映射到实体的格式示例。

REQID	需求	实体 A	实体 B	实体 C.	实体 D.	实体 E	第 1 列
REQ001	需求 1	X	X				
REQ002	需求 2	X		X			
REQ003	需求 3						
REQ004	需求 4					X	
REQ005	需求 5	X					

图 7-17　使用交互矩阵的建模明细的格式示例

- **CRUD 矩阵**。CRUD 定义为创建（Create）、读取（Read）、更新（Update）和删除（Delete），代表可应用于数据或对象的操作。CRUD 矩阵描述了谁或什么有权限对元素（如数据或用户界面）执行每个 CRUD 操作。

7.2.2.11 组织结构图

组织结构图是展示组织内部或部分组织内部报告结构的范围模型。在分析期间使用的组织结构图可能与相关方在分析中使用的组织结构图不同，组织结构图用于确定使用解决方案或受解决方案影响的人员，而这些人员不一定是那些与项目组合、项目集或项目紧密合作的人员。出于分析目的，组织结构图可以描述整个组织的部门、部门角色或报告结构中的个人。组织结构图与其他模型结合使用，可以确保执行过程的步骤、与系统交互或使用解决方案数据的所有相关方都能被识别。组织结构图还可以帮助识别有安全性和权限需求的用户或用户组。

组织结构图在早期被创建，并且在整个过程中被不断更新，以确保作为启发目的的任何相关方或相关方群组的识别不会被遗漏。图 7-18 显示了组织结构图的格式示例。有关组织结构图的更多信息，见第 5.1.2.3 节。

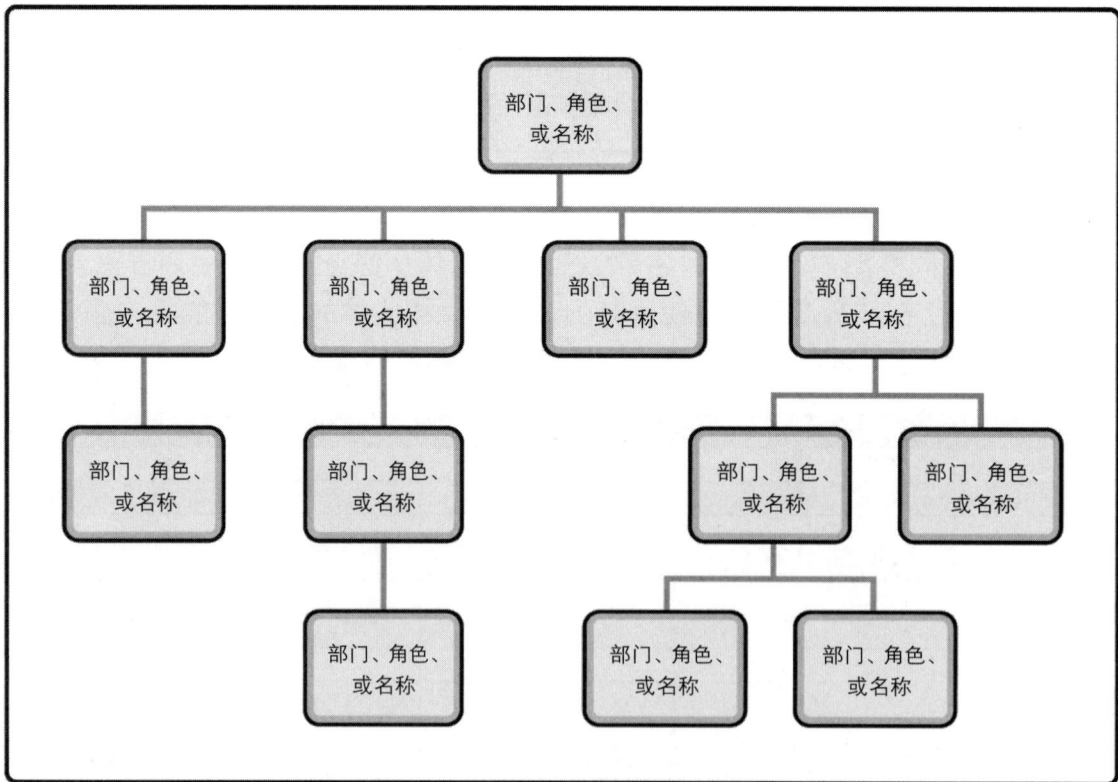

图 7-18　组织结构图的格式示例

7.2.2.12 过程流

过程流属于过程模型类别，用于以可视化的方式记录人们在工作中或与解决方案交互时所执行的步骤或任务。通常情况下，过程流描述了人们采取的步骤，但也可用于描述系统步骤，称为系统流。过程流又名泳道图、过程地图、过程图或过程流图。过程流可以分成多个层级，其中 1 级（L1）过程流可用 7~10 个步骤在高层级上显示完整的端到端过程。L1 过程流中的步骤被分解为用户将要执行的下一级过程，用 2 级（L2）过程流来表示。创建过程流可以展示原有和将来的商业过程，以可视化的方式显示了对当前解决方案所做的变更或改进。过程流可能还附带更多的详细信息，以确保相关方能够理解每个步骤所发生的情况。

价值流图是过程流的变体。除传统过程流所包含的信息以外，价值流图还显示了过程中发生的任何延迟、排队或切换。价值流图的目的是，识别过程中花费的非增值时间以简化过程。

活动图是另一版本的过程流，可用来对一般工作流建模，但通常会用来以可视化的方式显示用例的复杂流。活动图在语法上与过程流类似，但活动图通常在一个图中显示用户与系统的交互，并且体现了用例的文本描述。

序列图是另一种模型，用于描述用户或系统过程如何在任何涉及的用户或系统中相互作用，以及对执行的过程或步骤进行顺序。序列图对于与技术团队沟通系统间的信息流动、将功能委派到它将要执行的地方，以及步骤间的控制流都是非常有用的。在通过显示信息的流向来确定需要哪些商业对象时，序列图尤其有用。

过程流可以在项目开始前创建以显示项目集或项目如何改进过程，也可以在项目开始后创建，并且随着产品信息被逐步明细而继续创建。图 7-19 显示了一个说明 L2 过程中的细节级别的过程流格式示例。在《商业分析实践指南》的第 4.10.8.1 节中对过程流有进一步的讨论并提供了实例。

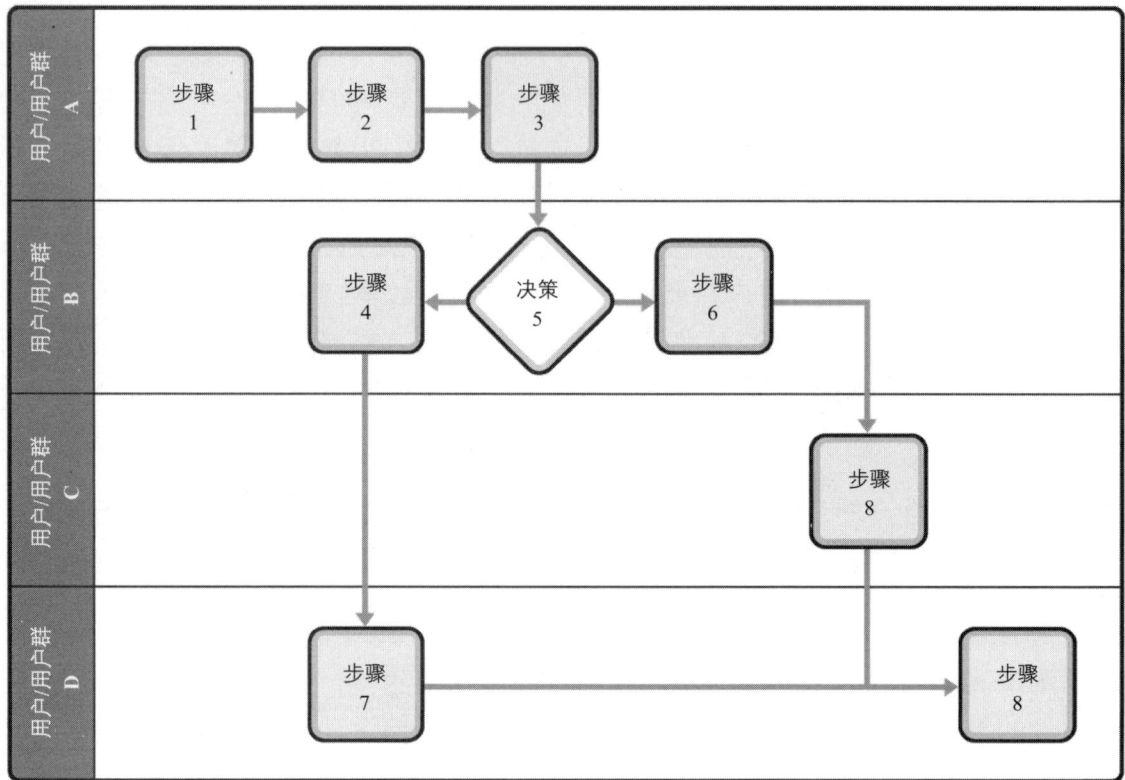

图 7-19　过程流的格式示例

7.2.2.13　原型、线框图和显示—操作—响应模型

原型、线框图和显示—操作—响应模型均为接口模型。原型是在构建预期解决方案之前的表示法，可分为低保真原型和高保真原型，如屏幕布局草图是低保真原型，而交互式用户界面则是高保真原型。线框图是原型的一种，专用于模拟用户界面设计，也用于呈现屏幕外观。线框图可以是低保真的，如草图；也可以是高保真的，如能真实呈现最终用户界面外观样式。显示—操作—响应模型采用扁平化的格式来描述页面元素及赋予每个元素的功能，通常与原型或线框图结合使用，以连接用户界面元素需求和可视化的呈现方式。

用户界面的设计可能由用户体验专家或用户界面分析师来完成，商业分析则用于确定用户界面在解决方案的不同状态中如何显示和运行、如何协同工作，以及如何与底层商业逻辑进行交互。

原型和线框图（特别是两者的低保真版本）可能在屏幕刚刚搭建完成之前创建，或者在某分析阶段的中途具体说明。显示—操作—响应模型通常是在功能需求或验收标准得到明确后创建的。图 7-20 显示了线框图的格式示例，图 7-21 显示了显示—操作—响应模型的格式示例。有关原型，以及它们如何在用户界面分析之外的环境中使用的更多信息，见第 6.3.2.8 节。在《商业分析实践指南》的第 4.10.11.4 节中对线框图和显示—操作—响应模型有进一步的讨论并提供了每个模型的实例。

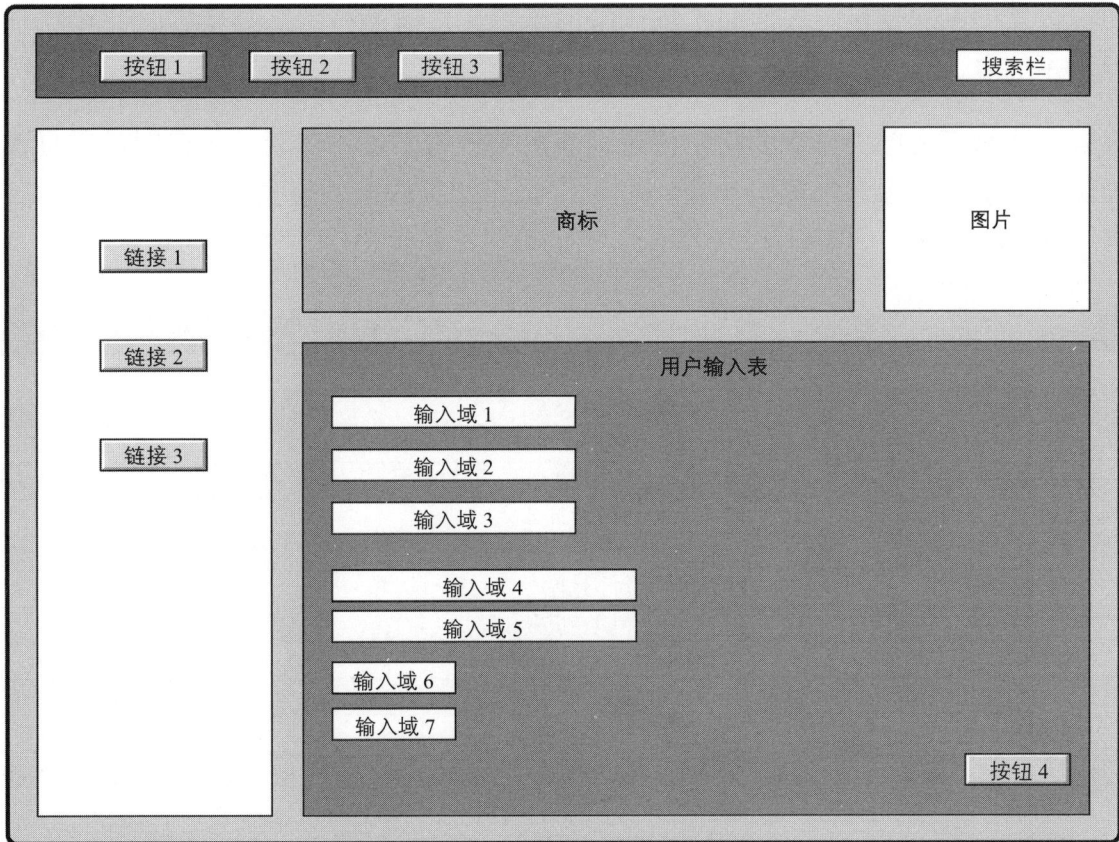

图 7-20　线框图的格式示例

UI 元素：元素名称		
UI 元素描述		
ID	线框图上元素的唯一 ID	
描述	元素的描述	
UI 元素显示		
前提条件	显示	
前提条件 1	在前提条件下显示元素 1	
前提条件 2	在前提条件下显示元素 2	
UI 元素行为		
前提条件	操作	响应
前提条件 1	用户操作 1	前提条件 1 下的系统响应
前提条件 2	用户操作 1	前提条件 2 下的系统响应
前提条件 1	用户操作 2	前提条件 1 下的系统响应
前提条件 2	用户操作 2	前提条件 2 下的系统响应

图 7-21　显示—操作—响应模型的格式示例

7.2.2.14　报告表

报告表是描述单个报告的详细需求的接口模型。报告表既包括报告的整体信息（如报告名称或根据报告做出的决策），也包括域级别的信息（如数据域的显示及计算）。报告表通常和报告原型一起使用，以便向实施团队展示报告应有的样式。有关在分析中如何使用原型的更多信息，见第 7.2.2.13 节。

报告表通常可在解决方案的初始报告列表已被识别并被排序后的任何时间点创建，应首先为优先级最高的报告创建报告表。图 7-22 显示了报告表的格式示例。在《商业分析实践指南》的第 4.10.11.1 节中对报告表有进一步的讨论并提供了实例。

	元素	描述
顶层元素	唯一 ID	报告表的唯一识别符
	名称	唯一且简明的报告名称
	描述	报告背景的简短摘要
	报告的决策	用报告里的信息做出的商业决定
	目标	本报告支持的商业目标
	优先级	实施此报告的优先级
	功能性区域	使用报告的商业过程或领域
	相关报告	有相似数据的其他报告清单
	报告所有者	拥有报告需求批准权的商业用户
	报告使用者	运行或使用报告来做决策的商业用户
	触发器	触发报告运行的动作
	频率	报告生成和访问的频率
	延迟	报告多久可按要求交付给用户
	交易量	有多少提供给报告的交易被推送到资源库中
	数据量	每次访问报告时数据被读取的平均数量
	安全性	报告或域的安全性，区别于数据字典中域所指定的安全性
	持久性	在报告期内预期存储的报告设置
	可视化格式	报告被直接显示的方式
	交付格式	报告被交付给用户来审查的方式，以及其他相关的功能
	交互性	在报告中允许用户变更看法或其他显示数据的功能
	钻取数据	链接到其他相关报告或具有扩展数据的本报告的其他层
域元素	筛选	用于筛选出报告中某些数据集的数据域
	分组	将报告中的数据按逻辑关系分成各自独立的小组
	排序	用于排序报告中数据的数据域
	用户输入参数	用户可以定义生成报告的域（与筛选、分组和排序不同）
	组计算	汇总并应用于计算的数据域
	计算域	在报告显示之前，在数据之外应用了计算的个别域
	显示域	报告中呈现的所有域

图 7-22　报告表的格式示例

7.2.2.15　状态表和状态图

状态表和状态图都是用于显示对象的有效状态并允许在它们之间进行过渡的数据模型。对象可以是在分析解决方案时的商业数据条目或任何感兴趣的信息。这两种模型都描述了单个对象在一个解决方案中所具有的所有状态，以及该对象在状态之间如何过渡。状态表将所有状态建模为表格中的列和行，以便商业分析专业人士能系统地考虑每个可能的状态过渡（从行到列），以确定是否允许过渡，或者是否由于能力不足导致无法过渡。状态图则以可视化的方式显示了状态和过渡，但只能显示对象的有效过渡。

　　状态表和状态图对于涉及工作流的解决方案特别有用，并且有助于发现与对象状态流转相关的商业规则。状态表最常用来进行分析，以确保涵盖所有的过渡，而状态图更便于让相关方以可视化的方式看到有效的过渡流。图 7-23 显示了状态表的格式示例，图 7-24 显示了状态图的格式示例。在《商业分析实践指南》的第 4.10.10.4 节中对状态表和状态图都有进一步的讨论并提供了实例。

		目标状态						
		状态 A	状态 B	状态 C	状态 D	状态 E	状态 F	状态 G	状态 n
初始状态	状态 A	NO	从 A 过渡到 B	NO	NO	NO	NO	NO	
	状态 B	NO	NO	从 B 过渡到 C	从 B 过渡到 D	从 B 过渡到 E	NO	NO	
	状态 C	NO	从 C 过渡到 B	NO	从 C 过渡到 D	NO	NO	从 C 过渡到 G	
	状态 D	NO	NO	NO	NO	NO	NO	NO	
	状态 E	NO	NO	NO	NO	NO	从 E 过渡到 F	从 E 过渡到 G	
	状态 F	NO	NO	NO	NO	NO	NO	从 F 过渡到 G	
	状态 G	NO	NO	NO	NO	NO	NO	NO	
	状态 n								

图 7-23　状态表的格式示例

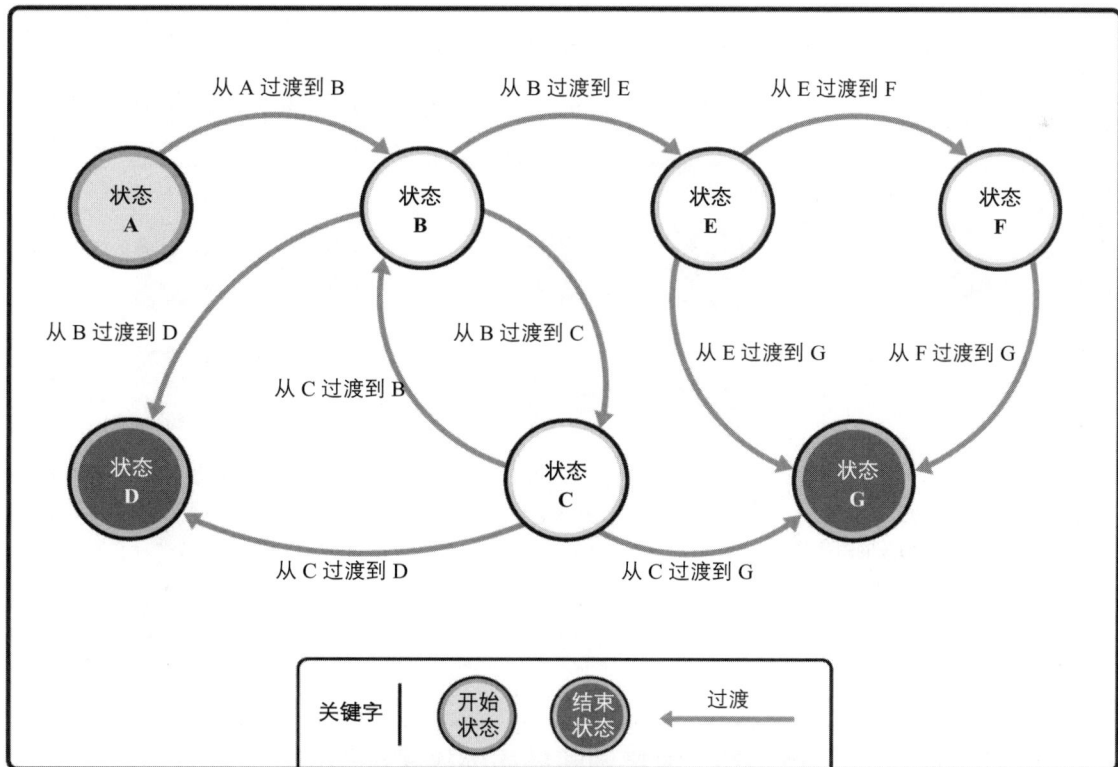

图 7-24　状态图的格式示例

7.2.2.16 故事地图

故事地图是一种根据用户故事的商业价值和用户通常执行它们的顺序来对用户故事进行排序的技术，以便团队能够对将要构建的内容有共同的理解。故事地图有助于将能力分解为用户故事，并且可用于识别用户能力差距。

故事地图包括两个基本部分：主干和行走骨架。主干是指第一个版本的解决方案要实现其目的应具有的最小能力集。该能力集有时被称为最小可行产品（MVP），能力通常被描述为特性、史诗或用户故事。行走骨架是指相关方接受或实现解决方案所需功能的端到端的完整集合，通常由一组用户故事来描述，有时称为最小可售特性（MMF）。单独增加的用户故事可以添加至行走骨架中相关的用户故事下方，组成垂直分组。故事按照商业价值的高低进行排序（商业价值从上到下依次减小）。图 7-25 显示了故事地图的格式示例。有关故事地图如何用于用户故事的排序以帮助确保价值已被交付的更多信息，见第 7.7.2.6 节。

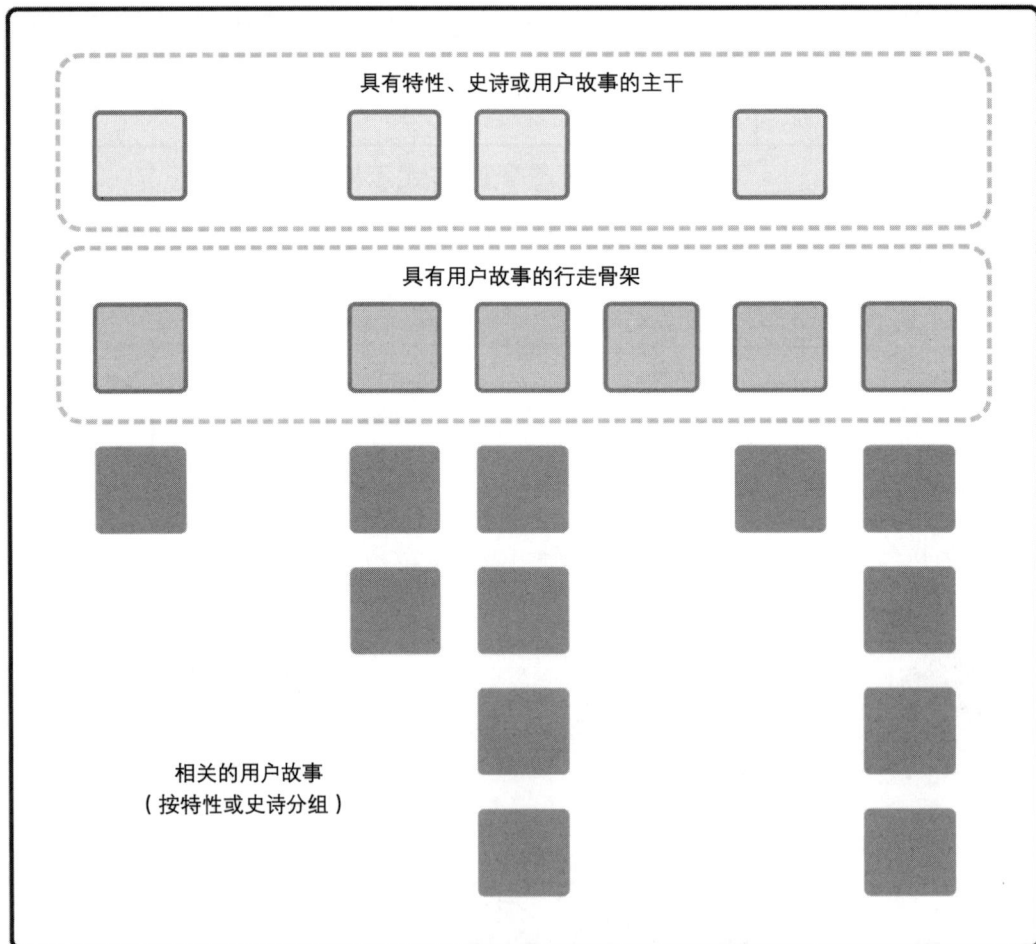

图 7-25 故事地图结构的格式示例

7.2.2.17 系统接口表

系统接口表是为单一系统接口获取所有详细层级需求的一种接口模型。系统接口表的创建使得每个系统与解决方案系统建立连接。系统接口表中的信息包括：系统之间传递的数据域、数据传递的频率和数量，以及确保数据被正确传递和存储所需的确认规则等。

系统接口表通常在创建生态系统图和系统交互图以识别接口之后创建，其格式有助于表示与接口相关的需求和验收标准。图 7-26 显示了系统接口表的格式示例。在《商业分析实践指南》的第 4.10.11.2 节中对系统接口表有进一步的讨论并提供了实例。

系统接口			
源	系统信息流出（输出）		
目标	系统信息流入（输入）		
ID	唯一的标识符		
描述	关于接口性质的简短描述		
频率	信息需要多久传递一次（实时、每天一次、每月一次等）		
数量	每个间隔内的总单元数（数量/单位）		
安全约束	引用商业数据对象上的所有安全或隐私需求（数据的加密域）		
错误处理	参考过程流来描述如何处理错误		
接口对象			
对象	域	数据字典 ID	确认规则
商业数据对象	商业数据对象中的域	参考数据字典中所定义的商业数据对象	验证数据的具体规则；如果数据字典中的商业规则已满足验证需要，则保留空白

图 7-26　系统接口表的格式示例

7.2.2.18 用例图

用例图是一种范围模型，显示了解决方案范围内的所有用例。创建用例图包括识别解决方案的使用者和每个使用者将如何使用解决方案的可能场景清单。用例图把用户和相关用例相关联，并且确定哪些用例在给定解决方案的范围内，哪些在范围外。有关用例的更多信息，见第 7.3.2.8 节。

用例图在项目组合、项目集或项目的早期被创建，并且随着用例变更而更新，或者根据优先级从范围中添加或删减用例。图 7-27 显示了用例图的格式示例。在《商业分析实践指南》的第 4.10.7.5 节中对用例图有进一步的讨论并提供了实例。

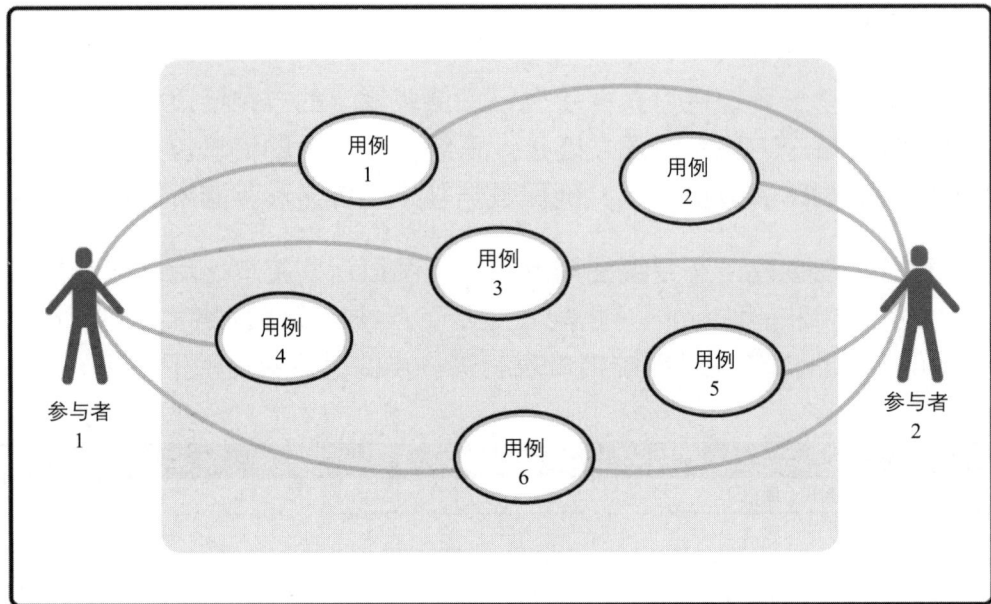

图 7-27   用例图的格式示例

7.2.2.19   用户界面流

用户界面流是一种接口模型，显示了功能设计里特定的用户界面和常用的屏幕显示，并且描绘了用户如何在界面间导航。用户界面流可以和过程流或用例组合使用，有助于以可视化的方式显示用户与系统的交互场景。

用户界面流通常在过程流和用例之后被创建，以确保用户界面在系统中的导航是合理的且正确的。图 7-28 显示了用户界面流的格式示例。在《商业分析实践指南》的第 4.10.11.3 节中对用户界面流有进一步的讨论并提供了实例。

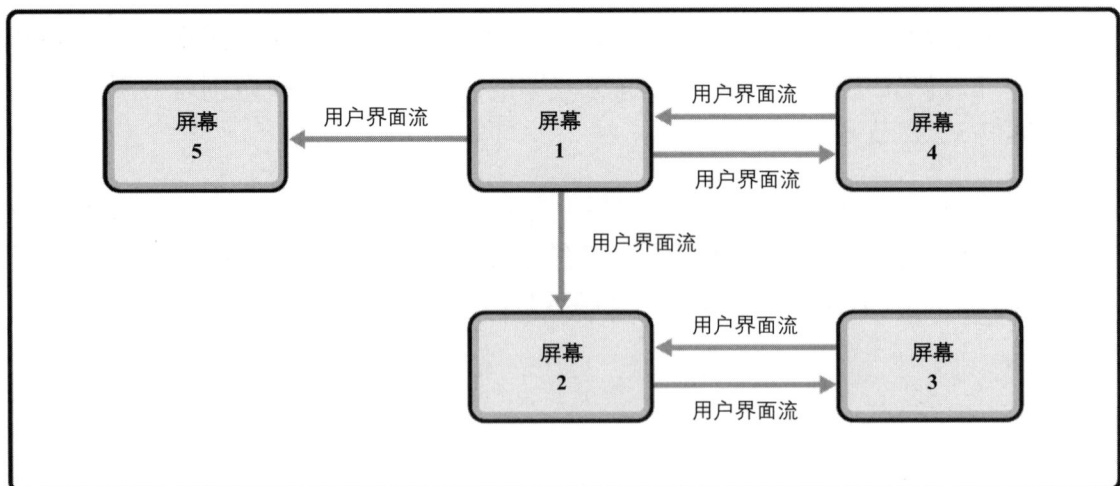

图 7-28   用户界面流的格式示例

7.2.3　创建和分析模型：输出

7.2.3.1　分析模型

分析模型是产品信息的可视化表示。分析模型可能是草案或已完工模型，也可能是高保真且语义正确的表示方式或低保真的草图。在项目组合、项目集或项目的整个过程中，可能创建各种不同类别的模型，但不是所有类型的模型都是必要的。分析模型反映了所有已创建模型的总和，即使它们可能并不是同时创建的。分析模型从多个方面来展示解决方案，以便商业分析专业人士能识别出模型或需求中的差距。

7.2.4　创建和分析模型：裁剪考虑因素

表 7-3 描述了用于创建和分析模型的适应型和预测型裁剪考虑因素。

表 7-3　创建和分析模型的适应型和预测型裁剪

需要裁剪的方面	典型的适应型考虑因素	典型的预测型考虑因素
名称	非正式的命名过程；作为未完项梳理和明细的一部分来执行	创建和分析模型
方法	在项目开始之前或在早期迭代中，将范围模型和高层级过程模型作为范围工作的一部分进行创建和分析。根据支持识别或明细用户故事的需要创建和分析过程、规则、数据和接口模型。如有需要，所有模型都可在迭代的任何时间点上进行改进。整个团队可以一起在白板上进行模型创建	模型在分析阶段的早期被创建和分析。随着产品信息被逐步明细，范围模型通常会先被创建，随后再创建其他模型。在设计工作开始之前，模型已经相当完善和被认可了
可交付成果	模型可能不遵循正式的语法，也不完全是具体化的，它可能是非正式的手绘草图，或者可被创建并存储在工具中	模型可能遵循正式的语法且是完整的。他们通常在建模工具中被维护

7.2.5　创建和分析模型：协作点

任何分析模型都可以与任何项目团队成员一起创建或分析。特别是，设计和实施的团队成员可能提供详细的知识来帮助创建数据和接口模型。设计团队同时也可能是模型的接收者，模型可为他们提供工作背景，并且在建模过程中提醒产品团队警惕当前在商业或技术上存在的约束和机会。

7.3 定义和明细需求

定义和明细需求是以不同受众所需的合适的详细程度、格式和正式程度来细化和记录需求及其他类型的产品信息的过程。本过程的关键效益是：（1）帮助澄清关于产品信息的细节，以便团队可以从中有效地工作；（2）以所有相关方可访问和处理的方式来存储产品信息。图 7-29 描述了本过程的输入、工具与技术和输出。图 7-30 是本过程的数据流向图。

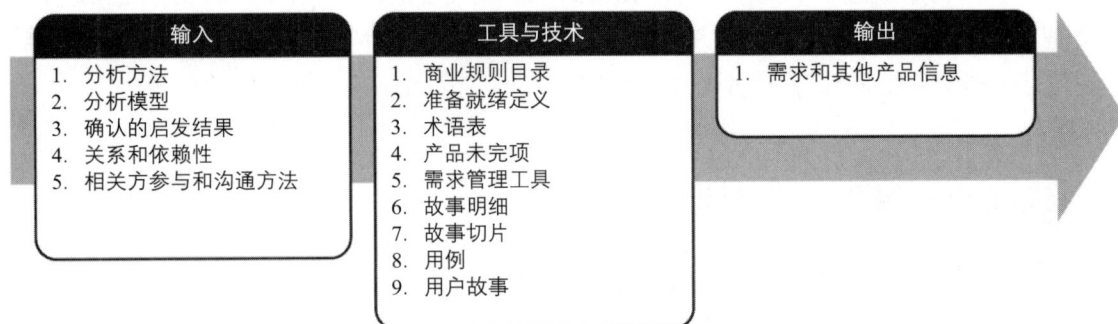

输入	工具与技术	输出
1. 分析方法 2. 分析模型 3. 确认的启发结果 4. 关系和依赖性 5. 相关方参与和沟通方法	1. 商业规则目录 2. 准备就绪定义 3. 术语表 4. 产品未完项 5. 需求管理工具 6. 故事明细 7. 故事切片 8. 用例 9. 用户故事	1. 需求和其他产品信息

图 7-29　定义和明细需求：输入、工具与技术和输出

定义和明细需求的过程是复杂和深入的，往往也是商业分析专业人士最擅长执行的过程之一。这个过程需要理解和分析在启发过程中发现的信息、模型分析、关系和依赖性分析，以识别和编写需求。此过程在不同的时间执行，以识别在项目组合、项目集和项目中的商业、相关方、解决方案和过渡需求。在项目集和项目中执行定义和明细的次数通常要比在项目组合中多。在适应型方法中，执行本过程可能用来定义和明细用户故事，该用户故事可以是任何需求类型所要求的格式。在这个过程中执行的分析还可以定义需求的属性值。在所有情况下，本过程还会支持产品信息的创建，包括假设、约束、依赖性、相关问题和产品风险。

定义和明细需求的过程是迭代进行的。识别和明确各种类型的需求可以突出信息中的关系、依赖性或差距，从而需要额外的启发或建模分析。同样，其他过程可能与此过程同时进行，例如，核实需求（第 7.5 节）、确认需求（第 7.6 节）、排序需求和其他产品信息（第 7.7 节）及识别和分析产品风险（第 7.8 节）。在定义用户故事或需求的同时定义验收标准也是适当的，因此可以结合本过程来执行定义验收标准（第 7.4 节）。

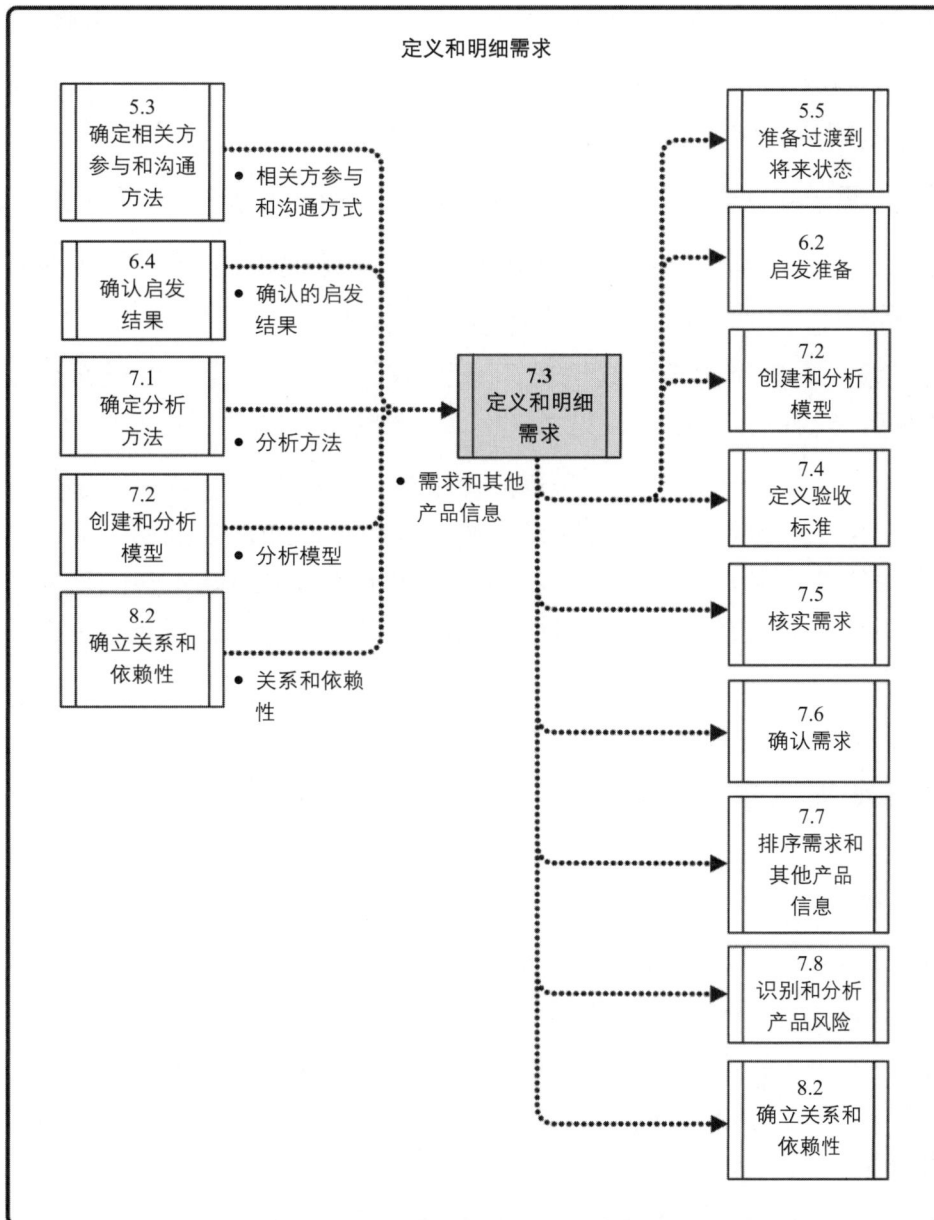

图 7-30　定义和明细需求：数据流向图

执行定义和明细需求的过程，经常是重复的，最终产生一组合理而完整的需求，包含了在项目生命周期中所需的所有层级。在某些情况下，这种分析会生成翔实的用户故事，而在其他时候则会生成详细的功能需求。

定义和明细需求包括定义所有类型的产品信息，而不仅仅是需求。产品信息通常包含以下内容：

- **假设**。假设是指无须证据或证明即被认为是正确的因素，这些因素包括任何与商业问题、商业目标、需求、设计或解决方案有关的因素。在任何时候，假设都可能是不正确的，所以应对假设进行跟踪并在它们被证伪时及时适应其影响。假设也可能被证明是真实的，此时它们将不再是假设，可以从列表中删除。

- **约束**。影响项目组合、项目集、项目或过程执行的限制因素。在商业分析中，约束是影响解决方案开发或实施的因素，商业规则也是一种约束。

- **依赖性**。需求所决定的、所支持的或所控制的任何产品信息。更多内容见第 8.2 节。

- **问题**。正在考虑和讨论的关于需求或其他产品信息的主题。问题将被记录和跟踪直至被解决，这通常需要在需求完成之前进行。

- **产品风险**。不确定的事件或情况，一旦发生，会对产品产生正面或负面的影响。有关风险分析的更多信息，见第 7.8 节。风险分析活动可能与此过程一起执行。

所有产品信息的总体结果形成了所谓的需求包。一个需求包不一定是，而且通常也不是一个正式的文件。它可能是用户故事及在未完项中存储和演变的相关信息。需求包还可以是存储在需求管理工具或其他资源库中的需求和相关信息。需求包的格式和详细程度是由项目生命周期和相关方在执行任务时所需的内容来定义的，这两者都是在规划活动中被确定的。

7.3.1　定义和明细需求：输入

7.3.1.1　分析方法

如第 7.1.3.1 节所述。分析方法定义了如何对项目组合、项目集或项目进行分析。它包括关于在项目生命周期中需要明细的需求类型，以及如何存储需求和其他产品信息的决策。分析方法还描述了在定义和明细需求过程中需要获取的需求属性。

7.3.1.2　分析模型

如第 7.2.3.1 所述。分析模型是由迭代分析过程生成的草稿或最终模型的累积。分析模型用于通过识别任何层级的需求并找出其中的差距、冗余和错误来导出和明细需求。另外，一些分析模型有助于定义需求的属性。每个分析模型都可以帮助以不同的方式导出需求。在《商业分析实践指南》的第 4 章对单个模型如何与需求相关联有进一步的讨论并提供了实例。

7.3.1.3　确认的启发结果

如第 6.4.3.1 节所述。确认的启发结果包括注释、需求想法和所实施的启发的其他输出。确认的启发结果表示产品团队已经对启发结果达成共识，并且对启发信息的准确性达成了一致。这些结果是确认需求草案的共同出发点，因为这其中的很多结果可能是由主题专家

（SMEs）描述的，或者是在启发活动期间从启发素材源中被发现的。尽管启发结果是由客户、主题专家和其他知识丰富的相关方提供的，但如果没有经过额外的分析，它们就不是最终的需求。启发结果与分析模型结合使用，可确保整个解决方案经过了全面分析，避免需求缺失、不一致或相互矛盾。

7.3.1.4 关系和依赖性

如第 8.2.3.1 节所述。关系和依赖性定义了需求之间的链接。关系可以是父子关系，因为需求是从高层级到低层级逐步明细的，也可以是依赖关系，如实施、收益或价值。尽管关系和依赖性有助于识别需求或明细属性，但商业分析专业人士有可能在本过程中识别出其他关系和依赖性，并且需要同时执行创建关系和依赖性的过程（见第 8.2 节）。

7.3.1.5 相关方参与和沟通方法

如第 5.3.3.1 节所述。相关方参与和沟通方法对相关方如何在项目组合、项目集或项目中参与和沟通的所有治理协议进行了总结。该方法定义了需求的使用者、与相关方沟通的建议机制，以及构建和存储需求的计划。考虑并遵循相关方对需求和沟通的期望，有助于商业分析专业人士与相关方进行有效互动，尽管这样做通常需要重新执行启发。该方法描述了构建和存储需求的计划，因此被用于确定可交付成果或需求包的正式程度、详细程度及形式。

7.3.2 定义和明细需求：工具与技术

7.3.2.1 商业规则目录

商业规则目录是规则模型的一种，是关于商业规则和相关属性的表格。商业规则不是过程或程序，相反，它们描述了如何约束或支持商业运营中的行为。了解商业规则非常重要，因为它们需要由解决方案来实施或执行。商业相关方可能经常想要或需要变更商业规则以支持商业运营，因此商业规则为创建高度可配置的设计提供了理由。

商业规则目录可在识别商业规则的任何时刻被创建和更新。图 7-31 显示了商业规则目录的格式示例。任何给定的项目组合、项目集或项目都可能跟踪商业规则的不同属性，因此这只是几种常用属性中的一个实例。商业规则目录还可以显示从每个规则到相关过程的映射，以执行规则或应用该规则创建的数据模型。在《商业分析实践指南》的第 4.10.9.1 节中对商业规则目录有进一步的讨论并提供了实例。

商业规则目录标题						
BR ID	属性 1	属性 2	实例属性：商业规则标题	实例属性：商业规则描述	实例属性：类型	实例属性：参考
BR01			商业规则标题 1	商业规则描述 1	约束	在哪里可以找到更多信息
BR02			商业规则标题 2	商业规则描述 2	事实	
BR03			商业规则标题 3	商业规则描述 3	计算	

图 7-31　商业规则目录的格式示例

7.3.2.2　准备就绪定义

准备就绪定义是整个团队同意在用户故事被充分理解并开始构建之前完成的一系列条件。准备就绪定义帮助项目团队知道用户故事已被充分明细并准备进行迭代、设计、构建和交付。有关描述条目何时完成的完成定义的更多信息，见第 7.4.2.2 节。

7.3.2.3　术语表

术语表是关于产品的术语和缩略语的所有定义清单。术语表包括组织可能不熟悉的术语，以及组织定义的不同于其行业的术语。术语表确保整个团队就如何使用特定术语，以及同义词和各种缩略语的含义保持一致。在定义和明细需求时，商业分析专业人士确保所有需求都使用术语表中所定义的术语，并且在识别新信息时保持术语表处于最新状态。产品团队可能选择创建一个在整个项目组合、项目集或项目中都可共享的术语表。

7.3.2.4　产品未完项

产品未完项是需要向解决方案交付的所有产品未完项条目的清单，通常是用户故事、需求或特性。在大多数情况下，未完项中的条目都会被编写成用户故事，以描述商业或客户希望在最终产品中看到的功能。这些条目可能是要构建的解决方案的需求，以及在上次迭代中必须解决的任何问题或缺陷。使用适应型方法的项目将产品未完项作为需求包的一部分。

产品未完项可以存储在需求管理工具或电子表格中，或者可以简单地列在列表中并贴到墙上。产品未完项中的条目按照商业价值或对客户的重要性进行排列，并且在产品的整个生命周期或项目的持续时间内不断被更新。

随着新的未完项条目被添加进来，应该不断地改进产品未完项。DEEP 这一缩略语描述了一个被认为是良好定义的产品未完项所需展现的特征。DEEP 代表了详略适宜的、可估算的、涌现的和排序的。

- **详略适宜的**。描述用户故事的详细程度取决于故事的优先级。优先级越高，故事就需要被描述得越详细。与最低优先级条目相比，如果最高优先级的故事包含的细节最多，那么产品未完项就是详略适宜的。确定哪些用户故事应该具有更详细信息的排序，可以确保在需要时那些在下一次迭代中可能要处理的条目就能准备就绪。

- **可估算的**。产品未完项中的条目都应该被估算。对较高优先级条目的估算应该比较低优先级的条目更精确。估算可以用完成工作的故事节点或时间单位来表达。对所有条目都应至少有一个粗略的估算，以帮助确定优先级顺序和跟踪进度。

- **涌现的**。产品未完项是产品未完项条目不断变化的列表。随着输入的变化、新信息的发现或优先级的变化，产品未完项条目可能在产品未完项中被添加、调整、移除或重新排序。

- **排序的**。产品未完项中的所有条目都应以等级排列的方式进行排序，即优先级最高的条目应排在最顶层。只要条目的优先级发生改变，未完项将被重新排序以反映这些变化。随着条目的添加或移除，应根据需要调整优先级以适应新添加的条目。

有关未完项管理的更多信息，见第 7.7.2.1 节。在《商业分析实践指南》的第 4.11.10 节中对产品未完项有进一步的讨论。

7.3.2.5 需求管理工具

需求管理工具允许在资源库中捕获和存储需求和其他产品信息。在定义和明细需求时，需求通常存储在需求管理工具中，包括状态、任何已知的属性值和相关模型。根据项目生命周期方法，需求管理工具可以作为需求包内容的资源库。有关需求管理工具的更多信息，见第 8.2.2.2 节。

7.3.2.6 故事明细

故事明细是通过提供额外的信息将用户故事进一步细化直到它们已准备好用来开发的过程。故事明细通常被称为未完项梳理。在适应型方法中，用户故事比功能性和非功能性需求具有更高层级的详细程度。故事明细是在构建解决方案之前为每个故事添加额外细节的技术。用户故事通常被视为讨论细节的承诺，而不是严格的需求说明。只要能将知识传递给那些需要了解它的团队成员，故事明细也可以用口头方式来进行，无须记录太多的对话细节。有关故事明细的更多信息，见第 7.4.2.3 节。

7.3.2.7 故事切片

用于将史诗或用户故事从高级别划分为较低级别的技术。史诗、用户故事或需求都可以通过多种方式进行切分，包括接口类型、用户或角色、功能、数据、商业规则、约束条件或以上任意组合。无论使用哪种机制来决定如何对用户故事进行切片，切片都将按照每个切片所交付的价值进行优先级排序。在预测型方法中，从广泛需求中创建多个场景与故事切片类似。

切分故事的原因是，有时候因为故事太大而无法在迭代中构建。大型故事通常被称为史诗。史诗被切分成由用户决定的更小增量值，其大小可在单次迭代中构建。但偶尔也有必要转变这种想法，将故事提升到更高层级的细节，以确保故事能达成用户的目的。

有很多方法可以决定如何切分故事。一旦开始切片，在一个故事中所包含的不同场景，如正常流和替代流，每个都可能被自己的故事所覆盖。有时，如果某部分的故事比其他部分更复杂、风险更高或商业价值更高，则这部分故事将被分离出来。这样做可以使实施团队能在早期专注于那些复杂的、高风险的或具有更高价值的区域。

7.3.2.8　用例

用例是用文本叙述的手法来描述系统—用户的交互以成功完成目的的过程模型。目的代表了主要参与者在用例中试图完成的任务，通常是用例名称的一部分。每个用例都包含一个正常流（这是系统和用户之间最常见的交互场景），以及当场景偏离正常流时的替代流和异常流。此模型常用于识别和明细需求，尤其是在将商业需求转移到相关方需求或解决方案需求时。

用例通常在过程流之后被创建，为过程流中的具体步骤提供更多详细信息，特别是在用户和系统之间存在复杂交互的情况下。用例有时也被用来代替过程流并用于识别功能性或非功能性需求或验收标准。用例可以用作展示解决方案需求的方式。图 7-32 显示了一个用例的格式示例。在《商业分析实践指南》的第 4.10.8.2 节中对用例有进一步的讨论并提供了实例。

用例格式	
名称	用例名称
ID	每个用例唯一的标识符
描述	一个简短的句子，说明用户想要做什么及他们会得到什么好处
参与者	与系统交互以完成任务的用户类型
组织效益	组织希望从所描述的功能中获得的价值
触发器	导致用例开始的事件
前提条件	描述在用例开始之前应该到位的所有内容，以便用例能成功实施
后置条件	用例结束时环境中所有变化的内容
正常流	从前提条件转到预期结果的正常步骤
替代流	除了在主流中描述的以外，参与者可以用来实现目标的其他步骤
异常流	在正常流中的错误或中断，需要参与者或系统执行不同的操作来响应异常

图 7-32　用例的格式示例

7.3.2.9 用户故事

用户故事是一种从用户的角度记录相关方需求的方法，重点是关注用户在完成故事后获得的价值或效益。用户故事有助于把商业需求和解决方案需求连接起来。

用户故事可用于将需求或验收标准映射到反映整体商业用户任务的过程模型上。在适应型方法中，用户故事通常是表达需求的方法。一个用户故事可能包含许多需求。验收标准通常包含有关用户需要的更多细节，在第 7.4 节中将对其有进一步的描述。图 7-33 显示了用户故事和验收标准的格式示例。在《商业分析实践指南》的第 4.10.8.3 节中对用户故事有进一步的讨论并提供了实例。

用户故事：<名称> <用户故事 ID>	
用户故事	验收标准
作为<参与者>，我希望能够<功能>，这样我就可以<商业原因>	指定<前提条件>，当<事件>时，则<预期结果>

图 7-33 用户故事和验收标准的格式示例

7.3.3 定义和明细需求：输出

7.3.3.1 需求和其他产品信息

定义和明细需求的输出本身就是需求。这些需求可以是以下任何类型：商业、相关方、解决方案或过渡。需求可以存储在任何类型的资源库中，如未完项、文件或需求管理工具。除需求外，其他都被记录为此过程一部分的产品信息，包括假设、依赖、约束、问题和风险。有关风险的更多信息，见第 7.8 节。

7.3.4 定义和明细需求：裁剪考虑因素

表 7-4 描述了用于定义和明细需求的适应型和预测型裁剪考虑因素。

表 7-4　定义和明细需求的适应型和预测型裁剪

需要裁剪的方面	典型的适应型考虑因素	典型的预测型考虑因素
名称	用户故事定义、故事梳理、未完项梳理或明细	定义和明细需求或明确需求
方法	需求在产品未完项中被表达为用户故事和验收标准的组合。尽管任何人都可以编写用户故事，但由产品负责人来决定是否将故事放入未完项中及放置在何处。用户故事可以在用户故事编写研讨会中被识别，因此启发和用户故事的定义是同时进行的。用户故事是通过未完项梳理过程来渐进明细的。因为随时会有新故事被添加进来，所以用户故事是在未完项中逐步演变的，排序可能改变故事的顺序，而即时明细也将提供更多的细节	启发的重要部分可能在需求被明确之前完成，尽管这两个活动通常是彼此迭代的。个人需求说明书、商业规则和用例都是根据启发结果和模型分析来编写的。需求通常分为三个层次：商业、相关方和解决方案需求。应与相关方一起评审草拟的需求，并且根据反馈进行完善或阐述
可交付成果	可交付成果是以轻量级文件的原则来创建的，并且存储在未完项中。用户故事或产品未完项条目都需要符合准备就绪定义	已完成的需求通过文件或需求管理工具来交付

7.3.5　定义和明细需求：协作点

项目组合、项目集或项目经理都可能参与发掘商业需求，并且通常会自己定义项目需求。商业分析专业人士负责与其他相关方一起来启发和记录商业需求，并且可能被要求支持项目经理来启发和记录项目需求。

7.4　定义验收标准

定义验收标准是，就什么能证明解决方案的一个或多个方面已被成功开发达成一致的过程。本过程的关键收益是，它提供了互补的见解，有助于提炼需求，同时为将要交付的内容提供共同理解的基础。图 7-34 描述了本过程的输入、工具与技术和输出。图 7-35 是本过程的数据流向图。

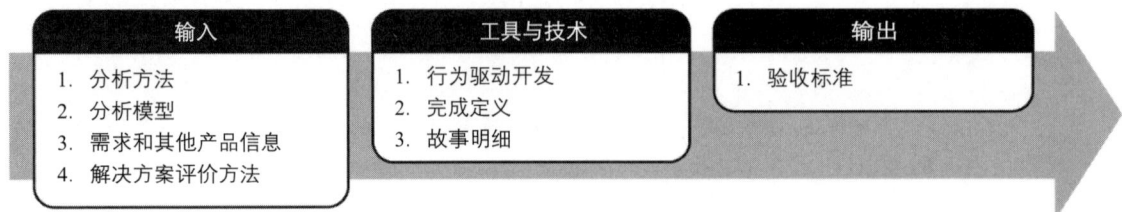

输入	工具与技术	输出
1. 分析方法 2. 分析模型 3. 需求和其他产品信息 4. 解决方案评价方法	1. 行为驱动开发 2. 完成定义 3. 故事明细	1. 验收标准

图 7-34　定义验收标准：输入、工具与技术和输出

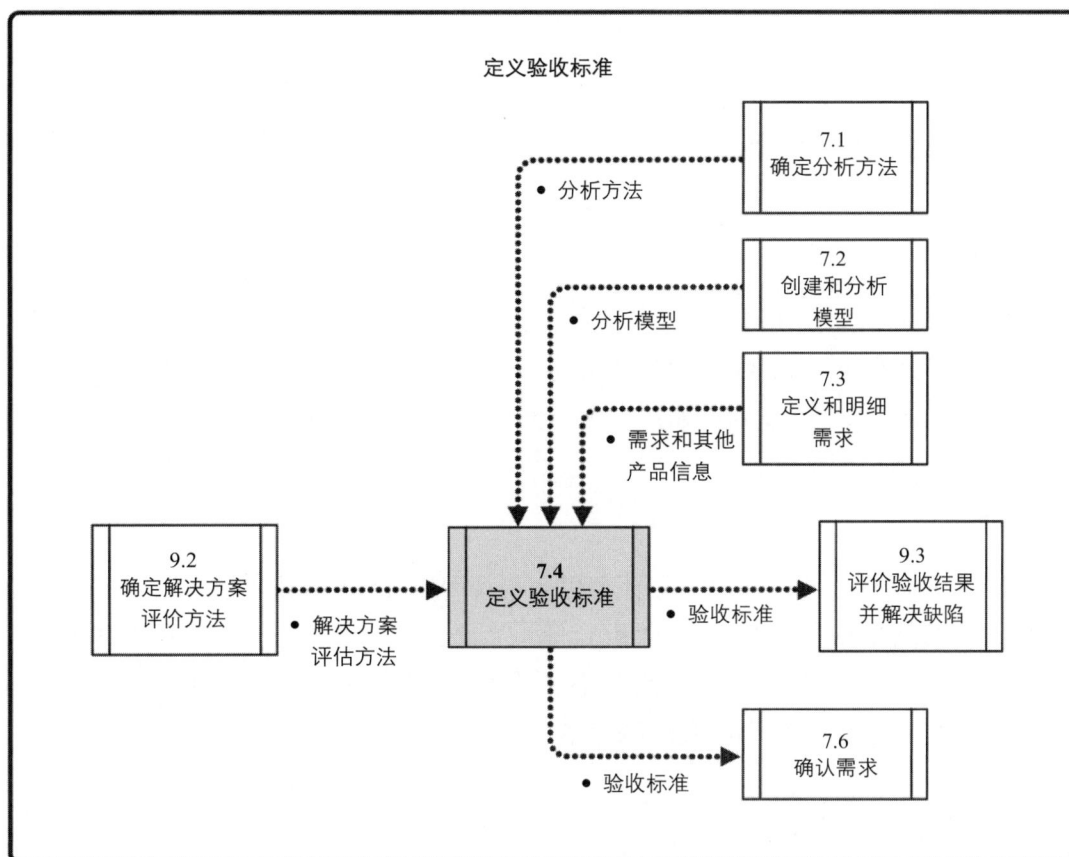

图 7-35 定义验收标准：数据流向图

验收标准是在解决方案被接受之前需要满足的条件。它们用于衡量客户是否满意所构建的解决方案。验收标准构成验收测试的基础。在产品评审阶段，由产品所有者或商业相关方来决定是否接受和发布已开发的解决方案，此时，验收标准在评估解决方案中尤其重要。确定验收标准涉及与商业相关方一起评审需求和分析模型，以确定商业相关方将如何批准已完成的工作。

验收标准可以在不同的级别（包括需求、迭代、发布和产品等级别）被创建。在适应型方法中，可以在用户故事级别定义验收标准，其中，为了让用户故事被接受，需要满足多重验收标准。同样，在适应型方法中，验收标准是编写需求的简洁方法。可以在整体解决方案级别或商业目标级别编写验收标准。被定义为项目组合或项目集的一部分时，验收标准很可能是高级别的，并且与期望的总体目标相关。如《商业分析实践指南》的第 6.5.3 节所述，可根据目的、目标、关键绩效指标、项目指标、客户指标、销售和市场指标或运营指标等设定验收标准。

通常，如第 7.4.2.1 节所述，适应型方法中的验收标准可以遵循行为驱动的开发格式，但它们也可以遵循由商业相关方和开发人员达成一致的任何格式。在所有情况中，验收标准都用于评估验收结果和弥补缺陷（见第 9.3 节），至于何时执行验收标准，则取决于项目的生命周期。

7.4.1　定义验收标准：输入

7.4.1.1　分析方法

如第 7.1.3.1 节所述。分析方法定义了如何对项目组合、项目集或项目进行分析。分析方法中包含了如何及何时在项目生命周期中定义验收标准的决策。分析方法描述了验收标准与用户故事、需求、发布和验收解决方案定义将如何关联，以及将在哪个级别编写它们。

7.4.1.2　分析模型

如第 7.2.3.1 节所述。分析模型是创建和分析草稿或最终模型的顶点。在任何状态下，模型都可用于明细需求或用户故事，以确定验收标准。这个迭代推导过程类似使用分析模型来识别需求，见第 7.3 节。在某些情况下，验收标准将在分析模型中被定义。某些模型（如商业目标模型）可以定义产品级别的验收标准。

7.4.1.3　需求和其他产品信息

如第 7.3.3.1 节所述。需求和其他产品信息是定义验收标准的起点。无论是基于用户故事、需求还是商业目标来编写验收标准，此输入都很有用。基于满足需求的程度，相关方使用此输入来决定是否接受或拒绝解决方案。

7.4.1.4　解决方案评价方法

如第 9.2.3.1 节所述。解决方案评价方法定义了将使用什么类型的指标来测量解决方案绩效。定义验收标准则是为了在识别度量指标上设置可接受范围。

7.4.2　定义验收标准：工具与技术

7.4.2.1　行为驱动开发

行为驱动开发（BDD）是一种建议团队从了解用户将如何使用产品（其行为）开始，为该行为编写测试，然后根据测试构建解决方案的方法。用户或客户需要解决方案满足其需求，因此，行为驱动开发方法鼓励用户或客户与实施解决方案的人员进行对话。对话通常会让团队获得真实情景的实例来构建共同理解。BDD 方法是测试驱动开发的延续，测试驱动开发的观点是，先编写测试可创建出缺陷更少的好产品。虽然行为驱动开发技术在适应型方法中很流行，但它也可以适用于任何生命周期的方法。

行为驱动开发方法包括使用通用的语法格式来编写用户故事的验收标准，即"前提条件—操作—响应"。此格式确保了商业相关方应考虑产品中用户的前提条件、触发器及产品在这些条件下应如何响应。验收标准一般书写为"在给定<前提条件>下，当<用户对产品实施某种动作>，然后<产品响应>"。或者，使用其他格式书写验收标准，只要标准包括前提条件、测试标准的必要信息、被测试的功能，以及在功能执行后的预期结果或后置条件即可。

7.4.2.2　完成定义

完成定义是在条目被认为已充分开发以被商业相关方接受之前，整个团队一致同意完成的一系列条件。用户故事或迭代的完成定义有助于项目团队知道工作已完成，可以将团队转移至下一个用户故事或迭代。一旦条目符合完成定义的标准，就可在所有规划工具（如项目计划、需求管理工具或看板）中适当标记。完成定义可以在许多细节层面上创建。它们可能与验收标准密切相关，包括在完成定义中使用验收标准。通常，在用户故事级别、迭代级别、发布级别和产品级别上定义完成定义。完成定义可能包括以下条目：

- 满足验收标准；

- 符合开发、测试和缺陷标准；

- 满足高层级的非功能性和可用性需求。

在项目组合、项目集或项目的早期编写完成定义。针对任何给定的用户故事、迭代、发布或解决方案的完成定义通常在产品或产品组合上是相似的，或者它可以针对低层级的实体。例如，一些用户故事可能需要特定的完成定义。完成定义可以随着时间的推移而发展。作为验收标准一部分，完成定义是评估解决方案发布的输入，因此可以在获取解决方案发布的验证过程（见第9.4节）中使用。

7.4.2.3　故事明细

故事明细是通过与商业相关方的对话补充用户故事的信息，直到用户故事详细到足以开始产品开发的过程。

在适应型方法中，编写用户故事的细节层级通常比功能性需求和非功能性需求更高，因此故事明细是为每个故事添加额外细节的技术，以便开发团队获得足够的信息来构建解决方案。在适应型生命周期中，使用具体实例来明确地定义验收标准，这可作为用户故事明细的一部分。总之，这些细节在商业相关方和负责开发解决方案的人员之间建立了双方协议，协议规定了要求什么及如何知道需求已被满足。

故事明细主要用于适应型方法，因为在项目的早期，获知太多关于用户故事的信息，会阻碍开发团队运用协商优先级及适应需求变更的能力。设计信息和客户决策只能"及时"添加到用户故事中，以便在用户故事中进行开发工作。故事明细可以以多种形式进行，包括围绕用户故事开展进一步对话或文字叙述，制定设计决策，起草线框图或其他分析模型，编写验收标准，并且记录商业规则、问题、制约因素和依赖性。

7.4.3　定义验收标准：输出

7.4.3.1　验收标准

验收标准是具体且可展示的一系列条件，产品要通过商业相关方或客户的验收则必须满足这些条件。在适应型方法中，验收标准可以采用列出每个用户故事验收标准的列表方式。或者在预测型方法中，采用列出发布或解决方案验收标准的列表方式。因为将基于验收标准进行解决方案的验收测试或评价，所以无论在哪个层级定义，验收标准都应与需求和其他产品信息保持一致。完成定义是验收标准的一部分。在《商业分析实践指南》的第 4.10.8.3 节提供了验收标准的实例。

7.4.4　定义验收标准：裁剪考虑因素

表 7-5 描述了用于定义验收标准的适应型和预测型裁剪考虑因素。

表 7-5　定义验收标准的适应型和预测型裁剪

要裁剪的方面	典型的适应型裁剪考虑因素	典型的预测型考虑因素
名称	定义验收标准，未完项梳理或明细	定义验收标准或定义评估指标
方法	作为用户故事的一部分来编写,每个用户故事通常具有多个验收标准。 常用于定义验收标准的细节,并且经常按解决方案的级别来定义,团队据此来开发和测试解决方案。在项目的所有迭代中，每个用户故事的验收标准都会被创建、评审和细化,以便及时进行开发	验收标准被定义并可能映射到需求、商业目标或其他成功指标。需求级别的验收标准与需求一起或在需求之后被定义。 验收标准通过指出任何不明确的地方来帮助完善需求。一旦理解了项目的目的和目标,就可以在项目早期定义发布或产品级别的验收标准
可交付成果	验收标准被定义并有时被记录在工具中	

7.4.5　定义验收标准：协作点

质量控制团队的成员帮助商业分析专业人士理解如何评估验收标准，以及在编写验收标准时是否有需要遵循的标准。质量控制团队的成员也可以帮助编写验收标准。

7.5 核实需求

核实需求是检查需求是否质量过关的过程。本过程的关键效益是，它增加了以符合组织所定义的标准的方式来陈述和/或理解需求的可能性。从而使需求能够传达给所有感兴趣的相关方，并且有益于最终产品的质量。图 7-36 描述了本过程的输入、工具与技术和输出。图 7-37 是本过程的数据流向图。

输　　入	工具与技术	输　　出
1. 分析方法 2. 商业分析组织标准 3. 合规或法规标准 4. 需求和其他产品信息	1. INVEST 2. 同行评审	1. 核实的需求和其他产品信息

图 7-36　核实需求：输入、工具与技术和输出

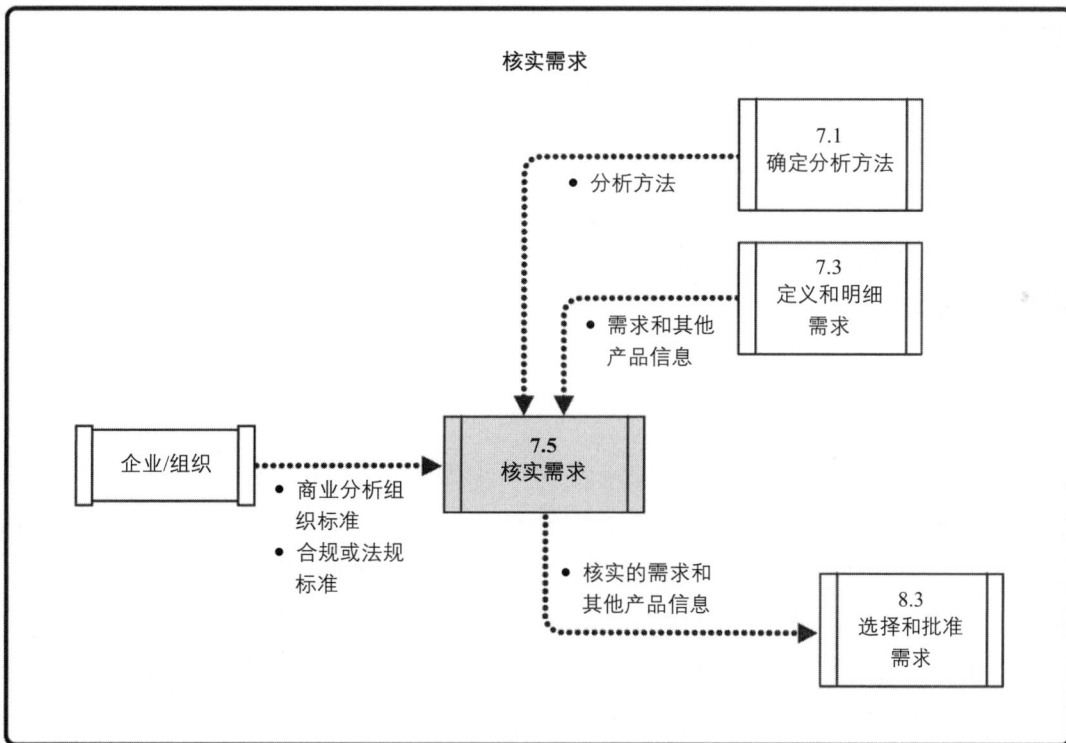

图 7-37　核实需求：数据流向图

核实是评审需求和其他产品信息的错误、冲突，以及是否遵循质量标准的过程。核实还包括评估需求和其他产品信息是否符合法规、规范或强制条件。与此不同的是，确认是确保产品能够满足客户和其他已识别相关方的需要（见第 7.6 节）。根据所使用的技术，可以迭代式地进行核实，也可以正式地或非正式地进行核实。需求和相关分析模型都要经过核实和确认。

可以在项目组合、项目集或项目级别上对产品信息进行核实。核实可以针对单个需求、单个模型或一组产品信息。核实确保了需求和其他产品信息都被正确构建，并且模型足够清晰以有效使用。非功能性需求或验收标准的核实包括评估每个条目是否充分可测量。与未经核实的需求相比，实现需求的团队成员通常更能理解已核实的需求，因此核实可提高成功的可能性。

在一定程度上，材料的作者可以做一些核实工作。然而，核实也可由其他人执行，例如不在项目中的商业分析专业人士或项目团队的其他成员。执行核实的人员依据组织的分析、组织的合规或法规标准，评审需求和其他产品信息，以确保准确性并符合所适用的标准。未通过核实步骤的产品信息需要明细或重写，以便确保其质量足以继续其生命周期。在缺乏标准或有额外标准时,基本的质量度量方法包括评估信息的 3C,即正确性(Correct),完整性（ Complete ）和一致性（ Consistent ）。分析模型也可以根据语法或建模标准进行核实。

7.5.1 核实需求：输入

7.5.1.1 分析方法

如第 7.1.3.1 节所述。分析方法定义了如何对项目组合、项目集或项目进行分析。分析方法中包含了关于何时将执行产品信息核实的决策。分析方法还描述了核实技术，以及应使用哪些标准（如有）。

7.5.1.2 商业分析组织标准

如第 2.3 节所述。商业分析组织标准描述了组织对所有商业分析的可交付成果强制要求的任何预期质量特征、格式规则、语法规则和需求结构。这些标准定义了什么是一个或一组好的需求，并且可能基于行业标准。质量特征的实例包括可行性、简洁性、可测量性、可测试性、可跟踪性、明确性、精确性、一致性、正确性、完整性和优先级。在《商业分析实践指南》的第 4.11.5.1 节中对高质量需求的特征有更详细的描述。分析模型可以根据语法或预定义的建模标准进行核实。预测型方法的核实标准也可以定义项目从一个阶段进入另一个阶段之前所必须达到的需求质量级别。

7.5.1.3 合规或法规标准

如第 2.2 节所述。合规或法规标准由外部组织施加，一般出于保密、保护个人信息、法律或安全方面的考虑而制定。最常见的是政府或行业规定。一些标准规定了项目应该包含什么文件，而另一些标准则可能列出在项目需求集中应该包含的实际需求。使用外部标准作为输入时，评审人员需要确保生成的需求或文件符合标准要求，以便项目可以通过外部或内部审计。

7.5.1.4 需求和其他产品信息

如第 7.3.3.1 节所述。在整个项目组合、项目集或项目中积累的需求和其他产品信息，为核实提供了信息。执行核实的人员应使用适当的技术或标准评审材料。如果评审人是作者以外的其他人，评审人会向作者反馈关于需求和其他产品信息的任何修改意见，以使信息更清晰或更好地符合所选标准。

7.5.2 核实需求：工具与技术

7.5.2.1 INVEST

"INVEST"这一术语描述了用户故事所需要具备的特征，以便在适应型开发中被认为是"好的"且"准备就绪的"。这是在适应型方法中使用的主要核实技术。INVEST 是下列单词的缩写：独立的（Independent）、可协商的（Negotiable）、有价值的（Valuable）、可估算的（Estimable）、短小的（Small）和可测试的（Testable）。

- **独立的。**尽可能避免用户故事之间的依赖性，以便任何用户故事都可以由开发团队以任意顺序构建。坚持这一特征有利于规划，此时可以完全基于价值和规模进行规划，而不是复杂的用户故事排序。

- **可协商的。**在适应型方法中，此特征可以确保不会预先获取过多的信息，因为在用户故事被接受并用于开发之前，所有用户故事及其细节都应该在开发团队和商业相关方之间进行协商。

- **有价值的。**每个用户故事对商业或客户都是有价值的，并且基于其价值对未完项进行排序。

- **可估算的。**这是与可协商的特征相平衡的特征，以确保用户故事具有足够的细节供开发团队粗略估计其规模。如果开发团队不能确定这个故事的规模，那么就没有足够的已知信息，商业分析专业人士需要进一步明细。

- **短小的。**在适应型的意义上，短小意味着故事足够小以便开发团队可以在单次迭代时间盒内完成。

- **可测试的。**决定故事是否可以由测试团队进行有限地测试，以及客户是否理解如何接受完成的最终需求。它通常以验收标准的形式编写。

这六个特征共同构成了一种评估用户故事是否足够详细以便进行迭代工作的方法。在《商业分析实践指南》的第 4.10.8.3 节中对"INVEST"有更详细的描述。

7.5.2.2 同行评审

同行评审包括由一位或多位同事对商业分析专业人士完成的工作进行评审。通常，执行评审的同事是另一位商业分析专业人士、团队负责人或质量控制团队的成员。评审人员专注于评审需求的逻辑和可读性，并且遵守组织内部标准的质量特征、格式和语法。同行评审不是总能涵盖外部标准，而是寻找需求内部的一致性，以避免互相矛盾、差距或错误的逻辑。

同行评审可以是非正式的或正式的。在与相关方一起评审需求之前，商业分析专业人士们通常会要求进行非正式的同行评审，以确保在相关方评审和确认过程中不会出现明显的错误或问题。正式的同行评审通常在批准之前进行，并且在走查过程中会有书面反馈或口头反馈。可以在问题跟踪库中跟踪书面反馈。有三种常见的同行评审类型，按照非正式到最正式的顺序排列如下：

- **同行桌面检查**。一种非正式的同行评审，由一个或多个同行同时查看材料来完成。桌面检查是一种检查需求集、分析模型或其他产品信息的逻辑的方法，通常包括通过实例来检查逻辑。同行评审员用客观的眼光走查分析模型或需求集，以捕捉所有问题或不一致之处。桌面检查对于检查商业规则集的逻辑也很有用。这与开发人员编写的调试代码类似。在《商业分析实践指南》的第 4.13.1 节中对同行评审有更详细的描述。

- **走查**。一种同行评审的方式。在这种评审中，材料的作者将已编写的信息交给同行评审员走查。这类评审通常使用启发式研讨会技术进行。走查通常在会议期间以口头方式提供反馈。有关走查的更多信息，见第 7.6.2.4 节。

- **检查**。一种正式而严格的评审形式。由从事相近工作的从业人员（通常是其他商业分析专业人士、开发人员、测试团队的成员或质量团队的成员）检查工作是否完整、一致，以及是否符合内部和外部标准，通常使用检查单进行评审。检查人员使用检查单和检查过程来评审需求集，并且向编写信息的商业分析专业人士提供反馈。在《商业分析实践指南》的第 4.13.2 节中对检查和检查单建议有更详细的描述。

7.5.3　核实需求：输出

7.5.3.1　核实的需求和其他产品信息

核实的需求和其他产品信息是已评价的产品信息，以确保其不受错误影响，并且符合信息所依据的质量标准。但是不能保证这样的需求可满足商业需要。经过核实的需求也必须经过确认、排序及获得批准。当需求和其他产品信息被用作其他过程的输入时，此输入可能包括已被核实的产品信息。

7.5.4　核实需求：裁剪考虑因素

表 7-6 描述了用于核实需求的适应型和预测型裁剪考虑因素。

表 7-6　核实需求的适应型和预测型裁剪

需要裁剪的方面	典型的适应型考虑因素	典型的预测型考虑因素
名称	用户故事评审，故事明细，或者未完项梳理	核实需求或需求评审
方法	在用户故事进入迭代之前，依据 INVEST 标准及内部或外部标准检查用户故事和验收标准。也可以对模型进行核实。这个过程是增量式执行的，以恰好及时构建每个用户故事	在需求被定义和明细之后，需求和分析模型通常都经过正式核实和完善。可以在核实之前、之后或核实过程中对需求和模型进行确认。但在批准之前，需求要经过核实
可交付成果	将已梳理的用户故事更新至未完项	评审需求文件和提供反馈，并且有时审计文件追踪记录

7.5.5　核实需求：协作点

在适应型项目中，在未完项梳理和冲刺规划期间，产品团队的所有成员都可以参与评审用户故事。在预测型生命周期的项目中，商业分析专业人士可能邀请质量控制团队的成员或其他没有参与创建材料的商业分析专业人士执行核实活动。

7.6　确认需求

确认需求是检查需求是否满足商业目的和目标的过程。本过程的关键效益是，它最小化了缺失相关方期望或交付错误解决方案的风险。图 7-38 描述了本过程的输入、工具与技术和输出。图 7-39 是本过程的数据流向图。

输入	工具与技术	输出
1. 验收标准 2. 分析方法 3. 商业目的和目标 4. 需求和其他产品信息	1. 德尔菲法 2. 目的模型和商业目标模型 3. 跟踪矩阵 4. 走查	1. 确认的需求和其他产品信息

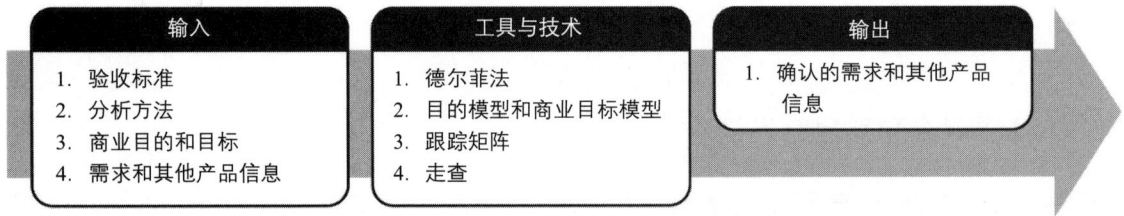

图 7-38　确认需求：输入、工具与技术和输出

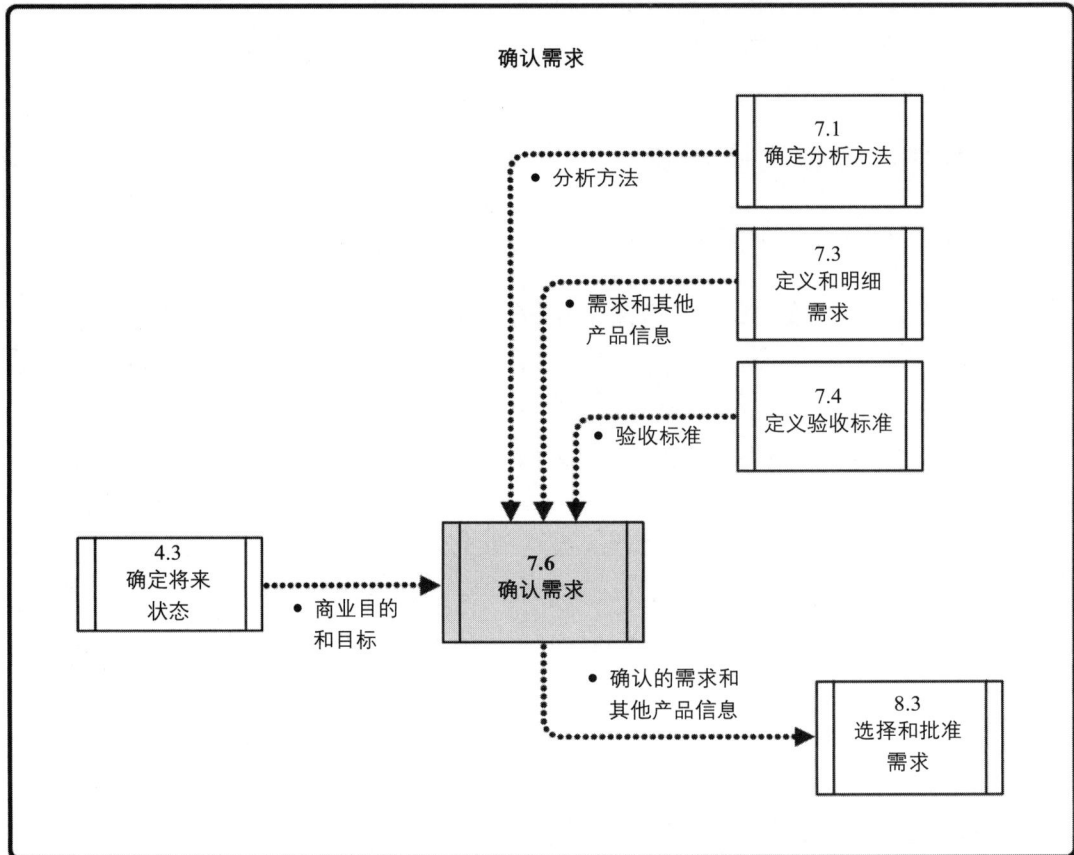

图 7-39　确认需求：数据流向图

确认是确保所有需求和其他产品信息能准确反映相关方的意图，以及每项需求匹配一项或多项商业需求的过程。确认是确保正在构建的是正确的解决方案，而核实是确保产品信息符合必要的标准并书写良好。

确认产品信息的主要目标是与商业相关方达成共识，即解决方案将解决和支持关键绩效指标（KPI）的商业目的和目标。该过程的重要性在于可以避免因误解商业或客户需要而导致解决方案不符合商业目的和目标的情况发生。可以在项目组合、项目集或项目层面执行确认产品信息。

确认可以迭代进行，也可以同时对一组最终信息进行确认。随着商业目的或目标的变化，需求可能需要更新并重新确认以反映这些变化。如果关于需求或解决方案如何满足商业目的和目标的任何假设被证明是错误的，那么可能需要变更需求以满足商业目的和目标。确认可以针对单个需求、单一模型或一组产品信息来进行。需求和相关需求模型都要经过核实和确认。

商业分析专业人士使用适当的分析模型可单独执行需求确认。该层面的确认主要通过将需求和其他产品信息映射到商业目标的方式来执行，可识别差距、不一致或重复。然而，大多数的确认需要相关方的参与。相关方必须评审需求和其他产品信息，以确保所提供的信息是充分的，足以构建所需的解决方案。确认可以是以迭代的方式进行的，在识别出需要启发、建模、分析和细化的新条目时，可能需要额外的启发。

7.6.1　确认需求：输入

7.6.1.1　验收标准

如第 7.4.3.1 节所述。验收标准定义了关于条目的具体且可展示的一系列条件，条目要通过商业相关方或客户的验收则必须满足这些条件。条目可以是需求、迭代、发布或解决方案。在执行确认活动时，验收标准用于确保所有需求和其他产品信息都符合商定的验收标准。否则，用户故事、迭代、发布或解决方案都将无法被接受。

验收标准可以在不同层面被创建，包括需求、迭代、发布和产品层面。验收标准可以写在整个产品或商业目标的层面。在适应型方法中，验收标准可以写在用户故事的层面，其中一个用户故事可能需要满足多个验收标准才可以被接受。在适应型方法中，验收标准为编写需求提供了一种简洁的方法。

7.6.1.2　分析方法

如第 7.1.3.1 节所述。分析方法定义了如何对项目组合、项目集或项目进行分析。分析方法中包含了关于何时执行产品信息确认的决策，还描述了适用的确认技术。

7.6.1.3　商业目的和目标

如第 4.3.3.1 节所述。商业目的和目标定义了商业期望项目组合、项目集或项目交付的结果。确认包括确保所有需求能追溯到商业目的和目标，因此，提议构建的内容将实际满足既定的目的和目标。

7.6.1.4　需求和其他产品信息

如第 7.3.3.1 节所述。需求和其他产品信息是第 7.3 节"定义和明细需求"过程的输出结果，并且在整个项目组合、项目集或项目中积累，为确认提供了信息。执行确认的人员会评审这些材料，并且修复问题或向作者提供需要变更的反馈。通常，由于需求或产品信息会被发现是缺失的、不必要的或不正确的，所以此输入将因确认的结果而改变。由于需要更多的信息，或者核实和确认发生的正式程度不同，核实和确认可以同时或迭代进行。

7.6.2　确认需求：工具与技术

7.6.2.1　德尔菲法

德尔菲法是一种建立共识的技术，利用多轮投票整合主题专家的匿名输入。在确认需求期间，每个主题专家（SME）都会提供有关他是否认为需求有效且充分的反馈。团队聚在一起讨论调查结果，然后继续投票，直到达成共识。这种方法减少了确认过程中的同伴压力或群体思维，并且避免让团队屈服于他们可能不同意的权威声音。德尔菲法可用于需求或任何其他产品信息，如特性、用户故事和验收标准。有关德尔菲法的更多信息，见第 8.3.2.4 节。

7.6.2.2　目的模型和商业目标模型

目的模型和商业目标模型都描述了解决方案旨在实现的商业目标，以及解决方案的高层级特性。任何一种模型都可以将需求或用户故事通过特性或其他模型映射回商业目标，以确保需求符合商业目标。有关目的模型和商业目标模型的更多信息，见第 7.2.2.9 节。

7.6.2.3　跟踪矩阵

跟踪矩阵是允许在目标之间进行关联的网格。跟踪矩阵可用于在层次结构中将某需求跟踪到其他类型的需求。例如，从商业需求跟踪到解决方案需求。它可以用来把需求跟踪到分析模型或下游的某些条目，如测试用例。在确认需求期间，跟踪矩阵主要用于把需求跟踪到分析模型，最终追溯到每个需求所支持的商业目标。这种分析确保了每个商业目标都覆盖了需求，并且每个需求都可直接追溯到所支持的商业目标。任何无法追溯到商业目标的需求都可能是无效的，并且可以从范围中删除。有关跟踪矩阵的更多信息，见第 8.2.2.5 节。

7.6.2.4　走查

走查用于与相关方一起评审需求，并且确认所述需求是有效的。经确认的需求准确地反映了相关方要求开发团队构建的内容。走查需要举行一次或多次会议来评审一组需求，以确保对这些需求有共同的理解，以及确认是否需要这些需求。典型的情况是，商业分析专业人士会在执行走查前将需求发送给商业相关方进行单独评审。走查不仅仅用于评审需求，还可用于分析模型和用户故事。在《商业分析实践指南》的第 4.12.2 节中对需求走查有进一步的讨论。

7.6.3　确认需求：输出

7.6.3.1　确认的需求和其他产品信息

确认的需求和其他产品信息是相关方同意的产品信息，并且该产品信息满足了商业目的和目标。经过确认的需求不代表它们编写得很好并符合项目所遵循的标准。这些需求还必须经过核实、排序并获得批准。当需求和其他产品信息用作其他过程的输入时，输入可能包含已确认的产品信息。

7.6.4　确认需求：裁剪考虑因素

表 7-7 描述了用于确认需求的适应型和预测型裁剪考虑因素。

表 7-7　确认需求的适应型和预测型剪裁

需要裁剪的方面	典型的适应型考虑因素	典型的预测型考虑因素
名称	用户故事评审，故事明细或未完项梳理	确认需求或需求评审
方法	用户故事和验收标准将由商业相关方实时地或在未完项梳理期间进行评审，并且追溯到商业目标。模型也得到了确认。因为任何不再有效的用户故事都应立即从产品未完项中删除，所以这是一个持续的活动	需求和分析模型通常都经过了正式确认。走查可以是一个正式的过程，并且应在定义和明细需求之后完成。可以在核实之前、之后或过程中确认需求。需求通常在被批准之前得到确认
可交付成果	将已梳理的用户故事更新至未完项	已跟踪的需求

7.6.5　确认需求：协作点

职能经理和主题专家（SMEs）都参与确认活动，因为他们将了解需求是否满足商业目的或目标，以及所述的需求是否真实表达了需要构建的内容。

7.7　排序需求和其他产品信息

排序需求和其他产品信息是理解产品信息的单个部分如何实现相关方目标的过程，并且使用该信息及其他已商定的优先级因素来促进对工作的排序。本过程的关键效益是，使所有相关方对需求如何实现目的和目标的方式达成一致，并且确定了如何相应地将需求分配到迭代或发布中。图 7-40 描述了本过程的输入、工具与技术和输出。图 7-41 是本过程的数据流向图。

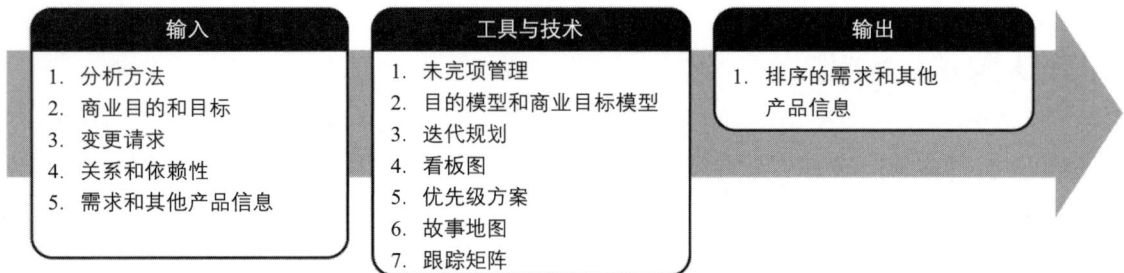

输入	工具与技术	输出
1. 分析方法 2. 商业目的和目标 3. 变更请求 4. 关系和依赖性 5. 需求和其他产品信息	1. 未完项管理 2. 目的模型和商业目标模型 3. 迭代规划 4. 看板图 5. 优先级方案 6. 故事地图 7. 跟踪矩阵	1. 排序的需求和其他产品信息

图 7-40　排序需求和其他产品信息：输入、工具与技术和输出

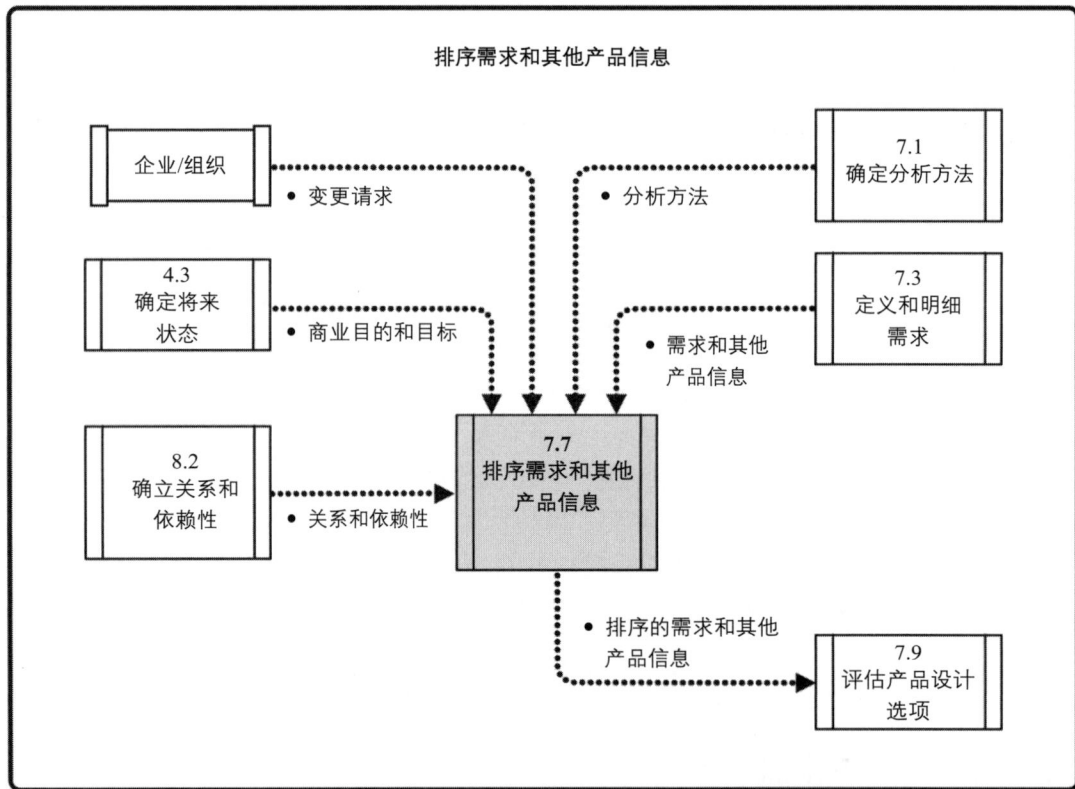

图 7-41　排序需求和其他产品信息：数据流向图

排序需求是管理产品范围的重要步骤。优先级决定了第一步或下一步应该开展哪些工作，以便按照最符合组织需要的顺序实现商业目标。优先级重点关注可增加最大价值的需求项。从商业需要到功能需求，任何级别的产品信息都可以根据优先级进行排序。为了发布规划，优先级还支持将需求分配到迭代或发布。对需求和其他产品信息（如问题或缺陷）进行优先级排序时，考虑的因素包括价值、成本、难度、法规和风险等。虽然商业分析通常不涉及估算开发成本、技术风险和技术难度，但这些都是需要分析以有效地进行排序的事情。

商业分析专业人士可能建议排序，但让有权决定需求排序的相关方参与到需求排序过程中是十分必要的。商业分析专业人士帮助促进和协商优先级决策。在商业分析过程的早期，与相关方一起设定如何执行排序的期望，有助于最大限度地减少相关方在其需求被列入清单底部时而变得不愉快的情况。在排序的讨论中，谈判、冲突管理和引导技术都会被大量使用。

在项目组合、项目集或项目中，排序可能是迭代发生的，也可能是同时发生的。项目生命周期影响排序的过程，并且常影响执行频率、时间和技术。例如，完成过程、用例或报告的商业分析工作可能是优先的。一旦存在如需求之类的产品信息，这些需求条目就优先用于开发和测试。对于一个项目来说，首先，可能需要对其的高级别条目进行排序，如商业目标、过程或特性；其次，才对需求或用户故事进行排序。项目组合或项目集可以使用类似项目优先级的排序技术，但是在项目组合和项目集中所使用的技术是针对商业目标、项目或跨项目的特性和需求来进行排序的。

对于任何级别的排序，当存在以下两种情况时，它们都不需要排列顺序。第一种是，商业相关方、主题专家或产品所有者已经根据其估计的商业价值进行了排序。第二种是，已理解项目团队对每个需求的工作量和风险的估算。商业分析专业人士促进对排序的讨论并与团队合作，确保优先级高的需求可以在项目组合、项目集或项目的范围内完成。

排序的结果不一定是最终结果。排序的因素可能发生变化，需求也可能发生变化。一方面，一项需求在项目开始时被认为是高优先级的，但可能随着项目的进展而被变更为较低的优先级。另一方面，相关方可以提升最初被认为不重要的其他需求的优先级。项目的生命周期将决定如何处理优先级的变化。随着需求被添加到产品未完项清单中，或者需求的优先级发生变化，从而导致需求从一个发布或迭代转移到另一个发布或迭代，此变更将被跟踪并传达给适当的相关方。确认通常在确定排序之前完成，但这些过程可以同时执行。在适应型方法中，最初可能对高级别功能列表进行排序，随后再确定用户故事的优先级。在预测型方法中，在确定优先级之前，整个需求集可能已经完成并经过确认。

7.7.1　排序需求和其他产品信息：输入

7.7.1.1　分析方法

如第 7.1.3.1 节所述。分析方法定义了如何对项目组合、项目集或项目进行分析。分析方法中包含确定排序方法、使用哪些技术、何时执行排序、谁将参与和做出排序的决策等。

7.7.1.2　商业目的和目标

如第 4.3.3.1 节所述。商业目的和目标定义了商业期望项目组合、项目集或项目交付的结果。在排序时应确定哪些需求和相关工作应优先完成，其主要考虑因素是商业目标所指定的预期结果。排序过程的关键目的是，确保团队构建的内容实际符合商业目的和目标。

7.7.1.3   变更请求

如第 8.4.1.3 节所述。变更请求是商业相关方或项目团队在需求基准化后提出的针对产品信息变更的需求变更或其他建议变更的提议。变更请求会与其他工作一同进行排序，包括任何未开发的需求。有时候，变更请求的优先级高于现有的工作。某些变更请求可能要求从范围中删除某些项，以适应变更。

在适应型方法中，可能没有正式的变更请求过程。当相关方请求变更时，变更请求通常以用户故事的形式来编写，并且添加到未完项中。在适应型方法中，新增产品未完项的优先级高于已存在的未完项。在下一次迭代的规划阶段，通常会重新进行排序。

7.7.1.4   关系和依赖性

如第 8.2.3.1 节所述。关系和依赖性定义了需求之间的链接。随着需求从高层级的细节逐步明细到低层级，需求之间的关系可以是父子关系，也可以是依赖关系（如实现、效益或价值之间的依赖关系）。关系和依赖性可影响对优先级的选择。

7.7.1.5   需求和其他产品信息

如第 7.3.3.1 节所述。需求和其他产品信息包括有关解决方案的所有信息，是启发和分析活动结果的峰值。在整个项目组合、项目集或项目中积累的需求和其他产品信息包含了优先级的信息。

7.7.2   排序需求和其他产品信息：工具与技术

7.7.2.1   未完项管理

产品未完项是生成解决方案所需完成的所有工作的清单。未完项可能包含高级别产品信息，例如，在项目组合或项目集级别管理的项目和特性。未完项管理主要用于适应型方法，以维护在项目期间需要处理的未完项清单。

未完项管理是指，未完项的所有者（通常是产品的所有者）协助保持未完项更新的过程。如果角色是分开的，那么商业分析专业人士通常会帮助产品所有者完善产品未完项，包括添加和移除未完项，详细描述未完项，以及根据不断变化的需求、商业条件和优先级考虑因素等重新进行排序。

产品未完项需要随时按优先级进行组织。该列表按照商业价值，或者对客户的重要性和开发团队估算的规模进行排序，以便团队可以提取在一定工期内可交付的最高价值的条目；最常见的是基于时间盒的开发迭代。依赖性和约束条件也都是需要考虑的因素，它们可能影响未完项的顺序。有关产品未完项的更多信息，见第 7.3.2.4 节。

7.7.2.2 目的模型和商业目标模型

目的模型和商业目标模型都描述了解决方案旨在实现的商业目标，以及解决方案的高层级特性。这两种模型都是可用的工具，并且可根据需求对目标的支持或实现程度来确定需求的优先顺序。任何无法追溯到商业目标、不支持商业目标的需求都可以从范围中剔除或确定为低优先级。而其余在范围内的需求，其优先级的高低取决于它们在多大程度上帮助实现商业目标。该模型也可以用来根据项目集或项目预期实现商业目标的程度来确定它们的优先顺序。例如，如果预期某项目基于商业目标会交付更高的净效益，则此项目的优先级可能高于其他项目。有关目的模型和商业目标模型的更多信息，见第 7.2.2.9 节。

7.7.2.3 迭代规划

在适应型方法中，迭代规划或冲刺规划都是产品开发团队为当前迭代或冲刺识别产品未完项条目子集的活动。整个团队在迭代之前或迭代开始时进行协作，以选择本次迭代应该完成的未完项。商业分析活动确保了产品未完项已准备就绪，可以开发。商业分析职责包括为迭代未完项选择条目，选择的条目应是足够明细的，并且在交付商业价值方面是最重要的。

7.7.2.4 看板图

看板图用于适应型方法，以跟踪项目团队正在进行的工作。看板图以可视化的方式表示了正在进行的工作，而产品未完项是所有可能工作的优先级列表清单。看板图显示了工作流程的步骤，例如项目生命周期阶段和每个阶段的在制品（WIP）限制。WIP 限制指的是，在一个工作流步骤中一次可以开发多少未完项（通常是用户故事或任务）。这些限制确保了团队在不超负荷工作的前提下最大限度地提高生产力。在看板图尚有空间的前提下，项目团队将产品未完项（通常按优先级顺序）的条目拖入看板图，并且在每个工作流步骤完成时将其移到下一个工作流步骤中。对于任何给定的用户故事，这种技术还清楚地显示此用户故事是否完整。如果出现瓶颈，那么看板图和 WIP 限制将成为产品未完项工作中的排序决策的输入，并且管理分配给发布的条目的进度。

7.7.2.5 优先级方案

优先级方案是用于对项目组合组件、项目集、项目、需求、特性或任何其他产品信息进行排序的不同方法。分析方法确定了团队同意使用哪些优先级方案及何时使用。在《商业分析实践指南》的第 4.11.6.1 节中对优先级方案提供了更多信息和实例。以下是一些常用的方案。

- **购买特性**。一种协作游戏。通过给予相关方群组中每个人一定数量的模拟货币来购买他们所选择的特性，将所获得的货币分摊给想要的特性，从而使相关方就优先级次序达成一致。当所有相关方完成购买后，计算每个特性所获得的总金额，以总金额来排序。获得最多资金的特性被认为是最具有价值和最高优先级的。有关协作游戏的更多信息，见第 6.3.2.2 节。

- **德尔菲法**。一种建立共识的技术，通过进行调查来获取主题专家的匿名输入，并且通过协调人整合这些输入。团队讨论每轮的输入以获得理解，然后再次进行调查。在这项技术中，每个相关方都使用所选择的优先级方案为需求设置优先级，然后相关方一起讨论，直到小组同意优先级的排序。这种方法的目的是，减少在排序过程中的同伴压力或群体思维，或者避免团队屈服于权威的声音。有关德尔菲法的更多信息，见第 8.3.2.4 节。

- **最小可行产品（MVP）**。一种优先级机制，通过识别最少数量的特性或需求来为客户定义解决方案首次发布的范围，这些特性或需求构成了客户获得价值的解决方案。最小可行产品可能不包括为企业带来最大价值的特性，而是一组通过专注于发布产品基本部分来加速解决方案上市的特性。在未来的发布中，增加可以带来更多商业价值的额外特性。与构建并开发出完整产品相比，这种技术的关键在于更快地实现一些商业价值，可以尽早了解产品，并且指导未来的发展。最小可售特性（MMF）是一种相关的优先级机制，识别了依然能为客户交付价值的最小功能块。

- **MoSCoW**。将每个需求进行分类的一种技术。把需求分为以下四类：

  - 必须有（解决方案成功的基础）。

  - 应该有（重要的，但解决方案的成功不依赖于此需求）。

  - 可以有（可以很容易地忽略，而不影响解决方案）。

  - 不会有（这次没有交付）。

- **多票制**。一种被称为点投票的方法，通过向相关方提供规定数量的彩色点，然后允许他们将点放在其认为最重要的需求上来进行投票。汇总所有选票，把需求按收到的点数/票数进行排列。这种方法类似"购买特性"。关于多票制的更多信息，见《商业分析实践指南》的第 4.11.6.1 节。

- **目的对准模型**。这种技术提供了根据商业选项目的对商业选项进行分类的框架。

它支持将商业决策与商业目的相结合。确定每个选项的目的都是，要考虑任务的关键程度，以及它将给组织带来多少竞争优势。虽然这种技术主要用于制定战略或高层级产品决策的基础，但一些组织也使用它来分析和促进讨论关于产品需求及它们提供的价值。反过来，这种技术又成为讨论产品特性和需求优先级的跳板。有关目的对准模型的更多信息，见第 4.3.2.9 节。

- **时间盒法**。一种在排序时使用的估算或规划技术，通过设置严格的时间限制，并且对团队在这段时间内可以完成的工作进行排序来实现。时间盒法通常与另一个优先级方案结合使用，以理解最高优先级的需求并将其放进时间盒。

- **加权排序**。一种首先需要对决策标准进行识别和加权的方法。评估每个选项独立满足决策标准的程度，并且对每个选项进行评分。评分乘以权重并相加得出每个选项的分数，再对选项进行整体排序。有关加权排序的更多信息，见第 4.4.2.8 节。

- **加权最短优先作业（WSJF）**。一种主要用于适应型框架的方法，它基于比商业价值和成果更多的维度来排序用户故事。WSJF 考虑商业价值、时间临界、风险减少或机会启用及成果。而成果的规模则采用斐波那契数列来计算。以下公式可计算每个用户故事的加权值：

$$WSJF=（商业价值+时间临界+（风险减少/机会启用））/成果$$

7.7.2.6　故事地图

故事地图是一种根据开发和向用户发布的顺序来对用户故事进行排序的技术。故事地图有助于产品团队交流所负责交付的特性和解决方案组件。该技术支持产品团队将特性或产品组件分配给不同的产品发布。尽管它本身可以用作排序技术，但可以使用其他排序技术来帮助故事地图中的用户故事排序。此技术主要用于适应型交付方法。

在故事地图上，发布可以显示为水平线，并且根据开发团队的能力和发布日期把功能分类和分组。每个水平分组是一个发布，每个垂直分组可以被认为是一个功能分组。图 7-42 显示了标有发布标记的故事地图的格式示例。有关故事地图的更多信息，见第 7.2.2.16 节。

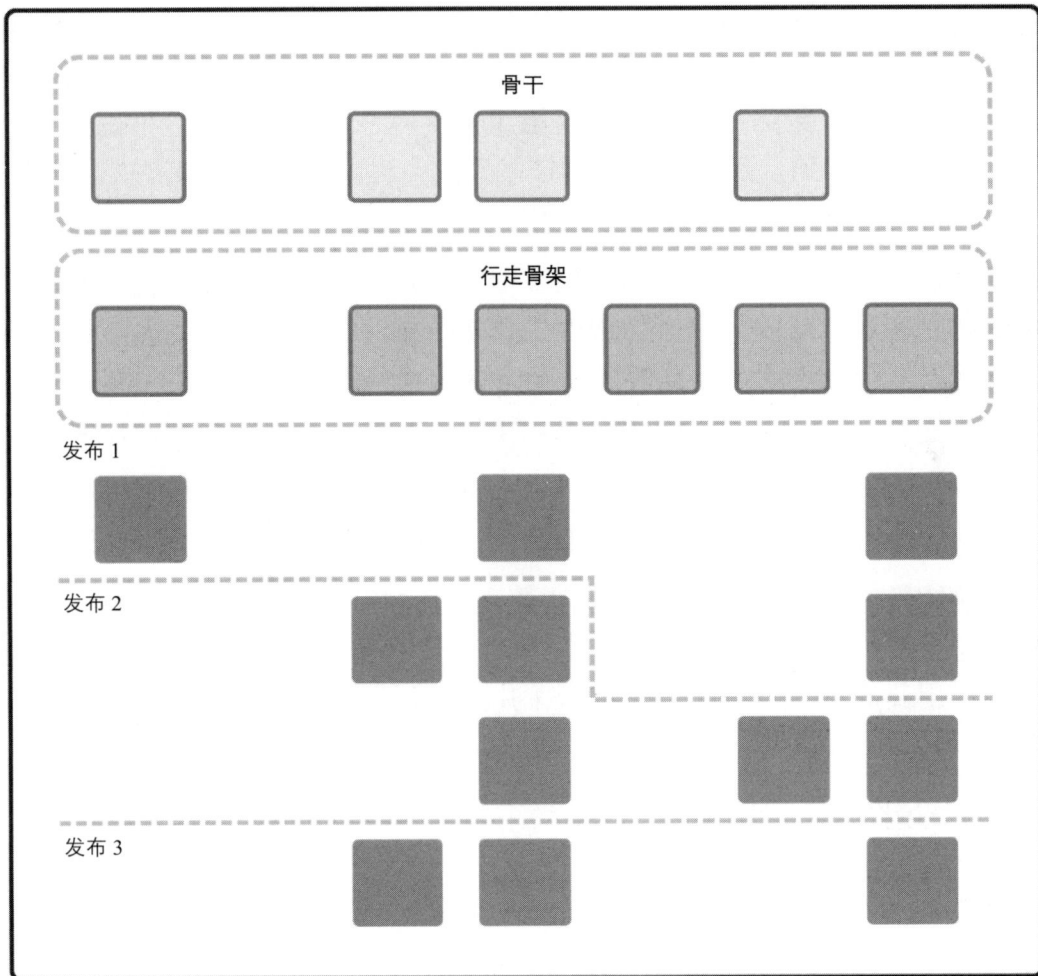

图 7-42 标有发布标记的故事地图的格式示例

7.7.2.7 跟踪矩阵

跟踪矩阵将需求向后映射到分析模型和商业目标，并且向前映射到商业规则、设计、实现细节和测试。基于排序的目的，可通过跟踪矩阵来跟踪需求的商业目标，从而帮助对需求进行排序。如果对商业目标进行了量化并相应地进行了排序，那么跟踪到的具有最高价值目标的需求可能就是排序最高的需求。任何无法追溯到商业目标的需求将不被包括在范围内。有关跟踪矩阵的更多信息，见第 8.2.2.5 节。

7.7.3 排序需求和其他产品信息：输出

7.7.3.1 排序的需求和其他产品信息

排序的需求和其他产品信息是相关方认同的对于实现商业目的和目标最重要的需求和其他产品信息的演示。排序的结果可能描述接下来应该完成哪些工作，或者可能是所有工作的完整排序，包括分配给迭代和发布的条目。在适应型方法中，排序的输出可以是基于商业价值和风险排序的未完项，或者在预测型方法中，为每个需求设置优先级属性。优先级还表明，当有变更请求进入并获得较高优先级，或者团队耗尽了用于发布的时间和预算时，优先级较低的未完项有可能被合理地从范围中移除。当需求和其他产品信息被用作其他过程的输入时，可能包括已排序的产品信息。

7.7.4 排序需求和其他产品信息：裁剪考虑因素

表 7-8 描述了用于排序需求和其他产品信息的适应型和预测型裁剪考虑因素。

表 7-8 排序需求和其他产品信息的适应型和预测型裁剪

需要裁剪的方面	典型的适应型考虑因素	典型的预测型考虑因素
名称	未完项管理，未完项排序或未完项排名	排序需求和其他产品信息
方法	特性或用户故事都是最常见的需要排序的产品信息，但未完项中的任何一项都可进行排序。产品所有者或商业分析专业人士要在产品未完项中不断地对产品信息进行排序和重新排序。产品未完项是一个活动的需求优先级清单，因此它需要始终反映商业的最高优先级。 在每次迭代中使用的排序技术确定了下一个发布版本的解决方案将要提供的特性	在经过核实和确认后，以及在获得批准之前或之后，都会对特性、需求和变更请求进行排序。排序的结果反映在需求集中的每个需求上。 排序发生在任何解决方案构建开始之前。优先级在整个项目中仍然可能发生变更，但合并这些变更比重新排序更难，通常需要执行变更控制过程
可交付成果	根据商业价值或商业价值和商业风险的组合来进行未完项的排序	根据所选定的优先级方案确定需求集中每个需求的优先级

7.7.5 排序需求和其他产品信息：协作点

产品团队的成员估算构建满足特定需求的解决方案的规模和风险，这些信息有助于排序。在确定项目组合、项目集或项目的优先级时，产品所有者和产品经理通常是两个最有影响力的角色。产品发起人也可以设定和批准有关优先级的事项，在团队对优先级无法达成共识时，可以征询他们的意见。

7.8 识别和分析产品风险

识别和分析产品风险是揭示和检验假设和不确定性的过程，这些假设和不确定性可能对解决方案的定义、开发和预期结果产生积极或消极的影响。本过程的关键效益是，主动管理商业分析活动中的不确定性，并且揭示和主动找到产品中潜在的优势和劣势领域。

图 7-43 描述了本过程的输入、工具与技术和输出。图 7-44 是本过程的数据流向图。

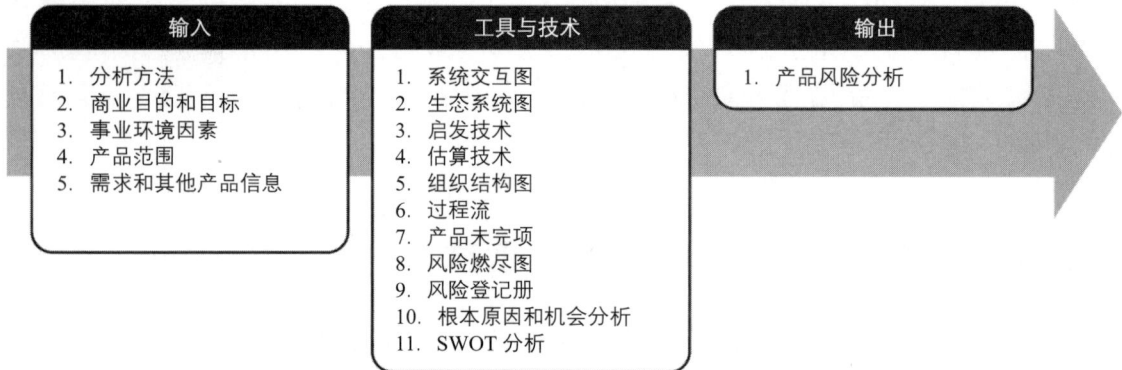

输入	工具与技术	输出
1. 分析方法 2. 商业目的和目标 3. 事业环境因素 4. 产品范围 5. 需求和其他产品信息	1. 系统交互图 2. 生态系统图 3. 启发技术 4. 估算技术 5. 组织结构图 6. 过程流 7. 产品未完项 8. 风险燃尽图 9. 风险登记册 10. 根本原因和机会分析 11. SWOT 分析	1. 产品风险分析

图 7-43　识别和分析产品风险：输入、工具与技术和输出

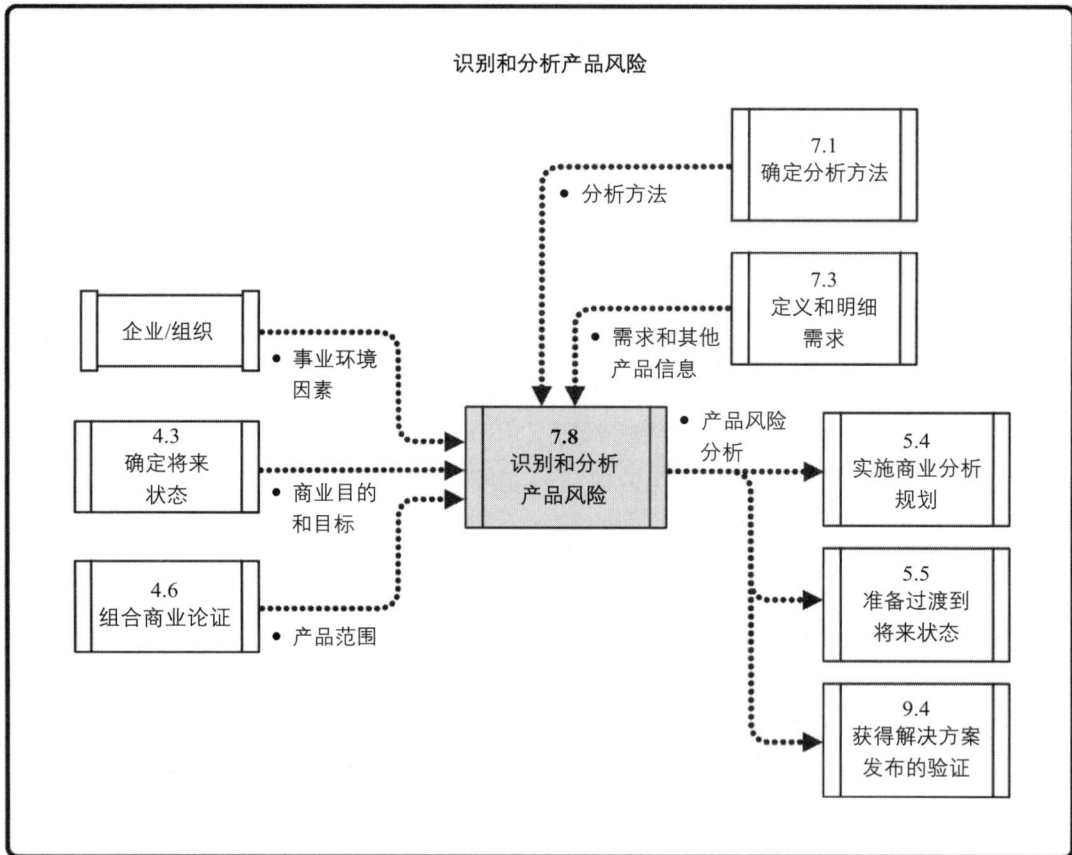

图 7-44　识别和分析产品风险：数据流向图

商业分析通过识别和分析影响商业分析活动和/或产品的风险（也称产品风险）来支持项目组合、项目集或项目的风险管理过程。产品风险是不确定因素，可能影响产品或解决方案在定义、开发和预期结果方面的成功。如果具有负面影响的产品风险没有得到处理，可能导致产品故障。

识别和分析产品风险包括以下活动。

- **识别产品风险**。识别可能影响商业分析活动和/或产品的风险并记录其特征。

- **执行定性风险分析**。通过评估风险发生的可能性和影响，排序产品风险，以进一步分析或采取措施。

- **执行定量风险分析**。数值分析已识别的产品风险对商业目标的影响。

- **规划风险应对**。制定解决产品风险的方案和行动措施。产品风险应对可能包括修改或识别额外的产品需求和/或额外的项目活动，以利用机会或解决潜在的故障点。因此，产品风险管理让我们可以识别并主动缩小需求和其他产品信息间的差距。

应对消极风险或威胁的对策包括以下内容：

- 规避。消除威胁。

- 转移。将威胁的影响转移给第三方。

- 减轻。降低威胁的可能性和/或影响。

- 接受。承认威胁存在，但除非发生风险，否则不要采取任何行动。

应对积极风险或机会的对策包括以下内容：

- 开拓。确保机会实现。

- 提高。提高机会的可能性和/或积极影响。

- 分享。将机会的部分或全部所有权分配给第三方。

- 接受。如果机会出现，就抓住机会，但不主动采取措施。

- **实施风险应对**。实施已商定的风险应对计划。

- **监督风险**。监督已商定的风险应对计划的实施情况，跟踪已识别的产品风险，监督残余产品风险，识别新的产品风险及评估风险过程的有效性。

在识别和分析产品风险时，应考虑以下任何适用的假设、约束条件、依赖性或问题：

- **假设**。未经实际证据证明或论证即被认为是正确的、真实的或确定的因素。每个假设都有风险因素。如果该因素最后被证明不是正确的、真实的或确定的，则风险与将发生的事件或情况有关联。

- **约束条件**。影响项目组合、项目集、项目或过程执行的制约因素，这些因素可能是商业或技术因素。在商业分析中，约束条件是影响解决方案开发或实施的制约因素。如果达到了界限，就可以识别出情境的风险。

- **依赖性**。两个或多个实体之间存在的逻辑关系。如果依赖性不成立，则可识别为风险。

- **问题**。有争议的或未解决的且在讨论中的观点或事项。如果风险事件发生且应对计划不充分，则风险可能转化为问题。反之，未解决的问题也可能引入新的风险。

将假设、约束条件、依赖性或未解决的问题转化为风险，使产品团队更加积极主动地管理这些因素，因为风险往往会在更短的时间间隔内被分析。

7.8.1 识别和分析生产风险：输入

7.8.1.1 分析方法

如第 7.1.3.1 节所述。分析方法定义了如何对项目组合、项目集或项目进行分析。分析方法包括如何进行风险分析（包括产品风险管理过程、风险类别及风险记录方式等的细节）的决策。

7.8.1.2 商业目的和目标

如第 4.3.3.1 节所述。商业目的和目标定义了商业期望项目组合、项目集或项目交付的内容。评估产品风险是否影响商业目的和目标，并且评估其影响有多大。评估在确定商业目的和目标时所做的假设，可能有助于识别额外的风险。

7.8.1.3 事业环境因素

如第 2.2.1 节和第 2.2.2 节所述。事业环境因素（EEFs）是影响、制约或指导商业分析如何实施的条件。对事业环境因素的分析可以揭示产品风险因素，例如，当法律或合同的限制对如何实施商业分析过程产生影响时。事业环境因素还包括相关方的风险偏好，这可能影响风险应对。

7.8.1.4 产品范围

如第 4.6.3.2 节所述。产品范围被定义为描述解决方案的特性和功能。对产品风险进行评价，并且评估它们是否及如何影响产品范围说明书所描述的产品。

7.8.1.5 需求和其他产品信息

如第 7.3.3.1 节所述。需求和其他产品信息包括有关解决方案的所有信息，是启发和分析活动结果的峰值。可以评估产品信息以识别产品风险，例如，评估假设、约束条件、依赖性和需求可能有助于发现产品风险因素。产品风险响应可能触发对需求和其他产品信息的修改或增加。

7.8.2　识别和分析产品风险：工具与技术

7.8.2.1　系统交互图

系统交互图是一种范围模型，显示了解决方案中系统的所有直接系统和人机界面。系统交互图清楚地描述了范围内的系统，以及任何输入或输出，包括提供或接收它们信息的系统或参与者。这些模型可用于通过分析接口来识别产品风险或故障点。有关系统交互图的更多信息，见第 7.2.2.1 节。

7.8.2.2　生态系统图

生态系统图是一种范围模型，显示了所有相关的系统、每个系统之间的关系，以及流经它们的可选的任何数据对象。商业分析专业人士将使用生态系统图进行产品风险分析，其使用方式与使用系统交互图的方式相同。通过分析系统之间传递的对象和接口，生态系统地图可用于识别产品风险或潜在故障点。有关生态系统图的更多信息，见第 7.2.2.5 节。

7.8.2.3　启发技术

启发技术用于从来源中抽取信息。任何启发技术都可以用来识别和分析产品风险。有关启发技术的更多信息，见第 6.3.2 节。

7.8.2.4　估算技术

估算技术用于对可能的数值或成果进行定量评估。可以使用各种估算技术来量化产品风险的可能性和影响。有关估算技术的更多信息，见第 5.4.2.3 节。

7.8.2.5　组织结构图

组织结构图是描述组织内部或部分组织内部报告结构的模型。这些模型可用于识别与相关方群组有关的风险。例如，当识别了可能影响商业分析活动的相关方群组时。组织结构图也可用于识别谁应该负责产品风险的应对计划。有关组织结构图的更多信息，见第 5.1.2.3 节。

7.8.2.6　过程流

过程流以可视化的方式记录人们在工作中或与产品交互时所执行的步骤或任务。通过分析过程的步骤、决策点，以及过程中不同参与者之间的工作交接，可以识别产品风险或潜在故障点。有关过程流的更多信息，见第 7.2.2.12 节。

7.8.2.7 产品未完项

产品未完项是需要向解决方案交付的所有产品未完项条目的清单，通常是用户故事、需求或特性。使用适应型方法的项目将产品未完项作为需求包的一部分。在需要时，可将探测或风险探测的任务添加到产品未完项中以评估风险。产品未完项按照商业价值或对客户的重要性排序，并且在产品的整个生命周期或项目持续时间内不断被更新。有关产品未完项的更多信息，见第 7.3.2.4 节。有关未完项管理的更多信息，见第 7.7.2.1 节。

7.8.2.8 风险燃尽图

燃尽图用于沟通随时间推移的进展。在适应型项目中，可以使用风险燃尽图来显示迭代中风险的状态。把所有产品风险的风险总和（概率乘以影响）映射到每次迭代中。在理想的情况下，燃尽图应为倾斜向下的曲线，表明产品风险敞口随着迭代过程而下降。图 7-45 显示了风险燃尽图的格式示例。有关燃尽图的更多信息，见第 5.4.2.1 节。

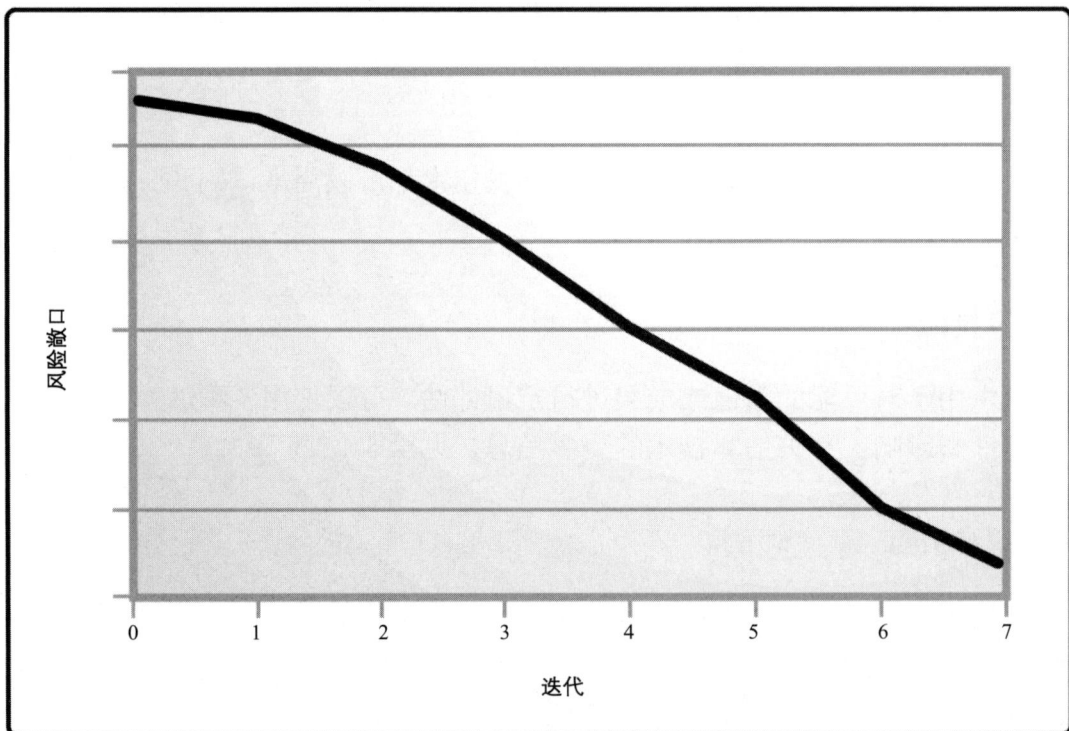

图 7-45　风险燃尽图的格式示例

7.8.2.9 风险登记册

风险登记册是用来支持产品风险分析的工具。产品风险及其相应的细节都将被记录，其中可能包括以下内容：

- **风险编号。** 用于标识风险的唯一编号。

- **风险描述**。描述风险的文字。

- **记录日期**。风险被识别的日期。

- **风险责任人**。负责监督风险的人员。

- **状态**。风险的状态，如开放或关闭。

- **更新**。关于风险的进展信息。

- **影响评级**。在风险事件发生时，表示严重程度的数值评级。

- **概率评级**。表示风险事件发生概率的数字评级。

- **风险敞口**。影响乘以概率的积。

- **触发器**。警告风险即将发生或已经发生的标志。

- **风险应对**。主动应对风险的行动措施。

- **风险应对责任人**。负责执行风险应对的人员。

- **权变计划**。如果风险发生，应采取的行动。

商业分析专业人士和项目组合、项目集或项目经理可能选择创建整合的风险登记册。风险可以在迭代或日常规划中被识别。

7.8.2.10　根本原因和机会分析

根本原因分析用于确定引起偏差、缺陷或风险的根本原因。机会分析用于研究潜在机会的主要方面，以确定能实现产品目标的可能变更。根本原因和机会分析可以用于制订应对计划，以积极的心态应对消极产品风险或利用潜在的机会。有关根本原因和机会分析的更多信息，见第 4.2.2.9 节。

7.8.2.11　SWOT 分析

SWOT 分析是一种用于分析组织、项目或选项的优势(Strengths)和劣势(Weaknesses)，以及外部存在的机会（ Opportunities ）和威胁（ Threats ）的技术。SWOT 分析可用于识别潜在的产品风险，包括积极风险（机会）或消极风险（威胁）。有关 SWOT 分析的更多信息，见第 4.2.2.10 节。

7.8.3　识别和分析产品风险：输出

7.8.3.1　产品风险分析

产品风险分析包括识别和分析产品风险的综合结果。产品风险分析可能包括：

- 已识别的产品风险。

- 可能的应对措施清单。

- 相对评级或风险优先级列表。

- 征兆和警告标志。

- 近期需要应对的风险。

- 需额外分析和应对的风险。

- 定性分析结果的趋势。

- 总风险敞口。

- 关注低优先级风险列表。

7.8.4　识别和分析产品风险：裁剪考虑因素

表 7-9 描述了用于识别和分析产品风险的适应型和预测型裁剪考虑因素。

表 7-9　识别和分析产品风险的适应型和预测型剪裁

需要裁剪的方面	典型的适应型考虑因素	典型的预测型考虑因素
名称	非正式命名的过程	识别和分析产品风险
方法	在迭代 0、迭代规划和/或日常站会中讨论和解决风险，并且在确定未完项的价值时考虑风险。可同时讨论假设、约束条件、依赖性、问题和风险。团队专注于使风险最小化的短迭代	与分别在整个项目组合、项目集或项目中执行的项目组合、项目集或项目风险管理过程相集成。可以同时讨论假设、约束条件、依赖性、问题和风险
可交付成果	风险探测被添加到未完项（清单）中	完善的风险登记册。在有些时候，假设、约束条件、依赖性、问题和风险都会被合并至一个登记册中

7.8.5　识别和分析产品风险：协作点

项目组合、项目集和项目经理共同协作以识别、分析和管理产品风险，因为这些产品风险共同构成了项目组合、项目集或项目风险的一部分。在风险应对计划中，修改/增加需求或项目活动都可能影响项目组合、项目集或项目，因此，在风险活动方面的协作是至关重要的。

7.9 评估产品设计选项

评估产品设计选项是基于商业目的和目标、期望的实施成本、可行性和关联的风险来识别、分析和比较解决方案设计选项，以及应用该评估结果对所提的设计选项提供建议的过程。本过程的关键效益是，提供了关于设计选项的广泛建议。图 7-46 描述了本过程的输入、工具与技术和输出。图 7-47 是本过程的数据流向图。

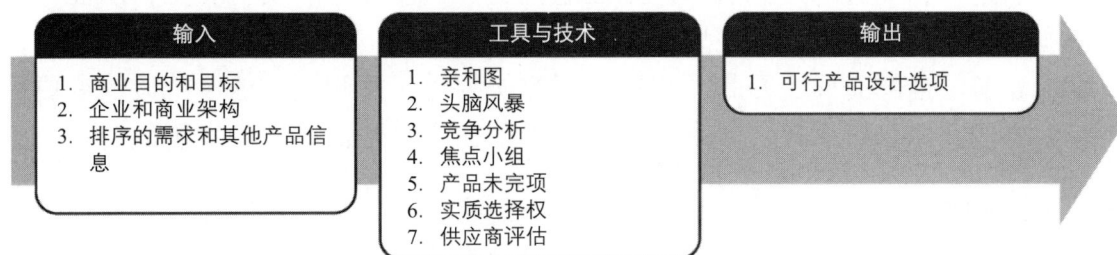

输入	工具与技术	输出
1. 商业目的和目标 2. 企业和商业架构 3. 排序的需求和其他产品信息	1. 亲和图 2. 头脑风暴 3. 竞争分析 4. 焦点小组 5. 产品未完项 6. 实质选择权 7. 供应商评估	1. 可行产品设计选项

图 7-46 评估产品设计选项：输入、工具与技术和输出

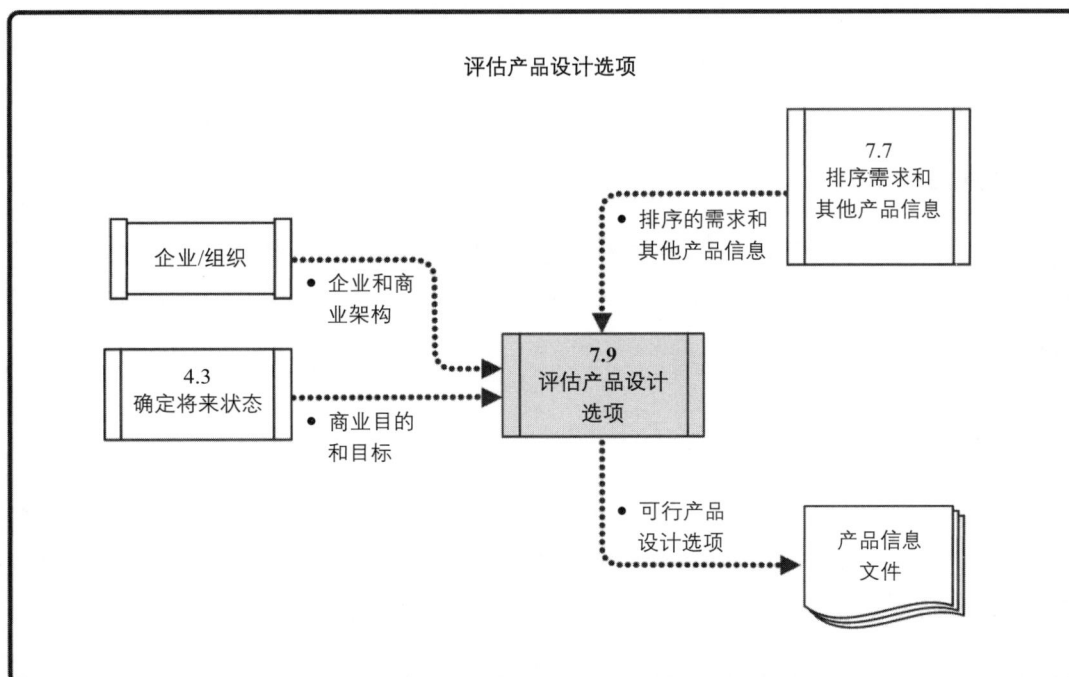

图 7-47 评估产品设计选项：数据流向图

评估产品设计超出了产品应该做的范围，并且开始关注产品应如何构建和产品应有怎样的外观。如何构建解决方案有多种选择，可用商业分析来评价这些选项。本过程需要理解可用的设计选项，并且分析如何将这些设计演变为解决方案的细节。每个选项的分析结果都提供了可阐明该选项利弊、风险和成本等的相关信息。将每个选项与其他选项进行比较，以确定哪个选项能最好地实现整体产品目的和目标，并且遵守约束、预算和/或时间限制。不可行的设计不考虑在内。

对任何给定的解决方案或解决方案组件（即使只是一小部分），在构建开始之前都需要进行设计讨论。避开该步骤可能导致目标丢失，或者产品使用起来不直观。此外，如果团队努力弥补设计选择的不足，产品开发可能需要更多时间。

产品团队无须等待所有需求完成之后才评估产品设计。当需求的增量已为设计准备就绪时，设计评估就可以完成。这些需求都需要进行排序，以便设计能实现最重要的需求。如果此过程以迭代和增量的方式执行，则在迭代过程中设计可能发生变更，从而导致一些返工。在适应型生命周期中，在规划过程中要会考虑到返工。在预测型生命周期中，需求工作在设计之前已全部完成，因此，与适应型方法相比，预测型方法中的设计变更所带来的影响要大得多，而且费用往往更高，尤其是对于在产品开发过程中发现的变更。

设计可以在项目组合、项目集或项目中被识别和分析。设计在项目中是最详细的，可直接用来实施部分或全部的解决方案。在项目组合或项目集中，可以进行足够详细的设计分析，以确保解决方案的多个发布或组件之间的一致性。

7.9.1　评估产品设计选项：输入

7.9.1.1　商业目的和目标

如第 4.3.3.1 节所述。商业目的和目标定义了商业期望项目组合、项目集或项目交付的结果。设计旨在实现这些目的和目标。可以满足需求，但设计不当的解决方案可能无法实现预期的目的和目标。

7.9.1.2　企业和商业架构

如第 4.2.1.1 节所述。企业和商业架构是组织的技术、商业功能、组织结构、组织定位和组织过程的集合。架构用于确保所提议的设计可以在现有架构中运行，或者理解这些架构如何随着所提议的设计而变更。设计选项可能受架构约束。

商业架构有助于识别需要综合考虑不同地区、语言、用户和组织习惯的设计元素，以及任何重用功能的机会。在某些情况下，单个设计可能不适用于商业架构的所有组件。企业架构有助于识别任何系统或数据限制或重用机会，以便选择设计选项。现有技术可能无法实现某些设计。有些设计选项可能需要多于当前架构可支持的资源。

7.9.1.3　排序的需求和其他产品信息

如第 7.7.3.1 节所述。创建设计以反映解决方案如何满足需求。排序的需求代表了相关方一致同意哪些需求要在解决方案中优先解决，因此也代表了哪些需求对于设计是最重要的。

需求有时包含合理的设计约束。有些组织具有特定的品牌或外观需求，或者能力或技术受限，导致设计选择或限制。然而，编写良好的需求避免了不必要的设计约束或偏见。创建设计时需要考虑已知风险，并且应规避这些风险对设计的影响。在设计过程中也需要分析其他未发现的风险。

7.9.2　评估产品设计选项：工具与技术

7.9.2.1　亲和图

亲和图显示了创意的类别和子类别，这些创意彼此聚集或具有亲和力。亲和图可用于通过组织用户故事、特性或需求来识别设计选项。同样，设计选项可以用亲和图来组织，以便在从不同的设计选项中进行选择时，对相似设计进行分组以辅助决策过程。将设计信息进行分类，也可以促进头脑风暴产生新的设计创意。有关亲和图的更多信息，见第 4.3.2.1 节。

7.9.2.2　头脑风暴

头脑风暴是一种启发技术，可以用来在短时间内识别一系列创意。头脑风暴可以用来识别设计选项和与之相关的任何风险。有关头脑风暴的更多信息，见第 5.1.2.1 节。

7.9.2.3　竞争分析

竞争分析是获取和分析组织外部环境信息的技术。在识别和比较设计选项时，使用竞争分析可为产品在市场上创造竞争优势。竞争分析用于理解提议的设计是否远比竞争对手的设计优秀时非常有用。有关竞争分析的更多信息，见第 4.1.2.2 节。

7.9.2.4　焦点小组

焦点小组将经过资格预审的相关方和主题专家会聚到一起，以了解他们对所提议的解决方案的期望和态度。焦点小组可以用来征求对不同设计方案的态度和想法。有关焦点小组的更多信息，见第 6.3.2.5 节。

7.9.2.5 产品未完项

产品未完项是需要向解决方案交付的所有产品未完项条目的清单，通常是用户故事、需求或特性。产品未完项条目需要被分解到设计中，即使设计是轻量级的且不被正式记录的。在适应型方法中，任务被添加到产品未完项中以评价复杂的设计选项，这些任务被称为探测。有关产品未完项的更多信息，见第 7.3.2.4 节。

7.9.2.6 实质选择权

实质选择权是一种决策技术，它鼓励团队将决策推迟到尽可能晚的时候。推迟决策就有机会尽可能多地获得正在讨论中的问题或项目的信息。在评估产品设计选项时，推迟关于可能设计的建议，可获得更多时间来发现和分析更多的信息，回答未知问题，从而减少如果提前做出设计选择可能出现的不确定性。实质选择权技术也通过考虑商业目的和目标、预期成本和风险来消除不可行的设计选项。有关实质选择权的更多信息，见第 4.4.2.6 节。

7.9.2.7 供应商评估

在许多项目中，供应商可能提供了最符合需求的解决方案。在评估产品设计选项时，评价相关供应商及其产品，以理解每个供应商的解决方案的可行性、优势、劣势和风险。在执行供应商评估时，需要确定评价供应商及其产品的标准。用来评估的标准可能是一组可以进行排序的需求、用户故事或特性。用于评价供应商产品的一些标准可能是定性标准，例如用于评价与供应商合作经验或解决方案经验的测量方法。

7.9.3 评估产品设计选项：输出

7.9.3.1 可行产品设计选项

设计选项展现了如何构建解决方案。可行产品设计选项由相关方进行评审以确保其能实现商业目的和目标，并且是可行的。可行产品设计选项体现了每个选项的优缺点。一旦选定了设计，就可以开始构建解决方案或解决方案组件。

7.9.4 评估产品设计选项：裁剪考虑因素

表 7-10 描述了用于评估产品设计选项的适应型和预测型裁剪考虑因素。

表 7-10　评估产品设计选项的适应型和预测型裁剪

需要裁剪的方面	典型的适应型考虑因素	典型的预测型考虑因素
名称	明细，调整规模或探测	评估产品设计选项
方法	用户故事和验收标准都是任何设计工作的基础。设计作为明细、调整规模或开发解决方案的一部分，是以迭代的方式执行的。尽管在适应型生命周期中，通常会在项目早期进行一些初始的总体设计，以尽量减少重新设计的工作量。但通常情况下，设计在开发前完成。探测是用于在多个设计选项之间相互评估的任务	需求已经完成，并且是任何设计工作的基础，设计选项将反馈给负责构建解决方案的团队
可交付成果	设计是草图或想法，通常没有正式记录	用工具或文件完成的正式指定的或模型化的设计

7.9.5　评估产品设计选项：协作点

许多产品团队角色协助评估设计选项。架构师提供专业的评价和建议，并且致力于对讨论中的设计选项突出标识其复杂性和风险。设计团队提供设计创意、规模估算，以及与不同设计选项关联的任何风险。项目发起人根据设计是否充分满足商业需要和处理已知风险，来做出是否进行资金赞助的决策。开发运营可能通过提供基础架构或运行考虑因素和风险的方式参与其中。

第8章 跟踪和监督

跟踪和监督包括用于在需求和其他产品信息之间确立关系和依赖性的过程，这有助于确保需求得到批准和管理，并且需求变更的影响也得到评估。

跟踪和监督过程包括：

8.1 确定跟踪和监督方法——考虑如何跟踪项目组合、项目集、项目或产品，以及定义如何管理需求变更的过程。

8.2 确立关系和依赖性——跟踪或设定需求和其他产品信息之间的联系的过程。

8.3 选择和批准需求——促进与相关方进行讨论的过程，以协商和确认哪些需求应纳入迭代、发布或项目中。

8.4 管理需求和其他产品信息的变更——通过理解变更的价值和影响来检查项目中出现的变更或缺陷的过程。随着变更的达成，关于这些变更的信息将被反映到任何必要的地方以支持排序和最终产品开发。

图 8-1 概述了跟踪和监督的各个过程。商业分析过程被描述为具有定义接口的互相独立的过程，但在实践中它们会以本指南无法全面详述的方式相互交叠和相互作用。

```
┌─────────────────────────────┐
│        跟踪和监督概述          │
└─────────────────────────────┘
```

8.1　确定跟踪和监督方法

1. 输入
   1. 合规或法规标准
   2. 配置管理标准
   3. 产品范围
2. 工具与技术
   1. 回顾和经验教训
3. 输出
   1. 跟踪和监督方法

8.2　确立关系和依赖性

1. 输入
   1. 产品范围
   2. 需求和其他产品信息
   3. 跟踪和监督方法
2. 工具与技术
   1. 特性模型
   2. 需求管理工具
   3. 故事地图
   4. 故事切片
   5. 跟踪矩阵
3. 输出
   1. 关系和依赖性

8.3　选择和批准需求

1. 输入
   1. 产品范围
   2. 关系和依赖性
   3. 相关方参与和沟通方法
   4. 确认的需求和其他产品信息
   5. 核实的需求和其他产品信息
2. 工具与技术
   1. 未完项管理
   2. 协作游戏
   3. 准备就绪定义
   4. 德尔菲法
   5. 引导式研讨会
   6. 力场分析
   7. 群体决策技术
   8. 迭代规划
   9. 优先级方案
   10. 需求管理工具
   11. 故事地图
3. 输出
   1. 批准的需求

8.4　管理需求和其他产品信息的变更

1. 输入
   1. 批准的需求
   2. 商业目的和目标
   3. 变更请求
   4. 产品范围
   5. 关系和依赖性
   6. 跟踪和监督方法
2. 工具与技术
   1. 未完项管理
   2. 变更控制工具
   3. 群体决策技术
   4. 影响分析
   5. 需求管理工具
   6. 跟踪矩阵
3. 输出
   1. 需求和其他产品信息的推荐变更

图 8-1　跟踪和监督概述

跟踪和监督的核心概念

跟踪是通过在对象之间建立链接来在整个产品生命周期中跟踪信息的能力。这些链接也称为关系或依赖性。跟踪有时被限定为是双向的，或者是前向的和后向的，因为对需求的跟踪是在多个方向上进行的。例如，从需求跟踪到触发它们的范围特性、商业目的和目标，可以使用后向跟踪；从设计需求到测试组件和最终产品，可以使用前向追踪。跟踪也可以是单向进行的，例如，从文本的产品信息跟踪到模型。在《商业分析实践指南》的第 5.2.1 节中对可跟踪信息的种类有更详细的说明。

监督确保了产品信息从批准到实施都是准确的。监督包括管理产品信息的变更和确定保持产品质量的推荐操作。

跟踪和监督中固有的思维方法适用于所有项目和所有生命周期。考虑需求之间的关系和需求与其他项目因素（如测试和发布）之间的关系，对确保项目的一致性和完整性至关重要。跟踪的原则是，让变更影响分析的进行成为可能，这也是确认目标达成和确保测试范围的基础。跟踪还有助于发现缺失的需求和无关的需求。无论项目采用哪种生命周期，或者使用哪种格式来记录需求，都需要对完成的需求进行跟踪和监督。

8.1　确定跟踪和监督方法

确定跟踪和监督方法是考虑如何跟踪项目组合、项目集、项目或产品，以及定义如何管理需求变更的过程。本过程的关键效益是，它恰当地度量了在情境中需求变更管理过程的可追溯性和形式化的水平。图 8-2 描述了本过程的输入、工具与技术和输出。图 8-3 是本过程的数据流向图。

输入	工具与技术	输出
1. 合规或法规标准 2. 配置管理标准 3. 产品范围	1. 回顾和经验教训	1. 跟踪和监督方法

图 8-2　确定跟踪和监督方法：输入、工具与技术和输出

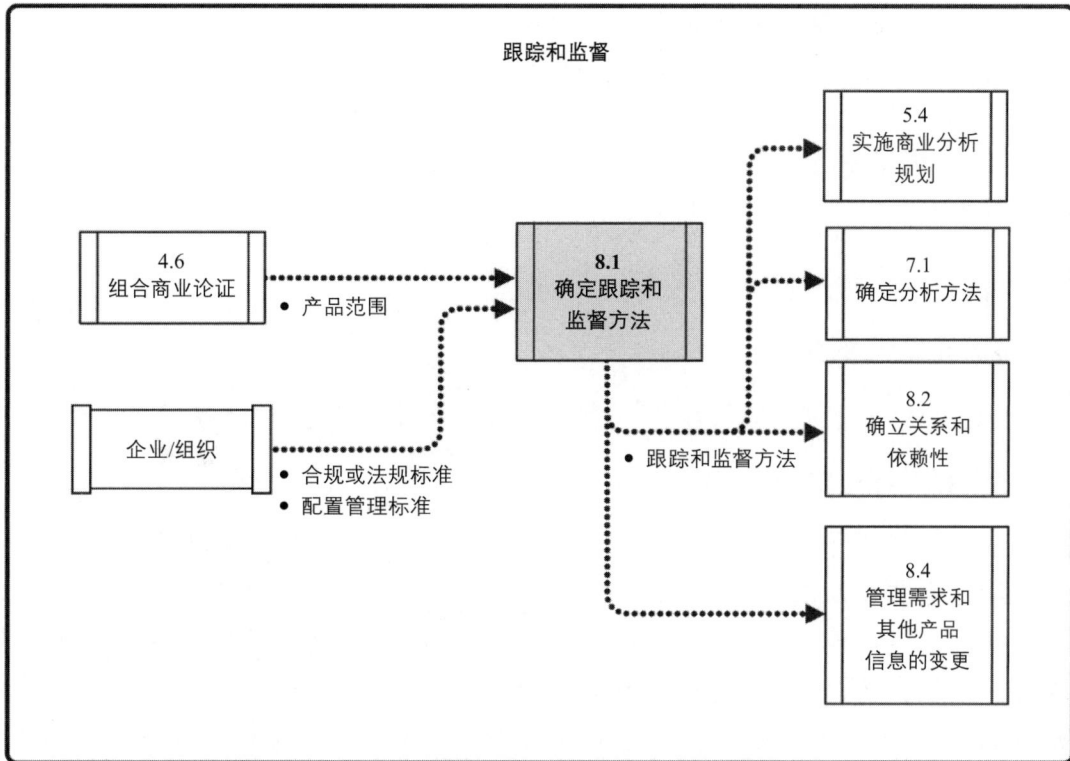

图 8-3　确定跟踪和监督方法：数据流向图

跟踪和监督方法确定了在项目组合、项目集、项目或产品中的跟踪和变更管理过程。应该基于足够满足项目组合、项目集、项目或产品所需的正式程度来构建它们。规模适当的跟踪和监督方法能够保证：

- 跟踪过程将最终产品中缺失需求的可能性降到最小；

- 跟踪过程的维护不浪费或耗时；

- 变更管理过程确保了变更符合商业目标和/或项目目标；

- 变更管理过程使实施必要的变更变得简单；

- 跟踪和变更管理过程符合组织标准，满足法规要求，同时还能应对未来的需要，包括提供有关超出当前项目的长期且有价值的产品信息。

跟踪和监督方法中关于跟踪的组件包括：

- 要跟踪的对象类型；

- 跟踪所需的细节水平；

- 需要建立和维护的关系；

- 如何追踪关系（如使用需求特性、跟踪矩阵或需求管理工具等）；

- 推动需求生命周期的需求状态（如批准、顺延或拒绝等）。

跟踪和监督方法中关于变更管理的组件包括：

- 如何提出需求变更；

- 如何评审变更；

- 如何记录变更管理的决策；

- 如何沟通需求变更；

- 批准变更后，如何完成和获得对需求、模型、跟踪和其他产品信息的变更；

- 需求变更过程中的角色和责任。

跟踪方法定义了用于指定需求、模型和其他产品信息之间如何相互关联，包括哪些产品信息部件最适合跟踪和如何在它们之间跟踪的需求架构。跟踪需要会随着项目组合、项目集、项目和产品的不同而变更，所以应当清晰地指出具体要跟踪的条目。在预测型生命周期的项目中，项目团队会跟踪多种产品信息，而在适应型生命周期的项目中则不然。无论采用哪种生命周期，跟踪决策都应该基于从创建和维护跟踪信息中得到的短期和长期价值。跟踪不限于跟踪产品信息。它也能在不属于商业分析活动的可交付成果或工作组件上进行，如产品设计和开发。有关可跟踪的内容和确定跟踪方法的更多信息，见《商业分析实践指南》的第 3.4.10 节和第 5.2.1 节。

变更管理过程确定了如何在项目中处理产品信息的变更。需求变更的过程根据该项目选择的生命周期而有所不同。项目团队会在预测型生命周期的项目中使用正式的变更管理过程，而在适应型生命周期的项目中则不然。可以预测，在适应型方法中，需求会随时间的推移而发展。有关定义需求变更过程的更多信息，见《商业分析实践指南》的第 3.4.14 节。

8.1.1　确定跟踪和监督方法：输入

8.1.1.1　合规或法规标准

如第 2.2.节所述。合规或法规标准是外部组织施加的事业环境因素，一般出于保密、保护个人信息、法律或安全方面的考虑而制定。因为跟踪和监督方法需要遵循合规与法规标准，所以裁剪的选项可能受限。合规与法规标准通常要求更正式的跟踪和监督方法。

8.1.1.2　配置管理标准

如第 2.3.2 节所述。配置管理是一系列正式记录的过程、模板和文件，用于管理开发中的解决方案或子组件的变更。配置管理确保了正在构建的产品符合批准的需求。跟踪和监督方法应遵循组织中合适的配置管理标准。当此类标准还未开发或不合适时，项目组就要决定在项目集或项目的各个方面，包括商业分析工作，应使用什么样的配置管理过程。商业分析中的配置管理确保了需求和与需求相关的产品信息（如模型、跟踪矩阵和问题清单）都储存在便于项目相关方获得且不易丢失的地方，并且在需要时能够访问到旧版本。商业分析专业人士可以通过配置管理系统（CMS）、需求管理资源库或维基平台来实现这些目标。

8.1.1.3　产品范围

如第 4.6.3.2 节所述。产品范围被定义为描述解决方案的特性和功能。产品范围用于理解产品的复杂程度，从而决定恰当的跟踪和变更管理方法。

8.1.2　确定跟踪和监督方法：工具与技术

8.1.2.1　回顾和经验教训

回顾和经验教训向产品团队提供过去的绩效信息，以提升未来的绩效和最终产品。当确定如何更好地进行跟踪和监督时，产品团队可以依靠已有的知识和经验决定使用哪种方法。回顾和经验教训结合了经验和专家判断，是裁剪跟踪和变更管理过程的基础，以适应项目组合、项目集或项目和组织的需要。有关回顾和经验教训的更多信息，见第 5.7.2.4 节。

8.1.3　确定跟踪和监督方法：输出

8.1.3.1　跟踪和监督方法

跟踪和监督方法定义了如何在整个项目组合、项目集、项目或产品中执行跟踪和变更管理活动。该方法中的跟踪组件包括需跟踪的目标类型、关系类型、要求的跟踪细节水平和关于在何处追踪跟踪信息的信息。该方法中的监督组件包括如何提出并评审变更，如何记录和沟通决策，以及如何对已有的产品信息进行变更。两种方法都描述了角色、责任和储存信息的方式。

8.1.4　确定跟踪和监督方法：裁剪考虑因素

表 8-1 描述了用于确定跟踪和监督方法的适应型和预测型裁剪考虑因素。

表 8-1　确定跟踪和监督方法的适应型和预测型裁剪

需要裁剪的方面	典型的适应型考虑因素	典型的预测型考虑因素
名称	非正式命名的过程	确定跟踪和监督方法
方法	可以在迭代 0 时从高层级进行规划。通常，不考虑跟踪和管理产品信息的变更，因为这些过程已经构建到适应型方法中。通过故事分割或故事地图进行跟踪，并且用未完项管理进行变更管理	在前期的规划中制定高层级的跟踪和监督方法。跟踪和监督方式在整个项目组合、项目集或项目中逐渐被细化。产品信息和可交付成果的大型组件通常受到跟踪。往往存在变更管理过程，但其正式程度取决于多种因素，如组织成熟度、规模和提案复杂度
可交付成果	不是独立的可交付成果	详细的跟踪和监督方法可能存在于商业分析计划中

8.1.5　确定跟踪和监督方法：协作点

项目组合、项目集和项目经理可以参与制定跟踪和监督方法，以确保其规模适当，并且不因产品和项目组合、项目集或项目的需要过度或不足而招致不必要的成本或风险。项目经理感兴趣的是，确保跟踪和监督方法与项目管理计划中为这项工作指定的任务、资源和工作量相一致。

8.2　确立关系和依赖性

确立关系和依赖性是跟踪或设定需求和其他产品信息之间的联系的过程。本过程的关键效益是，有助于确认每个需求都能提升商业价值且符合客户的期望，也能支持对产品范围的监督和控制。图 8-4 描述了本过程的输入、工具与技术和输出。图 8-5 是本过程的数据流向图。

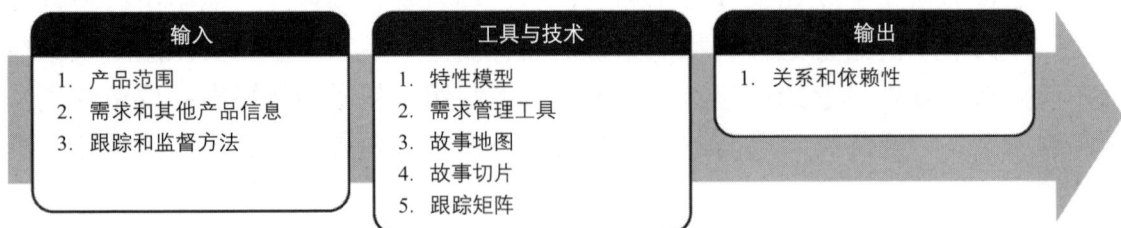

输入	工具与技术	输出
1. 产品范围 2. 需求和其他产品信息 3. 跟踪和监督方法	1. 特性模型 2. 需求管理工具 3. 故事地图 4. 故事切片 5. 跟踪矩阵	1. 关系和依赖性

图 8-4　确立关系和依赖性：输入、工具与技术和输出

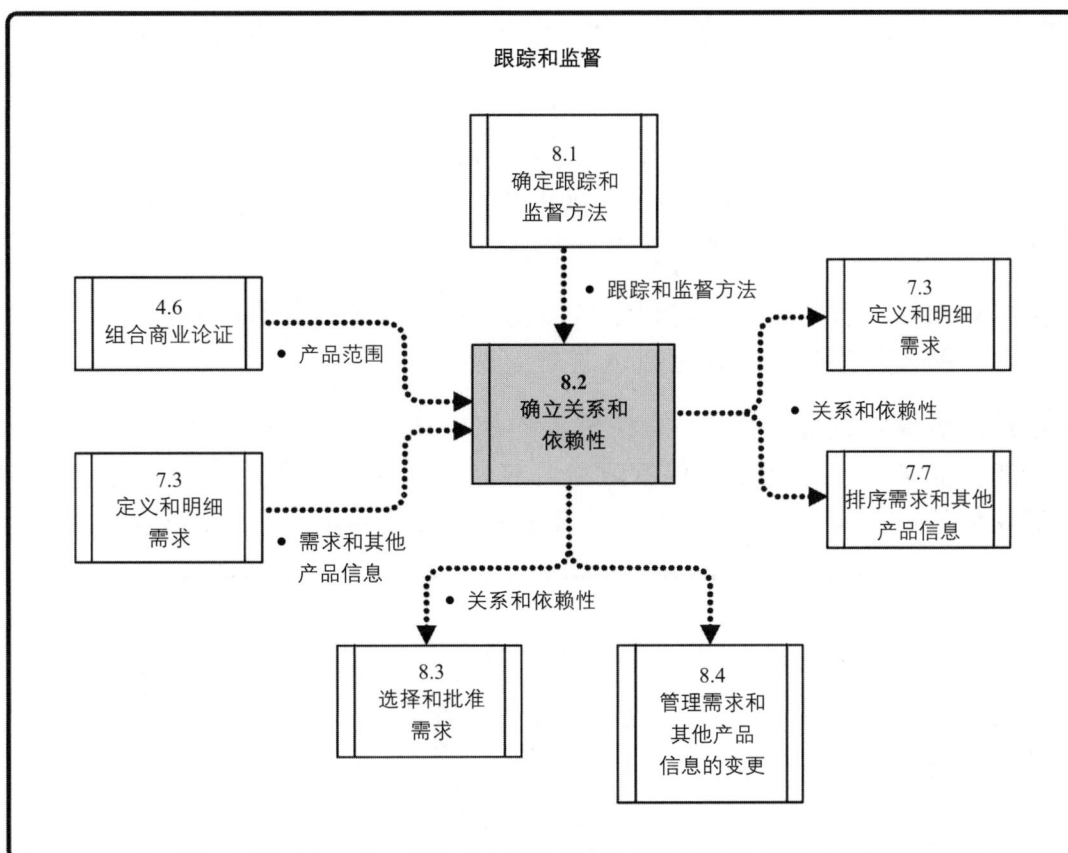

图 8-5　确立关系和依赖性：数据流向图

随着产品信息的逐步明细，以及更多的细节被显现出来，新的关系和依赖性也被创建并逐步明细。跟踪产品信息能为产品范围提供不同的和完整的视角。在产品信息的不同组件之间建立联系有以下作用：

- **确保产品信息能提升商业价值且符合客户的期望**。将产品信息的每个组件都追踪到商业需要、目的和目标以确保其相关性。

- **管理范围**。非增值的产品信息是通过不能追溯到产品范围及商业目的和目标的产品信息显示出来的。

- **最小化缺失需求的可能**。在产品信息进一步细化、完工、测试和实施的过程中，前向跟踪确保产品信息没有丢失。

- **进行影响分析**。分析产品信息变更时，这些联系提供了可能需要变更的相关组件的全面视图。

- **做出发布决策**。实施、收益或价值关系和产品信息间的依赖性可以为一些发布决策提供信息。

需求往往互相关联，所以有的需求需要包含与之相关的其他需求才能满足解决方案。
需求之间关系的一些实例如下：

- **子集**。一项需求可能是其他需求的子集。图 8-6 显示了需求 1、2、3，这 3 个需求分别都是需求 A 的子集。例如，需求 1、2、3 可以代表过程中不同的细微差别，而 A 则代表各子集中共有的元素。需求 1、2、3 也能代表总过程中不同的组件。

- **实施依赖性**。有些需求在实现之前依赖于其他需求的实现。如果需求 A 依赖于需求 B，那么只有在 B 实现之后 A 才能实现。

- **效益或价值依赖性**。有时，有些需求的效益只有通过先实现另一个需求才能实现。例如，需求 A 可以实现，但其效益可能要等需求 C 实现后才能实现。这种关系和实现依赖性在表面上相似，但它涉及的不是 A 能否实现，而是 A 的效益能否实现。

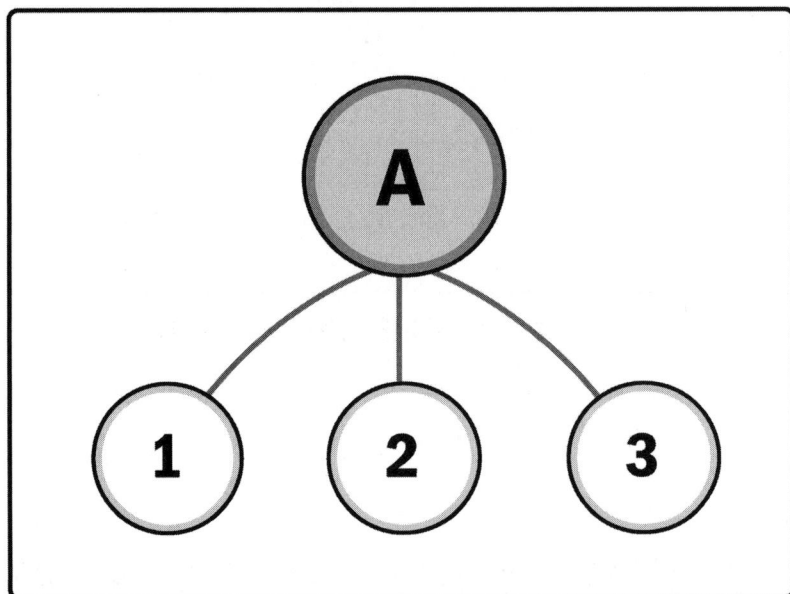

图 8-6　需求 1、2、3 分别都是需求 A 的子集

在《商业分析实践指南》的第 5.3 节中对关系和依赖性有进一步的探讨。

预测型项目比适应型项目更适合正式的跟踪，但是项目的生命周期不是决定最佳跟踪程度的唯一因素。其他因素包括商业监管程度、组织标准、产品复杂度、产品错误的风险，以及实际用到跟踪结果的程度。

8.2.1　确立关系和依赖性：输入

8.2.1.1　产品范围

如第 4.6.3.2 节所述。产品范围被定义为描述解决方案的特性和功能。产品信息会被追踪到组成产品范围定义的特性和功能。当无法将产品信息组件追溯到产品范围定义的特性和功能时，应当质疑保留它们的价值。如果决定保留这些产品信息，则可能需要重新评估产品范围。

8.2.1.2　需求和其他产品信息

如第 7.3.3.1 节所述。需求和其他产品信息包括有关解决方案的所有信息，是启发和分析活动结果的总和。通过启发和分析，在需求和其他产品信息之间确立关系和依赖性。

8.2.1.3　跟踪和监督方法

如第 8.1.3.1 节所述。跟踪和监督方法定义了团队所做的有关如何在项目组合、项目集或项目中执行跟踪的决策。跟踪和监督方法可能包括关于跟踪对象、实施跟踪的程度，以及如何跟踪或维护关系的细节。随着项目组合、项目集或项目的进展，会创建更多的对象，并且增加在这些对象间建立联系的可能。产品团队会在遵循该方法时监督该方法，从而保证跟踪工作是增值的。如果跟踪太多，那么维护起来会过于耗时，而如果团队放弃跟踪工作，信息就会过时。在通过预先规划以确保为项目组合、项目集或项目建立了正确的跟踪方法时，团队可以通过评估跟踪和监督方法在工作过程中的价值后对它进行修订。

8.2.2　确立关系和依赖性：工具与技术

8.2.2.1　特性模型

特性模型是一种范围模型，用树状或层级结构排列，以可视化的方式表示解决方案的所有特性。特性模型展示了特性之间的关系，以及哪些特性是其他特性的子特性。特性模型有助于建立和表达不同特性之间的关系。有关特性模型的更多信息，见第 7.2.2.8 节。

8.2.2.2　需求管理工具

需求管理工具允许在资源库中捕获和存储需求和其他产品信息。这些工具一般有下列功能：

- 维护审计跟踪，实行版本控制以协助变更管理。

- 通过工作流功能引导评审和批准过程。

- 生成可视化的模型和交互式原型。

- 支持团队协作。

- 与办公软件结合以简化输入和输出。

- 跟踪并报告需求状态。

- 基于工具建立的追溯联系以协助进行详细跟踪。

面向适应型项目的需求管理工具可能含有附加的功能，用于创建并管理产品和迭代未完项，以及产品燃尽图。需求管理工具不能定义高质量的产品信息，但能够协助储存、管理并维护产品信息的过程。有时，选定正确的工具和采用工具都具有挑战性。应当基于需求管理工具如何满足组织需要，从而增加工具被采用的可能性来评估它们。在现在的需求管理工具里，跟踪支持是一项常见的功能。

8.2.2.3　故事地图

故事地图是一种根据用户故事的商业价值和用户通常执行它们的顺序来对用户故事进行排序的技术，以便团队能够对将要构建的内容有共同的理解。在水平方向上，故事地图显示了一次迭代将要交付的内容。而在垂直方向上，故事地图则描述了更高级别的用户故事分组或类别。用户故事可以基于不同的类别分组，如功能、主题或应用。故事地图能够用于建立用户故事与迭代和更高层级类别间的关系。有关故事地图的更多信息，见第 7.2.2.16 节。

8.2.2.4　故事切片

故事切片是用于将需求或用户故事从高级别划分为较低级别的技术。故事切片是一种建立需求之间关系的方法，因为低层级需求或用户故事是高层级需求或史诗的子集。有关故事切片的更多信息，见第 7.3.2.7 节。

8.2.2.5　跟踪矩阵

跟踪矩阵是将产品需求的最初来源与满足需求的可交付成果关联起来的表格。它能支持许多不同种类的对象之间的关联，并且提供在项目和产品生命周期间跟踪产品信息的机制。跟踪矩阵可以用来建立产品信息、可交付成果和项目工作间的关系，从而确保它们能追溯到商业目标。建立的这些联系可以通过只把相关的产品信息包含在解决方案中来管理范围蔓延。在《商业分析实践指南》的第 5.2.3 节中对跟踪矩阵有进一步的讨论。

对于使用适应型生命周期的项目，产品团队可以选择开发交互矩阵。交互矩阵是跟踪矩阵的轻量级版本，可以用来决定需求是否已有足够的细节或仍有缺失的实体。这两种跟踪矩阵的主要区别在于：交互矩阵是暂时的，代表了一个即时快照；而跟踪矩阵一般会保持在整个项目组合、项目集或项目中。有关交互矩阵的更多信息，见第 7.2.2.10 节。

8.2.3　确立关系和依赖性：输出

8.2.3.1　关系和依赖性

关系和依赖性是在对象之间建立的链接，如产品信息、可交付成果和项目工作的组成部分。确立关系和依赖性有助于确保产品信息增加商业价值并符合客户期望、管理范围、降低缺失需求的可能、进行影响分析并做出发布决策。

8.2.4　确立关系和依赖性：裁剪考虑因素

表 8-2 描述了用于确立关系和依赖性的适应型和预测型裁剪考虑因素。

表 8-2　确立关系和依赖性的适应型和预测型裁剪

需要裁剪的方面	典型的适应型考虑因素	典型的预测型考虑因素
名称	未完项梳理	确立关系和依赖性或跟踪需求
方法	通常，建立用户故事与验收标准间的联系。可以跟踪到目标。可以将史诗或用户故事跟踪到特性和验收测试。产品信息的任何部分都可能被前向跟踪到设计、测试和解决方案。随着新条目加到未完项中，通过故事切片或故事地图迭代执行。可以是直接跟踪的形式，例如把可视化模型附到故事，或者链接用户故事和验收标准	最小程度的或广泛的跟踪，在产品信息的所有组件和含有产品信息的可交付成果中双向进行。在整个产品生命周期中建立。随着更多产品信息的确定，进行更加细化的跟踪。在项目的分析阶段之后执行，前向跟踪到设计和测试，并且最后跟踪到最终的解决方案
可交付成果	特性模型、故事地图、交互矩阵，或者可存放在需求管理工具中的相关产品信息，如故事和验收标准	小型到大型的跟踪矩阵。受监管的环境往往会规定更正式的跟踪。跟踪信息可能储存在需求管理工具中

8.2.5　确立关系和依赖性：协作点

有必要与项目团队成员共同评审关系和依赖性，因为这些可能对发布决策有所影响。在预测型项目中，可以在商业分析可交付成果，以及其他项目团队成员产生的可交付成果之间执行跟踪，例如项目需求和设计、开发和测试组件。用于定义产品信息的商业分析工作可能由不同的人员来执行，所以为理解产品信息的不同组件之间的关系，协作不可或缺。

8.3　选择和批准需求

选择和批准需求是促进与相关方进行讨论的过程，以协商和确认哪些需求应纳入迭代、发布或项目中。本过程的关键效益是，它提供了授权以考虑如何及何时构建完整或部分的解决方案来开发或修改产品。图 8-7 描述了本过程的输入、工具与技术和输出。图 8-8 是本过程的数据流向图。

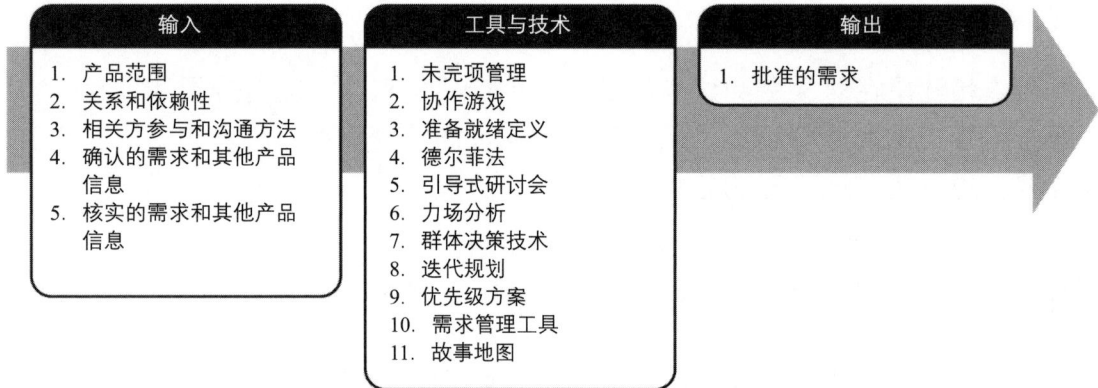

输入	工具与技术	输出
1. 产品范围 2. 关系和依赖性 3. 相关方参与和沟通方法 4. 确认的需求和其他产品信息 5. 核实的需求和其他产品信息	1. 未完项管理 2. 协作游戏 3. 准备就绪定义 4. 德尔菲法 5. 引导式研讨会 6. 力场分析 7. 群体决策技术 8. 迭代规划 9. 优先级方案 10. 需求管理工具 11. 故事地图	1. 批准的需求

图 8-7　选择和批准需求：输入、工具与技术和输出

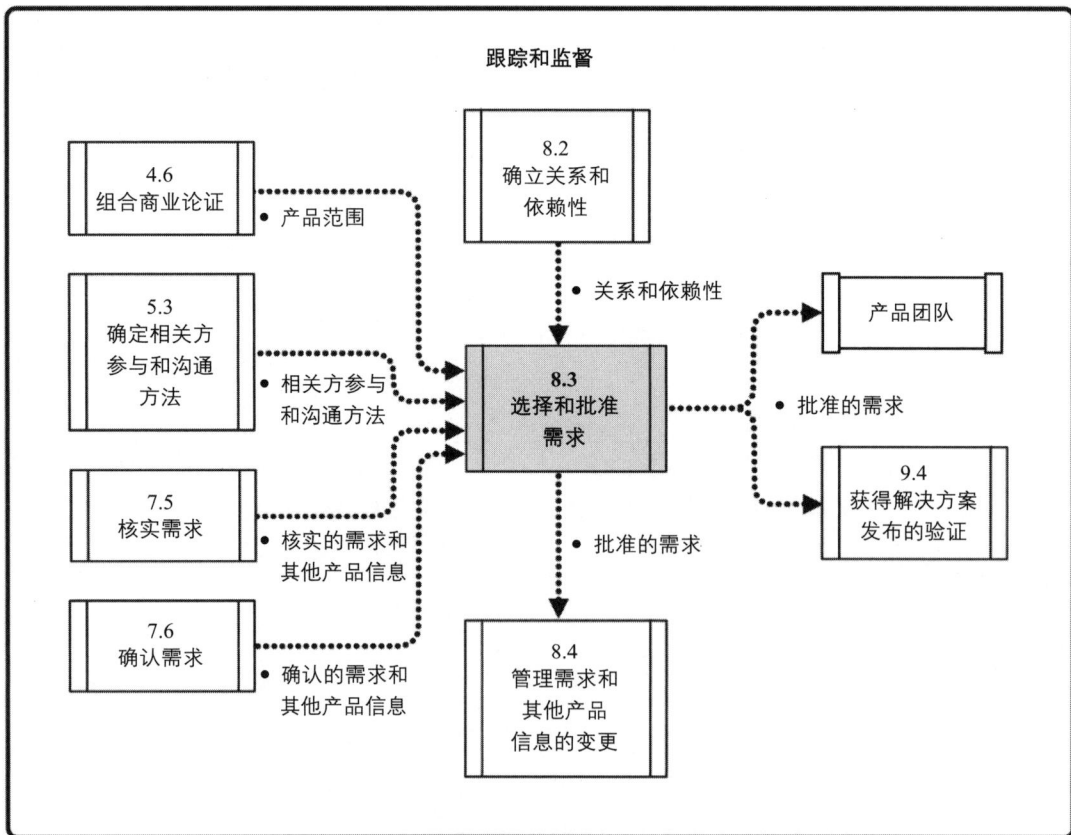

图 8-8　选择和批准需求：数据流向图

批准需求的执行能够获得共识，以确定需求准确描述了产品团队被要求构建的产品。经批准的需求确立了需求基准。需求基准是包含所有对解决方案、项目、项目阶段、迭代、增量、发布，以及项目或解决方案的任何其他部分的批准的需求范围。在使用预测型生命周期的项目中，一旦基准得到确定，只能通过在项目中定义的变更管理程序进行变更。在使用适应型生命周期的项目中，当将需求识别为在下一次或后续迭代中要计划处理的工作时，需求已被有效地基准化，只有在团队同意进行变更，或者产品的所有者决定非正常地终止用户故事、任务或整个迭代时才能变更基准。当终止用户故事或任务时，可以把它们移回产品未完项以供将来考虑，或者把它们标为不再需要。

在不同的组织和项目中，批准需求的方式也有所不同。有的组织要求在需求包上有正式的签字，如商业需求文件。在其他组织或特定类型的项目中，需求的批准可能是非正式的，只需要口头同意。在适应型项目中，批准的需求可以由准备开发的未完项条目清单或迭代规划的结果来表示。其中，迭代规划决定未完项条目清单应在本次或下次迭代中解决。

获得需求和其他产品信息的批准需要经授权的人员选择并批准需求，以使得对需求的准确性和完整性达成一致意见。有冲突的需求并不少见，往往可以通过谈判达成共识。商业分析也包括引导相关方的讨论，以处理需求中的不同观点和冲突，并且商定一致同意的结果直至最终批准。

批准的意见应被跟踪，并且当相关方对批准抱有疑虑时，应当对其表示理解并解决他们的顾虑。额外的工作授权取决于需求的批准；如果在现有团队中不能达成共识，则应当遵守相关方参与方法中所规定的需求批准过程的授权级别。

8.3.1　选择和批准需求：输入

8.3.1.1　产品范围

如第 4.6.3.2 节所述。产品范围被定义为描述解决方案的特性和功能。通过执行批准需求，可以和相关方确认所确定的产品信息无误且在所制定的范围之内。

8.3.1.2　关系和依赖性

如第 8.2.3.1.节所述。关系和依赖性定义了需求之间的链接。关系可以是父子型的，因为需求的详细程度是从高到低渐进明细的。关系也可以是依赖性的，如实现、效益或价值。关系和依赖性可以指出哪些需求需要一起选择和批准。

8.3.1.3　相关方参与和沟通方法

如第 5.3.3.1 节所述。相关方参与和沟通方法对相关方如何在项目组合、项目集或项目中参与和沟通的所有治理协议进行了总结。它包含关于管理需求批准过程的角色责任和授权级别的决策。方法中确定了谁将承担评审、批准、否决或提出需求变更的责任。

8.3.1.4　确认的需求和其他产品信息

如第 7.6.3.1 节所述。确认的需求和其他产品信息是相关方同意的产品信息，并且该产品信息满足了商业目的和目标。尽管核实和确认不必按顺序进行，但一般会在提交相关方评审和批准之前，先对需求和辅助的产品信息进行核实和确认。

8.3.1.5　核实的需求和其他产品信息

如第 7.5.3.1 节所述。核实的需求和其他产品信息是已评价的产品信息，以确保其不受错误影响，并且符合信息所依据的质量标准。尽管核实和确认不必按顺序进行，但一般会在提交相关方评审和批准之前，先对需求和辅助的产品信息进行核实和确认。

8.3.2　选择和批准需求：工具与技术

8.3.2.1　未完项管理

未完项管理是一种在适应型方法中用于维护需求清单的技术。根据商业价值或对客户的重要程度来对清单进行排序，同时由开发团队确定规模，以便团队能够在特定时间内完成最高价值条目。未完项的优先级也可被理解为批准。有关未完项管理的更多信息，见第 7.7.2.1 节。

8.3.2.2　协作游戏

协作游戏是促进协作、创新和创造力以达成启发活动目的的一系列启发技术。协作游戏可以用来处理与需求相关的冲突并帮助团队在需求上达成共识。有关协作游戏的更多信息，见第 6.3.2.2.节。

8.3.2.3　准备就绪定义

准备就绪定义是整个团队同意在用户故事被充分理解并开始构建之前完成的一系列条件。准备就绪定义可以在适应型生命周期中用来代替批准，以帮助项目团队了解用户故事已被充分说明，并且可以带入迭代供开发团队工作。有关准备就绪定义的更多信息，见第 7.3.2.2 节。

8.3.2.4　德尔菲法

德尔菲法是一种建立共识的技术，由主题专家匿名参加。一位引导者用问卷的方式来启发关于该领域的重要观点。随后，总结过的答复再循环分发给专家，供他们进一步提出建议。向专家征求建议的过程会反复进行几轮，直到结果开始趋同。利用这种过程，在几轮后就可达成共识。德尔菲法能减少数据中的偏差，并且防止任何个人过度影响成果。德尔菲法可以用来在任何事情上达成共识，包括需求批准、需求确认、估算、优先级排序和设计选项偏好。在《商业分析实践指南》的第 4.15.1 节中对德尔菲法有进一步的讨论。

8.3.2.5　引导式研讨会

引导式研讨会采用的是结构化会议，由有经验且中立的引导师和一组通过精心挑选的相关方共同领导，以协作并朝着既定的目标工作。引导式研讨会可以把产品团队聚到一起，以选择并批准需求，或者处理阻碍团队达成共识的需求冲突。研讨会被认为是调解相关方分歧的首要技术。有关引导式研讨会的更多信息，见第 6.3.2.4.节。

8.3.2.6　力场分析

力场分析是一种决策技术，可用于帮助产品团队分析是否有足够的支持来进行变更。模型的中间提供了对该变更的描述。团队识别出支持或反对变更的力，把支持变更的力列在左边，把反对变更的力列在右边。每个力都基于它们的重要性和变更的难度而获得一个权重。积极的力是需要加强的条件，而消极的力则是需要削弱或排除的条件。通过计分来决定是否有足够的组织支持以进行变更。当缺乏支持时，团队应当探讨是否有可以用于影响情境的因素。当消极的力大于积极的力时，或者当消极的力没有受到足够的影响以对变更提供足够的组织支持时，应该避免做出变更。图 8-9 显示了一个力场分析的格式示例。

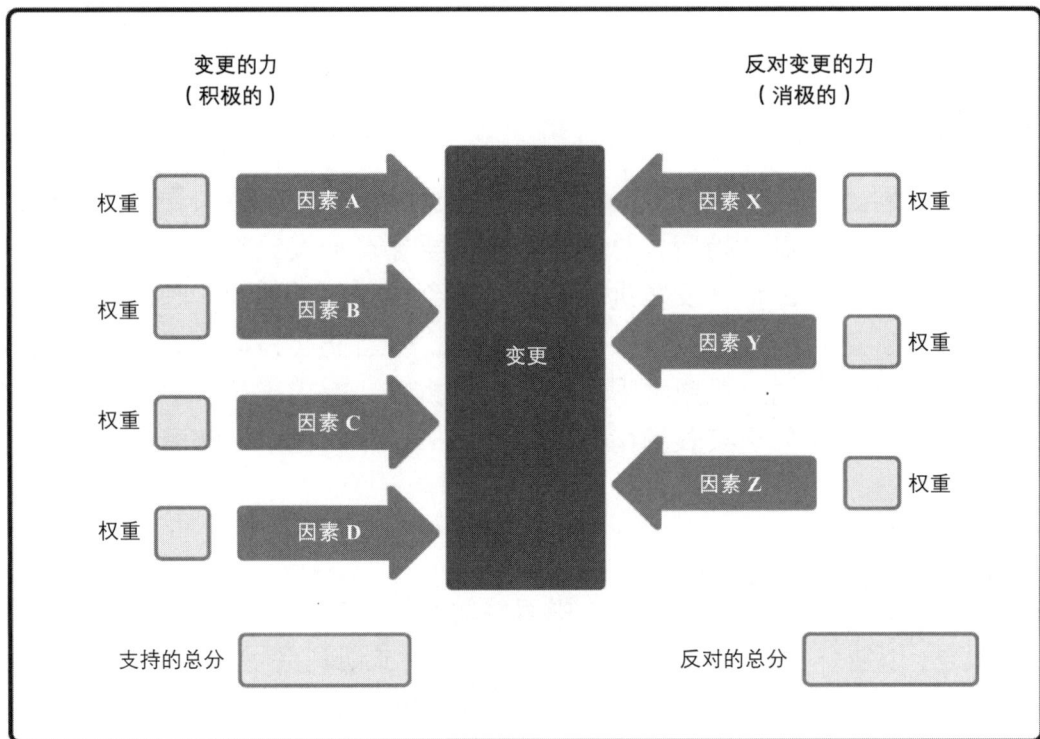

图 8-9   力场分析的格式示例

8.3.2.7   群体决策技术

　　群体决策技术是一种可以在群体中使用的方法，用于帮助参与人员对正在讨论的问题或话题做出最终决策。有些技术能帮助团队达成共识，还有些技术以做出决策为目标，尽管它不一定反映每个人的意见。在进行商业分析规划时，团队应该决定在商业分析过程中如何制定决策，以避免在之后进行工作时出现的误会或冲突。以下是几种决策技术：

- **独裁型。** 由一个人为整个群体制定决策。

- **德尔菲法。** 可减少偏见，以防止任何个人对团队有过多影响。德尔菲法通过共识做出决策。有关德尔菲法的更多信息，见第 8.3.2.4 节。

- **力场分析。** 通过探索支持或反对变更的力，并且评估哪一方的力更强，从而做出决策。有关力场分析的更多信息，见第 8.3.2.6 节。

- **服从多数。** 当获得群体中 50% 以上成员的支持时做出决策。

- **相对多数。** 通过采纳制定决策者所给出的最普遍的答案来做出决策。

- **全体一致。** 基于所有人都赞同的一种做法而做出决策。

集体决策技术可以和其他技术一起使用，解决与需求相关的矛盾。

8.3.2.8 迭代规划

在适应型方法中，迭代规划或冲刺规划都是开发团队为当前迭代或冲刺的产品未完项识别产品未完项子集的活动。因为迭代规划的结果提供了已计划在当前或下次迭代中执行的工作，所以这些工作都可以被认为已经过批准。有关迭代规划的更多信息，见第 7.7.2.3 节。

8.3.2.9 优先级方案

优先级方案是用于对需求、特性或任何其他产品信息进行排序的不同方法。优先级方案也能用来解决与需求相关的冲突。相关方参与和沟通方法决定了何时使用何种优先级方案。有关优先级方案的更多信息，见第 7.7.2.5 节。

8.3.2.10 需求管理工具

需求管理工具允许在资源库中捕获和存储需求和其他产品信息。需求管理工具通常包含了用来引导评审和批准过程的工作流功能。面向适应型项目的需求管理工具可能含有创建并管理产品和迭代未完项的功能。有关需求管理工具的更多信息，见第 8.2.2.2 节。

8.3.2.11 故事地图

故事地图是一种根据用户故事的商业价值和用户通常执行它们的顺序来对用户故事进行排序的技术，以便团队能够对将要构建的内容有共同的理解。故事地图可用于进行发布分配，其中，把特性或解决方案组件分配到不同的产品发布中。有关故事地图的更多信息，见第 7.2.2.16 节。

8.3.3 选择和批准需求：输出

8.3.3.1 批准的需求

批准的需求有以下特征：

- 经过核实，即需求的质量足够高；
- 经过确认，即需求满足商业需要。

批准的需求表明，获得授权可批准需求的人同意所述的需求确实是产品开发部门应该构建的需求。在使用适应型生命周期的项目中，批准的需求可呈现为经过排序的且已准备好开发的未完项，或者作为下次或后续迭代的计划工作而从产品未完项中选出的用户故事。

在预测型项目中，需求经评审后交予决策者批准，批准后的需求则建立了需求基准。批准需求的过程可能包括书面批准或签字，也可能包括口头同意。产品团队在规划时决定批准的过程，包括应参与的角色。

8.3.4　选择和批准需求：裁剪考虑因素

表 8-3 描述了用于选择和批准需求的适应型和预测型裁剪考虑因素。

表 8-3　选择和批准需求的适应型和预测型裁剪

需要裁剪的方面	典型的适应型考虑因素	典型的预测型考虑因素
名称	未完项梳理或迭代规划	选择和批准需求
方法	产品所有者对未完项的排序可以理解为批准。完成的定义可以代替批准，对未完项的排序将持续发生，直到一组条目被移入迭代。可以用需求管理工具创建并管理产品和迭代未完项	在核实和确认后，但在设计前获得批准。可能需要签署文件，例如商业需求文件（BRD）一类的需求包。有时，口头批准可能足够。可以用需求管理工具引导评审和批准过程
可交付成果	已排序的开发准备未完项，在迭代或冲刺中将要构建内容的决策，或者选定接下来把什么从看板图的"将要开始"推至"正在进行"	基准建立后的需求包和批准可以储存在类似需求管理工具的知识库内

8.3.5　选择和批准需求：协作点

在适应型项目中，团队协作可以帮助准备未完项，并且引导团队在每次迭代能实现什么的问题上做出决策。产品所有者是在定义迭代范围时的关键贡献者。在预测型项目中，批准是应与项目团队沟通的里程碑，因为他们的工作取决于批准决策的结果。项目经理依赖批准的产品需求来确定范围，决定项目需求并改进对交付解决方案所需工作量的预测。在预测型生命周期中，批准的需求通常是项目经理在项目计划中追踪的重要里程碑。

8.4　管理需求和其他产品信息的变更

管理需求和其他产品信息的变更是通过理解变更的价值和影响来检查项目中出现的变更或缺陷的过程。随着变更的达成，关于这些变更的信息将被反映到任何必要的地方以支持排序和最终产品开发。本过程的关键效益是，引导项目中重要的解决方案变更的合并，限制不必要的变更和提供对变更对最终产品影响的理解。图 8-10 描述了本过程的输入、工具与技术和输出。图 8-11 是本过程的数据流向图。

输入	工具与技术	输出
1. 批准的需求 2. 商业目的和目标 3. 变更请求 4. 产品范围 5. 关系和依赖性 6. 跟踪和监督方法	1. 未完项管理 2. 变更控制工具 3. 群体决策技术 4. 影响分析 5. 需求管理工具 6. 跟踪矩阵	1. 需求和其他产品信息的推荐变更

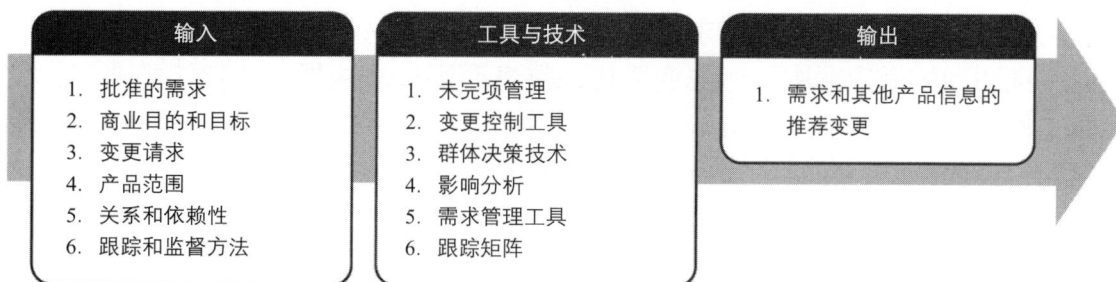

图 8-10　管理需求和其他产品信息的变更：输入、工具与技术和输出

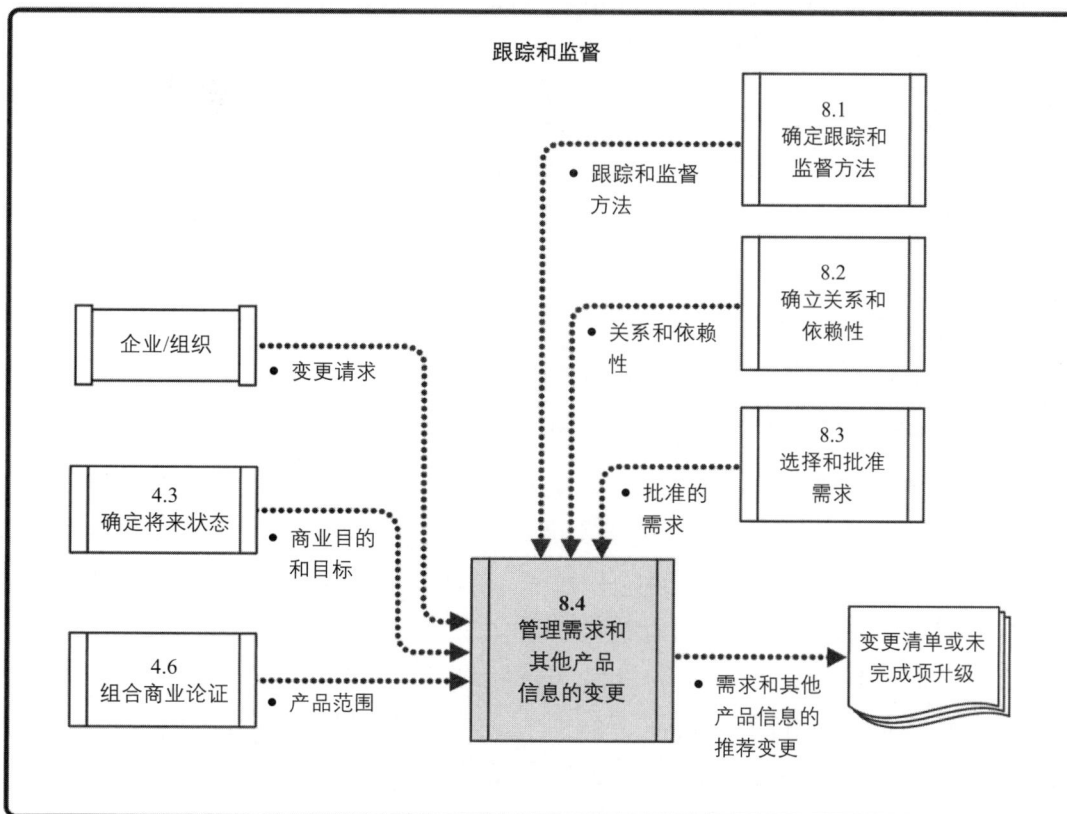

图 8-11　管理需求和其他产品信息的变更：数据流向图

管理需求和其他产品信息的变更包括维护需求、相关的可交付成果和工作成果的完整性，并且确保每个新需求都符合商业需要和商业目标。需求变更过程的关键效益是，它提供了一个过程以管理对批准的需求的变更，并且把不受控或未批准的与需求相关的产品和项目风险降到最低。在进行变更时，若不考虑依赖性，以及变更对整个产品和项目（包括预期的商业价值）的影响，往往会造成对产品和项目的负面影响。

在适应型项目中，变更不断发生。团队使用应急学习法，即让相关方在解决方案的一部分被逐渐交付的过程中发现需求。适应型方法期望，在解决方案的演化过程中，随着相关方了解他们想要什么，需求会也发生相应的变更。在适应型项目中，使用排序过程来决定是否及何时考虑将一项变更纳入产品中。有关排序的更多信息，见第 7.7 节。

在预测型项目中，变更是在需求已基准化之后所要求的修改。变更可能在任一时间点发生，但在预测型生命周期中，适应变更更加昂贵而困难。根据主管部门的要求，变更对进行中的工作和已批准的需求的影响都会受到评审。如果进行变更的价值被认为大于对成本、时间和资源的影响，变更则更有可能得到批准。

提议的变更经过评估后可以进行以下步骤：

- **变更批准**。对受影响的商业分析可交付成果进行必要的更新。在受到影响时，对计划的和进行中的商业分析活动进行调整。在适应型生命周期中，没有"批准"的概念，因为所有提出的变更都能加入未完项中。

- **变更延期**。将延期进行变更的决策和其依据记录到文件中。当变更附有提议的未来产品发布日期时，它会被记录并反映在合适的计划中，从而确保在提出的日期处理变更。在适应型生命周期中，这相当于把提出的变更分配到产品未完项中靠后的位置。

- **拒绝变更**。将拒绝变更提议的决策和其依据记录到文件中。与延期变更的做法不同，由于工作不会发生，所以在计划中不会建立未来的日期备忘。在适应型生命周期中，这意味着不在未完项中增加或移除条目。

- **需要更多信息**。尽管尽最大努力来确保影响分析被完全构建，但变更控制委员会（CCB）或批准团队有时仍会请求更多的信息。商业条件可能在项目批准后有所变化，或者 CCB 考虑了不同的解决方案或使用了之前无法得到的新数据。这转而要求另一轮启发和分析、影响分析的更新，以及再次向主管部门提交变更请求。在适应型生命周期中，未完项条目再次得到细化，直到足够对产品未完项进行排序。接着，被选进迭代的条目再次得到细化以获得开发所要求的必要细节。由于这个方法考虑到了细化的过程，所以变更需要更多信息的想法是不可避免的。

应用的变更管理水平取决于许多因素，例如应用领域、组织文化、组织过程资产、该项目和最终结果的复杂程度、合同需求、项目生命周期和执行项目的环境和背景。变更控制过程所需的正式程度和文件数量取决于组织政策和过程或外部法规。

8.4.1　管理需求和其他产品信息的变更：输入

8.4.1.1　批准的需求

如第 8.3.3.1 节所述。批准的需求是得到核实和确认的需求，并且被认为准确反映了什么是产品开发团队应该构建的。在预测型生命周期中，根据批准的需求对变更请求进行评估，以进行影响分析。

8.4.1.2　商业目的和目标

如第 4.3.3.1 节所述。商业目的和目标明确了商业寻求达成的具体目标。新的或修改后的需求或产品信息将受到评估，从而保证这些需求匹配并支持具体目的和目标的达成。

8.4.1.3　变更请求

变更请求是商业相关方或项目团队在需求基准化后提出的针对产品信息变更的需求变更或其他建议变更的提议。变更请求有多种来源，例如新的法规、内部或外部限制、缺失的需求，或者相关方在看到开发中或完成的部分或完整的解决方案后提出的建议。若已进行影响分析，则可以结合变更请求查看评估的验收结果。并非所有变更请求都会影响产品需求，但在有影响时，需要使用商业分析来分析提出的变更的影响。

在适应型方法中，没有正式的变更请求过程。当相关方提出变更请求时，会以用户故事的方法写出，并且加入未完项。它们往往不被称为变更请求。排序过程可用于根据已有的未完项条目来评估产品的未完项条目，以决定在下次迭代中将包含哪些条目。排序过程用来确保团队把开发活动聚焦在其认为最重要且有价值的故事上。有关对变更请求进行排序的更多信息，见第 7.7.1.3 节。

8.4.1.4　产品范围

如第 4.6.3.2 节所述。产品范围被定义为描述解决方案的特性和功能。在适应型生命周期中，新的特性被添加到产品未完项中，并且基于对效益或价值的评估来进行排序，因此产品范围随时间推移而改变。在预测型生命周期中，根据产品范围来评估新的或修改过的产品信息，从而评估变更和影响的大小。当请求的变更被认为在定义的产品范围之外时，决策者应当考虑修改产品范围是否可行。

8.4.1.5　关系和依赖性

如第 8.2.3.1 节所述。关系和依赖性是在对象之间建立的链接，如产品信息、可交付成果和项目工作的组成部分。在适应型生命周期中，这些信息用于对未完项进行排序，因为新加入的未完项条目可能与未完项的其他条目有联系，所以可以将它们分为一组并一起进行排序。在预测型方法中，可以使用关系和依赖性辨认受影响的未完项条目来估测做出变更的影响。在预测型生命周期中，关系和依赖性降低了缺失需求的可能性，支持了影响分析，并且帮助了团队保持范围。

8.4.1.6　跟踪和监督方法

如第 8.1.3.1 节所述。跟踪和监督方法定义了如何在整个项目组合、项目集或项目中执行跟踪和变更管理活动。它包含关于谁能提出并批准变更，以及如何提出并批准这些变更的信息。

8.4.2 管理需求和其他产品信息的变更：工具与技术

8.4.2.1 未完项管理

未完项管理是一种在适应型方法中用于维护在项目期间要处理的未完项条目清单的技术。清单以商业价值或对客户的重要性进行排序，并且由开发团队估算其工作量的大小，以便在下个开发周期中选择并交付价值最高的条目。请求的变更或新的故事都被加到未完项的底端，直到下次对未完项条目进行排序。在适应型生命周期中，未完项管理是用于管理变更的技术。有关未完项管理的更多信息，见第 7.7.2.1 节。

8.4.2.2 变更控制工具

在使用预测型生命周期的项目中，变更控制工具可以是手动或自动的，并且可以用来管理变更请求和产生的决策。组织中可能已有这些工具。当在项目中引入变更控制工具时，应该考虑参与变更控制过程的所有相关方的需求。以下是两个变更控制工具的实例。

- **配置管理系统（CMS）。** 配置管理系统能帮助确保构建的解决方案符合批准的产品信息。它提供了用于核实一致性、文件变更，以及在整个项目生命周期中汇报每个变更状态的过程。这包括文件、追踪过程和授权变更所需的批准级别。它能够在整个产品，以及它所依赖或依赖于它的其他产品的背景中对解决方案的各个方面的变更进行管理。

- **版本控制系统（VCS）。** VCS 追踪任何类型的工作成果的迭代历史。VCS 就像基准一样，因为它在原先的工作成果建立后追踪对其的变更。VCS 属于 CMS，同时也是组成配置管理的许多功能之一。

在《商业分析实践指南》的第 5.8.2 节中对变更控制工具有进一步的讨论。

8.4.2.3 群体决策技术

群体决策技术是一种可以在群体中使用的方法，用于帮助参与人员对正在讨论的问题或话题做出最终决策。群体决策技术可以和其他技术一同使用，以决定是否应该接受请求的变更。有关群体决策技术的更多信息，见第 8.3.2.7 节。

8.4.2.4　影响分析

影响分析是一种评价变更将如何影响相关元素的技术。当提出对产品信息的变更时，通过进行影响分析，以评估所提出的变更将如何影响项目组合、项目集、项目和产品（包括对需求和其他产品信息的影响）。影响分析包含识别与变更相关的风险、合并变更所需的工作及进度和成本的影响。完成影响分析的关键效益是，它允许用整合的方式考虑项目中的变更，以此将项目和产品风险降到最小。在《商业分析实践指南》的第 5.8.3 节中对影响分析有进一步的讨论。

8.4.2.5　需求管理工具

需求管理工具允许在资源库中捕获和存储需求和其他产品信息。需求管理工具经常包含维护审计跟踪和执行版本控制的功能，以协助变更控制。工作流功能可引导评审并批准变更的过程。在需求管理工具中储存的跟踪信息有助于影响分析。适应型项目所配置的需求管理工具可能包括创建并管理产品和迭代未完项的功能。有关需求管理工具的更多信息，见第 8.2.2.2 节。

8.4.2.6　跟踪矩阵

跟踪矩阵包括关于需求和其他产品信息之间的关系和依赖性的信息。产品信息中被变更影响的部分很容易被跟踪矩阵识别。受影响的关系也可以被轻易识别，并且可用来快速和粗略地量化变更的规模和复杂性。如第 8.2 节中描述。在适应型方法中，很少运用或提到正式的跟踪矩阵，但通过跟踪来理解对已构建事物的影响的概念仍然适用。有关跟踪矩阵的更多信息，见第 8.2.2.5 节。

8.4.3　管理需求和其他产品信息的变更：输出

8.4.3.1　需求和其他产品信息的推荐变更

需求和其他产品信息的推荐变更描述了，在分析与提议的变更相关的所有影响（包括对产品和项目范围、产品使用、价值、风险、进度和成本的影响）之后提出的行动过程。可能的做法包括批准变更、推迟变更、拒绝变更，或者在制定决策前请求更多信息。

8.4.4　管理需求和其他产品信息的变更：裁剪考虑因素

表 8-4 描述了用于管理需求和其他产品信息的变更的适应型和预测型裁剪考虑因素。

表 8-4　管理需求和其他产品信息的变更的适应型和预测型裁剪

需要裁剪的方面	典型的适应型考虑因素	典型的预测型考虑因素
名称	细化未完项	管理需求和其他产品信息的变更或变更控制
方法	没有正式的变更管理程序。变更是被期待的和接受的。变更可以在迭代以外的任意时间发生。如果团队同意，可以在迭代中把额外的细节加入故事中。新故事被加入产品未完项，通过细化未完项或迭代规划来对变更进行排序	变更控制在需求批准后开始。遵循正式的变更管理程序，包括角色和过程步骤。在变更请求中捕获新的产品信息。变更通常被当作一个迷你项目来对待，包括启发、分析、价值评估和需求批准
可交付成果	进行调整后的影响分析。确定变更在未完项中的排序位置	使用推荐的行动方案进行影响分析。修订后的需求文件和更新过的或新的模型

8.4.5　管理需求和其他产品信息的变更：协作点

职能经理可能是变更的来源，因为他们可能是在商业方面最先意识到商业变更的人员，包括可能引发变更需求的新法规或竞争环境的改变。主题专家（SMEs）提供必要的信息以理解变更，并且依要求参与启发活动。

第9章 解决方案评价

解决方案评价包含一系列用于确认即将实施或已经实施的完整或部分解决方案的过程。评价确定了解决方案会在多大程度上满足相关方的商业需要，包括交付给客户的价值。

解决方案评价过程包括：

9.1 评价解决方案绩效——评价解决方案以确定实施的解决方案或解决方案组件是否按预期交付商业价值的过程。

9.2 确定解决方案评价方法——确定要评价组织和/或解决方案的哪些方面、如何测量绩效、何时及由谁来测量绩效的过程。

9.3 评价验收结果并解决缺陷——从定义的验收标准与解决方案的比较中决定如何处理结果的过程。

9.4 获得解决方案发布的验证——为是否将部分或完整的解决方案发布到生产中并最终交接给运营团队做出决策，以及转移关于产品、风险、已知问题和这些问题可能出现的权变措施的知识和现有信息的过程。

图 9-1 概述了解决方案评价的各个过程。商业分析过程被描述为具有定义接口的互相独立的过程，但在实践中它们会以本指南无法全面详述的方式相互交叠和相互作用。

图 9-1　解决方案评价概述

解决方案评价的核心概念

　　解决方案评价活动用来评价解决方案是否已达到预期的商业结果。解决方案评价实践适用于任何需要评价的事物，无论是独立的使用场景还是广义上的商业成果。解决方案评价工作包括将验收测试得出的实际结果与验收标准定义的期望值进行比较，并且对测量结果进行分析。从长远来看，这些活动评价了解决方案的预期商业价值是否已经实现。

　　定性评价或粗略定量评价活动的实例包括对调查、焦点小组或功能性探索测试的结果进行分析。而像直接从解决方案中查看数据的做法，则属于获得更准确的定量测量值的其他评价活动。解决方案的非功能性特征通常也通过测量来评价。例如，实际符合度可用服务级别协议的绩效标准来进行测量。比较预估和实际的成本效益也可能是解决方案评价的一部分。对于与制造相关的解决方案，评价可能还包括比较产品的实际与期望产能，或者产品公差的一致性。而对于与软件相关的解决方案，将期望值与由解决方案的高层级功能处理得到的实际数据值进行比较分析也是评价活动的一种。

评价活动可能发生在：

- 需要对整个或部分解决方案做出通过/不通过或发布决策的任意时刻；

- 整个或部分解决方案投入运营后的短时间内，如刚过保修期时；

- 解决方案投入运营后，需要获得解决方案是否满足商业目的和目标，以及期望价值是否能持续交付的远期愿景时。

解决方案评价通常要求尽早准备，以便在随后执行评价时所需的准备工作已经就绪。评价解决方案的准备工作包括定义和确认预期商业价值，识别和确认用于评估是否实现商业价值的性能数据类型，确认性能数据的实际可用性，以及在必要的时候获取基准或控制数据。定义特定的评价标准（如选定指标的预期或期望的价值区间），可支持解决方案评价之外的分析活动，确定特定评价标准在第 7.4 节"定义验收标准"中也有体现。

对于项目组合、项目集和项目，解决方案评价有以下阐述：

- 评价已完成的解决方案可以用来识别新的需求或变更的需求，这可能促进解决方案的优化或产生新的解决方案。

- 在发布完整或部分解决方案时，解决方案评价可以为通过/不通过商业和技术决策提供输入。

- 评价可以识别效益递减点，例如，从解决方案中获得的附加值不能证明实现该价值所需的额外投入是合理的。在这种情况下，解决方案评价为团队提供了"尽早结束"的能力，即使仍然可构建额外的功能，也应该将资源分配到能带来更高效益的其他项目中去。

- 评价解决方案的局限可能是对各种后续活动提供建议的基准，这些活动包括提高解决方案绩效的措施，以及替换或逐步淘汰解决方案的建议。

- 评价解决方案可为项目组合和项目集管理制定有关新产品和产品改进的决策提供基准。

评价解决方案的复杂因素如下：

- 解决方案的部分效益和价值是无形的，无法进行直接测量。对于无形的效益，有必要制定可用于间接证明效益已实现的测量标准。

- 解决方案本身可能并不需要某些用于评价解决方案的信息，获取并使用这些数据可能增加开发解决方案的成本。

- 在解决方案发布之前，某些体现其价值和效益的方面可能暂时无法测量。在这些情况下，产品团队或企业运营团队就要负责确定和测量领先指标。

这些因素仍然都是将解决方案评价作为最初产品开发工作的一部分的其他原因。有关解决方案评价的更多内容，见《商业分析实践指南》的第 6.3 节。

9.1　评价解决方案绩效

评价解决方案绩效是评价解决方案以确定实施的解决方案或解决方案组件是否按预期交付商业价值的过程。本程的关键效益是，分析活动提供了有形的数据，以确定商业所投资的解决方案是否达到了预期的商业成果，并且作为有关未来决策的输入。图 9-2 描述了本过程的输入、工具与技术和输出。图 9-3 是本过程的数据流向图。

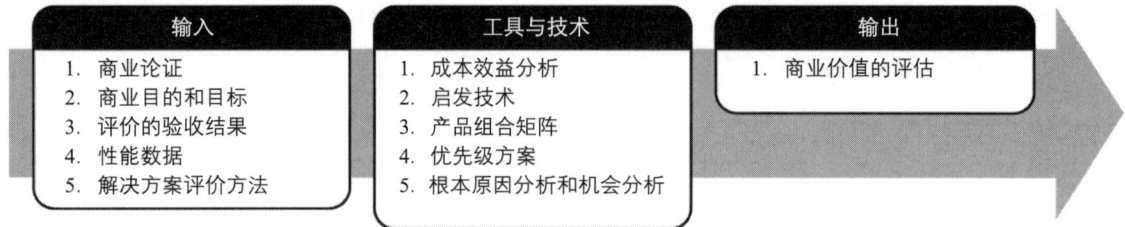

输入	工具与技术	输出
1. 商业论证 2. 商业目的和目标 3. 评价的验收结果 4. 性能数据 5. 解决方案评价方法	1. 成本效益分析 2. 启发技术 3. 产品组合矩阵 4. 优先级方案 5. 根本原因分析和机会分析	1. 商业价值的评估

图 9-2　评价解决方案绩效：输入、工具与技术和输出

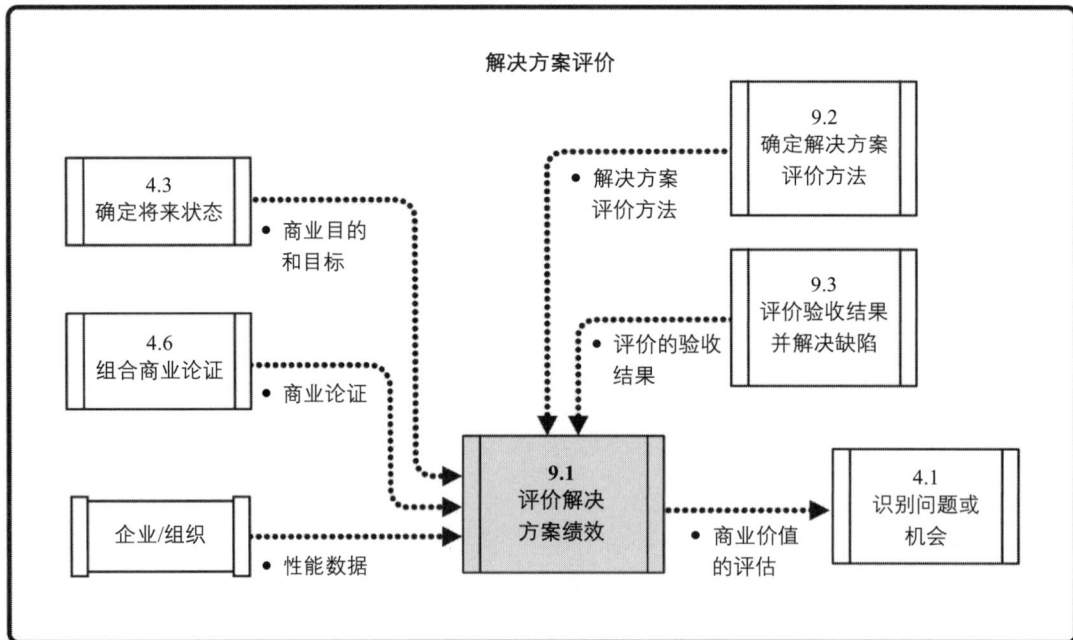

图 9-3　评价解决方案绩效：数据流向图

评价解决方案绩效包括确认已投入运营的解决方案或解决方案组件是否交付了期望的商业价值。解决方案的实际商业价值是根据商业目的和目标来测量的。商业分析还评价了所获得成果背后的潜在原因。

对解决方案绩效的评价通常在解决方案发布后进行。因此，解决方案绩效的评价更可能发生在项目组合或项目集活动的过程中，而非项目活动的过程中。在项目组合或项目集层面进行产品决策时，商业价值的实现程度和实现原因都是要重点考量的因素。但是，评价解决方案绩效不仅可以为项目集或项目组合进行产品决策提供支持，还可以在项目的任何过程中采用——只要它能提供深刻见解。

用于评价商业价值的数据往往来自实施该解决方案的商业领域，或者产品中的监测设备。商业分析工具用于分析期望和实际之间的差异，作为评估解决方案商业价值的组成部分。由于许多商业价值的测量需要在解决方案发布后才能进行，而且测量工作常常需要持续一定的时间以获取其趋势，因此，需要组织对测量工作的投入做出承诺，并且在不具备商业价值测量能力时，对这些能力进行组建或购买。如果资源提供有困难，组织就要考虑采用成本更低的次优方法进行测量，此时可能选择代理或外包的方式。

相关的商业目的和目标、评价的验收结果源自过去的发布成果、性能数据、基准数据。当上述数据可用时，可对其进行分析以确定商业价值是否被交付、产生超预期结果的原因，或者任何问题的根本原因。错失商业价值的典型原因如下：

- 技术原因；
- 商业实践或约束；
- 对产品或其预期用途的抵制；
- 产品使用者采用投机方法规避真实或可感知（可预见）的解决方案局限性。

对产品性能的评估可为提高解决方案的长期绩效的建议提供输入，同样也可为项目组合与项目集管理做出关于进一步改进产品、新产品决策、更换或停产产品决策的建议提供输入。

9.1.1　评价解决方案绩效：输入

9.1.1.1　商业论证

如第 4.6.3.1 节所述。商业论证描述了相关信息，以确定是否值得对该方案进行所需的投资。它是阐述预期效益的权威来源。

9.1.1.2　商业目的和目标

如第 4.3.3.1 节所述。商业目的和目标明确了商业寻求达成的既定目标。它们提供了评价解决方案绩效的背景，因为它们是对预期商业价值的可衡量描述。商业目标的例子包括，在产品生产中增加 $x\%$ 的产量，降低 $y\%$ 的成本，以及增加 $\$z$ 的销售量。

许多产品支持与一个或多个关键绩效指标（KPI）相关联的商业目的和目标。KPI 通常是由组织的管理人员定义的目标绩效水平。对于已经定义和衡量 KPI 的组织，有时可以利用现有的衡量能力，使用一个或多个 KPI 来评价解决方案。

9.1.1.3 评价的验收结果

如第 9.3.3.1 节所述。评价的验收结果是验收标准与实际结果的比较，以及它们之间差异的根本原因。从解决方案发布开始，评价的验收结果描述了产品的状态，特别是它可能具有的任何可能改变预期商业价值的能力或缺点。超过预期的产品可以为未来的机会提供依据。不符合预期的产品可能有缺陷，这就需要分析解决这些缺陷的成本，以及解决它们或接受它们的商业影响。

9.1.1.4 性能数据

性能数据是产品的量化输出。可衡量的输出实例包括：产品的产出量、由产品产生的某些输出的数据量、成本的降低、使用服务所获得的生产率、采用解决方案的用户数、产生的收入、销量、在营销活动中影响的个人数量，以及客户满意度水平。

性能数据通过评估发布前后的性能数据，来确定产品的实际商业价值。来自产品的早期版本或手动过程的任何性能数据都表示基准。例如，如果以增加的销售额来衡量商业价值，那么量化的商业价值就是解决方案发布之前（基准）和发布之后的销售额之间的差异。

如果没有性能数据的基准，那么发布之后的性能数据可以表示商业价值，也可以用来对原始基准进行估算。在理想情况下，性能数据是针对既定的商业目的和目标进行测量的。然而，当这不能实现时，那些目标的替代形式可以用来确定商业价值。例如，替代性能数据可以包括，描述产品的有效性或质量的度量，诸如在使用产品时任务的平均持续时间、涉及软件解决方案的响应时间，或者在执行任务时产生的错误数量。

性能数据通常由获取解决方案所有权的商业领域或内置在解决方案中的工具来衡量和获得。还可以使用解决方案外部可用的能力来衡量性能数据，例如，来自在解决方案发布后进行的调查或焦点小组的结果。

9.1.1.5 解决方案评价方法

如第 9.2.3.1 节所述。解决方案评价方法提供了关于如何执行解决方案评价活动的协议。解决方案评价方法确定了将使用哪些类型的测量指标来评价预期的商业价值是否已经实现。它解释了如何评价解决方案的绩效。由于解决方案可能在其发布之后很久才进行评价，因此，可能需要根据当前状态随时间更新初始解决方案评价方法。

9.1.2 评价解决方案绩效：工具与技术

9.1.2.1 成本效益分析

成本效益分析是一种财务分析工具，用于确定某个项目或解决方案相对于其成本所提供的效益。考虑实际和预期成本效益分析的结果是评估解决方案的商业价值的一种方法。进行成本效益分析可以帮助确定作为解决方案绩效评价的一部分而提出的建议是否有效利用了成本。有关成本效益分析的更多信息，见第 4.4.2.2 节。

9.1.2.2 启发技术

启发技术用于从来源中抽取信息。引导式研讨会、焦点小组、访谈和观察法都属于启发技术，这些技术经常用来揭示根本原因，以识别解决方案的预期商业价值和实际商业价值之间的差异，并且提出解决这些差异的建议。启发技术包括：

- **引导式研讨会**。一种结构化会议，由有经验且中立的引导师和一组通过精心挑选的相关方共同领导，以协作并朝着既定的目标工作。可与决策者协作举行引导式研讨会，以查明根本原因和差异。有关引导式研讨会的更多信息，见第 6.3.2.4 节。

- **焦点小组**。提供从客户或最终用户处直接获得反馈的机会。焦点小组可以用来了解商业价值中的哪些缺陷是非常重大的或是涉及相关方的。有关焦点小组的更多信息，见第 6.3.2.5 节。

- **访谈**。可以与单个相关方和用户一起进行，以便在预期和实际商业价值相差很大的情况下了解根本原因。访谈的隐私和机密性可能会暴露出在引导式研讨会或焦点小组中可能不表达的考虑因素。有关访谈的更多信息，见第 6.3.2.6 节。

- **观察法**。一种启发技术，它通过查看个人如何在其所处的环境中执行工作或任务，来启发有关如何执行过程或如何使用产品的信息。对于某些产品，通过直接观察用户实际执行的工作或任务可能发现他们用来弥补产品差距的权变措施。这些权变措施可能产生意想不到的后果，从而导致商业价值的损失。在使用访谈和其他口头沟通技能时，这种权变措施可能被忽略，因为熟悉该产品很长时间的用户可能不会想到，他们是如何弥补功能不足或感知功能缺失的。有关观察法的更多信息，见第 6.3.2.7 节。

有启发技术的更多信息，见第 6.3.2 节。

9.1.2.3 产品组合矩阵

产品组合矩阵，也称为增长份额矩阵，是一些组织用于定性分析其产品或产品线的市场分析象限图。该图的纵轴反映了从低到高的市场增长（或产品的需求），而横轴反映了从低到高的市场份额。矩阵提供了一种快速且可视化的方法来评价哪些产品满足或超过了市场上的性能预期，因此，这有助于评价产品的性能。

图 9-4 显示了一个产品组合矩阵的实例。在该图中，假设生产、销售和分发产品的成本不是一个重要因素，向组织提供最显著效益的产品将出现在左上象限，因为这些是组织在高增长率的市场中占有高市场份额的产品。那些位于右上象限的产品，被认为具有很好的潜力，因为尽管它们的市场占有率低，但它们处在一个持续增长的市场中。那些位于左下象限的产品，在低增长的市场中具有较高的市场份额，被视为可靠的收入来源。

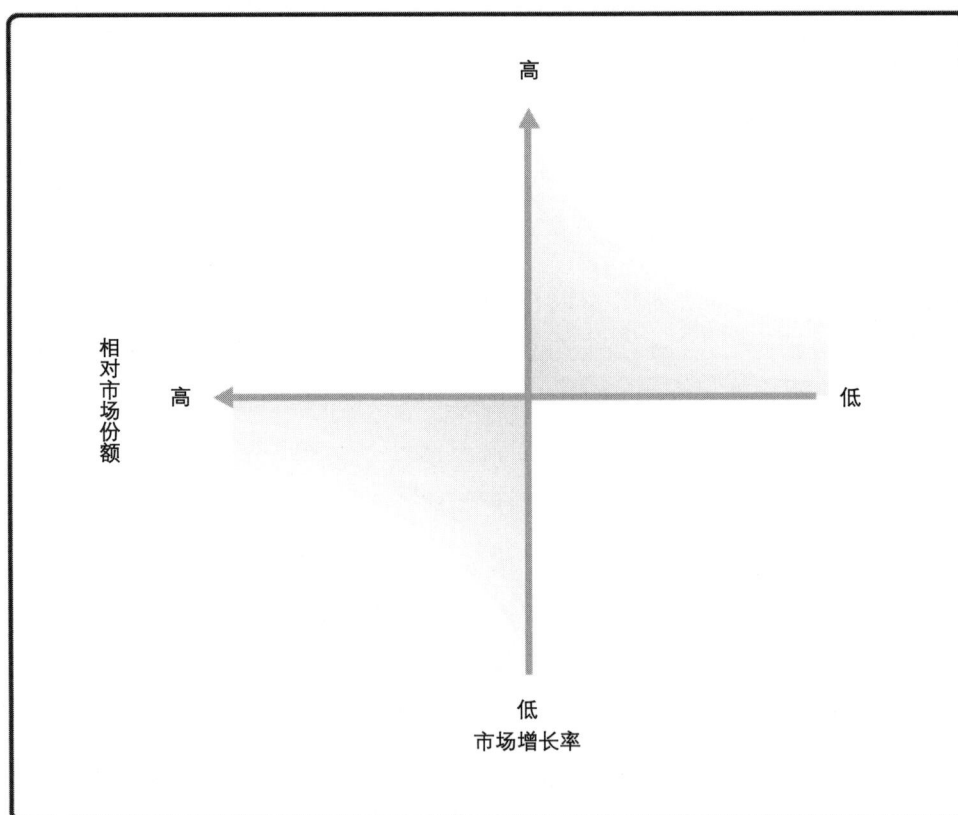

图 9-4 评价解决方案绩效：产品组合矩阵

9.1.2.4 优先级方案

优先级方案是用于对需求、特性或任何其他产品信息进行排序的不同方法。为了评价解决方案绩效，可以使用优先级方案来对从解决方案中获得的效益的价值，以及它所带来的任何挑战的严重性进行排序。这样做可以提供一种方式来考虑效益是否大于挑战，反之亦然。有关优先级方案的更多信息，见第 7.7.2.5 节。

9.1.2.5　根本原因分析和机会分析

根本原因分析用于确定引起偏差、缺陷或风险的根本原因。机会分析用于研究潜在机会的主要方面，以确定为实现其目标而在提供的产品中可能发生的变更。当用于评价解决方案绩效、根本原因和机会时，分析可以帮助揭示实际商业价值没有达到或可能超出预期的原因，以及哪里可能有进一步改进产品的机会。根本原因分析和机会分析的结果都可用于对新产品进行决策，以及是否加强、淘汰或停止现有产品。有关根本原因分析和机会分析的更多信息，见第 4.2.2.9 节。

9.1.3　评价解决方案绩效：输出

9.1.3.1　商业价值的评估

商业价值的评估是将解决方案的预期商业价值与已实现的实际价值进行比较的结果。如果没有实现期望的商业价值，则该评估应包括原因。

评估被用于决定是否开发新产品，或者加强、淘汰或停止现有产品。为实现任何建议所做的工作，都需要作为组织为项目组合或项目集管理而进行的持续规划活动的一部分来进行排序。有关评估商业价值的更多信息，见《商业分析实践指南》的第 6.10.3 节。

9.1.4　评价解决方案绩效：裁剪考虑因素

表 9-1 描述了用于评价解决方案绩效的适应型和预测型裁剪考虑因素。

表 9-1　评价解决方案绩效的适应型和预测型裁剪

需要裁剪的方面	典型的适应型考虑因素	典型的预测型考虑因素
名称	评价解决方案绩效	
方法	在启动解决方案之后，性能数据将用于比较商业价值和预期价值。收集主观和客观证据。识别偏离预期价值的根本原因。可提出减少偏离的建议。根本原因成为决策的输入，以加强、维护、替换或停止产品	
可交付成果	评估结果可以被正式地记录下来，也可以不记录	

9.1.5　评价解决方案绩效：协作点

有几个角色可能有助于评价解决方案绩效。职能经理可以提供关于产品性能如何的见解，这些绩效表现往往通过观察测量指标并不能显而易见，而 DevOps（一些组织用于协调活动，以及改进开发和运营领域之间的协作）可能提供关于在保修期内产品性能趋势的看法。主题专家可能负责进行评价，或者帮助揭示所取得结果背后的原因。一旦获得了性能数据，项目组合、项目集和项目经理就会在做出战略和战术决策时使用这些结果。

9.2 确定解决方案评价方法

确定解决方案评价方法是确定要评价组织和/或解决方案的哪些方面、如何测量绩效、何时及由谁来测量绩效的过程。本过程的关键效益是，选择或定义了绩效指标和测量指标，以便后续可以收集、报告和评价这些指标，以支持组织和/或产品的持续改进。图 9-5 描述了本过程的输入、工具与技术和输出。图 9-6 是本过程的数据流向图。

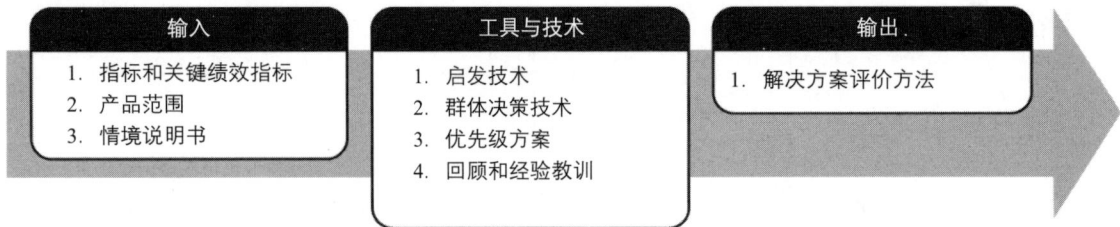

输入	工具与技术	输出
1. 指标和关键绩效指标 2. 产品范围 3. 情境说明书	1. 启发技术 2. 群体决策技术 3. 优先级方案 4. 回顾和经验教训	1. 解决方案评价方法

图 9-5   确定解决方案评价方法：输入、工具与技术和输出

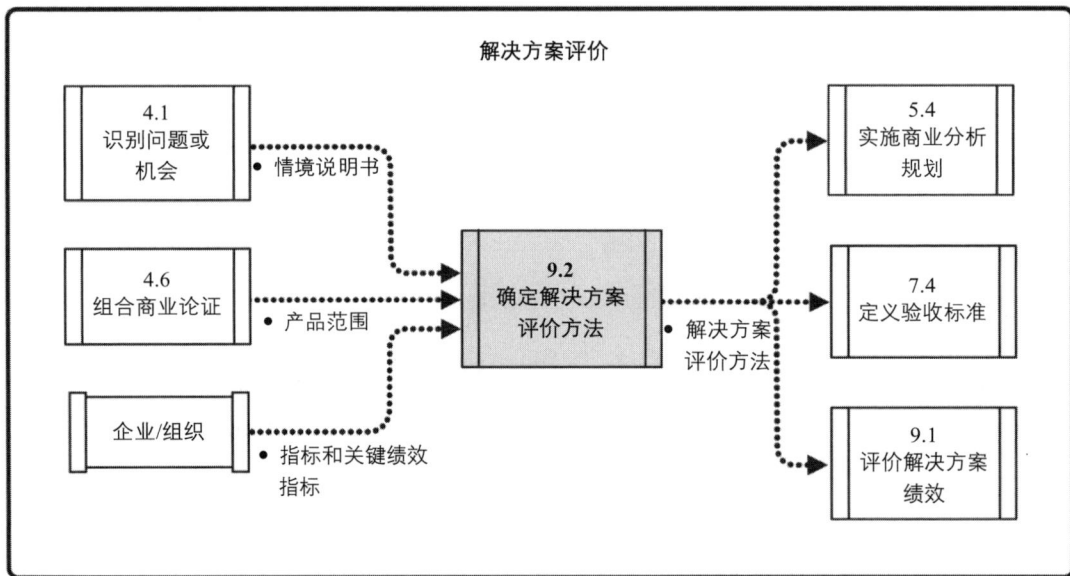

解决方案评价

4.1 识别问题或 机会	→ 情境说明书
4.6 组合商业论证	→ 产品范围
企业/组织	→ 指标和关键绩效指标

9.2
确定解决方案
评价方法

→ 解决方案评价方法 →

- 5.4 实施商业分析规划
- 7.4 定义验收标准
- 9.1 评价解决方案绩效

图 9-6   确定解决方案评价方法：数据流向图

确定解决方案评价的方法包括进行研究、讨论和分析以确定如何及何时评价产品。确定解决方案评价方法应包括：

- 规划解决方案评价活动应该何时及以什么频率进行。解决方案评价可能发生在解决方案的某些组件的开发过程中，也可能在解决方案即将发布之前、发布之后，或者已发布一段时间之后。

- 规划应运用哪些评价技术。并非所有的技术都需要在分析开始前被确定下来，但是提前思考运用哪些技术，可以让商业分析专业人士可运用的技术变得更加丰富。

- 规划如何分析和报告评价结果。
- 规划如何将解决方案评价的进展及其输出传达给相关方和其他利益团体，包括确定合适的正式沟通程度。
- 规划评价绩效将使用哪些指标，以及它们如何与商业目的和目标挂钩。

指标是用于评价解决方案或商业的一系列可量化的测量。在执行解决方案评价时，指标定义了如何量化解决方案绩效。很多指标都被用于比较解决方案的有形属性，例如生产量、生产率，或者生产效率。解决方案评价方法定义了两种常见的指标类型：

- 在开发过程中或在开发后不久，将被用于评价解决方案或其组件以进行验收的指标。验收标准设定了这些指标的可接受范围。有关验收标准的更多信息，见第 7.4.3.1 节。
- 之后可能被用于确定商业价值是否交付的指标。由于解决方案在发布之后方可进行解决方案绩效评价，对于所选择的指标或测量的方式都可能随着时间的推移而发生变化。

当确定解决方案评价方法时，团队需要考虑如下指标：

- 需要为指标收集哪种类型的绩效信息，何时收集，收集的频率？
- 谁负责收集并汇报绩效信息？
- 是否已存在内在的收集汇报机制？如果没有，需要哪些额外的能力？谁将承担培养这些能力所需的成本？

产品范围，以及有关解决方案需要解决的问题和抓住的机会的信息，为决定哪些类型的指标能够帮助组织评估产品性能提供了根据。也有一些行业或组织的标准被定义为标杆，可用于将解决方案与对其的常规预期进行对比。

在产品开发生命周期中，解决方案评价方法应尽早定义，因为其中有些指标可能需要获取额外的信息，而这些信息可能并不是产品本身所需要的。如果不尽早定义，获得所需要的信息的成本可能变得很高，或者这些信息变得难以收集。在考虑新的指标时，一个重要的考虑因素是，获取实际测量数据和汇报这些数据的成本。当备选指标的收集成本过高或过于耗时而无法证明其使用的合理性时，我们可以考虑成本更低的、次优的替代方案。

9.2.1 确定解决方案评价方法：输入

9.2.1.1 指标和关键绩效指标

指标是用于评价解决方案或商业的一系列可量化的测量。在解决方案评价中，指标定义了解决方案如何被量化。有多种类型的指标可用于解决方案评价。商业目标是其中一种指标，它描述了产品力求达到的商业价值。关键绩效指标则是一类与其相关的指标，通常由组织的管理层来定义，用于评价组织在实现其目的或目标方面的进度。另外，还有更细颗粒度的指标可追溯到商业目标，这些指标可用于评价开发过程中或开发后的阶段性成果。定义解决方案评价方法包括选择用哪些指标作为验收标准的一部分，用来评价开发中的解决方案，或者评价已发布的解决方案绩效。在选择时，可以考虑组织内部是否已有可用指标。

9.2.1.2 产品范围

如第 4.6.3.2 节所述。产品范围被定义为描述解决方案的特性和功能。为了评估的目的，并且基于解决方案的产品范围，商业目的和目标提供了关于哪些类型的信息需要被收集和测量的建议。

9.2.1.3 情境说明书

如第 4.1.3.2 节所述。情境说明书描述了问题或机会，以及情境对组织的影响。情境说明书中可能推荐了相应的方法，用于测量问题或机会是否已经得到跟进。情境说明书也被用于确定如何、何时及以什么样的频率来评价解决方案。

9.2.2 确定解决方案评价方法：工具与技术

9.2.2.1 启发技术

启发技术用于从来源中抽取信息。启发技术可以用于识别现有的指标或潜在指标，这些指标都将用于确定解决方案验收或评价商业价值是否实现。对于解决方案是如何被评价的，启发技术也有助于明确相关思路。

可以支持确定解决方案评价方法的一些常见的启发技术有：文件分析、引导式研讨会及访谈。

- **文件分析**。一种通过分析现有文件，以识别相关产品信息的启发技术。一个团队可能能够从文件中获取可能的指标的概念，这些文件存储了当前所收集的信息，或者在解决方案到位后即有的信息。团队也可能重复利用全部的或部分的已存档的解决方案评价方法。有关文件分析的更多信息，见第 6.3.2.3 节。

- **引导式研讨会**。一种结构化会议，由有经验且中立的引导师和一组通过精心挑选的相关方共同领导，以协作并朝着既定的目标工作。引导式研讨会的结构促进了为提出指标而召开的高效和专注的会议。有关引导式研讨会的更多信息，见第 6.3.2.4 节。

- **访谈**。用于启发关于解决方案评价方法的信息。为了确定方法，访谈可以安排掌握不同关键信息的相关方（参与）。必要时，单独的访谈可以为每个相关方都提供一个机会，以坦率表达关于组织获得建议指标的能力。有关访谈的更多信息，见第 6.3.2.6 节。

有关启发技术的更多信息，见第 6.3.2 节。

9.2.2.2　群体决策技术

群体决策技术是一种可以在群体中使用的方法，用于帮助参与人员对正在讨论的问题或话题做出最终决策。决策技术用于对解决方案评价方法达成共识。例如，团队需要决定：哪些指标需要收集；信息本身的价值与获得信息的成本的对比；哪些推荐的指标可用；收集指标的频率。

有关群体决策技术的更多信息，见第 8.3.2.7 节。

9.2.2.3　优先级方案

优先级方案是用于对需求、特性或任何其他产品信息进行排序的不同方法。在确定解决方案评价方法的过程中，获取信息的需求程度需要与获取信息的成本相互平衡。这种平衡将通过决策来实现，并且可能需要在推荐的指标中定义优先级。

如 MoSCoW 这样的优先级方案可以帮助决定哪些指标是必须有、应该有、可以有和不会有的，这同加权排序很类似。有关优先级方案的更多信息，见第 7.7.2.5 节。

9.2.2.4　回顾和经验教训

回顾和经验教训通过利用过去的经验来计划未来。作为策划解决方案评价方法的一部分，回顾和经验教训能用来了解收集和分析不同类型指标的便利性，以及了解不同评价技术的有效性。有关回顾和经验教训的更多信息，见第 5.7.2.4 节。

9.2.3　确定解决方案评价方法：输出

9.2.3.1　解决方案评价方法

解决方案评价方法描述了何时及如何评价解决方案，支持评价的指标类型，为这些指标收集并沟通实际性能数据的可行性，以及由谁负责实施评价和沟通结果。有关解决方案评价方法中所包含的信息，见《商业分析实践指南》的第 3.4.15 节。

9.2.4　确定解决方案评价方法：裁剪考虑因素

表 9-2 描述了用于确定解决方案评价方法的适应型和预测型裁剪考虑因素。

表 9-2　确定解决方案评价方法的适应型和预测型裁剪

需要裁剪的方面	典型的适应型考虑因素	典型的预测型考虑因素
名称	非正式命名的过程	确定解决方案评价方法
方法	作为初始规划的一部分，在定义验收标准、创建完成定义，以及质量保证协调时加以考虑。相关决定可能被非正式地归档或在团队间讨论	解决方案评价方法被定义为规划的一部分，并且在定义验收标准之前
可交付成果	不是独立的可交付成果	解决方案评价方法成为商业分析规划的一个组成部分

9.2.5　确定解决方案评价方法：协作点

许多角色都能参与确定解决方案评价方法。任何负责收集、监督、评价或资助成本以获得性能数据的经理，都可能参与制定和批准该方法。风险合规和法律领域可提供以下需求：需要测量什么，需要多长时间及需要保留哪个时间段的性能数据。项目发起人也需要纳入考虑范围，因为他们作为资助者会有不同的观点，以及在他们为解决方案评价投入资源的意愿方面可能有不同的排序。运营方的领导也可以提供关于指标的想法，并且评估在其运营领域测量这些指标的能力，以及提供关于收集指标成本的见解。

9.3　评价验收结果并解决缺陷

评价验收结果并解决缺陷是从定义的验收标准与解决方案的比较中决定如何处理结果的过程。本过程的关键效益是，决定是否发布整个或部分解决方案，是否执行变更，或者对产品进行补救和增强。图 9-7 描述了本过程的输入、工具与技术和输出。图 9-8 是本过程的数据流向图。

输入	工具与技术	输出
1. 验收标准 2. 实际验收结果	1. 优先级方案 2. 根本原因分析 3. 跟踪矩阵 4. 偏差分析	1. 评价的验收结果

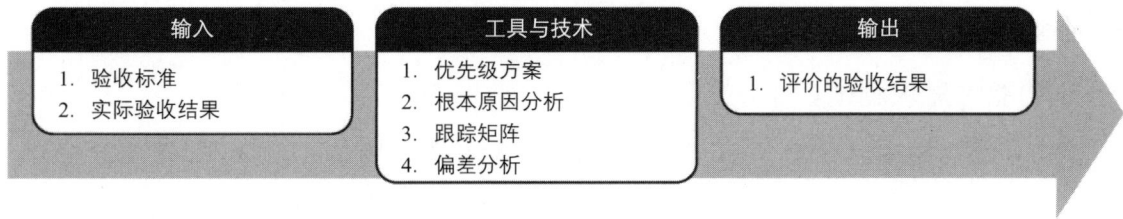

图 9-7 评价验收结果并解决缺陷：输入、工具与技术和输出

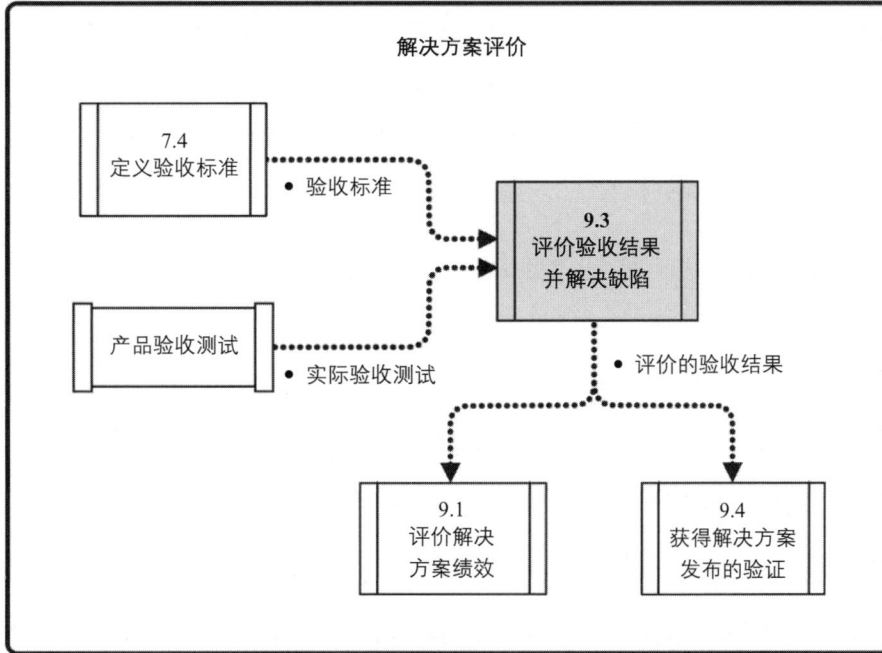

图 9-8 评价验收结果并解决缺陷：数据流向图

本过程将验收测试的结果与验收标准进行比较，并且为如何解决不满足验收标准的情境提供推荐方案。它涵盖了任何颗粒度水平的验收测试，大到整个发布的解决方案，小到一个商业场景（由若干个用户故事组成）。它更多地聚焦于验收测试与验收标准之间比较的结果，而不是测试结果本身。将执行商业分析和执行测试的人员分别由不同的角色来承担在业界是一种普遍的做法。至于在验收测试与测试标准进行比较后，究竟哪些应通过，哪些不应通过，一般而言，会在测试规则中规定。之后，商业分析工作必须根据缺陷的严重程度来找出根本原因，以识别相关风险并提出解决缺陷的推荐方案。作为推荐方案的一部分，商业分析应考虑修复和处理缺陷所产生的商业影响和成本，以及如果选择不解决这些缺陷，将对商业带来的影响和产生的成本。

作为本过程的一部分，测试结果可能来自（包括但不限于）：

• 探索性测试和用户验收测试；

• 生活时光测试；

• 试生产或模拟生产测试；

- 在场景中的功能测试；

- 非功能性需求测试。

有关测试方法的更多信息，见《商业分析实践指南》的第 6.6 节。

在对质量开展不间断监督和验收测试的组织中，例如制造行业和建造行业，可以通过实际结果和验收标准之间的差异来发现不合格品的增减趋势和模式。对于涉及软件的，采用自动回归测试的解决方案来说，可以通过公差测试发现变化趋势和模式。

评价过程还包括发现造成偏差或缺陷的根本原因。可能需要对解决缺陷所需的成本进行分析，并且对解决缺陷或接受缺陷可能对商业造成的影响进行分析。提出解决缺陷的推荐方案，具体有（包括但不限于）：

- 商业实践和产品使用方面的潜在的权变措施，但不影响产品其他功能或导致产品异常工作；

- 可能通过变更请求实施产品改进；

- 对产品的测量方法和测量内容进行调整；

- 识别是否需要对缺陷的技术原因进行调查；

- 通过沟通就如何使用产品向客户或用户进行澄清。

评价验收结果和处理产品缺陷的活动通常可以发生在需要为解决方案或其组件做出继续/终止或发布决策的任何节点上。然而，在解决方案投入运营后发现产品缺陷时，也可能出现这种情况。

9.3.1　评价验收结果并解决缺陷：输入

9.3.1.1　验收标准

如第 7.4.3.1 节所述。验收标准是具体且可展示的一系列条件，要通过商业相关方或客户的验收则必须满足这些条件。在适应型的方法中，每个用户故事的验收标准都采用验收标准清单的形式；而在预测型的方法中，可能为发布产品或解决方案采用更高层级验收清单的形式。验收标准是一个关键输入，它表明了测试解决方案所依据的各种条件。

9.3.1.2　实际验收结果

实际验收结果包含已通过或未通过的结果，通常由质量控制团队将测试结果与验收标准进行比较后得出。在商业分析中，接着还要对验收结果进行分析，以找出差异的原因并提出解决缺陷的推荐方案。对于采用回归测试的组织，回归测试的结果可能有助于开展分析并发现新的或增强的功能对现有功能所产生的影响。

9.3.2 评价验收结果并解决缺陷：工具与技术

9.3.2.1 优先级方案

优先级方案是对各种需求、特性或产品信息进行排序的一种方法。作为解决缺陷的一部分，可以根据缺陷的严重性、用户碰到缺陷的可能性，以及如果不对缺陷开展补救措施可能造成的影响程度等进行排序。有关优先级方案的更多信息，见第 7.7.2.5 节。

9.3.2.2 根本原因分析

根本原因分析技术用于确定偏差或缺陷的原因。它可用于发现实际结果不符合验收标准的原因。它还可用于决定是否继续推进以使解决方案通过验收并得以发布。有关根本原因分析技术的更多信息，见第 4.2.2.9 节。有关利用根本原因分析来评价验收标准并解决缺陷的更多信息，见《商业分析实践指南》的第 6.10.3 节。

9.3.2.3 跟踪矩阵

跟踪矩阵是将产品需求的最初来源与满足需求的可交付成果关联起来的表格。跟踪矩阵可用于在将产品信息、可交付成果和项目工作之间建立关系，以确保每个需求都与商业目标相关。作为评价验收结果的一部分，还可以使用跟踪矩阵来评估不解决偏差或缺陷将带来的影响。例如，不解决与高优先级商业目标的特性相关的缺陷，可能对商业带来巨大的影响。有关跟踪矩阵的更多信息，见第 8.2.2.5 节。

9.3.2.4 偏差分析

偏差是实际测试结果与基准或期望值之间的可量化的偏差、差异或偏离值。偏差分析是一种确定实际绩效与基准的差异程度及原因的技术。无论采用的是何种生命周期类型，当测试结果与验收标准之间存在明显的差异时，可以使用偏差分析来发现偏差的原因。有关偏差分析的更多信息，见第 5.7.2.6 节。

9.3.3　评价验收结果并解决缺陷：输出

9.3.3.1　评价的验收结果

评价的验收结果提供了验收标准与实际结果的汇总比较，同时还提供了偏差或缺陷的根本原因、解决缺陷的成本分析，以及解决或接受缺陷的商业影响。一些组织采用日志的方式来跟踪评价的验收结果和推荐方案。如果就评价的验收结果展开沟通，还可能将解决缺陷的办法也包含在内。对于在实践中将产品和项目文档化的组织来说，可以通过另一种方式来获得评价的验收结果，即将批复的需求和竣工文件进行比较。

9.3.4　评价验收结果并解决缺陷：裁剪考虑因素

表 9-3 描述了用于评价验收结果并解决缺陷的适应型和预测型裁剪考虑因素。

表 9-3　评价验收结果并解决缺陷的适应型和预测型裁剪

需要裁剪的方面	典型的适应型考虑因素	典型的预测型考虑因素
名称	非正式命名的一个过程。作为展示和从解决方案获取反馈的一部分	评价验收结果并解决缺陷
方法	通常，一次只覆盖产品能力的一个切片，以及与这些能力相关的验收标准。将展示在最近一次迭代中所开发的内容，从决策者处获得反馈，并且将待解决的缺陷添加到未完项以重新进行排序。对于一个具体的用户故事来说，如果不符合验收标准，则整个用户故事可能被拒绝并退回到未完项以重新进行排序	在产品的一个片段上执行，该过程作为发布的一部分或整个产品的一部分被交付。利用评价的验收结果和验收标准来确定偏差或缺陷的根本原因。需考虑解决缺陷的成本，以及解决缺陷或接受缺陷可能对商业带来的影响。提供解决缺陷的推荐方案
可交付成果	添加到未完项的缺陷	评价的验收结果的文件，以及任何相关的变更请求

9.3.5　评价验收结果并解决缺陷：协作点

在评价验收结果并确定如何解决已识别的缺陷时，有很多角色可与商业分析专业人士协同开展工作。来自商业和运营领域的开发者、设计师、质量控制分析师和主题专家等都可能对实际结果和预期结果间的偏差的原因有深入的见解。任何一个参与缺陷识别、排序或裁定变更请求的角色，例如变更控制团队的成员，都可以与负责为商业分析工作提供咨询的专家一起领导解决缺陷的工作。

9.4 获得解决方案发布的验证

获得解决方案发布的验证为是否将部分或完整的解决方案发布到生产中并最终交接给运营团队做出决策，以及转移关于产品、风险、已知问题和这些问题可能出现的权变措施的知识和现有信息的过程。本过程的关键效益是，在构建的解决方案与发布的解决方案间为相关方验收创建一个商定的中断。图 9-9 描述了本过程的输入、工具与技术和输出。图 9-10 是本过程的数据流向图。

图 9-9　获得解决方案发布的验证：输入、工具与技术和输出

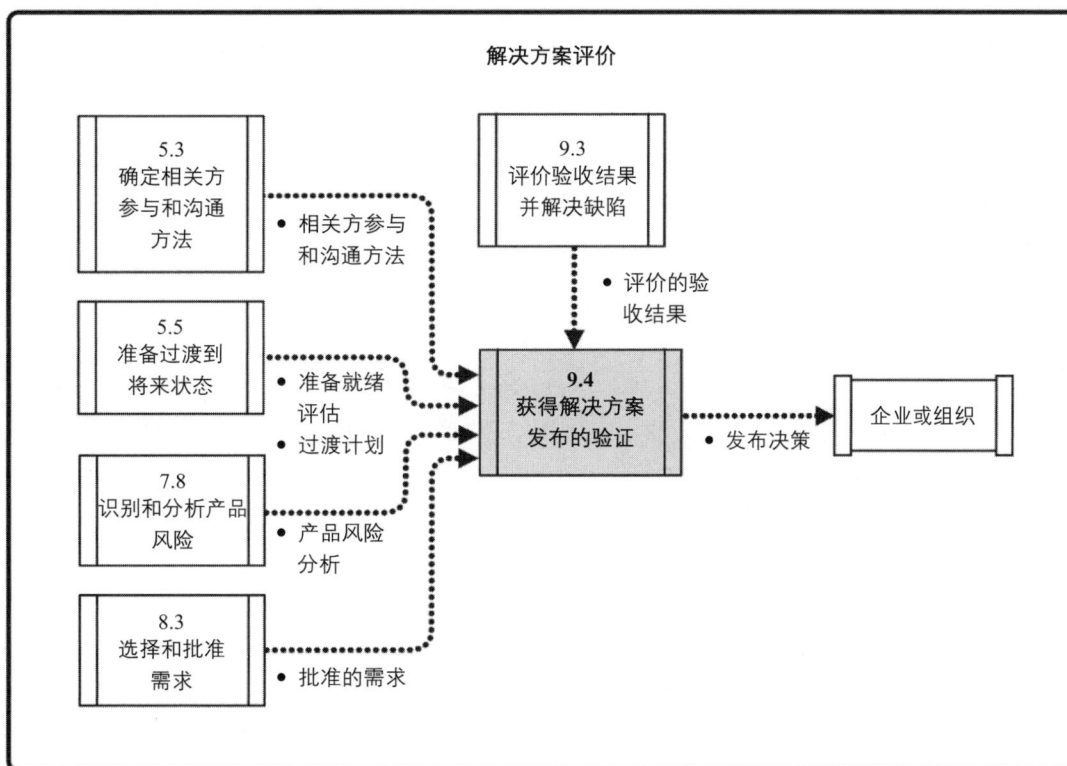

图 9-10　获得解决方案发布的验证：数据流向图

获得解决方案发布的验证，产品责任相关方可以决定解决方案是否应该完整发布、部分发布或根本不发布。

对于解决方案验证，"发布"这一术语可以指将解决方案的全部或部分发布至产品开发团队仍然负责的生产环境中，也可以指将解决方案的全部或部分直接发布至相关运营领域中。

发布决策通常基于以下条件：

- 由评价的验收结果来证明解决方案的可接受性；

- 确认该组织已经做好发布准备；

- 确认为准备发布而进行的过渡活动已完成到必要的程度，包括协调并发的多个解决方案；

- 对其他剩余的产品风险和权变措施的验证。

在解决方案向运营领域发布前，要求对已设定的保修期完成确认。保修期是解决方案投产后的一个时间间隔，在这个时间间隔内，开发团队必须负责解决已发现的缺陷。

根据组织规范，获得发布决策包括签字确认。对于迭代或适应型项目生命周期，非正式的签字通常发生在每个冲刺或每次迭代的结尾，正式的签字确认则发生在解决方案发布前。对于预测型项目生命周期，签字确认往往发生在项目生命周期的结束时，也发生在产品是发布之前，或者发生在保修期结束之后。

9.4.1　获得解决方案发布的验证：输入

9.4.1.1　批准的需求

如第 8.3.3.1 节所述。批准的需求是得到核实和确认的需求，并且被认为准确反映了什么是产品开发团队应该构建的。在决策发布前，批准的需求为批准的解决方案和在产品中的实际执行提供了比较基准。

9.4.1.2　评价的验收结果

如第 9.3.3.1 节所述。评价的验收结果提供了验收标准与实际结果的综合比较，同时还提供了偏差或缺陷的根本原因、解决缺陷的成本分析，以及解决或接受缺陷的商业影响。对于使用适应型生命周期开发的解决方案，完成定义也是这些结果的一部分。

评价的验收结果提供了有关解决方案是否满足或超过预期的具体证据。在评价的验收结果中，有关如何处理差异的任何建议都可能影响何时及是否接受解决方案的发布。

9.4.1.3　产品风险分析

如第 7.8.3.1 节所述。产品风险分析包括识别和分析产品风险的综合结果。产品风险分析包括管理应对和控制潜在威胁的策略，以及利用与产品相关的潜在机会的策略。如前文所述，在获得解决方案验收时，需确认产品风险被处理的程度。在项目中未处理的产品风险可转移到运营团队以便后期管理。

9.4.1.4　准备就绪评估

如第 5.5.3.1 节所述。准备就绪评估用于评价组织应对变化的准备程度。它对组织应用解决方案的能力进行了评价，此外还识别了为过渡做好准备所面临的风险，并且提出了如何应对这些风险的措施。考虑是否还存在未解决的准备就绪风险，以及组织是否已准备好及时发布，这些都将成为发布决策的一部分。

9.4.1.5　相关方参与和沟通方法

如第 5.3.3.1 节所述。相关方参与和沟通方法对相关方如何在项目组合、项目集或项目中参与和沟通的所有治理协议进行了总结。包括哪些角色负责做出决策，以及如何发布决策。

9.4.1.6　过渡计划

如第 5.5.3.2 节所述。过渡计划以准备就绪评估和过渡策略为基础，它涵盖了所有交流、发布、培训和用户文件程序更新、业务备份更新，以及其他附属和最终生产任务，以保证成功切换并适应将来状态。当商业可以接受由过渡本身所引起的变更或中断时，过渡计划提供了必要的信息，以协调并确保解决方案的发布与其他进行中的项目集和项目工作不发生冲突。

过渡计划应至少包括"不晚于"完成日期的过渡活动清单。严格来讲，过渡计划应具有一个进度时间表，该进度时间表是由负责项目管理和运营的人员协同制定并管理的。在适应型项目中，过渡计划通常表现为建立备用的阻塞时间或特定的迭代来完成各种过渡的细节，而不是建立正式的过渡计划，并且将此过程与产品相关的运营区域进行协调。对于涉及软件的解决方案，过渡计划通常包含清理"技术债务"的时间，而解决方案中的权变措施可能导致产品难以长期维护或增强。确认过渡活动已经完成是获得解决方案验证的一个非常重要的部分。

9.4.2　获得解决方案发布的验证：工具与技术

9.4.2.1　引导式研讨会

引导式研讨会采用的是结构化会议，由有经验且中立的引导师和一组通过精心挑选的相关方共同领导，以协作并朝着既定的目标工作。应尽量通过引导式研讨会发布决策，以使所有的相关方都能收到决策的理由。评价验收标准的人员应参与并做出决策。尽量以表格或可视化的方式（如图表/图形/图片）提供摘要式信息，这将有助于决策。总结评价的验收结果，以及剩余的产品和准备就绪风险、未完成的过渡活动、批准的需求和交付的解决方案间的任何差距，为决策者提供必要的信息，以便更快地做出决策。有关引导式研讨会的更多信息，见第 6.3.2.4 节。

9.4.2.2　群体决策技术

群体决策技术是一种可以在群体中使用的方法，用于帮助参与人员对正在讨论的问题或话题做出最终决策。为了做出发布决策，在进行群体决策时，采用了一种商定的模型。决策模型应被识别为相关方参与和沟通方式的一部分。有关群体决策技术的更多信息，见第 8.3.2.7 节。

9.4.3　获得解决方案发布的验证：输出

9.4.3.1　发布决策

发布决策可能允许发布或部分发布解决方案的协议，延迟或不批准和阻止解决方案的协议。发布决策通常包括签字。签字确认的形式取决于项目类型、产品类型、项目的生命周期、发布的规模，以及企业和监管的约束。采用非正式签字确认的组织需要以组织可以接受的方式来获得签字确认。有关正式签字确认的格式、应用情境的更多信息，见《商业分析实践指南》的第 6.9 节。

9.4.4　获得解决方案发布的验证：裁剪考虑因素

表 9-4 描述了用于获得解决方案发布的验证的适应型和预测型裁剪考虑因素。

表 9-4　获得解决方案发布的验证的适应型和预测型裁剪

需要裁剪的方面	典型的适应型考虑因素	典型的预测型考虑因素
名称	非正式命名的过程；只作为展示和反馈的一部分。对于大规模实现，可能有一个正式的过程来获得解决方案发布的验证	获得解决方案发布的验证
方法	通常，作为展示和反馈的一部分，仅获得产品所有者的口头认可就可以证明解决方案的整体或部分符合完成定义，并且可以发布到生产中。在适应型生命周期中，整体的解决方案发布可参照预测型生命周期的执行方法。一些大型组织正逐渐使用 DevOps 方法，以协调活动并改善开发与运营领域的协作。 　　DevOps 也可以通过自动化的方式支持发布管理，如持续集成和自动回归测试。这些方法都可以简化组织发布投产的方式，并且可以保持发布与批准的统一	通过正式会议评审输入，并且对解决方案的整体或分阶段发布的重要部分进行决策。做出发布决策的正式会议可作为协调所有产品发布的整体发布管理方法的一部分
可交付成果	要求以正式文件的形式发布决策	

9.4.5　获得解决方案发布的验证：协作点

在获得解决方案发布的验证时，有很多角色和商业分析专业人士协同开展工作。对于正式的解决方案验证方法，管理发布的组织负责协调所有与发布相关的活动，包括获得解决方案的验证。在许多组织中，项目管理角色中的某人通常负责获得签字确认。运营经理会确认所有的商业过渡考虑因素已经得到充分解决，并且他们对解决方案和与之相关的权变措施都感到满意。可以通过质量控制来确认所有的产品测试关注点都已充分解决，也可以通过咨询架构师和设计师来确认技术产品关注点都已经得到解决。对于非正式的解决方案验证，项目团队可将发布作为演示或反馈的一部分，与其他产品团队成员协作完成。

参考文献

[1] Project Management Institute. 2016. *PMI's Pulse of the Profession® In-Depth Report: Requirements Management: A Core Competency for Project and Program Success.* Newtown Square, PA: Author.

[2] Project Management Institute. 2017. *PMI Pulse Report: Success Rates Rise—Transforming the High Cost of Low Performance.* Newtown Square, PA: Author.

[3] Project Management Institute. 2017. *Business Analysis: Leading Organizations to Better Outcomes. Newtown* Square, PA: Author.

[4] Project Management Institute. 2017. *The Standard for Business Analysis. Newtown Square,* PA: Author.

[5] Project Management Institute. 2017. *A Guide to the Project Management Body of Knowledge (PMBOK® Guide)* - Sixth Edition. Newtown Square, PA: Author.

[6] Project Management Institute. 2017. *The Standard for Program Management* - Fourth Edition. Newtown Square, PA: Author.

[7] Project Management Institute. 2017. *The Standard for Portfolio Management* - Fourth Edition. Newtown Square, PA: Author.

[8] Project Management Institute. In Review. *The Standard for Organizational Project Management.* Newtown Square, PA: Author.

[9] Project Management Institute. 2015. *Business Analysis for Practitioners: A Practice Guide.* Newtown Square, PA: Author.

第 2 部分

商业分析标准

第1章　引论

本标准涵盖了商业分析的基本概念，涵盖了商业分析如何支持组织的战略、治理、项目组合管理、项目集管理、项目管理和项目环境，以及商业分析对实现商业成果的贡献。指南和标准通过运用商业分析过程组、知识领域、过程、映射表、协作点和其他工具，解释了它们之间的关系。指南和标准还涵盖了关于商业分析专业人士的角色、不同的项目生命周期和不同的相关方的信息。本标准描述了用于在项目集和项目中实施商业分析的过程并支持项目组合管理。

第1章提供了有关商业分析的关键概念和背景信息。第2章至第7章为六个过程组中的每个过程组提供了定义，描述了这些过程组内的所有商业分析过程，并且识别了每个过程的关键效益、输入和输出。

本标准是《PMI 商业分析指南》（简称指南）的基础和框架。指南通过对背景信息、环境和对商业分析的影响进行了更深入的讨论，扩展了本标准中的信息。此外，指南提供了对输入和输出的描述，识别了用于执行每个过程的工具与技术，并且讨论了关键概念、新兴趋势、商业分析专业人士之间的协作机会，以及在每个知识领域中他们的协作对象。

1.1　什么是标准

标准是由权威、惯例或共识而建立的并用作模式或范例的文件。本标准是在项目组合、项目集、项目和运营过程中实施商业分析的基本参考资料。商业分析标准是一个全球性标准，它根据协商一致、开放公开、程序公正和各方平衡等理念予以制定，其目的是为大多数项目组合、项目集或项目定义良好的实践。

1.2　本标准的框架

本标准使用过程之间的集成、它们的相互作用和它们服务的目的描述了商业分析过程的性质。本标准中包含的过程定义了商业分析的活动和成果，而与执行工作的人员的职位或角色无关。本标准承认，在支持项目组合和项目集管理中，一些商业分析工作超出了项目范围，并且结合了各种商业分析活动，从而通过成功的项目交付来支持组织战略的制定和实施。本标准中的商业分析活动适用于所有项目生命周期，从预测型到适应型，以及在这两种周期之间的其他方法。这些活动适用于各个行业和所有类型的组织（如营利性、非营利性和政府机构等）。

1.3 商业分析和需求

在本标准和指南中，"商业"这一术语是指组织中存在问题或机会的研究领域。使用商业分析进行调查和后续分析。

商业分析是知识、技能、工具和技术的应用。

- 确定问题和机会；
- 识别商业需要并提出可行的解决方案以满足这些需要并支持战略决策；
- 启发、分析、明确、沟通和管理需求和其他产品信息；
- 定义效益及测量和实现效益的方法，并且对这些结果进行分析。

简而言之，商业分析是为了交付与商业目标一致并给组织提供持续价值的解决方案而实施的一组活动。

需求是存在于产品、服务或结果中以满足商业需要所必需的条件或能力。无论它们是否表示为需求说明书、用例、用户故事、未完项或可视化模型，对于开发满足商业需要的解决方案来说，对需求的清晰理解是必不可少的。因为，相关方在实施解决方案或查看原型之前不清楚真正需要的是什么，所以需求有时是难以描述的。虽然没有描述，但是这些需要仍然都是需求。这突出了使用各种启发技术来提取足够的信息以开发解决方案的重要性，减小了相关方具有未被表述的期望的可能性。

1.4 商业分析的效益

作为 2017 年的 *PMI's Pulse of the Profession®: Success Rates Rise — Transforming the High Cost of Low Performance* [3]的一部分，PMI 研究揭示了，与需求相关的问题仍然是导致项目失败（从 2013 年的 32% 和 2014 年的 37% 上升到 2017 的 39%）的主要原因。研究还表明，当商业分析规模较小、执行不充分或疏于考虑时，将直接影响团队所承诺的交付能力。由于商业分析对项目集和项目的成功有直接影响，整个组织对充分理解商业分析的最佳用法有很大的兴趣，这将促进项目组合、项目集、项目和商业成果的成功。

相同的 PMI 研究证实，当商业分析对项目集和项目负有一定责任并被执行时，将会实现以下效益：

- 需求被良好的定义；

- 项目更有可能按时、按范围、在预算内交付；

- 实现高质量的解决方案，从而获得客户满意度。

当商业分析执行良好时，项目集和项目成果更有可能彼此一致，并且与组织战略保持匹配。同时，相关方的参与度也在增加，使得产品团队更容易在需求、设计和最终的解决方案中获得支持。商业分析能够开发高质量的解决方案，为组织提供价值。通过充分进行商业分析，可以减小不必要的法律和监管风险，同时减少项目集或项目不合规的问题。由于采用了可重复的商业分析过程，组织可以开发改进的商业分析技能和可重复使用的能力，以支持未来的项目组合、项目集和项目。

1.5　商业分析如何支持项目组合、项目集和项目管理

项目组合管理是对一个或多个项目、项目集、子项目组合和运营的集中管理，以实现战略目标。项目集侧重于实现一组特定的由组织的战略和目标所确定的预期效益，而项目主要涉及创建特定的交付物，以支持特定的组织目标。项目可以是项目集的一部分，也可以不是项目集的一部分。商业分析支持项目组合、项目集和项目的管理。商业分析能力增强了更高层次的战略及项目集成果之间的一致性，并且赋能项目组合、项目集和项目的管理实践和过程。

商业分析始于定义一种状况，并且对组织希望解决的问题或抓住的机会进行了完整理解，它被认为是项目前期的工作。项目前期活动的结果提供了理解指定项目对项目组合和项目集提供的价值的信息。当组织缺乏项目组合和项目集管理实践时，应该在项目开始时定义问题或机会。商业分析活动通过保持项目集、项目和组织战略的匹配来支持项目组合管理。在项目组合、项目集和项目管理中，商业分析还涉及定义产品范围、需求、模型和其他产品信息所必需的启发和分析，以建立对解决方案的共同理解，并且清楚地向那些负责开发最终产品的人员传达产品特性。

作为定义和匹配过程组的一部分，商业分析过程生成分析结果和项目组合管理的其他输出。在定义和匹配过程组之外执行的所有其他商业分析活动都有助于定义解决方案并支持项目集和项目管理工作。在第 1.12 节中对商业分析过程组有更详细的描述。

在表 1-1 中对商业分析与项目、项目集和项目组合管理进行了比较。

表 1-1　商业分析与项目、项目集和项目组合管理的比较概述

	商业分析	项目管理	项目集管理	项目组合管理
定义	为支持商业目标提供解决方案并为组织提供持续价值的一组活动	将知识、技能、工具和技术应用于项目活动以满足项目要求	将知识、技能和原则应用于项目集以实现项目集目标，从而获得分别管理所无法获得的效益	集中管理一个或多个项目组合以实现战略目标
焦点	**解决方案**：提供可测量的商业价值，以满足商业需要和相关方所期望的交付物（如新产品和增强产品）	**项目**：为创造独特的产品、服务或结果而进行的临时性工作	**项目集**：一组相互关联且被协调管理的项目、子项目集和项目集活动，以便获得分别管理所无法获得的效益	**项目组合**：为了实现战略目标而组合在一起管理的项目、项目集、子项目组合和运营工作的集合
范围定义	**产品范围**：描述解决方案的特性和功能	**项目范围**：交付指定特性和功能的产品、服务或结果的工作	**项目集范围**：包含项目集组件的范围和它们之间的相互作用和协同作用	**项目组合范围**：随着组织战略目标的变化而变化的组织范围
角色	识别商业需要的人员，通过产品需求的定义来推荐和描述解决方案	管理项目团队以达到项目目标的人员	通过协调项目集组件的活动，确保项目集的效益按预期交付	那些协调项目组合管理人员或项目集和项目人员的人员，他们可能有向总项目组合报告的责任
成功	通过解决方案来衡量其提供给组织的预期效益、客户满意度和商业目标的实现能力	通过产品和项目的质量、时间表、预算的达成度和客户满意度进行衡量	通过项目集向组织交付预期效益的能力，以及项目集交付所述效益的效率和效果进行衡量	通过项目组合的总投资效果和实现的效益进行衡量

1.6　商业分析专业人士的角色

　　进行商业分析的人员通常被称为商业分析专业人士，但也有执行商业分析活动的商业分析专业人士同时也拥有其他工作职位。一些商业分析专业人士是具有专业性的，因此拥有反映他们的能力领域的职位；战略商业分析师、数据分析师、过程分析员或系统分析员都是这些角色的一些实例。组织如何使用商业分析资源，这些资源在何处进行职能汇报，以及行业类型、项目类型和项目生命周期的类型都是影响组织如何给那些负责商业分析的人员定义职位名称的一些因素。

　　在众多角色之中，执行商业分析是其角色的一部分工作，但不一定是唯一的职责。企业和商业架构师、项目组合经理、项目集经理和项目经理、运营分析师都是其中的一些实

例。在本指南和本标准中所提出的商业分析过程、工具和技术也都与这些个人相关。由于商业分析的角色有许多不同的职位名称，本指南和本标准使用的是"商业分析专业人士"而不是"商业分析师"。当使用商业分析专业人士这个术语时，为了简洁起见，它应该可以用于任何进行商业分析的人员，而不管一个人拥有的职位或工作职责在其工作中所占的百分比。本指南和本标准的目的是，建立对商业分析的理解，而不是工作职位。

本标准通过介绍 35 个商业分析过程来解释商业分析工作，并且在每个相关的过程组和知识领域中进行讨论，从而建立对商业分析的理解。

1.7　项目经理和商业分析专业人士的差异

项目经理和商业分析专业人士在项目集和项目中扮演着关键的领导角色。当这些角色有效进行协作时，一个项目就拥有更大的成功机会。许多项目和组织对项目经理和商业分析专业人士的职责混淆不清，因此协作是很关键的。当项目经理和商业分析专业人士向不同的职能单元报告时，或者当这些角色来自不同的组织，存在客户—供应商关系时，这些混淆就变得复杂起来。

本标准描述了商业分析的工作，而不考虑由什么角色来执行商业分析。对于将商业分析职责与项目管理职责分开的组织和项目，《PMI 商业分析指南》提供了额外的细节，以确认重叠部分，并且澄清项目经理和商业分析专业人士之间存在的混淆区域。虽然在本标准中确认的几个商业分析过程似乎具有与《项目管理知识体系指南》（简称《PMBOK®指南》）[4]中相同的过程名称，但它们并不相同。例如，在第六版《PMBOK®指南》中包括"制定项目章程"（第 4.1 节）的内容，在本标准中则包括了为支持这项工作而执行的过程，即第 3.1 节"支持章程开发"。

项目经理负责项目的成功交付，而商业分析专业人士则负责产品的成功交付。因此，在本标准中所提出和讨论的过程是以产品为中心的。有时，项目管理和商业分析活动重叠，这就是为什么需要项目经理和商业分析专业人士紧密合作的原因。通过运用项目生命周期来交付产品或增强产品。例如，项目经理负责在整个项目中所涉及的相关方，而商业分析专业人士则负责在整个商业分析过程中保持相关方的参与。本标准中所识别的过程旨在减少这两个角色之间的混淆和重叠。

1.8　产品和项目生命周期

产品生命周期是一系列的阶段，代表产品从概念到交付、增长、成熟、维护和退市的演变过程。产品所经历的中间阶段的数量取决于产品生命周期的长度。可以通过实施项目来演变产品，但是项目对产品的演变来说不是必需的。在产品生命周期中，可能需要多个项目来演变产品，在某些情况下，产品可以在同一阶段演变。

产品生命周期可以由多个项目生命周期组成。在产品生命周期内进行的需要评估为新项目的投资提供了战略匹配和依据。在项目完成后，在产品生命周期内对产品进行评估，以确定是否需要新项目来开发产品。商业分析侧重于整个产品生命周期，包括推动产品的多个项目。

项目生命周期是项目从其开始到收尾的一系列阶段。阶段可以是顺序的，也可以是重叠的。项目阶段的名称、数量和持续时间受到很多因素的影响，包括在项目中所涉及的组织管理和控制的需要、项目本身的性质、其应用领域，以及产品信息的复杂性或差异性。与特性和能力发展相关联的阶段可以是单一的，也可以由多次迭代组成。迭代通常是有时间限制的，具有起点、终点或控制点。在控制点上，基于当前环境重新审查项目章程、商业论证和其他项目基准。项目的风险敞口和项目执行情况的评价与绩效测量基准进行比较，用于确定项目是否应该变更、终止或按计划继续进行。

项目生命周期受许多内部和外部因素的影响，包括但不局限于组织、行业或所使用的技术的独特方面。虽然每个项目都有明确的起点和终点，但具体的交付和工作皆因项目而异。生命周期提供了管理项目的基本框架，但不涉及具体的工作。

图 1-1 描述了产品生命周期和项目生命周期间的关系，表明了产品生命周期是由一个或多个项目生命周期所组成的。虽然图形的目的不是对生命周期阶段进行建模，但要记住，每个项目生命周期都可能包含部分与产品生命周期相关的活动，例如产品开发、产品维护和最终产品退市。

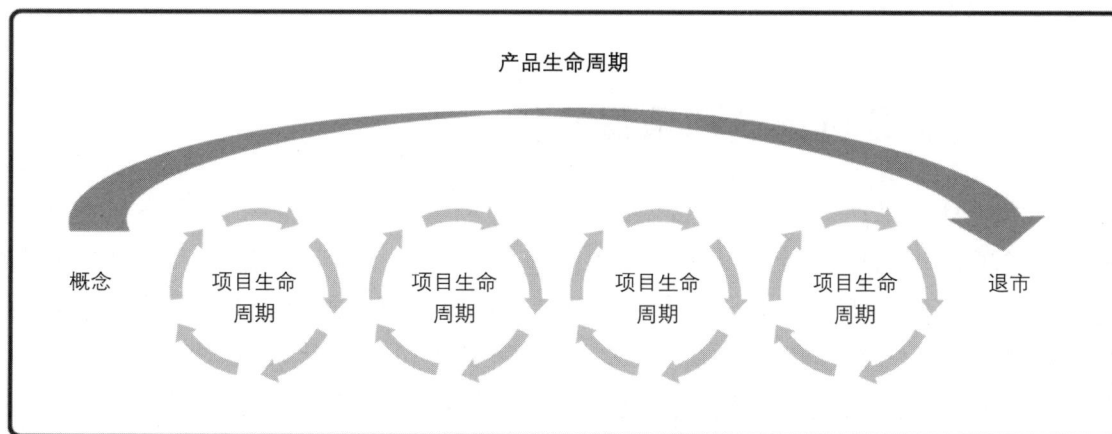

图 1-1　产品生命周期和项目生命周期间的关系

项目生命周期可以是一个连续的区间，范围从预测型生命周期到适应型生命周期。在预测型生命周期中，在项目开始时定义项目的可交付成果，并且管理范围的任何变更。在适应型生命周期（如敏捷方法）中，可交付成果是在多次迭代中开发的，其中，在每次迭代开始时定义和批准一个详细的范围。

1.9   迭代型和适应型生命周期如何影响商业分析角色

在过去的 20 年中，迭代型和适应型项目生命周期的出现引入新的方法，即通过向相关方交付部分解决方案来获取早期和频繁的反馈，从而解决产品复杂性和不断增长的变化节奏。

这些项目生命周期的应用改变了观念，即分配给项目的个人只扮演他或她的专业角色。无论进行的是带有时间盒冲刺的迭代或 Scrum 项目，还是使用看板方法的项目，随着连续流和在制品限制，团队承诺在每次交付的结尾向相关方展示完整的产品特性和功能。当使用 Scrum 方法的项目团队面临着在时间盒内无法完成指定特性和功能的风险时，所有团队成员都会投入该工作以确保完成任务，即使这意味着有些人员要做与他们角色不相关的工作。对于使用连续流和在制品限制的看板方法的团队，如果需要完成的工作量超过了正常执行该工作的个人的能力，则一个方法是让所有团队成员都加入，另一个方法是中断流程，直到正常执行工作的人员可以承担更多的工作。这意味着被分配到迭代型或适应型项目的个人要么是跨职能团队中的一员，要么是专业资源。在跨职能团队中，每个团队成员通常都可以扮演不止一个角色。专业资源则拥有一种特殊的技能，如商业分析，它们通常作为实践者、导师或主题专家加入团队。在其他能提供建议或指导的团队成员的帮助下，专业资源也可以承担其他不熟悉的角色以完成团队所承诺的工作。

此外，对于 Scrum 和看板这样的适应型方法，从商业分析的角度来看，整个团队负责启发和分析需求的工作，无论团队是否有个人拥有商业分析专业人士的角色。团队中的一个或多个人员应该具有足够的商业分析技能来帮助团队识别和细化需求，以便团队能够开发出满足这些需求的解决方案。

1.10   裁剪商业分析计划和项目文件

商业分析包括选择适当的过程、输入和输出（本标准所表示的）以用于特定的项目组合、项目集或项目。同样，也可以从《PMI 商业分析指南》中选择工具和技术。这种选择活动被称为裁剪商业分析。裁剪是必要的，因为每个组织、项目组合、项目集和项目都是独特的，因此，并不是每次商业分析工作都需要所有的过程、工具或技术。在每个过程中列出的输入和输出的形式也可以裁剪。例如，在本指南中，定义和明细需求过程的输出是需求和其他产品信息。需求和其他产品信息可以需求文件、用户故事集或被认为适合于这种情境的另一种形式进行呈现。输入本身也可以被裁剪，每个过程所需的输入都是执行该过程所需的最少输入。然而，如果还有其他有用的输入可用，则应该使用它们。例如，当排序产品信息时，产品路线图可能是有帮助的，但不被列为输入，因为在排序产品信息时产品路线图并不总是可用的。

因为本标准适用于支持项目组合、项目集或项目的特征，因此需要注意的是，组织过程资产、事业环境因素、专家判断和商业分析计划通常都被用作所有商业分析过程的输入。因此，它们不会被重复作为指南内所讨论的每个过程的输入。

从过程中产生的商业分析可交付成果和每个详细列举和维护的正式程度都将取决于所选择的项目生命周期和其他项目特征，例如项目规模、解决方案的复杂性、应用解决方案的行业。在商业分析规划期间，商业分析专业人士识别预期产生的可交付成果的类型，并且考虑每个可交付成果的维护、存储和访问需求。

1.11　知识领域

知识领域是在实施商业分析时通常采用的专业领域。知识领域是与特定功能相关联的一组过程。在本标准中，知识领域包含商业分析工作所包含的一组过程。虽然它们是相关的，但过程并不规定次序或顺序。本标准涵盖以下商业分析知识领域：

- **需要评估**。分析当前的商业问题或机会，以了解什么是为达到期望的将来状态所必要的。

- **相关方参与**。识别和分析对解决方案成果有利益相关性的人，以确定如何与他们进行协作和沟通。

- **启发**。规划和准备启发，实施启发，并且确认启发结果，以从来源处获取信息。

- **分析**。检查、分解、综合和澄清信息，以进一步理解、完成并改进信息。

- **跟踪和监督**。跟踪、批准和评估产品信息的变更，以在整个商业分析工作中对其进行管理。

- **解决方案评价**。确认将要实施或已经实施的完整或部分的解决方案，以确定解决方案满足商业需要和向组织交付价值的程度。

图 1-2 描述了六个商业分析知识领域之间的关系。相关方参与知识领域的过程贯穿所有的商业分析工作，并且与其他商业分析知识领域进行交互。启发、分析、跟踪和监督知识领域的过程往往被同步使用。使用需要评估知识领域中的过程得到的结果是应用启发、分析、跟踪和监督过程进行工作的基础。在启发、分析、跟踪和监督中的过程所产生的结果，通过在解决方案评价知识领域中的过程来进行分析，这反过来又可能触发对需要评估知识领域中的过程的额外运用。

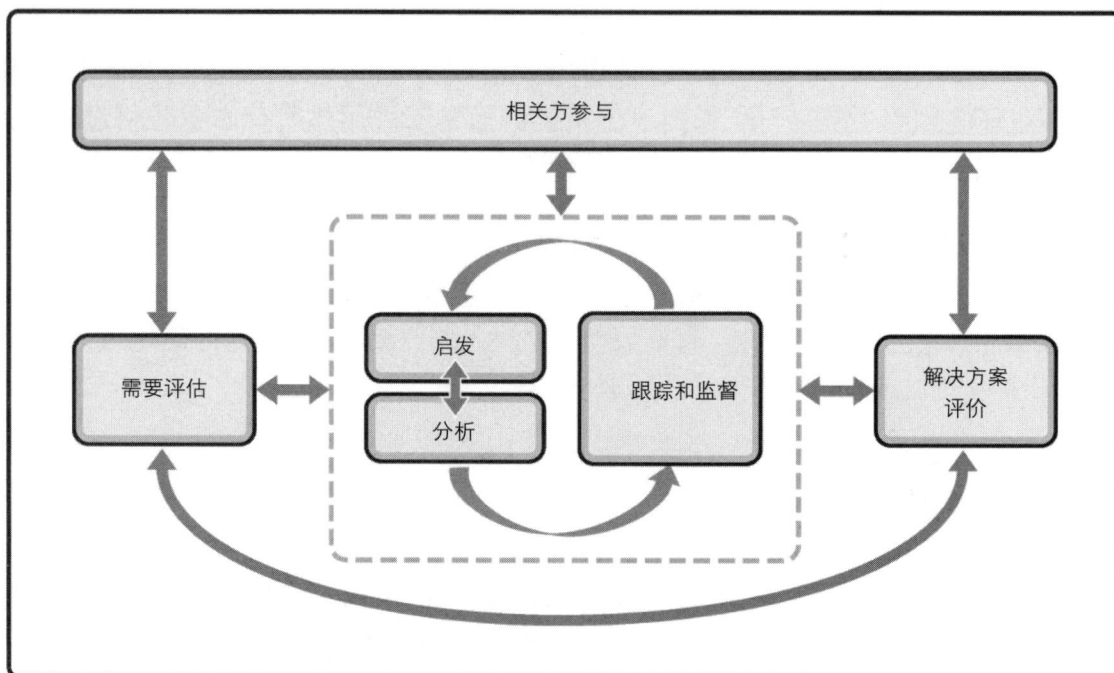

图 1-2　商业分析知识领域之间的关系

1.12　商业分析过程组

在本标准中，商业分析的性质通过分布在六个商业分析过程组中的 35 个过程来描述。每个过程组都独立于其执行的应用领域或行业。过程不是一次性事件，过程可以在整个项目和产品生命周期中重叠。

本标准中提出的六个商业分析过程组定义如下：

- **定义和匹配过程组。**调查和评价启动新产品、变更现有产品或退市产品的可行性，以及定义范围并将产品、项目组合、项目集和项目与整体组织战略相匹配所实施的过程。

- **启动过程组。**定义项目组合、项目集或项目目标，并且将资源应用于项目组合组件、项目集、项目或项目阶段所实施的过程。

- **规划过程组。**确定执行商业分析活动的最佳方法所实施的商业分析过程，包括如何适应所选择的项目生命周期，并且分析将相互影响和影响解决方案的整体定义的内部和外部相关方。

- **执行过程组。**启发、分析、建模、定义、核实、确认、排序，以及批准从未完项、用户故事、需求到制约因素的所有类型的产品信息所实施的过程。

- **监控过程组。**评估项目组合、项目集或项目中所建议的产品变更的影响，以评估商业分析绩效，并且促进与相关方的持续沟通和参与所实施的过程。

- **发布过程组**。确定是否应发布所有或部分解决方案，并且获得将所有或部分解决方案准备好过渡给运营团队以持续对解决方案负责的验收所实施的过程。

图 1-3 描述了产品和项目生命周期内的六个商业分析过程组。该图表明，商业分析过程组内的过程在项目背景中实施，并且通过支持项目组合或项目集管理的活动超出项目范围。图 1-3 的左侧部分显示了在项目启动之前所应用的，但仍在产品生命周期内的商业分析过程组。图 1-3 的中间部分显示了在项目的一次或多次迭代期间所使用的商业分析过程组。 图 1-3 的右侧部分显示了在项目结束后仍在产品生命周期内的商业分析过程组。

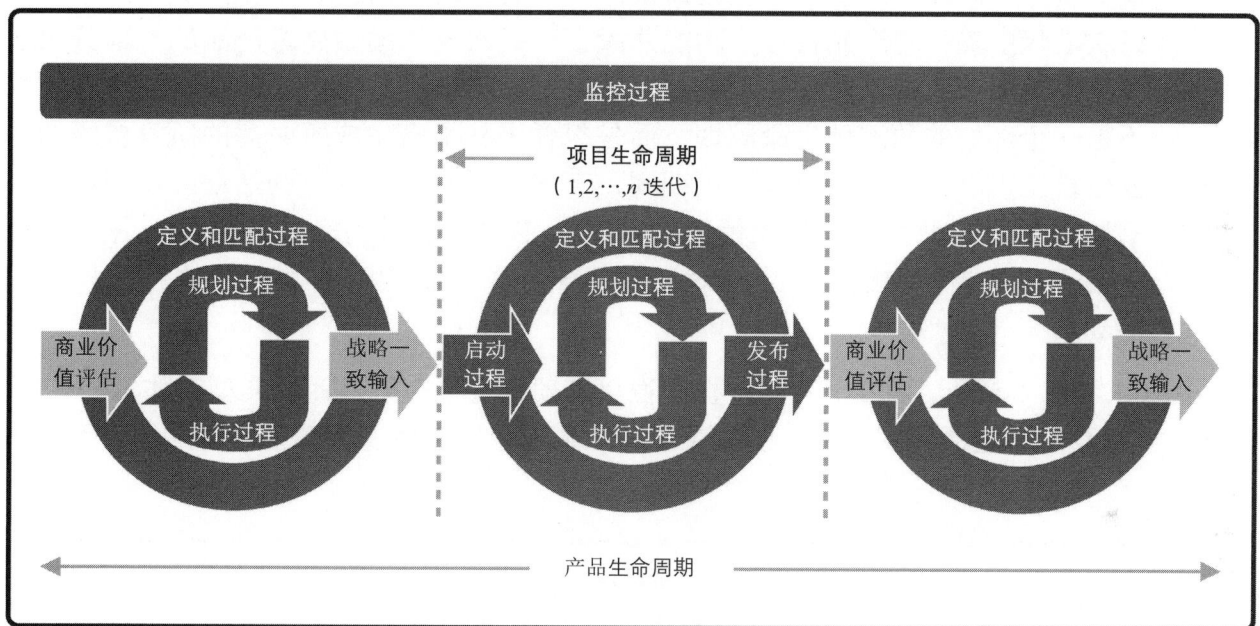

图 1-3　产品和项目生命周期内的六个商业分析过程组

一个过程的输出可以是另一个过程的输入，可以是项目的可交付成果，可以是支持的信息，也可以被项目组合和项目集管理所用。每个过程的定义遵循了每个商业分析过程组的更详细描述，包括了典型的输入和输出清单。

过程组不是项目阶段或产品生命周期阶段。当项目生命周期或产品生命周期被划分为阶段时，过程组可以在每个阶段内进行交互。事实上，如图 1-3 所示，所有的过程组都可以在一个阶段内进行。由于项目被划分为不同的阶段或子组件，如概念开发、可行性研究、设计、原型、构建、测试等，因此所有的过程组通常在每个阶段内重复进行，直到满足该阶段的完成标准。

在整个产品生命周期中，甚至在一个项目中，单个过程经常会迭代多次。可能要求对早期所产生的决策或可交付成果进行重新考虑和修改。过程间迭代和交互的时机及持续时间将根据所选择的项目生命周期而变化。本标准中提出的过程提供了商业分析所包含的并可转移给从预测型到适应型，以及两种类型间的变化形式的所有交付方法的活动的全面描述。

对于支持不同的项目交付方法，过程组有不同的应用模式：

- **预测型生命周期**。对于预测型生命周期，大多数商业分析启动、规划和执行过程组的活动通常都是在项目前端实施。在项目批准前，定义和匹配阶段都还没有完成。对于预测型生命周期，商业分析发布过程组的活动是在临近项目收尾时实施的。

- **适应型生命周期**。对于适应型生命周期，所有的过程组都集中在团队已经承诺在每次迭代中交付的产品特性或功能片段上。每次迭代增量交付产品的一部分以获得早期反馈。来自该交付的反馈可以影响下一次迭代的承诺优先级。每次迭代并不是一个迷你的预测型生命周期，而是包含团队承诺完成所必需的所有层级的商业分析工作。因此，在每次迭代期间，商业分析执行过程组的活动应用得最多。一些使用适应型生命周期的团队利用迭代中的一些时间来进行前瞻，并且为可能在下一次或两次迭代中所交付的产品未完项条目启动商业分析执行过程组的活动。

图 1-4 和图 1-5 显示了每个商业分析过程组在项目过程中所消耗的典型工作量。图 1-4 描述了遵循预测型生命周期的项目工作量，图 1-5 描述了遵循适应型生命周期的项目工作量。

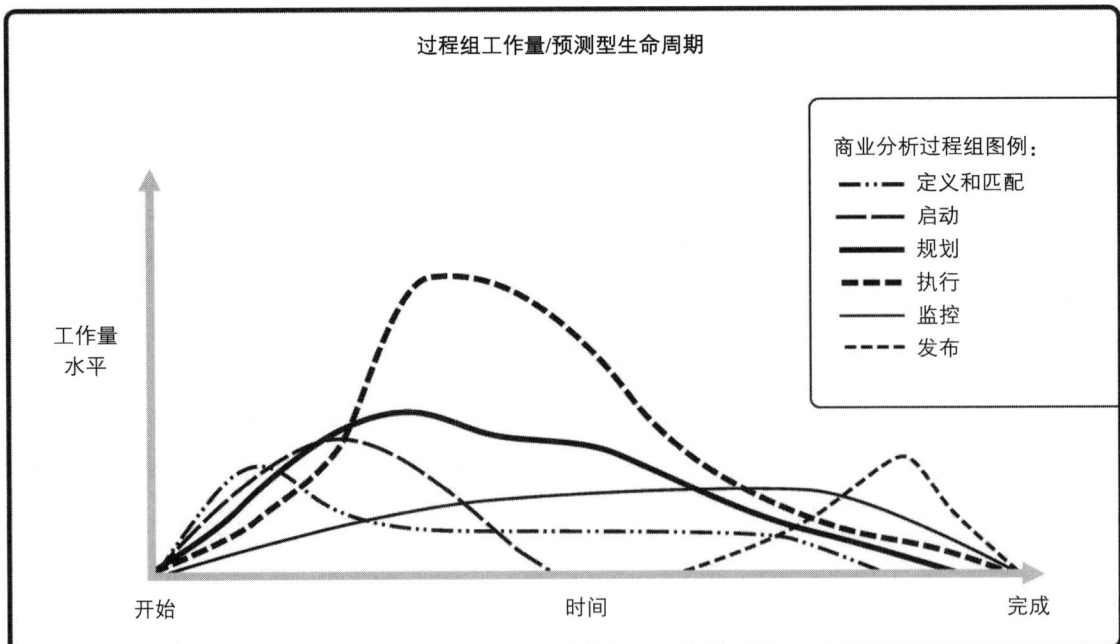

图 1-4　用于预测型生命周期的商业分析过程组的相互作用

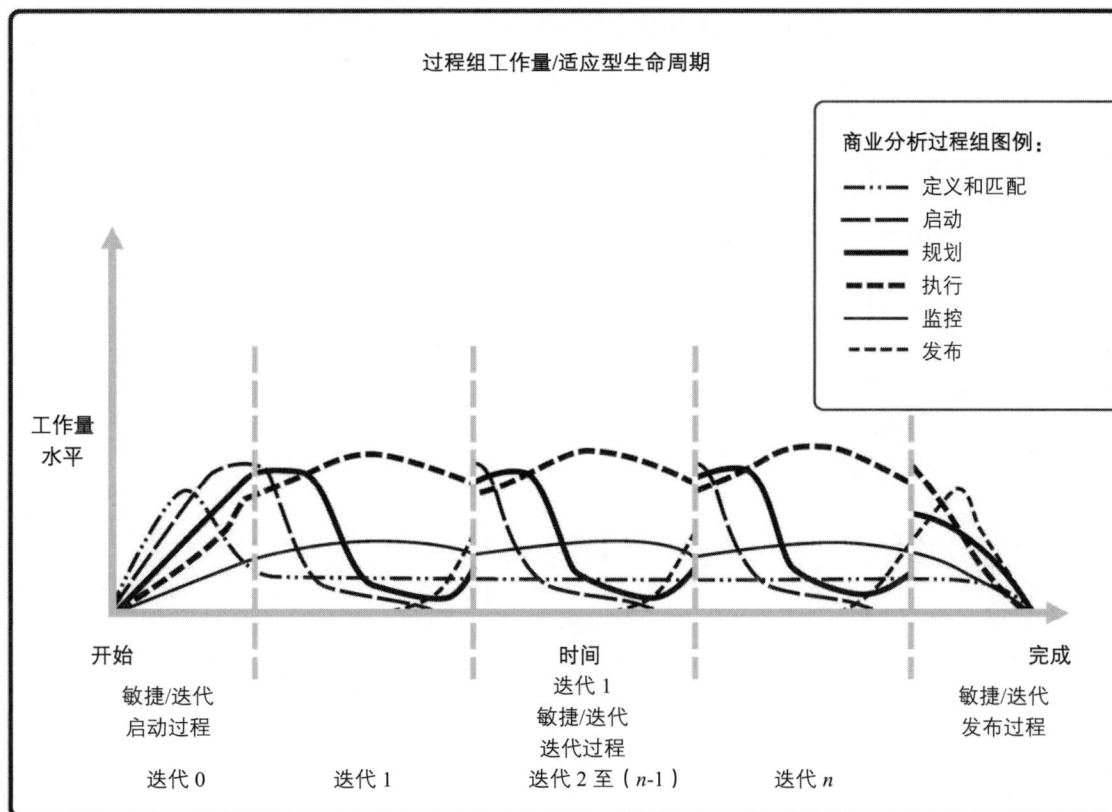

图 1-5　用于适应型生命周期的商业分析过程组的相互作用

表 1-2 反映了在六个商业分析过程组和六个知识领域内的 35 个商业分析过程的映射关系。在本标准中，过程按照它们出现在每个过程组中的顺序编号。而在指南中，过程按照它们出现在每个知识领域中的顺序编号。

过程组的大部分活动显示了商业分析过程。例如，当规划过程组中通常发生的过程在执行过程组中被重新执行时，它并不被认为是一个新的过程。商业分析的迭代性质意味着可以在整个产品生命周期中使用任何过程组中的过程。例如，当在监控过程组中管理相关方参与时，可能有必要在获得与相关方合作的经验后调整如何最好地使相关方参与，因而有必要重新进行相关方参与和沟通方法的过程。

表 1-2　商业分析过程组/知识领域映射

知识领域	商业分析过程组 [A]					
	定义和匹配过程组（2）	启动过程组（3）	规划过程组（4）	执行过程组（5）	监控过程组（6）	发布过程组（7）
4.　需要评估	4.1 识别问题或机会（2.1） 4.2 评估当前状态（2.2） 4.3 确定将来状态（2.3） 4.4 确定可行选项和提供建议（2.4） 4.5 引导产品路线图开发（2.5） 4.6 组合商业论证（2.6）	4.7 支持章程开发（3.1）				
5.　相关方参与	5.1 识别相关方（2.7）		5.2 实施相关方分析（4.1） 5.3 确定相关方参与和沟通方法（4.2） 5.4 实施商业分析规划（4.3）	5.5 准备过渡到将来状态（5.1）	5.6 管理相关方参与和沟通（6.1） 5.7 评估商业分析绩效（6.2）	
6.　启发			6.1 确定启发方法（4.4）	6.2 启发准备（5.2） 6.3 实施启发（5.3） 6.4 确认启发结果（5.4）		
7.　分析			7.1 确定分析方法（4.5）	7.2 创建和分析模型（5.5） 7.3 定义和明细需求（5.6） 7.4 定义验收标准（5.7） 7.5 核实需求（5.8） 7.6 确认需求（5.9） 7.7 排序需求和其他产品信息（5.10） 7.8 识别和分析产品风险（5.11） 7.9 评估产品设计选项（5.12）		
8.　跟踪和监督			8.1 确定跟踪和监督方法（4.6）	8.2 确立关系和依赖性（5.13） 8.3 选择和批准需求（5.14）	8.4 管理需求和其他产品信息的变更（6.3）	
9.　解决方案评价	9.1 评价解决方案绩效（2.8）		9.2 确定解决方案评价方法（4.7）	9.3 评价验收结果并解决缺陷（5.15）		9.4 获得解决方案发布的验证（7.1）

[A] 每个过程名称前面的节号标识《PMI 商业分析指南》中过程的位置，过程名称后面括号中的节号标识《商业分析标准》中过程的位置。

第 2 章　定义和匹配过程组

定义和匹配过程组包括调查和评价启动新产品、变更现有产品或退市产品的可行性，以及定义范围和将产品、项目组合、项目集和项目与整体组织战略相匹配所实施的过程。在定义和匹配过程组中，实施分析以调查当前的商业问题或机会对商业的重要性。评估组织当前的内部和外部环境及组织当前的能力，以识别可能阻碍商业实现其战略目的和目标的组织能力差距。在定义和匹配过程中，实施的最终分析可用于制定一系列可行的解决方案选项，若执行其中的任何一个，将使组织能够满足商业需要并支持组织的战略和目标。

在定义和匹配过程组中执行的工作的关键部分是创建商业论证。商业论证为满足商业需要而寻求解决方案和某种形式的企业变革提供了依据。在定义和匹配过程组中，分析的结果提供了商业所用的必要信息，以启动项目组合组件、项目集和项目，从而实现战略目的并满足商业目标，提升现有或新项目组合交付的价值。这些活动通常都需要通过利用在定义商业需要和分析当前及期望的将来状态时所获得的知识来开发商业论证，以支持商业。在启动产生的项目组合组件、项目集或项目之前，需实施商业论证评估、批准和资助活动。

在定义和匹配过程组中实施的商业分析工作大多在项目组合和项目集管理中使用。在评审项目组合时，需评估项目组合组件以检查绩效是否符合预期，并且继续支持组织的战略和目标。通常，对项目集进行评审以确认其反映了预期结果的当前和最准确的概要，这些结果符合商业战略，以及与项目相关的任何文件（如商业论证、章程、路线图、风险策略和效益实现计划）都是最新的。在有限的时间和资金范围内批准概念，以开发用于进一步评价的商业论证。在项目组合和项目集评审过程中重新讨论商业论证。此外，该分析还作为章程开发的输入，并且为建立项目组合组件、项目集、项目集阶段、项目或项目阶段的范围奠定了基础。在项目启动后，可能需要对商业论证进行修改，此时发生的商业论证修改将导致项目组合、项目集和项目层级的商业论证评审。启动修改可能由于许多原因，包括产品风险和范围的变更。必要时，需要调整项目组合以优化价值。

定义和匹配过程组也包括评价解决方案绩效的过程，它评估全部或部分产品的商业价值。与所有的过程一样，在评价解决方案绩效时没有默认的次序。该过程不仅支持定义和匹配过程组内的其他过程，而且可以在解决方案评价提供见解的任何时候使用。当评价揭示了期望价值与当前价值间存在差距时，可能有重新启动识别问题/机会的定义和匹配周期的问题或机会。

表 2-1 描述了商业分析定义和匹配过程组中的过程与项目组合管理中的过程之间的关系。

表 2-1　商业分析定义和匹配过程组与项目组合管理之间的关系

商业分析过程组	商业分析过程 [A]	项目组合管理绩效域
定义和匹配	4.1　识别问题或机会（2.1） 4.2　评估当前状态（2.2） 4.3　确定将来状态（2.3） 4.4　确定可行选项和提供建议（2.4） 4.5　引导产品路线图开发（2.5） 4.6　组合商业论证（2.6） 9.1　评价解决方案绩效（2.8）	战略管理
	4.2　评估当前状态（2.2） 4.3　确定将来状态（2.3）	能力和能力管理
	5.1　识别相关方（2.7）	项目组合相关方参与
	4.6　组合商业论证（2.6） 9.1　评价解决方案绩效（2.8）	价值管理

[A] 对于商业分析过程，括号中的数字表示过程组在《商业分析标准》中的节号，其他数字表示过程组在《PMI 商业分析指南》中的节号。

表 2-2 显示了商业分析中的定义和匹配过程组与项目管理中的启动过程组之间的关系。关键的连接点是识别相关方的工作。在项目启动之前，该活动是非常重要的，以获得相关方可以定义商业需要和识别相关风险的想法；项目经理在项目启动期间将重新执行该工作，以获得将参与项目的相关方的想法。组织或项目需要可能决定了如何最好地执行相关方识别和管理。因为，商业分析和项目管理都依赖于相关方识别的结果，所以角色之间应该有高度的协作。

表 2-2　商业分析定义和匹配过程组与项目管理之间的关系

商业分析过程组	商业分析过程 [A]	项目管理过程	项目管理过程组
定义和匹配	5.1 识别相关方（2.7）	13.1 识别相关方	启动

[A] 对于商业分析过程，括号中的数字表示过程组在《商业分析标准》中的节号，其他数字表示过程组在《PMI 商业分析指南》中的节号。

2.1　识别问题或机会

识别问题或机会是识别待解决的问题或待寻求的机会的过程。本过程的关键效益是，形成对组织正在考虑解决的情境的清晰理解。如果问题或机会未被彻底理解，则组织所寻求的可能是不能满足商业需要的解决方案。本过程的输入和输出如图 2-1 所示。

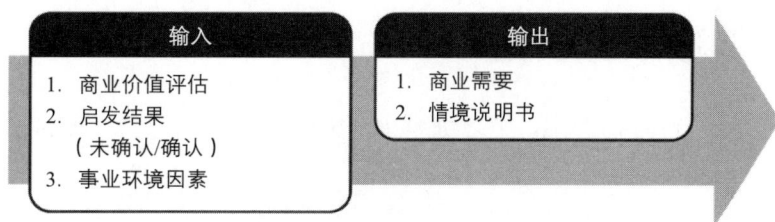

图 2-1　识别问题或机会：输入和输出

2.2　评估当前状态

评估当前状态是检查所分析的当前环境的过程，以理解可能是问题或机会的原因的组织内部和外部的重要因素。本过程的关键效益是，它提供了对组织当前状态的充分理解，为确定当前状态的哪些元素保持不变，以及实现将来状态需要哪些变更提供了背景。本过程的输入和输出如图 2-2 所示。

图 2-2　评估当前状态：输入和输出

2.3　确定将来状态

确定将来状态是确定既有能力和一系列提议的变更间的差距的过程，而这些变更是解决分析中的问题或机会所实现期望的将来状态所需的。本过程的关键效益是，最终识别了组织所需的一组能力，以便能够从当前状态过渡到期望的将来状态并满足商业需要。本过程的输入和输出如图 2-3 所示。

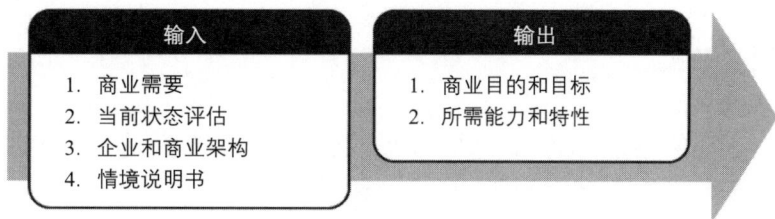

图 2-3　确定将来状态：输入和输出

2.4　确定可行选项和提供建议

确定可行选项和提供建议是应用多种分析技术检查能达成商业目的和目标的可能解决方案，并且确定哪一个选项被认为是组织所追求的最佳可能选项的过程。本过程的关键效益是，它确认了所提议解决方案的可行性，并且为管理者和决策者提供了最佳的行动计划，以满足商业目的和目标。本过程的输入和输出如图 2-4 所示。

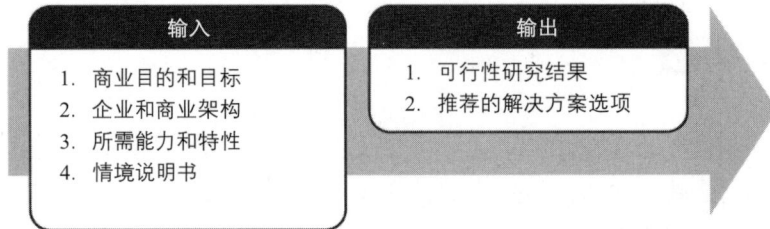

输入	输出
1. 商业目的和目标 2. 企业和商业架构 3. 所需能力和特性 4. 情境说明书	1. 可行性研究结果 2. 推荐的解决方案选项

图 2-4　确定可行选项和提供建议：输入和输出

2.5　引导产品路线图开发

引导产品路线图开发是支持产品路线图开发的过程。产品路线图在高层级上描绘了产品的哪些方面在项目组合、项目集或一个或多个项目迭代或发布的过程中计划交付，以及这些方面潜在的交付顺序。本过程的关键效益是，它在相关方之间创建了对可交付成果及其潜在顺序的共同期望。本过程的输入和输出如图 2-5 所示。

输入	输出
1. 商业目的和目标 2. 所需能力和特性	1. 产品路线图

图 2-5　引导产品线路图开发：输入和输出

2.6　组合商业论证

组合商业论证是综合经过深入研究和分析的信息，以支持选择最佳的项目组合组件、项目集或项目，从而达成商业目的和目标的过程。本过程的关键效益是，它有助于组织以一致的方式审视项目集和项目，使决策者能够确定项目集和/或项目是否值得进行投资。本过程的输入和输出如图 2-6 所示。

输入	输出
1. 商业目的和目标 2. 可行性研究结果 3. 产品路线图 4. 推荐的解决方案选项 5. 所需能力和特性 6. 情境说明书	1. 商业论证 2. 产品范围

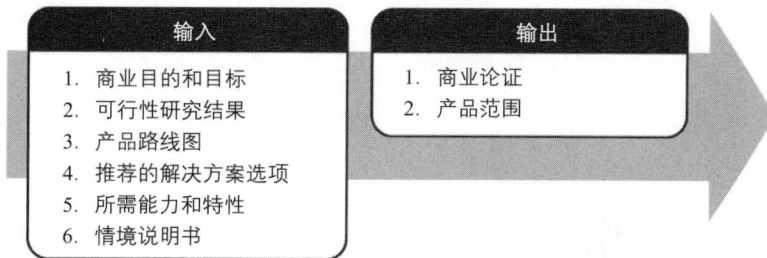

图 2-6　组合商业论证：输入和输出

2.7　识别相关方

识别相关方是识别可能影响、被影响或受评估结果影响的个人、群体或组织的过程。本过程的关键效益是，它有助于确定在整个与商业分析相关的活动中应该考虑到谁的利益。本过程的输入和输出如图 2-7 所示。

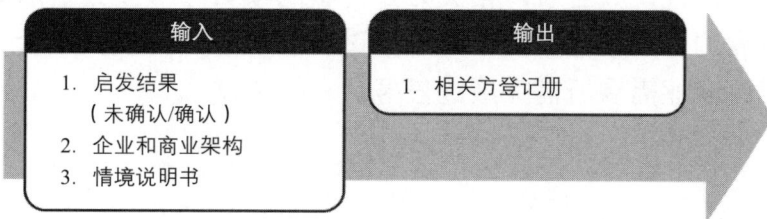

输入	输出
1. 启发结果 （未确认/确认） 2. 企业和商业架构 3. 情境说明书	1. 相关方登记册

图 2-7　识别相关方：输入和输出

2.8　评价解决方案绩效

评价解决方案绩效是评价解决方案以确定实施的解决方案或解决方案组件是否按预期交付商业价值的过程。本过程的关键效益是，分析提供了有形数据，以确定企业所投资的解决方案是否达到预期的商业结果，并且作为对未来项目决策的输入。本过程的输入和输出如图 2-8 所示。

输入	输出
1. 商业论证 2. 商业目的和目标 3. 评价的验收结果 4. 性能数据 5. 解决方案评价方法	1. 商业价值的评估

图 2-8　评价解决方案绩效：输入和输出

第 3 章　启动过程组

启动过程组包括用于定义项目组合、项目集或项目目标，并且将资源应用于项目组合组件、项目集、项目或项目阶段所实施的商业分析过程。一旦项目组合组件、项目集或项目得到批准，商业论证就被转换成章程。在定义和匹配过程组内进行的分析可被用来支持章程的开发。启动过程是在项目组合中或在项目集、项目或阶段的开始时进行的，以聚焦在项目所需要解决的商业需要上。

启动过程组的主要目的是，将相关方的期望与项目组合、项目集或项目目标匹配，以提供范围和目标的可见性，并且展示相关方如何参与项目与商业分析活动，这对于满足他们的期望是至关重要的。启动过程组中的这个过程有助于设置项目组合、项目集或项目的目标，并且定义满足商业需要所需完成的任务。

表 3-1 描述了商业分析启动过程组与项目管理之间的关系。

表 3-1　商业分析启动过程组与项目管理之间的关系

商业分析过程组	商业分析过程 [A]	项目管理过程	项目管理过程组
启动	4.7 支持章程开发（3.1）	4.1 开发项目章程	启动

[A] 对于商业分析过程，括号中的数字表示过程组在《商业分析实践标准》中的节号，其他数字表示过程组在《PMI商业分析指南》中的节号。

3.1　支持章程开发

支持章程开发是利用在需要评估和商业论证开发工作中获得的商业分析知识、经验和产品信息，与发起人实体和相关方资源协作以进行章程开发的过程。本过程的关键效益是，能够顺利地从商业论证过渡到章程开发，并且为相关方提供对项目组合、项目集或项目目标及产品范围和需求的理解。本过程的输入和输出如图 3-1 所示。

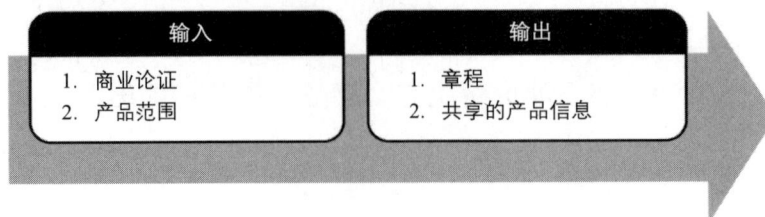

输入	输出
1. 商业论证	1. 章程
2. 产品范围	2. 共享的产品信息

图 3-1　支持章程开发：输入和输出

第4章 规划

规划过程组包括确定执行商业分析活动的最佳方法所实施的商业分析过程，包括如何适应所选择的项目生命周期，并且分析将相互影响和影响解决方案的整体定义的内部和外部相关方。从而：

- 定义商业分析活动和可交付成果并达成一致。

- 用于争取相关方、启发、分析、跟踪、监督和评价的过程对于关键相关方来说是可接受的。

- 关键相关方了解并支持完成商业分析工作所需的活动和时间承诺。

通过将项目管理规划过程的输出整合成项目管理计划，将商业分析规划过程的输出整合成商业分析计划。商业分析规划可以用于理解工作范围、相关方的期望和风险偏好、活动之间的依赖性，以及情境所需的适当数量和层级的商业分析，以避免那些参与到与需求相关活动的相关方产生不切实际的期望。商业分析规划活动与项目组合、项目集和项目管理的规划活动相结合，因此，协作是一个关键的考虑因素，以使内容既不重复也不矛盾。

单一的商业分析规划方法不能适用于所有情境。最终，需要理解项目生命周期、背景、复杂性和项目特征，以及其他考虑因素，以根据情境适当地选择和调整规划活动。

在整个项目生命周期中发生的重大变更、经验教训或回顾会触发重新访问一个或多个规划过程的需要，这种渐进细化的方法被称为渐进明细，表明规划和实施都是持续迭代的活动。

表 4-1 描述了商业分析规划过程组与项目管理之间的关系。

表 4-1   商业分析规划过程组与项目管理之间的关系

商业分析过程组	商业分析过程 A	项目管理过程	项目管理过程组
规划	5.2 实施相关方分析（4.1）	13.1 识别相关方	启动
	5.3 确定相关方参与和沟通方法（4.2）	10.1 规划沟通管理 13.2 规划相关方参与	规划
	5.4 实施商业分析规划（4.3）	4.2 制订项目管理计划 5.4 创建 WBS 6.2 定义活动 6.3 排列活动顺序 6.4 估算活动持续时间 6.5 制订进度计划 7.2 估算成本 7.3 确定预算 9.2 估算活动资源	规划
	6.1 确定启发方法（4.4） 7.1 确定分析方法（4.5） 8.1 确定跟踪和监督方法（4.6） 9.2 确定解决方案评价方法（4.7）	5.1 规划范围管理 11.1 规划风险管理	规划

A 对于商业分析过程，括号中的数字表示过程在《商业分析标准》中的节号。其他数字表示《 PMI 商业分析指南》中的节号。

4.1   实施相关方分析

实施相关方分析是调研和分析有关可能影响、被影响或认为被评估领域所影响的个人、群体或组织的定量和定性信息的过程。本过程的关键效益是，它提供了有关相关方的重要见解，这些见解可以在选择启发和分析技术、适合参与商业分析工作中的不同时间段的相关方，以及确定使用的最佳沟通和协作方法时应用。本过程的输入和输出如图 4-1 所示。

图 4-1   实施相关方分析：输入和输出

4.2　确定相关方参与和沟通方法

确定相关方参与和沟通方法是在整个产品生命周期中，基于商业分析过程中的相关方需要、利益和角色，开发合适的方法来有效地与相关方参与和沟通的过程。本过程的关键效益是，它提供了一种清晰、可操作的方法，使相关方参与到整个商业分析和与需求相关的活动中，从而使相关方通过最佳的沟通方法和频率来获得正确的信息，以满足项目需要和相关方的期望。本过程的输入和输出如图 4-2 所示。

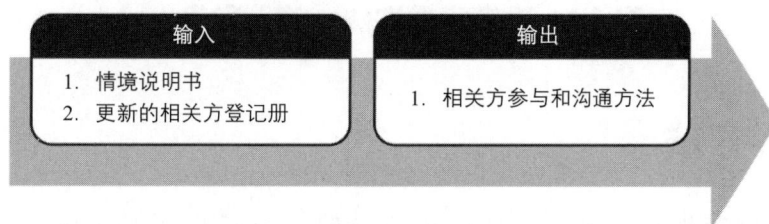

输入	输出
1.　情境说明书 2.　更新的相关方登记册	1.　相关方参与和沟通方法

图 4-2　确定相关方参与和沟通方法：输入和输出

4.3　实施商业分析规划

实施商业分析规划是获取关于团队将要执行的商业分析活动，以及所需任务的角色分配、职责和技能组合的共同协议而执行的过程，从而成功完成商业分析工作。本过程的成果被组合成商业分析计划，商业分析计划可能被正式地记录和批准，也可能根据团队的运作方式以不太正式的方式被记录和批准。无论计划是否被正式地记录，所有规划过程的成果都应该在整体方法中加以考虑。在实施商业分析工作时，失败的规划决策将导致不太理想的方法。本过程的关键效益是，它通过鼓励讨论和就如何实施商业分析工作达成一致来设定期望，并且避免在实施过程中对角色和责任的混淆。本过程的输入和输出如图 4-3 所示。

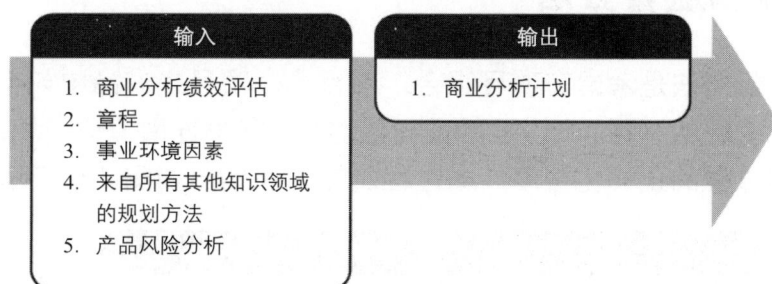

输入	输出
1.　商业分析绩效评估 2.　章程 3.　事业环境因素 4.　来自所有其他知识领域 　　的规划方法 5.　产品风险分析	1.　商业分析计划

图 4-3　实施商业分析规划：输入和输出

4.4　确定启发方法

确定启发方法是全面考虑如何实施启发活动、涉及哪些相关方、使用哪些启发技术、启发活动的最佳实施顺序的过程。本过程的关键效益是，通过高效利用相关方的时间，有效的相关方协作，以及有条理的方法来实施启发。本过程的输入和输出如图 4-4 所示。

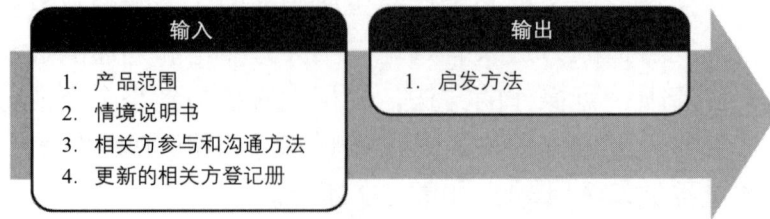

输入	输出
1. 产品范围 2. 情境说明书 3. 相关方参与和沟通方法 4. 更新的相关方登记册	1. 启发方法

图 4-4　确定启发方法：输入和输出

4.5　确定分析方法

确定分析方法是预先考虑如何实施分析的过程，包括要分析什么、生成什么模型最有利于生产，以及需求和其他产品信息如何被核实、确认和排序。本过程的关键效益是，它支持为开发解决方案所实施的商业分析工作的共同理解。本过程的输入和输出如图 4-5 所示。

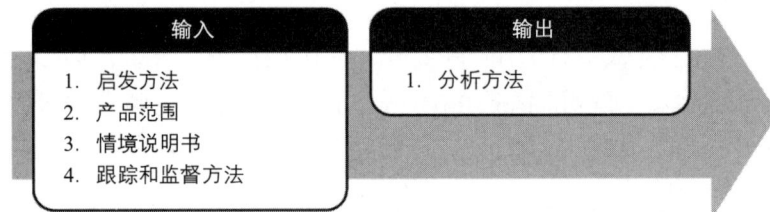

输入	输出
1. 启发方法 2. 产品范围 3. 情境说明书 4. 跟踪和监督方法	1. 分析方法

图 4-5　确定分析方法：输入和输出

4.6　确定跟踪和监督方法

确定跟踪和监督方法是考虑在项目组合、项目集、项目或产品中如何实施跟踪，以及定义如何管理需求变更的过程。本过程的关键效益是，它根据情境适当地确定跟踪的级别，以及需求变更管理过程的正式化程度。本过程的输入和输出如图 4-6 所示。

输入	输出
1. 合规或法规标准 2. 配置管理标准 3. 产品范围	1. 跟踪和监督方法

图 4-6　确定跟踪和监督方法：输入和输出

4.7　确定解决方案评价方法

确定解决方案评价方法是确定组织和/或解决方案的哪些方面需要评价、如何测量绩效、何时及由谁来测量绩效的过程。本过程的关键效益是，选择和定义绩效指标和指标，以便它们可以被收集、报告和评价，从而支持组织或产品的持续改进。本过程的输入和输出如图 4-7 所示。

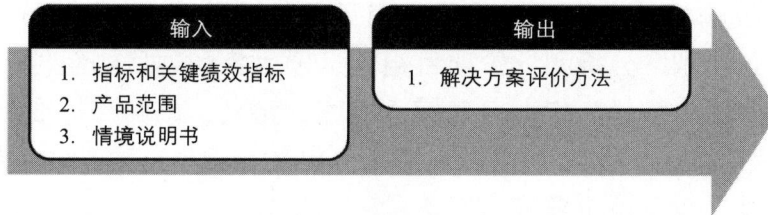

输入	输出
1. 指标和关键绩效指标 2. 产品范围 3. 情境说明书	1. 解决方案评价方法

图 4-7　确定解决方案评价方法：输入和输出

第 5 章　执行

执行过程组涉及与相关方协调，并且应用可用的产品信息来进行适当的商业分析活动。这些过程是为了识别、分析和评价项目组合、项目集和项目的组件而进行的。在本过程组中所执行的大量工作都是为启发、建模、排序、定义、核实和批准所有类型的产品信息，范围包括从未完项到用户故事，以及从需求到制约因素。这项工作包括分析产品风险，定义和评价验收标准，以及评价解决方案选项。

在产品生命周期、项目集或项目的执行过程中，可能需要重新考虑商业问题、目的和目标、其他项目组合组件和商业分析计划。此外，分析可能触发对先前已经理解和批准的信息的变更请求。对其中任何一项的更改都可能揭示额外的产品信息，并且可能导致正在实施的启发活动、参与的相关方、分析的产品信息细节和优先级、任何现有的批准、验收标准和解决方案选项发生连锁变化。商业分析预算和工作的很大一部分将花费在实施执行过程组中的过程中。

表 5-1 描述了商业分析执行过程组与项目管理之间的关系。

表 5-1　商业分析执行过程组与项目管理之间的关系

商业分析过程组	商业分析过程 [A]	项目管理过程	项目管理过程组
执行	5.5 准备过渡到将来状态（5.1）	13.2 规划相关方参与	规划
	6.2 启发准备（5.2） 6.3 实施启发（5.3） 7.2 创建和分析模型（5.5） 7.3 定义和明细需求（5.6） 7.5 核实需求（5.8） 7.7 排序需求和其他产品信息（5.10） 8.2 确立关系和依赖性（5.13）	5.2 收集需求	规划
	8.2 确立关系和依赖性（5.13）	6.3 活动排序	规划
	6.4 确认启发结果（5.4） 7.5 核实需求（5.8） 7.6 确认需求（5.9）	5.5 确认范围	监控
	7.4 定义验收标准（5.7）	8.1 规划质量管理	规划

续表

商业分析过程组	商业分析过程 ^A	项目管理过程	项目管理过程组
执行	7.7 排序需求和其他产品信息（5.10） 7.9 评估产品设计选项（5.12）	5.3 定义范围	规划
	7.8 识别和分析产品风险（5.11）	11.2 识别风险 11.3 实施定性风险分析 11.4 实施定量风险分析 11.5 规划风险响应	规划
	7.8 识别和分析产品风险（5.11）	11.6 实施风险应对	执行
	7.8 识别和分析产品风险（5.11）	11.7 监督风险	监控
	8.3 选择和批准需求（5.14）	5.3 定义范围 6.5 制订进度计划	规划
	8.3 选择和批准需求（5.14）	5.6 控制范围	监控
	9.3 评价验收结果并解决缺陷（5.15）	8.3 控制质量	监控

^A 对于商业分析过程，括号中的数字表示过程在《商业分析标准》中的节号。其他数字表示《 PMI 商业分析指南》中的节号。

5.1 准备过渡到将来状态

准备过渡到将来状态是确定组织是否准备好过渡，以及组织如何从当前状态转移到将来状态以整合全部或部分解决方案到组织运营中的过程。本过程的关键效益是，组织可以成功地采用由新解决方案或解决方案组件的实施而产生的变更，并且在解决方案投入运营之后，任何产品或项目集组件或预期的整体项目集收益都可以得到维系。本过程的输入和输出如图 5-1 所示。

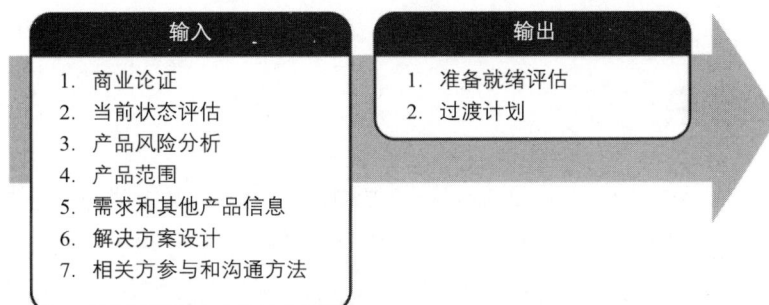

输入
1. 商业论证
2. 当前状态评估
3. 产品风险分析
4. 产品范围
5. 需求和其他产品信息
6. 解决方案设计
7. 相关方参与和沟通方法

输出
1. 准备就绪评估
2. 过渡计划

图 5-1 准备过渡到将来状态：输入和输出

5.2 启发准备

启发准备是组织和调度资源并为单个启发活动准备必要材料的过程。本过程的关键效益是，启发活动被组织并有效地实施，参与者可预先了解他们参与的原因和要求。本过程的输入和输出如图 5-2 所示。

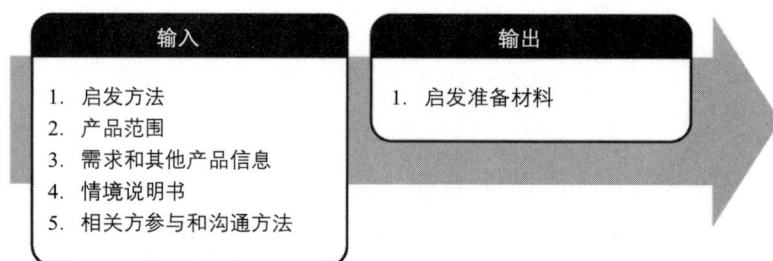

输入	输出
1. 启发方法 2. 产品范围 3. 需求和其他产品信息 4. 情境说明书 5. 相关方参与和沟通方法	1. 启发准备材料

图 5-2　启发准备：输入和输出

5.3 实施启发

实施启发是应用不同启发技术从相关方及其他来源抽取信息的过程。本过程的关键效益是，它可从适当的来源获得信息，以充分地定义和明细需求和其他产品信息。本过程的输入和输出如图 5-3 所示。

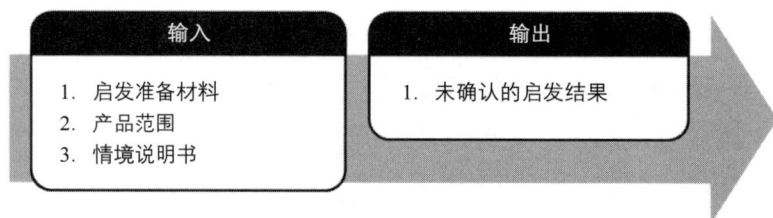

输入	输出
1. 启发准备材料 2. 产品范围 3. 情境说明书	1. 未确认的启发结果

图 5-3　实施启发：输入和输出

5.4 确认启发结果

确认启发结果是针对启发结果实施跟进活动的过程，以确定要使用的合适的正式程度，与相关方一起评审准确度与完整性，并且与历史信息进行对比。本过程的关键效益是，确认在启发过程中已经充分理解相关方和启发结果。本过程的输入和输出如图 5-4 所示。

图 5-4　确认启发结果：输入和输出

5.5　创建和分析模型

创建和分析模型是创建任何产品信息的结构化描述（如图、表或结构化文本）的过程，以通过识别信息中的差距或发现无关信息来促进更深入的分析。本过程的关键效益是，它有助于以有组织的方式来传递信息，这种方式提供了清晰性，并且有助于实现信息的正确性和完整性。本过程的输入和输出如图 5-5 所示。

图 5-5　创建和分析模型：输入和输出

5.6　定义和明细需求

定义和明细需求是以不同受众所需的合适的详细程度、格式和正式程度来细化和记录需求和其他类型的产品信息的过程。本过程的主要效益是：（a）它有助于澄清产品信息的细节，以便团队能够有效地工作；（b）它以可被所有相关方访问和处理的方式来存储产品信息。本过程的输入和输出如图 5-6 所示。

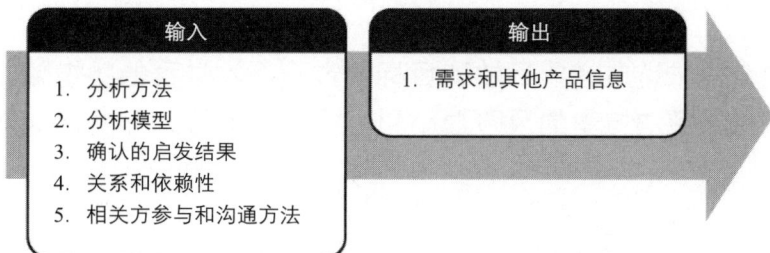

图 5-6　定义和明细需求：输入和输出

5.7 定义验收标准

定义验收标准是对于什么能证明解决方案的一个或多个方面已被成功开发而达成一致意见的过程。本过程的关键效益是，它提供了有助于细化需求的互补的见解，同时为将要交付的内容提供共同理解的基础。本过程的输入和输出如图 5-7 所示。

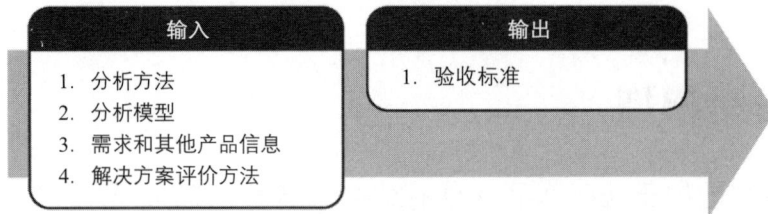

输入	输出
1. 分析方法 2. 分析模型 3. 需求和其他产品信息 4. 解决方案评价方法	1. 验收标准

图 5-7   定义验收标准：输入和输出

5.8 核实需求

核实需求是检查需求是否质量过关的过程。本过程的关键效益是，它增加了以满足组织所定义的标准的方式表述或理解需求的可能性，这反过来又能够与所有利益方进行需求沟通，并且有助于最终产品的质量提升。本过程的输入和输出如图 5-8 所示。

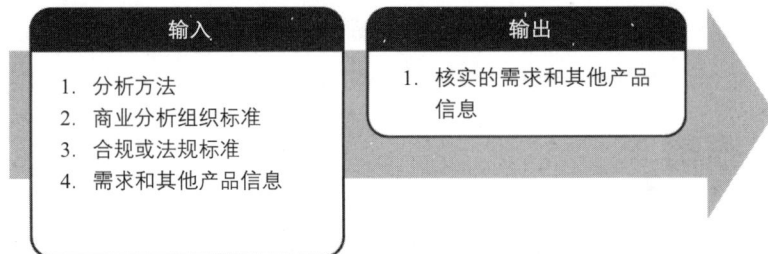

输入	输出
1. 分析方法 2. 商业分析组织标准 3. 合规或法规标准 4. 需求和其他产品信息	1. 核实的需求和其他产品信息

图 5-8   核实需求：输入和输出

5.9 确认需求

确认需求是检查需求达成商业目的和目标的过程。本过程的关键效益是，它将遗漏相关方的期望或交付错误解决方案的风险最小化。本过程的输入和输出如图 5-9 所示。

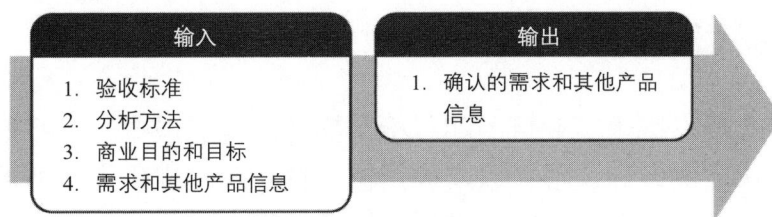

图 5-9　确认需求

5.10　排序需求和其他产品信息

排序需求和其他产品信息是理解产品信息的单个部分如何实现相关方的目标，并且应用该信息及其他商定的优先级因素来促进工作的排序的过程。本过程的关键效益是，它使所有相关方对需求如何实现目的和目标达成一致，并且确定如何相应地将需求分配到迭代或发布中。本过程的输入和输出如图 5-10 所示。

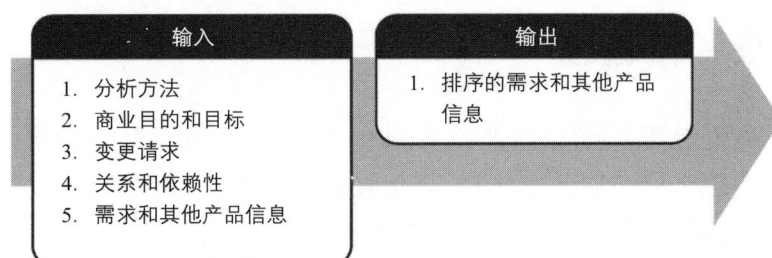

图 5-10　排序需求和其他产品信息：输入和输出

5.11　识别和分析产品风险

识别和分析产品风险是揭示和检验假设和不确定性的过程，这些假设和不确定性可能对解决方案的定义、开发和预期结果产生积极或消极的影响。本过程的关键效益是，它支持对商业分析活动中的不确定性进行主动管理，并且揭示和主动找到产品中潜在的优势和劣势领域。本过程的输入和输出如图 5-11 所示。

图 5-11　识别和分析产品风险：输入和输出

5.12　评估产品设计选项

评估产品设计选项是基于商业目的和目标、期望的实施成本、可行性和关联风险来识别、分析和比对解决方案设计选项，以及应用该评估结果来提供关于所展示设计选项的建议的过程。本过程的关键效益是，它允许对设计选项提出有见地的建议。本过程的输入和输出如图 5-12 所示。

输入	输出
1. 商业目的和目标 2. 企业和商业架构 3. 排序的需求和其他产品信息	1. 可行产品设计选项

图 5-12　评估产品设计选项：输入和输出

5.13　确立关系和依赖性

确立关系和依赖性是跟踪或设置需求和其他产品信息间联系的过程。本过程的关键效益是，它有助于检查每个需求是否增加了商业价值并满足了客户期望，并且支持监督和控制产品范围。本过程的输入和输出如图 5-13 所示。

输入	输出
1. 产品范围 2. 需求和其他产品信息 3. 跟踪和监督方法	1. 关系和依赖性

图 5-13　确立关系和依赖性：输入和输出

5.14　选择和批准需求

选择和批准需求是促进与相关方进行讨论的过程，以协商和确认哪些需求应包含在迭代、发布或项目中。本过程的关键效益是，它提供了授权，以考虑如何及何时构建全部或部分的解决方案来开发或修正产品。本过程的输入和输出如图 5-14 所示。

输入	输出
1. 产品范围	1. 批准的需求
2. 关系和依赖性	
3. 相关方参与和沟通方法	
4. 确认的需求和其他产品信息	
5. 核实的需求和其他产品信息	

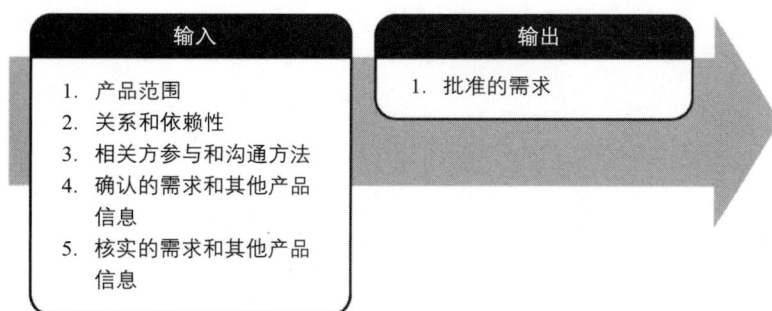

图 5-14　选择和批准需求：输入和输出

5.15　评价验收结果并解决缺陷

评价验收结果并解决缺陷是从定义的验收标准与解决方案的比较中来决定如何处理结果的过程。本过程的关键效益是，它允许对是否发布所有或部分解决方案，以及是否对产品进行变更、修复或增强做出明智的决策。本过程的输入和输出如图 5-15 所示。

输入	输出
1. 验收标准	1. 评价的验收结果
2. 实际验收结果	

图 5-15　评价验收结果并解决缺陷：输入和输出

第 6 章　监控

监控过程组包括持续实施的以下过程：

- 促进持续和适当的相关方沟通与参与程度；

- 评估项目组合、项目集和项目中建议的产品变更的影响；

- 通过评估商业分析活动的实施情况来提高商业分析绩效。

从商业分析的角度来看，监控聚焦于跟踪和评审用于定义解决方案的产品和商业分析工作。从项目管理的角度来看，它是项目监控的补充，项目监控侧重于对项目的跟踪、评审和监管。

在监控过程组中完成的大量工作涉及使用执行过程组的输出来评估需求、其他产品信息和商业分析计划本身的变更。监控过程组包括评价是否对需求和其他产品信息有任何连锁影响，并且确定所建议的变更是否与实现商业目的和目标相匹配。这些建议的变更可能触发额外的启发、分析和评价活动。当团队正在实施来自其他过程组的过程时，这些过程都是使资源能够彼此良好协作，确认所有相关方都在必要的层级上参与，以及核实所有参与者之间的沟通都正常运作的关键。实施这些过程是为了检查在其他商业分析过程组中使用的方法是否能够很好地单独或同时起作用。当在过程中或过程间发现问题时，本过程支持对它们进行变更，以便它们之间的交互更加有效或高效。持续的商业分析绩效改进对于改善项目和组织成果至关重要。

表 6-1 描述了商业分析监控过程组与项目管理之间的关系。

表 6-1　商业分析监控过程组与项目管理之间的关系

商业分析过程组	商业分析过程 [A]	项目管理过程	项目管理过程组
监控	5.6　管理相关方参与和沟通（6.1）	10.2　管理沟通 13.3　管理相关方参与	执行
	5.6　管理相关方参与和沟通（6.1）	10.3　监督沟通 13.4　监督相关方参与	监控
	5.7　评估商业分析绩效（6.2）	8.3　控制质量	监控
	8.4　管理需求和其他产品信息的变更（6.3）	4.6　实施整体变更控制 5.6　控制范围	监控

[A] 对于商业分析过程，括号中的数字表示过程在《商业分析标准》中的节号。其他数字表示《PMI 商业分析指南》中的节好。

6.1　管理相关方参与和沟通

管理相关方参与和沟通是在商业分析过程中促进适当参与的过程，使相关方对正在进行的商业分析工作有适当的了解，并且在其演化过程中与相关方分享产品信息。本过程的关键效益是，在商业分析过程和定义解决方案中促进相关方持续参与，并且与相关方保持持续沟通。本过程的输入和输出如图 6-1 所示。

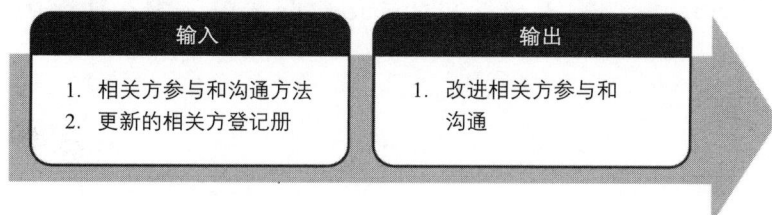

输入	输出
1. 相关方参与和沟通方法 2. 更新的相关方登记册	1. 改进相关方参与和沟通

图 6-1　管理相关方参与和沟通：输入和输出

6.2　评估商业分析绩效

评估商业分析绩效通常是基于过程中的可交付成果和项目组合组件、项目集或项目结果的背景，来考虑组织应用的商业分析实践的有效性的过程。在项目层级上的良好实践可以提升为最佳实践和标准，以供组织在未来的项目中使用。本过程的关键效益是，它提供了调整商业分析实践的机会，以满足项目、团队和组织的需要。本过程的输入和输出如图 6-2 所示。

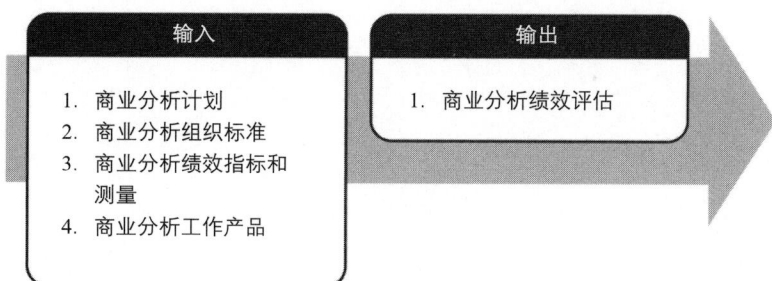

输入	输出
1. 商业分析计划 2. 商业分析组织标准 3. 商业分析绩效指标和测量 4. 商业分析工作产品	1. 商业分析绩效评估

图 6-2　评估商业分析绩效：输入和输出

6.3　管理需求和其他产品信息的变更

管理需求和其他产品信息的变更是通过了解变更的价值和影响来检查项目中出现的变更或缺陷的过程。随着变更的达成，关于这些变更的信息将被反映到支持排序和最终产品开发的任何地方。本过程的关键效益是，促进将重要的解决方案变更纳入项目，限制不必要的变更，并且提供对变更将如何影响最终产品的理解。本过程的输入和输出如图 6-3 所示。

输入	输出
1. 批准的需求 2. 商业目的和目标 3. 变更请求 4. 产品范围 5. 关系和依赖性 6. 跟踪和监督方法	1. 需求和其他产品信息的推荐变更

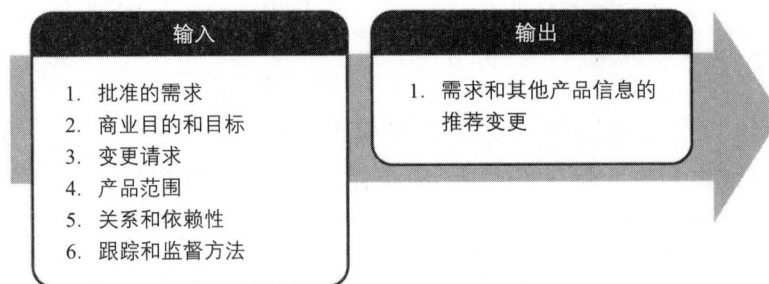

图 6-3　管理需求和其他产品信息的变更：输入和输出

第 7 章　发布

发布过程组包含当在项目中交付一个潜在的可发布的解决方案或解决方案的一部分以用于反馈或评审时所实施的过程。这个过程也可以在评价发布解决方案以将所有权从开发领域过渡到运营领域时实施。它用于：

- 确定是否应发布所有或部分解决方案；

- 获得将所有或部分解决方案准备好过渡给运营团队以持续对解决方案负责的一致意见。

发布过程组提供了支持解决方案决策的信息，有时还包括促进决策过程的工作。从项目管理的角度来看，这与收尾过程组是互补的，它验证了构建全部或部分解决方案的工作已经完成，合同义务已经达成，并且包括参与实际发布的决策本身。在发布过程组中进行的大量商业分析工作涉及研究和组合证据，这些证据表明解决方案是否准备发布到生产，或者从开发领域移交至将要投入的运营领域。证据可以包括评价实际产品性能，或者评价测试结果和来自产品用户和测试员的反馈。

表 7-1 描述了商业分析发布过程组与项目管理之间的关系。

表 7-1　商业分析发布过程组与项目管理之间的关系

商业分析过程组	商业分析过程 [A]	项目管理过程	项目管理过程组
发布	9.4 获得解决方案发布的验证（7.1）	4.7 结束项目或阶段	收尾

[A] 对于商业分析过程，括号中的数字表示过程在《商业分析标准》中的节号。其他数字表示《PMI 商业分析指南》中的节号。

7.1　获得解决方案发布的验证

获得解决方案发布的验证是促进是否将部分或完整的解决方案发布到生产环境中并最终交接给运营团队的决策的过程，以及转移关于产品、风险、已知问题和这些问题可能出现的权变措施的知识和现有信息。本过程的关键效益是，在构建解决方案和发布相关方接受的解决方案之间达成一致。本过程的输入和输出如图 7-1 所示。

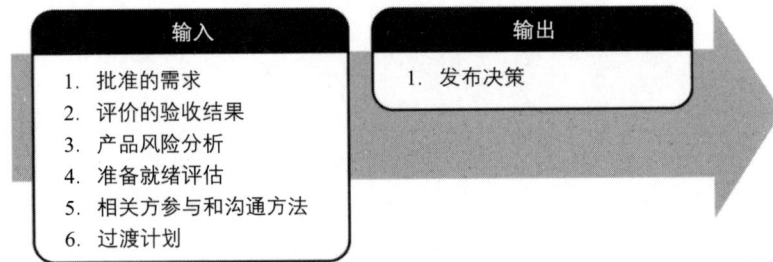

图 7-1 获得解决方案发布的验证：输入和输出

参考文献

[1] Project Management Institute. 2015. *Business Analysis for Practitioners: A Practice Guide*. Newtown Square, PA: Author.

[2] Project Management Institute. 2017. *The PMI Guide to Business Analysis*. Newtown Square, PA: Author.

[3] Project Management Institute. 2017. *PMI's Pulse of the Profession*®: *Success Rates Rise— Transforming the High Cost of Low Performance*. Newtown Square, PA: Author.

[4] Project Management Institute. 2017. *A Guide to the Project Management Body of Knowledge (PMBOK*® *Guide)–Sixth Edition*. Newtown Square, PA: Author.

第 3 部分

附录、术语表、索引

附录 X1 《PMI 商业分析指南》编审人员

本附录分组包括了那些为《PMI 商业分析指南》的编纂和出版做出贡献的人员。项目管理学院对所有人员的支持满怀感激之情，并且衷心感谢他们为项目管理事业所做的贡献。

X1.1 《PMI 商业分析指南》核心委员会

以下人员为项目核心委员会成员，他们为文本和概念的编写做出了贡献，同时还负责项目核心委员会的领导工作：

Laura Paton，PMP，PMI-PBA，Chair
Joy Beatty，PMI-PBA，CBAP
David P. Bieg，PMI-PBA
Susan M. Burk
Cheryl G. Lee，PMP，PMI-PBA
Kristin L. Vitello，Standards Project Specialist

X1.2 审核人员

X1.2.1 主题专家审核

除委员会成员外，以下人员对标准草案进行了审核，并且提供相关建议：

Steve Blais，PMP，PMI-PBA

Greta Blash，PMP，PMI-PBA

Steve Blash

Shika Carter，PgMP，PMP

Sergio Luis Conte，PhD，PMI-PBA

Victoria Cupet，CBAP，PMI-PBA

Marcos Antonio Da Silva，PMP，PMI-PBA

KaishengDuan，PgMP，PMI-PBA

Christopher Edwards

Flavia Guarnieri，PMP，PMI-PBA

Dave Hatter，PMP，PMI-PBA

Maciej P. Kaniewski，PMP，PMI-PBA

Gladys S.W. Lam

Elizabeth Larson，PMP，PMI-PBA

Richard Larson，PMP，PMI-PBA

Peter Lefterov

Kent J. McDonald

Elizabeth Moore，PMP，CBAP

Amy E. Paolo，CBAP

Sheryl Pass，PMP，PMI-PBA

Ronald G. Ross

Thomas Slahetka，MBA，CBAP

Cynthia Sneed，MBA，PMI-PBA

Joyce Statz，PhD，PMP，ECBA

Angela Wick，PMP，PMI-PBA

Laura C. Wright，PMP，CBAP

Rolf Dieter Zschau，PMP，PMI-PBA

X1.2.2　征求意见稿最终审核（标准部分）

除委员会成员外，以下人员为《PMI 商业分析指南》（标准部分）的征求意见稿提供了改进建议；

Habeeb Abdulla, PMP, PMI-RMP

Bill Allbee, PMP

Lavanya Arul, PMP, PMI-PBA

Nadeem Azmi

Nabeel EltyebBabiker, PMP, P3O

Mary Baker

Ganesan Balaji, PgMP, PMP

Deborah Bellew, PMP, PMI-PBA

Greta Blash, PMI-PBA, PMI-ACP

Farid F. Bouges, PhD, PfMP, PMP

Sonja G. Brown, PMP

Armando Camino, MBA, PMP

Donna M. Capella

Balasubramanian Chandrasekaran, PMP, Prosci Certified

Satish Chhiba

Anthony Clarke, CBAP, PMI-PBA

Corinn M. Claydon

Jennifer B. Colucci, PMP

Adriana Conte, PMP, PMI-PBA

David Cousins

Tim Coventry, BEd, CBAP

Josh Cruz

GraziellaDAmico

FarshidDamirchilo, MSc, PMP

DorippDgpgri

Vahid Dokhtzeynal, PMP, PMI-RMP

Josee Dufour, PMP

Francine J. Duncan, PMP, SIEEE

Arnold N. Eddula, PfMP, PMI-PBA

Havillah Preethi Eddula, MS, PMI-PBA

Wael K. Elmetwaly, PMP, PMI-ACP

Patrice M. Fanning, PMI-PBA

Asher Fawad, PMP

Diane E. Foster, PMP

Tammy Fowler, PMI-PBA, CBAP

Nestor C. Gabarda Jr., ECE, PMP

Hisham Sami Ghulam, PMP PMI-PBA

TheofanisGiotis, PhDc, PMP

Kalyani Govindan, PMP

Jorge Lamadrid Guerrero, PMP, PMI-PBA

Gunawan, PMP, PMI-RMP

Hironori Hayashi, PMP, PMI-PBA

Bruce A. Hayes, PMP, PMI-ACP

Gheorghe Hriscu, PMP, CGEIT

Seyed Ibrahim, MBA, PMP

Lemya Musa M. Idris, PMP, PMI-PBA

Shuichi Ikeda

Nikolaos Ioannou, CPRE-FL&AP, PRINCE2

Ana C. Johnson, MBA, PMP

HariprasadKulakkottuVariyam, PMP

Taeyoung Kim, PMP

Shaun D. Kimpton, CBAP

Henry Kondo, PfMP, PMP

RouzbehKotobzadeh, PMP, PMI-PBA

Rakesh Kumar, MBA, PMP

Thomas M. Kurihara

Trent D. Leopold, MS, PMI-PBA

Michael J. Licholat, PMP

Winnie Liem, PMP, ITIL

Ediwanto Liga, PMP

Tong Liu, PhD, PMP

Casey Loo, PMP, PMI-PBA

Hugo K. M. Lourenço, PMP, PMI-PBA

MordakaMaciej, PMP, PMI-ACP

Marwan M. Malibari, MBA, KPI-P

Sanjay Mandhan, MBA, PMP

Gaitan Marius Titi, Eng, PMP

PuianMasudi Far, PhDc, PMP

Mohammad Mohammad VenkatramvasiMohanvasi, PMP

ArashMomeni, MBA, PMP

Syed Ahsan Mustaqeem, PE, PMP

Marlys Norby, PMP, NCMA FELLOW

Habeeb Omar, PfMP, PgMP

MozhganPakdaman, PMP, PMI-RMP

Panagiotis Papaporfyriou, PMP, PMI-ACP

Crispin ("Kik") Piney, BSc, PfMP

Jelena Radovanovic, MscEE, PMP

Chandrasekar Ramakrishnan

Sandy B. Ritchey

Rafael Fernando Ronces Rosas, PMP, ITIL

Robert M. Roque, PMP

John A. Rush IV, MBA, PMP

Mohammad Sabbouh, PMP, PMI-PBA

Madhavi Sanakkayala, MS, PMI-PBA

O. Patanjali Sastry

Kyra Smith, PgMP

Terrell J. Smith, PMP, PMI-PBA

María Specht, MSc, PMP

Joyce Statz, PhD, PMP

Ernesto Stefani

Betsy Stockdale, PMI-PBA

Suresh Supramaniam, PMP, CMBB

Shoji Tajima, PMP, ITC

Tetsuya Tani, PMP

Suresh Thiagarajan

Sal J. Thompson, MBA, PMP

MicolTrezza, MBA, PMP

Carmen Valle, MBA, PMP

Vijaya Nath Veepuri, PMP

Dave Violette, MPM, PMP

Michael Mitra Wagan, PMP

Lars Wendestam, MSc, PMP

Simon Wild

Loni L. Wong, MBA, PMP

Tao Xu

Amir Yazdani

Rafael Beteli Silva Zanon, PMP, PMI-PBA

Cristina Zerpa, MC, PMP

Rolf Dieter Zschau, PMP, PMI-PBA

X1.2.3 征求意见稿最终审核（指南部分）

除委员会成员外，以下人员为《PMI 商业分析指南》（指南部分）的征求意见稿提供了改进建议：

Habeeb Abdulla, PMP, RMP

Adekunle P. Adeniyi, PMP, PMI-PBA

Bill Allbee, PMP

Guillermo J. Anton, MSc, PMP

Sridhar Arjula

Jeremy Aschenbrenner

Deborah Bellew, PMP, PMI-PBA

Farid F. Bouges, PhD, PfMP, PMP

Armando Camino, MBA, PMP

Balasubramanian Chandrasekaran, PMP, Prosci Certified

Satish Chhiba

Sergio Luis Conte, PhD

Tim Coventry, BEd, CBAP

GraziellaDAmico

FarshidDamirchilo, MSc, PMP

Lorenzo De Lorenzo, PMI-PBA

Ivana Dilparic

Vahid Dokhtzeynal, PMP, PMI-RMP

Francine J. Duncan, PMP, SIEEE

Arnold N. Eddula, PfMP, PMI-PBA

Havillah Preethi Eddula, MS, PMI-PBA

Hazem Elbadry, PMP, C-KPI

Kishore Erukulapati

Patrice M. Fanning, PMI-PBA

Nestor C. Gabarda Jr., ECE, PMP

TheofanisGiotis, PhDc, PMP

Hironori Hayashi, PMP, PMI-PBA

Katy M. Hennings, PMP

Gheorghe Hriscu, PMP, CGEIT

Lemya Musa M. Idris, PMP, PMI-PBA

Shuichi Ikeda

RouzbehKotobzadeh, PMP, PMI-PBA

Thomas M. Kurihara

Jorge Lamadrid Guerrero, PMP, PMI-PBA

Trent D. Leopold, MS, PMI-PBA

Tong Liu, PhD, PMP

Casey Loo, PMP, PMI-PBA

Abhijit A. Maity, PMP, PMI-PBA

Francis V Manning, MBA, PMP

Gaitan Marius Titi, Eng, PMP

VenkatramvasiMohanvasi, PMP

ArashMomeni, MBA, PMP

Daud Nasir, PMP, LSSBB

Mufaro Mary Nyachoto, PMI-PBA, CAPM

Habeeb Omar, PfMP, PgMP

Stefano Orfei, PMP, PMI-PBA

MozhganPakdaman, PMP, PMI-RMP

Panagiotis Papaporfyriou, PMP, PMI-ACP

Crispin ("Kik") Piney, BSc, PfMP

Sriramasundararajan Rajagopalan, PhD, PMP

Chandrasekar Ramakrishnan

Rafael Fernando Ronces Rosas, PMP, ITIL

Madhavi Sanakkayala, MS, PMI-PBA

Saad Sheikh, PMI-RMP, PMI-ACP

Chihiro Shimiz, CBAP

Joyce Statz, PhD, PMP

Tetsuya Tani, PMP

Gerhard J. Tekes, PMP, PMI-RMP

Sunil Telkar, PMP, PGXPM

Suresh Thiagarajan

Laurent Thomas, PMP, PMI-ACP

Sal J. Thompson, MBA, PMP

MicolTrezza, MBA, PMP

Carmen Valle, MBA, PMP

Vijaya Nath Veepuri, PMP

Jean-Jacques Verhaeghe, MBA-LS, PMP

Dave Violette, MPM, PMP

Rolf Dieter Zschau, PMP, PMI-PBA

X1.3　PMI 标准项目集成员顾问小组（MAG）

以下人员作为 PMI 标准项目集成员顾问小组成员，参与了《PMBOK®指南》第六版的编纂工作：

Maria Cristina Barbero，PMP，PMI-ACP

Brian Grafsgaard，PMP，PgMP

Hagit Landman，PMP，PMI-SP

Yvan Petit，PhD，PMP

Chris Stevens，PhD

Dave Violette，MPM，PMP

John Zlockie，MBA，PMP，PMI Standards Manager

X1.4　协调机构审核

以下人员为 PMI 标准项目集协调机构成员：

Nigel Blampied，PE，PMP

Chris Cartwright，MPM

John L. Dettbarn，Jr.，DSc，PE

Charles T. Follin，PMP

Laurence Goldsmith，MBA，PMP

Dana J Goulston，PMP

Brian Grafsgaard，PMP，PgMP

Dorothy L. Kangas，PMP

Timothy A. MacFadyen，MBA，MPM

Harold "Mike" Mosley，Jr.，PE，PMP

Nanette Patton，MSBA，PMP

Yvan Petit，PhD，PMP

Crispin ("Kik") Piney，BSc，PfMP

Michael Reed，PfMP，PMP

David W. Ross，PgMP，PMP

Paul E. Shaltry，PMP

Chris Stevens，PhD

Dave Violette，MPM，PMP

X1.5　制作人员

特别感谢以下 PMI 工作人员的付出：

Donn Greenberg，Manager，出版社经理

Andrew Levin，PMP，项目经理

Dylan Mcquire，沟通专员

Kim Shinners，出版社出版合伙人

Roberta Storer，产品编辑

Barbara Walsh，出版社出版主管

X1.6　中文翻译人员

以下人员担任了《PMI 商业分析指南》中文版的翻译工作：

覃崇乾，PMP

柯建杰，PMP，PMI-PBA，CBAP，MSP，Prince2，CPMP（1 级），PhD

于兆鹏，PMP，PgMP，PfMP，PMI-ACP，PMI-PBA，NPDP，ITIL Expert，P3O，MBA

顾丽，PMP，PMI-ACP，PMI-PBA

续华，PMP，EMBA

曾发明，PMP，PMI-PBA

刘俊卿，PMP，PMI-PBA

华锡锋，PMP，PgMP，PfMP，PMI-ACP，PMI-PBA，Prince2

曾莉，PMP

励鸣宇，PMP

李涛，PMP

韩磊，SAFe 4

全书由于兆鹏统稿。

附录 X2 工具与技术

《PMI 商业分析指南》中共包含了 110 种工具与技术，它们中有些在指南中仅出现一次，有些则在多个过程中出现多次。本指南中的知识，包括要使用的技术，需要根据环境、组织或情境的需要进行裁剪。本指南中的每种工具与技术对于商业分析活动并不一定是必需的，所列的工具和技术清单也并不详尽。

在适当情况下，本指南按用途对工具与技术进行了分组。分组名称描述了本组需要完成任务的目的，其中的工具与技术代表了为实现上述目的而采用的不同方法。例如，优先级方案是一个工具和技术组，其目的是对项目组合组件、项目集、项目、需求、特性或其他产品信息进行排序。多票制、时间盒和加权排序都是可用于排序的技术。

为帮助从业人员识别特定工具与技术的使用场合，本附录列出了每种工具与技术、其所属分组（如适用），以及其在《PMI 商业分析指南》中的过程。在本指南中，描述某个工具或技术的过程都采用了黑体字。其他列出的工具或技术的过程，则引用了充分描述这些工具或技术的过程，并且可能提供了在该特定过程中如何使用某种工具或技术的补充说明。本指南给出了工具或技术在《商业分析实践指南》中的对应节号以供参考（如有）。《商业分析实践指南》可为如何使用工具或技术提供实例和额外知识以供参考。

X2.1 工具与技术分组

《PMI 商业分析指南》使用了以下工具与技术分组：

- **变更控制工具。**用于辅助变更管理和/或配置管理。

- **启发技术。**用于从各种来源中抽取信息。

- **估算技术。**用于对可能的数量或结果进行定量评估。

- **群体决策技术。**用于群体环境，以使参与者对正在讨论的问题或主题做出最终决定。

- **建模明细。**用于进一步识别产品信息的差距、不一致性或冗余。

- **同行评审。**用于检查商业分析工作的逻辑性、可读性，以及在质量特征、格式和语法方面是否遵守内部组织标准。

- **规划技术**。用于规划商业分析工作。

- **优先级方案**。用于对项目组合组件、项目集、项目、需求、特性或其他产品信息排序。

- **根本原因和机会分析**。根本原因分析用于确定引起偏差、缺陷或风险的根本原因。机会分析用于研究潜在机会的主要方面，以确定能实现产品目标的可能变更。

- **估价技术**。一种用于量化选项所提供的回报或价值的技术。

- **相关方图**。用于分析相关方及其之间的关系，或者相关方与分析中的解决方案之间的关系。

另外，还有 59 种未分组的工具与技术。表 X2-1 包含了工具与技术的清单、相对应的知识领域，以及在本指南与《商业分析实践指南》中对应的节号。

表 X2-1 工具与技术的分类和索引

工具与技术	《商业分析实践指南》中对应章节	《PMI 商业分析指南》中对应章节	知识领域					
			需要评估	相关方参与	启发	分析	跟踪与监督	解决方案评价
变更控制工具								
配置管理系统（CMS）	5.8.2.1	8.4.2.2					8.4	
版本控制系统（VCS）	5.8.2.2	8.4.2.2					8.4	
启发技术								
头脑风暴	3.3.1.1	5.1.2.1	4.2, 4.3, 4.4	5.1, 5.3, 5.5, 5.6, 5.7	6.1, 6.3	7.1, 7.8, 7.9		9.1, 9.2
协作游戏	N/A	6.3.2.2	4.2, 4.3, 4.4	5.3, 5.5, 5.6, 5.7	6.3	7.7, 7.8	8.3	9.1, 9.2
产品盒	N/A	6.3.2.2	4.2, 4.3, 4.4	5.3, 5.5, 5.6, 5.7	6.3	7.7, 7.8	8.3	9.1, 9.2
快艇	N/A	6.3.2.2	4.2, 4.3, 4.4	5.3, 5.5, 5.6, 5.7	6.3	7.7, 7.8	8.3	9.1, 9.2
蜘蛛网	N/A	6.3.2.2	4.2, 4.3, 4.4	5.3, 5.5, 5.6, 5.7	6.3	7.7, 7.8	8.3	9.1, 9.2
文件分析	4.5.5.2	6.3.2.3	4.1, 4.2, 4.3, 4.4, 4.6, 4.7	5.3, 5.5, 5.6, 5.7	6.2, 6.3, 6.4	7.1, 7.8		9.1, 9.2
引导式研讨会	4.5.5.3	6.3.2.4	4.2, 4.3, 4.4, 4.5, 4.6, 4.7	5.3, 5.5, 5.6, 5.7	6.3	7.8	8.3	9.1, 9.2, 9.4
焦点小组	4.5.5.4	6.3.2.5	4.2, 4.3, 4.4	5.3, 5.5, 5.6, 5.7	6.3	7.8, 7.9		9.1, 9.2
访谈	4.5.5.5	6.3.2.6	4.1, 4.2, 4.3, 4.4, 4.7	5.1, 5.3, 5.5, 5.6, 5.7	6.1, 6.2, 6.3, 6.4	7.8		9.1, 9.2
观察法	4.5.5.6	6.3.2.7	4.2, 4.3, 4.4	5.3, 5.5, 5.6, 5.7	6.3, 6.4	7.8		9.1, 9.2
原型法	4.5.5.7	6.3.2.8	4.2, 4.3, 4.4	5.3, 5.5, 5.6, 5.7	6.3	7.2, 7.8		9.1, 9.2
演进式原型	4.5.5.7	6.3.2.8	4.2, 4.3, 4.4	5.3, 5.5, 5.6, 5.7	6.3	7.2, 7.8		9.1, 9.2
故事板	4.5.5.7	6.3.2.8	4.2, 4.3, 4.4	5.3, 5.5, 5.6, 5.7	6.3	7.2, 7.8		9.1, 9.2

续表

工具与技术	《商业分析实践指南》中对应章节	《PMI 商业分析指南》中对应章节	知识领域					
			需要评估	相关方参与	启发	分析	跟踪与监督	解决方案评价
线框图	4.5.5.7	6.3.2.8	4.2, 4.3, 4.4	5.3, 5.5, 5.6, 5.7	6.3	7.2, 7.8		9.1, 9.2
问卷调查	4.5.5.8	6.3.2.9	4.2, 4.3, 4.4	5.1, 5.3, 5.5, 5.6, 5.7	6.3	7.8		9.1, 9.2
估算技术								
亲和力评估	N/A	5.4.2.3		5.4		7.8		
自下而上估算	N/A	5.4.2.3		5.4		7.8		
德尔菲法	4.15.1	5.4.2.3	4.4	5.4, 5.5		7.6, 7.7, 7.8	8.3, 8.4	9.1, 9.2, 9.3, 9.4
估算扑克	N/A	5.4.2.3		5.4		7.8		
相对估算	N/A	5.4.2.3		5.4		7.8		
宽带德尔菲技术	N/A	5.4.2.3		5.4		7.8		
群体决策技术								
德尔菲法	4.15.1	8.3.2.4	4.4	5.4, 5.5		7.6, 7.7, 7.8	8.3, 8.4	9.1, 9.2, 9.3, 9.4
力场分析	N/A	8.3.2.6	4.4	5.5			8.3, 8.4	9.2, 9.4
建模明细								
CRUD 矩阵	N/A	7.2.2.10				7.2		
跟踪矩阵	5.2.3	7.2.2.10, 8.2.2.5				7.2, 7.6, 7.7	8.2, 8.4	9.3
交互矩阵	N/A	7.2.2.10				7.2, 7.6, 7.7	8.2, 8.4	9.3
同行评审								
检查	4.13.2	7.5.2.2				7.5		
同行桌面检查	4.13.1	7.5.2.2				7.5		
走查	4.12.2	7.5.2.2, 7.6.2.4			6.4	7.5, 7.6		
规划技术								
产品未完项	4.11.10	7.3.2.4, 7.7.2.1		5.4		7.3, 7.8, 7.9		
滚动式规划	3.4	5.4.2.4		5.4				
故事地图	N/A	7.2.2.16	4.5, 4.6	5.4		7.2, 7.7	8.2, 8.3	
工作分解结构（WBS）	N/A	5.4.2.4		5.4				

工具与技术	《商业分析实践指南》中对应章节	《PMI 商业分析指南》中对应章节	知识领域					
			需要评估	相关方参与	启发	分析	跟踪与监督	解决方案评价
优先级方案								
购买特性	N/A	7.7.2.5		5.5		7.7	8.3	9.1, 9.2, 9.3
德尔菲法	4.15.1	7.7.2.5, 8.3.2.4	4.4	5.4, 5.5		7.6, 7.7, 7.8	8.3, 8.4	9.1, 9.2, 9.3, 9.4
最小可行产品	N/A	7.7.2.5		5.5		7.7	8.3	9.1, 9.2, 9.3
MoSCoW	4.11.6.1	7.7.2.5		5.5		7.7	8.3	9.1, 9.2, 9.3
多票制	4.11.6.1	7.7.2.5		5.5		7.7	8.3	9.1, 9.2, 9.3
目的对准模型	N/A	4.3.2.9, 7.7.2.5	4.3	5.5		7.7	8.3	9.1, 9.2, 9.3
时间盒法	4.11.6.1	7.7.2.5		5.5		7.7	8.3	9.1, 9.2, 9.3
加权排序	2.5.5.1, 4.11.6.1	4.4.2.8, 7.7.2.5	4.4	5.5		7.7	8.3	9.1, 9.2, 9.3
加权最短优先作业（WSJF）	N/A	7.7.2.5		5.5		7.7	8.3	9.1, 9.2, 9.3
根本原因和机会分析								
鱼骨图/石川图	2.4.4.2	4.2.2.9	4.2	5.7		7.8		9.1, 9.3
五问法	2.4.4.2	4.2.2.9	4.2	5.7		7.8		9.1, 9.3
关联图	2.4.4.2	4.2.2.9	4.2	5.7		7.8		9.1, 9.3
估价技术								
内部收益率（IRR）	2.5.6.3	4.4.2.7	4.4					
净现值（NPV）	2.5.6.4	4.4.2.7	4.4					
投资回收期（PBP）	2.5.6.1	4.4.2.7	4.4					
投资回报率（ROI）	2.5.6.2	4.4.2.7	4.4					
相关方图								
洋葱图	N/A	5.2.2.4		5.2, 5.3				
相关方矩阵	N/A	5.2.2.4		5.2, 5.3				

续表

工具与技术	《商业分析实践指南》中对应章节	《PMI商业分析指南》中对应章节	知识领域					
			需要评估	相关方参与	启发	分析	跟踪与监督	解决方案评价
未分组的工具与技术								
亲和图	2.4.5.2	4.3.2.1	4.3			7.9		
未完项管理	N/A	7.7.2.1, 7.3.2.4				7.7	8.3, 8.4	
行为驱动开发（BOD）	N/A	7.4.2.1				7.4		
标杆对照	2.4.5.3	4.1.2.1	4.1, 4.3, 4.4					
燃尽图	N/A	5.4.2.1		5.4, 5.7		7.8		
商业架构技术	N/A	4.2.2.1	4.2					
商业能力分析	N/A	4.2.2.2	4.2					
商业规则目录	4.10.9.1	7.3.2.1				7.3		
能力框架	2.4.6	4.2.2.3	4.2					
能力表	2.4.5.1	4.2.2.4	4.2, 4.3					
竞争分析	2.4.5.3	4.1.2.2	4.1			7.9		
系统交互图	4.10.7.3	7.2.2.1				7.2, 7.8		
成本效益分析	2.5.6	4.4.2.2	4.4					9.1
数据字典	4.10.10.3	7.2.2.2				7.2		
数据流向图	4.10.10.2	7.2.2.3				7.2		
决策树和决策表	4.10.9.2	7.2.2.4				7.2		
分解模型	3.5.2.2	5.4.2.2		5.4				
完成定义（DoD）	N/A	7.4.2.2				7.4		
准备就绪定义	N/A	7.3.2.2				7.3	8.3	
显示—操作—响应模型	4.10.11.4	7.2.2.13				7.2		
生态系统图	4.10.7.2	7.2.2.5				7.2, 7.8		
实体关系图（ERD）	4.10.10.1	7.2.2.6				7.2		
事件清单	N/A	7.2.2.7				7.2		
特性注入	N/A	4.4.2.4	4.4					
特性模型	4.10.7.4	7.2.2.8	4.3			7.2	8.2	
差距分析	2.4.7	4.3.2.6	4.3					
术语表	N/A	7.3.2.3	4.2, 4.6, 4.7		6.4	7.3		
目的模型和商业目标模型	4.10.7.1	7.2.2.9				7.2, 7.6, 7.7		

续表

工具与技术	《商业分析实践指南》中对应章节	《PMI 商业分析指南》中对应章节	知识领域					
			需要评估	相关方参与	启发	分析	跟踪与监督	解决方案评价
影响分析	5.8.3	8.4.2.4					8.4	
INVEST	4.10.8.3	7.5.2.1				7.5		
迭代规划	N/A	7.7.2.3				7.7	8.3	
工作分析	3.3.3.1	5.2.2.1		5.2, 5.5				
看板图	N/A	7.7.2.4				7.7		
卡诺分析	N/A	4.3.2.7	4.3					
市场分析	N/A	4.1.2.5	4.1					
组织结构图	3.3.1.2	5.1.2.3		5.1			7.2, 7.8	
帕累托图	N/A	4.2.2.7	4.2					
人物分析	3.3.3.2	5.2.2.2		5.2, 5.3				
过程流	4.10.8.1	7.2.2.12	4.2, 4.3	5.1, 5.5, 5.7		7.2, 7.8		
产品组合矩阵	N/A	9.1.2.3						
产品愿景力	N/A	4.5.2.3	4.5, 4.6					
RACI 模型	2.3.1	5.2.2.3		5.2, 5.3				
实质选择权	N/A	4.4.2.6	4.4			7.9		
报告表	4.10.11.1	7.2.2.14				7.2		
需求管理工具	N/A	8.2.2.2				7.3	8.2, 8.3, 8.4	
回顾和经验教训	3.4.6.1, 3.4.6.2	5.7.2.4		5.3, 5.7	6.1	7.1	8.1	9.2
风险登记册	N/A	7.8.2.9				7.8		
解决方案能力矩阵	N/A	4.3.2.10	4.3					
状态表和状态图	4.10.10.4	7.2.2.15				7.2		
故事明细	N/A	7.4.2.3				7.3, 7.4		
故事切片	N/A	7.3.2.7				7.3	8.2	
SWOT 分析	2.4.2	4.2.2.10	4.2	5.5		7.8		
系统接口表	4.10.11.2	7.2.2.17				7.2		
用例	4.10.8.2	7.3.2.8				7.3		
用例图	4.10.7.5	7.2.2.18				7.2		
用户界面流	4.10.11.3	7.2.2.19				7.2		
用户故事	4.10.8.3	7.3.2.9		5.5		7.3		
偏差分析	N/A	5.7.2.6		5.7				9.3
供应商评估	N/A	7.9.2.7				7.9		

附录 X3 商业分析专业人士能力

掌握构成商业分析专业人士能力的相关知识、技能和个人素质的商业分析专业人士能有效地执行商业分析过程。

本附录描述了商业分析专业人士应具备的六类重要能力：

- 分析技能。

- 专家判断。

- 沟通技能。

- 个人技能。

- 领导技能。

- 工具知识。

尽管所提供的能力清单内容广泛，但并不完整。它可以作为商业分析专业人士评估和衡量个人能力的核对单，以关注在未来职业发展中可能投入精力的重点领域。

X3.1 分析技能

商业分析专业人士利用分析技能：

- 处理不同类型、不同细节层级的信息。

- 分解信息。

- 从不同的角度看信息。

- 得出结论。

- 区分相关和非相关。

- 制定决策。

- 解决问题。

分析技能分为以下几类：

- 创造性思维。

- 概念和细节思维。

- 决策。

- 设计思维。

- 数字能力。

- 解决问题。

- 研究技能。

- 足智多谋。

- 系统思考。

X3.1.1　创造性思维

创造性思维是通过探索多个不同解决方案来解决一个或一系列问题，以达成改进结果的能力。创造性思维考虑了已知的限制因素，并且鼓励使用发散性思维解决问题。对于商业分析专业人士来说，能在工作中应用创造性思维是很重要的，它可以帮助相关方识别能成功解决商业问题的需求和解决方案，并且能有效应对不断变化的条件。

X3.1.2　概念和细节思维

概念和细节思维是在高层级和细节思维之间转移的能力，例如，在整体分析后再分析整体中的具体细节。商业分析专业人士应能从概念和细节两个方面进行思考，以便他们可以和不同的相关方群体进行有效沟通；将大问题分解成组件；汇总细节信息以寻找共同主题；评估不同解决方案的可行性；根据需要提出调整建议。

X3.1.3　决策

决策是权衡一系列选项的效益和缺点，以从不同选项做出选择，并且说明选择依据的能力。决策涉及理性推理、直觉推理或两者兼而有之。决策能力可以通过采用其他能力得到进一步提高，例如，采用系统思考——一种从全局角度来考量组织的情况，并且能够理解细节是如何与整体链接的能力。决策的另一个关键组件是，能够确定什么时候是推迟决策的恰当时机，推迟决策可能发生在假设太多或结果不完整的情况下。决策是商业分析专业人士的一项重要技能，因为他们除了支持相关方决策，还需要在执行商业分析时做出各种决策。

X3.1.4　设计思维

设计思维是使用基于解决方案思维而不是基于问题思维的方法。项目团队应该确定一个最终目标，并且创建一个创造性的解决方案来实现这个目标，而不是关注解决问题。

设计思维基于以下四个原则：

- 鼓励社会性设计活动。

- 允许不确定性而非约束。

- 假设多数设计是针对之前问题的解决方案的再设计。

- 确保抽象的创意是切实可行的。

设计思维可作为转换商业过程和实现输出或解决方案的一种方法。设计思维可能需要使用商业分析技术，如可视化建模、五问法、原型法、人物分析或其他技术。

X3.1.5　数字能力

数字能力有时被称为数学素养。具备数字能力意味着能够理解数字和其他数学概念，并且将它们应用于一系列的环境中以解决不同的问题。数字能力对于商业分析专业人士开展有效的数据分析，与组织领导一起量化商业需要和目标，以及从任何角度判定数学论证是否成立等工作都是必要的。

X3.1.6　解决问题

解决问题是指通过以下方式来分析问题或困难情境的能力：

- 理解问题。

- 识别潜在的解决方案。

- 选择并实施解决方案来解决问题。

- 监督成果以确保问题得到充分解决。

识别问题的本质并适当裁剪解决方案是解决问题的其中一个重要组件。例如，产品团队中的人际冲突会产生需要解决的问题，这些问题的解决方案通常会与解决技术挑战或系统问题所需的解决方案有很大不同。解决问题是商业分析专业人士的一项重要技能，因为他们在整个产品生命周期中会遇到各种问题。通常，项目组合、项目集或项目的成败取决于商业分析专业人士成功解决问题的能力。

X3.1.7 研究技能

研究技能是及时有效地获取有用信息的能力。获取信息有许多不同的方式，例如面对面采访主题专家（SME）、观察、文件分析或使用其他常规的信息来源，如互联网搜索、用户群体和书籍。有效的研究能带来可靠、清晰和有用的信息，并且可作为解决问题和制定决策的输入。有效的研究者的一个关键要素是，愿意并渴望了解更多与给定主题有关的信息。因为，有效分析情境和策划推进路径总是需要信息，因此研究技能对于商业分析专业人士实现全面成功至关重要。

X3.1.8 足智多谋

足智多谋是指使用替代或创造性的手段来获取信息和解决问题，特别是在没有清晰的或常规的解决方案的情况下。足智多谋包括利用现有可用资源和识别某一特定研究方法在何时可能不再适用。足智多谋的商业分析专业人士在处理情境时会寻找不同的解决办法，例如，当相关方的可用时间匮乏时，商业分析专业人士会采用创造性的或替代的方法来保证相关方的时间。从过去的经验中学习，包括经验教训和回顾会议，这是足智多谋的另一个关键要素。商业分析专业人士需要足智多谋，因为他们所需的信息往往不是现成的，需要其他可行的替代方法来为决策和解决问题的过程获取有效的输入。

X3.1.9 系统思考

系统思考是指从全局和细节的角度分析信息的能力。当应用于组织层面时，系统思考要求商业分析专业人士应该能将组织视为由人、过程、工具等要素组成的一个系统，并且有相应的技能进行识别和分析。通过组件及其之间的关系来认识组织是十分必要的，这确保了对提议的组织变更进行了分析以理解对一个组件的变更如何影响相关条目。

X3.2 专家判断

专家判断涉及从某应用领域、知识领域、学科和行业等方面获取专业知识，并且适用于当前活动的技能和知识。它包括应用所获知识、事业环境因素与组织过程资产来有效执行工作的各项技能。专家判断由企业/组织知识、商业敏锐度、行业知识、生命周期的知识、政治和文化意识、产品知识和标准组成。

- 企业/组织知识。
- 商业敏锐度。
- 行业知识。

- 生命周期的知识。

- 政治和文化意识。

- 产品知识。

- 标准。

X3.2.1　企业/组织知识

企业/组织知识是指，从高层次和战术角度来理解和熟悉具体业务的组织和运作方式。该技能还包括理解企业的独特性如何限制或促成给定解决方案的成功，以及如何有效地跨不同组织层级开展谈判。该技能也包括常见商业功能的工作知识，如财务、市场营销、运营、法律等。商业分析工作常常需要跨越不同的组织功能并影响企业的多个领域，因此，企业/组织知识是商业分析专业人士的一项关键技能。

X3.2.2　商业敏锐度

商业敏锐度是应用商业和行业知识，以及决策能力来做出合理决策的技能。商业敏锐度需要理解组织在竞争环境中如何运作，盈利能力的驱动来源是什么，以及组织的产品与战略之间的关系。拥有商业敏锐度的人员能够理解更大的局面，并且能够运用这些知识进行批判性的思考。

X3.2.3　行业知识

行业知识是组织参与的行业的专业知识的熟悉程度，包括组织的竞争对手、行业趋势和挑战、适用的商业模式等方面的知识。行业知识是有益的，它可以帮助商业分析专业人士与相关方维系和建立信任关系，识别能为当前形势提供背景的外部经济力量，并且为旨在利用市场机会或减少市场威胁的组织解决方案提供决策。

X3.2.4　生命周期的知识

生命周期的知识包括熟悉给定行业用于识别产品开发阶段的不同框架，从展望、规划，到构建、迭代和产品生命终期。生命周期的知识还包括深入理解组织所支持的框架，以及商业分析专业人士在每个阶段的角色。商业分析专业人士必须知道在产品或软件开发生命周期的每个阶段对他们有怎样的期望，这样他们才能够有效地履行其角色赋予他们的职责。了解其他框架的工作知识同样有用，以便识别组织改进的机会领域。

X3.2.5　政治和文化意识

政治意识是指能意识到与组织层次、层次结构和权力分布方式有关的组织动态。文化意识包括能意识到组织的文化和价值观，并且对同事的文化习俗保持敏感，尤其是在拥有跨国员工的组织内。政治意识是至关重要的，它能对组织成功产生积极与消极的影响，即当组织权力被用于实施解决方案时，政治意识会产生积极影响；而当解决方案与组织内部一个或多个强权角色的利益相悖时，政治意识则会产生消极影响。对于商业分析专业人士而言，能够理解组织运行的动态并引导它们为产品和组织产生可能的最佳成果是很重要的。文化意识也是至关重要的，它能在同事之间产生信任和同情心，而当文化意识缺失时则会产生误解，并且阻碍有效沟通和参与。

X3.2.6　产品知识

产品知识是指理解组织提供给客户的不同产品较之竞争对手的产品有怎样的优势和劣势，以及这些产品存在的机会和威胁。产品知识还包括组织用于促进商业运作的工作知识，即使这些组件从未直接向终端客户公开过。在解决和寻求能提高组织市场竞争能力的解决方案时，需要产品知识来确保组织关注能带来最大价值的问题。

X3.2.7　标准

商业分析专业人士应能识别和知晓组织内部和外部的各种治理结构，包括项目管理治理、质量治理和外部监管或法律准则。在设计商业解决方案时，应将这些治理结构作为约束条件加以考虑，并且将其整合到商业分析活动中。行业标准同样至关重要，它有助于组织改进其实践，并且与外部商业分析社区的通用实践保持一致。

X3.3　沟通技能

沟通技能是由一系列用来提供信息、接收信息或从不同资源中启发信息的技能组成的。商业分析专业人士需要管理大量的关系及其交互，以及许多需要交换的信息，因此沟通技能是商业分析专业人士需要掌握的最关键的技能之一。沟通技能的类别包括：

- 积极倾听。
- 沟通裁剪。
- 引导。
- 非语言和语言沟通。

- 可视化沟通技能。

- 专业写作。

- 关系构建。

X3.3.1　积极倾听

积极倾听是指在与他人交流时保持专注和参与性。它包括理解检查的技巧，例如以倾听者自己的语言复述发言者所说的内容，用非语言暗示向发言者传递倾听者的专注性。它还包括在必要时请求澄清、扩展和解释。当商业分析专业人士从相关方处启发信息并与团队的其他成员共事时，积极倾听是至关重要的，因为它有助于理解和促进沟通。

X3.3.2　沟通裁剪

沟通裁剪是基于受众（如角色、内部或外部、个人或群体等）和可用的沟通方法（如电子邮件、电话、即时信息、电话会议、面对面会议等）等因素，在给定的情形下选择合适的沟通方法和方式。商业分析专业人士需要与组织中的多个不同层级和内外部的相关方持续不断地进行沟通，因此沟通裁剪非常重要。商业分析专业人士基于项目和相关方的特征决定要采用的最佳沟通方法。

X3.3.3　引导

引导是参与指导和协调各组人员之间工作的一系列活动。商业分析专业人士的引导技能包括通过商业分析方法引导工作。这些方法包括引导决策和组织变革，开展引导活动以支持启发，包括会议日程安排和规划，邀请相关人员参会，准备会议议程和材料，维持会议的可控性，鼓励有益的讨论和广泛参与，确保正确获取信息及跟踪问题和行动事项。

X3.3.4　非语言沟通

非语言沟通是指使用非口头沟通方法进行沟通的能力。常用的非言语沟通方法是指肢体语言。当商业分析专业人士具备识别和理解肢体语言的技能时，可以更有效地理解与之交流的相关方。这种技能在引导有效的启发会议和访谈相关方的时候尤为重要，因为，非言语暗示提供了关于相关方的情绪和感受，以及他们对正在讨论的主题的想法的有用信息。

X3.3.5   语言沟通

语言沟通指的是，在所有专业场景中都能成为一个高效的演讲者，从一对一的启发会议到在众多高管面前的陈述。在任何情况下，商业分析专业人士都应该能够以一种经过裁剪的沟通方式，将复杂的想法简洁、清晰地传达给听众。在跨文化背景中，口头沟通的风格应该考虑对方的语言熟练程度。语言沟通技能对于任何角色都很关键，但对于商业分析专业人士来说尤为重要，他们经常需要与不同的相关方群体进行沟通以处理复杂的主题。

X3.3.6   可视化沟通技能

可视化沟通包括通过使用模型和视觉表示工具进行沟通的能力，还包括知道使用这些表示工具的最佳时机。商业分析专业人士经常会面对复杂的信息，这使得想法和理解的交流非常困难。当商业分析专业人士应用可视化模型帮助简化复杂的逻辑或概念时，将展示有效的可视化沟通技能。

X3.3.7   专业写作

专业写作是指能用书面语言清晰、简洁地传达复杂的思想的能力。它包括能熟练地掌握写作技巧（如语法、拼写、语句结构等）和选择合适的写作风格（如技术和商务写作、正式和非正式写作等）。在撰写需求时，清晰的书面表达很重要，在写邮件、即时消息及其他如状态报告等非正式文档时同样需要专业的写作能力。非正式的书面沟通已经被越来越多地用于促进跨组织的沟通，使得良好的写作技能变得更加重要。

X3.3.8   关系构建

关系构建技能包括作为团队或群体的有效成员应具备的人际关系技能、同理心和其他社会技能。愿意为团队的利益做出牺牲，展示欣赏和感激，用适当的幽默让人们感到舒适，让其他人在没有干扰的群体环境中发言，寻求富有建设性的方式提出批评和反馈，这些都是商业分析专业人士用来成功构建持续性专业关系的一些方法。商业分析专业人士是产品团队中的关键成员，需要与其他团队成员互相支持，因此关系构建对于商业分析专业人士来说至关重要。商业分析专业人士完成的大部分工作都需要其他人员的输入和支持，因此商业分析专业人士需要在构建关系方面具有主动性。

X3.4   个人技能

个人技能是一系列用于识别个人的个人属性的技能和素质。这些列出的技能和素质通常都被相关方、项目团队成员和同行用于从个人层面对商业分析专业人士做出评价。当商业分析专业人士被认为在这些技能和素质中的任一方面（或所有方面）有其强项时，商业分析专业人士就能够建立可信度。个人技能的类型包括：

- 适应性。

- 道德。

- 学习者。

- 多任务。

- 客观性。

- 自我意识。

- 时间管理。

- 职业道德。

X3.4.1　适应性

适应性是调整个人的工作方式、处理问题或情境的方式以适应周围环境的技能。对于商业分析专业人士来说，它意味着基于正在处理的问题类型选择适合的工具或技术，能快速理解事物并对不断变化的环境做出反应，接受变化，并且能在方法不奏效时仍能承认和接受。适应能力对于商业分析专业人士来说是至关重要的，因为他们在具有许多变化因素且无法预知的环境中工作。商业分析专业人士能够快速地调整以适应变化，这可以提高找到成功解决问题的方法的机会。处变不惊有助于减轻相关方因环境变化而引起的焦虑。

X3.4.2　道德

道德行为是指在商业交易中正直坦诚，表现出诚实的职业行为。遵守道德行为的人会被同伴认为是值得信赖和可靠的团队成员。大多数组织都有一个行为准则或类似的指导方针，它概述了与组织有关的道德行为的关键组件。商业分析专业人士应能理解并遵守组织的行为准则。对于商业分析专业人士来说，行为合乎道德是很重要的，这样做能与团队成员和相关方建立信任并促成良好的工作关系。商业分析专业人士在申请专业认证时（如 PMI–PBA® ）,需理解并认同商业分析专业人士的职业道德规范。

X3.4.3　学习者

成为一个学习者应乐于学习新技能并持之以恒，发现改进做事的方法，并且通常还要保持好奇心。虽然学习者的部分继续教育是通过行业组织和其他结构化的途径来完成的，但非结构化或自我主导的教育也扮演着重要的角色。乐于学习新事物和运用新技能，以便将改进融入到工作中，并且随时了解影响行业和职业的任何趋势，这些对于商业分析专业人士而言都是十分必要的。

X3.4.4 多任务

参与多个产品团队，协调相关方的利益冲突，以及在多个截止日期前完成任务都是多任务的一部分。该技能还包括对任务进行排序以确保要事第一。商业分析专业人士需要经常同时处理多个任务，并且对许多不同的相关方负责，这使得有效地处理多个任务变得至关重要。了解开展多任务处理工作的时机同样重要，因为承担过多的工作可能导致效率低下。可交付成果和工作执行的质量不能因实施多任务处理而受到损害，无论所执行的任务是单独实施的还是多任务实施的，商业分析专业人士都应持续提供高质量的结果。

X3.4.5 客观性

客观性意味着倾听和鼓励对给定主题的多角度陈述，客观地且不带偏见地权衡每个观点的优劣，以避免先入为主或有失偏颇。这也意味着要理智地忠于自己，并且能意识到个人的观点可能并不总是正确的。商业分析专业人士经常被要求就问题的解决方案提供适当的指导。在这些场景中，能够客观地权衡每条路径的优缺点对于做出最明智的选择并赢得团队成员的信任都是很重要的。

X3.4.6 自我意识

自我意识是理解、控制和表达情感的能力，也被称为情商。自我意识还包括能够识别别人如何看待自己的行为。对于商业分析专业人士来说，拥有自我意识对于处理工作中不可避免的压力是很重要的。商业分析专业人士有时需要在相关方之间扮演中立的协调者角色以解决冲突，因此，识别和控制情绪的能力是有益的。

X3.4.7 时间管理

时间管理技能使商业分析专业人士保持组织性、高效并有效地进行计划。熟练的时间管理者对他们需要做的一切都有充分的了解，可以估计每个任务的持续时长，能够有效地把大型任务分解成若干组成部分并排序，以便优先处理最重要的工作。他们利用过去的经验和时间管理技术来估计任务的完成时间，并且承诺按时完成。保持高效，应用有效的排序，并且管理时间以保证在限期内完成工作都有助于商业分析专业人士有效地开展商业分析工作。

X3.4.8　职业道德

良好的职业道德意味着按时完成分配的工作，并且积极主动地开展工作而无须过多的监督。具有良好职业道德的人通常被称为"自我启动者"。具有强烈职业道德的商业分析专业人士有助于激励同行和其他产品团队成员。他们对工作的热情和兴奋可以感染他人，但当他们未能表现出良好的职业道德时，则会在整个团队中滋生自满情绪。

X3.5　领导技能

领导技能包括将一群人的努力集中到一个共同的目标上，并且使他们以团队的形式合作。商业分析专业人士使用领导技能，通过各种启发方式领导不同群体的相关方，对相关方的分歧进行分类，帮助企业对需求和优先级做出决策，并且最终获得支持，从而将解决方案过渡到商业环境中。领导技能的类别包括：

- 变更代理技能。
- 谈判技能。
- 个人发展技能。
- 成为可信赖的顾问的技能。

X3.5.1　变更代理技能

作为组织创新的催化剂，变更代理能够识别在何处及何时需要变更，并且能够影响完成这些变更的行动。商业分析专业人士是变更代理的最佳候选人，因为其角色需要理解商业和企业架构、商业需要、不同的相关方观点、过渡需求，以及与组织变更相关问题，这些均可为商业分析专业人士识别在何处及何时进行组织变更收益最大提供参考。

X3.5.2　谈判技能

谈判技能指的是商业分析专业人士能有效地应对冲突和分歧的一系列行为。谈判包括识别潜在冲突发生的时间，并且能够管理和化解冲突，以减轻负面影响，促成协议或共识的达成。对于商业分析专业人士来说，谈判技能是至关重要的，因为商业分析专业人士经常被迫通过困难的优先级选择和来自不同相关方群体的需求冲突来促进商业分析。

X3.5.3　个人发展技能

个人发展是指所有可以提高商业分析专业人士技能的行动。高级商业分析专业人士可以通过提供辅导、指导、同行评审和教学服务的方式，帮助缺乏经验的同行提升业绩。高级资源方可以在活动中与缺乏经验的商业分析专业人士搭档，以便传授工作经验。实践社区使商业分析专业人士能在组织中相互学习，而参加本地 PMI 社区则使商业分析专业人士能在专业社区中相互学习。所有的商业分析专业人士，无论其技术水平如何，都应该寻求专业发展机会，以随时了解行业的变化趋势。

X3.5.4　成为可信赖的顾问的技能

某人成为可信赖的顾问意味着相关方对其抱有足够的信心，并且愿意与其自由和坦率地交流。这也意味着相关方足够信任和尊重此人，在需要帮助和建议的时候，相关方能对其深信不疑。成为可信任的顾问不依靠某种能力或技能，但是要获得这种区分的标签，必须具备如诚实、守信等相关方寻求的特质和技能。相关方可能根据观察到的行为来认为某人是否是一个可信赖的顾问，例如某人如何建立和维护人际关系；如何把他人的利益放在首位；如何掌控困难的局面；如何为了团队的改进而超越自己的角色进行工作。对于商业分析专业人士来说，被视为可信赖的顾问是必要的，这样他们就能够公开和诚实地呈现信息，并且获得经常需要共享敏感或有争议信息的相关方的信任。

X3.6　工具知识

工具知识由各种不同类别的工具组成，如能掌握这些工具，可使从业者在工作中有效地开展工作。商业分析专业人士使用各种不同的软件和硬件工具来帮助他们与相关方交流并完成工作，工具知识的类别包括：

- 沟通和协作工具。
- 桌面工具。
- 报告和分析工具。
- 需求管理工具。
- 建模工具。

X3.6.1　沟通和协作工具

沟通和协作工具帮助商业分析专业人士向相关方传播关键信息，与项目参与者一起工作而不用考虑地点，跟踪版本管理，并且协调不同群组之间的信息。常见的沟通和协作工具包括电子邮件、即时消息、屏幕共享、视频会议和文件共享工具。所有商业分析专业人士都需要跨产品团队进行沟通和协作，因此无论他们的商业分析经验有多丰富，商业分析专业人士都应能有效地使用为项目而选定的沟通和协作工具。

X3.6.2　桌面工具

桌面工具帮助商业分析专业人士高效地管理时间和工作。标准办公软件、工作计时器、笔记记录程序、问题跟踪工具和录音笔等都属于此类工具。拥有适合个人工作风格和环境的桌面工具的工作知识，有助于个人在项目中更加高产高效。

X3.6.3　报告和分析工具

报告和分析工具帮助商业分析专业人士理解当今商业环境中日益增长的数据。能够剖析和分析数据可以使做出的决策更聪明、更明智和更有效，因此，对于几乎所有行业的商业分析专业人士来说，报告和分析工具的知识都是至关重要的。这些工具对于负责汇总结果并向高层汇报趋势的商业分析专业人士来说具有重要的价值。

X3.6.4　需求管理工具

需求管理工具是简化需求管理过程的工具。它们具备比标准办公软件更强大的功能，例如：

- 有效收集和存储需求及其相关属性。
- 支持对需求和其他产品信息的更改，包括自动进行影响分析。
- 跟踪需求和其他产品信息之间的关系。
- 支持需求复用。
- 促进协作，包括核实、确认和签署的过程。
- 支持原型和模拟。
- 为历史报告提供自动版本管理和支持。

由于需求管理是商业分析中最重要的组件之一，因此，商业分析专业人士必须掌握组织所使用的需求管理工具。

X3.6.5　建模工具

建模工具是商业分析专业人士在启发、分析，以及需求管理和开发过程中所使用的可视化工具。这些工具有助于产品的创建，如屏幕模拟、草图、过程模型、系统图、故事板和原型。建模和可视化工具已经被证明是启发和管理产品需求的有效技术。建模工具涵盖从简单到复杂的各种工具，当组织有意愿并打算使用它们的时候，能熟练地使用建模工具对商业分析专业人士来说是十分有益的。

术语表

1. 术语取舍

本术语表包括以下术语：

- 商业分析专用或几乎专用的术语（如商业需求文件、商业分析计划、建模明细）。

- 虽非商业分析专用，但与一般日常用法相比，具有不同用法或较狭隘含义的术语（如验收标准、商业检查）。

本术语表一般不包括：

- 应用领域专用的术语。

- 在商业分析中与日常使用中无本质区别的术语（如能力、文化）。

- 可以从各单个词汇的组合方式清楚地看出其整体含义的复合术语。

- 可以从源术语含义中清楚地看出其含义的派生术语。

- 只出现一次，对于句子要点的理解并不关键的术语。这包括术语表中并未定义的术语示例清单。

2. 常用缩写

BA   商业分析专业人士

BRD   商业需求文件

BDD   行为驱动开发

BPMN   商业过程建模标注

CCB   变更控制委员会

CMS   配置管理系统

CRUD   创建、读取、更新、删除

DEEP	详略适宜的、可估算的、涌现的和排序的
DevOps	开发运营
DITL	生活时光测试
DoD	完成定义
EEFs	事业环境因素
ERD	实体关系图
IRR	内部收益率
INVEST	独立的、可协商的、有价值的、可估算的、短小的、可测试的
KPI	关键绩效指标
MMF	最小可售特性
MVP	最小可行产品
MoSCoW	必须有、应该有、可以有、不会有
NPV	净现值
OD/CM	组织发展/变更管理
OPAs	组织过程资产
PBP	投资回收期
PM	项目经理
PMBOK	项目管理知识体系指南
QA	质量保证
QC	质量控制
RACI	执行、负责、咨询、知情
ROI	投资回报率
RML	需求建模语言

SME　　　主题专家

SWOT　　优势、劣势、机会和威胁

SysML　　系统建模语言

UI　　　　用户界面

UML　　　统一建模语言

VCS　　　版本控制系统

WBS　　　工作分解结构

WIP　　　在制品

WSJF　　加权最短优先作业

3. 定义

CRUD 矩阵（CRUD Matrix）CRUD 定义为创建（Create）、读取（Read）、更新（Update）和删除（Delete），代表可应用于数据或对象的操作。CRUD 矩阵描述了谁或什么有权限对元素（如数据或用户界面）执行每个 CRUD 操作。

DEEP 描述了一个被认为是良好定义的产品未完项所需展现的特征。DEEP 是一个缩写，代表了详略适宜的、可估算的、涌现的和排序的。

INVEST 描述了用户故事所需要具备的特征，以便在适应型开发中被认为是"好的"且"准备就绪的"。通常被认为是代表下列特征的首字母缩写：独立的（Independent）、可协商的（Negotiable）、有价值的（Valuable）、可估算的（Estimable）、短小的（Small）、可测试的（Testable）。

MoSCoW（MoSCoW）一种用于确立需求优先级的技术。其中，参与者把需求划分为四类：必须有、应该有、可以有、不会有。

RACI 模型（RACI Model）一种常见的责任分配矩阵类型，它使用执行、负责、咨询和知情来定义相关方在项目活动中的参与状态。也称为 RACI 图。

Scrum 一种适应型生命周期类型，产品通过小规模的增量部分来构建，每个开发周期都基于该产品的前一个版本来创建。

SWOT 分析（SWOT Analysis）分析组织、项目或选项的优势、劣势、机会和威胁。

版本控制（Version Control）维护软件或文件变更历史的过程。

版本控制系统（Version Control System，VCS）用来跟踪修订历史的系统，经常但不总是和软件有关。

保修期（Warranty Period）一个约定的时间间隔，在这个过程中，发布给生产的解决方案在它被移交给拥有它的商业运营区域之前，由开发解决方案的团队进行维护。

报告表（Report Table）一种商业分析模型，以表格形式来记录开发单个报告所需的所有需求。

报告和分析工具（Reporting and Analysis Tools）一类用于商业分析的工具，用于在不同颗粒度级别上处理、分析和报告信息。

变更控制（Change Control）一个过程，用来识别、记录、批准，或否决对项目文件、可交付成果或基准的修改。

变更控制工具（Change Control Tools）辅助变更管理和/或配置管理的手动或自动的工具。这套工具至少应该能够支持变更控制委员会（CCB）的活动。

变更控制委员会（Change Control Board，CCB）一个正式组成的群体，负责审议、评估、批准、推迟或否决项目变更，以及记录和传达变更处理决定。

变更请求（Change Request）关于修改任何文件、可交付成果或基准的正式提议。

变更推动者（Change Agent）担任组织创新催化师的人，具有远见能识别变更在哪里以及何时需要，并影响变更使之实现。

标杆对照（Benchmarking）将实际或计划的实践（如过程和运营）与其他可比组织的实践进行对照，以便识别最佳实践、形成改进意见，并为测量绩效提供依据。

标准（Standard）由权威、习惯或一致认可作为模型或例子而建立的文件。

参与者（Actor）与解决方案交互的人或其他系统。

参与者（Participant）参与焦点小组或引导式研讨会等团队活动的人。

测量（Measure）在一个时间点或在一个具体的时间段内某些元素的数量，如在特定时间周期内花在一个项目上的工作月数量、发现的缺陷数量，或在一次调查中回应非常满意的客户数量。

测试驱动开发（Test-Driven Development）一种"测试第一"的方法，它根据测试用例定义需求，然后构建一个可以通过测试的解决方案。见行为驱动的开发（BDD）。

差距分析（Gap Analysis）一种用来了解当前能力与所需能力之间差距的技术。填补差距是一个解决方案建议的组成部分。

产品（Product）可以计量的人工制品，既可以是最终制品，也可以是组件制品。也可以用"材料"和"货物"代指产品。见"可交付成果"

产品范围（Product Scope）某项产品、服务或成果所具有的特性和功能。

产品风险（Product Risk）会影响产品或解决方案的定义、开发和预期结果获得成功的不确定性。

产品风险分析（Product Risk Analysis）识别和分析产品风险的综合结果。

产品盒（Product Box）一种使用游戏来聚焦对客户重要的产品特性的启发技术。见协作游戏。

产品经理（Product Manager）负责让产品赢得客户和市场的个人。

产品路线图（Product Roadmap）在产品中包含的特性和功能的高级视图，以及它们将被构建或交付的顺序。

产品生命周期（Product Life Cycle）代表一个产品从概念、交付、成长、成熟到衰退的整个演变过程的一系列阶段。

产品所有者（Product Owner）具有决策权威的个人，对一个或多个特定产品中包含或排除的内容进行优先排序。

产品未完项（Product Backlog）见未完项。

产品未完项条目（Product Backlog Item）必须优先处理和完成的客户的选项或有价值的选项。

产品文件（Product Document）为支持商业分析过程而产生的任何文件。

产品相关方（Product Stakeholder）可能影响、已经被影响的或可能受到解决方案影响的个人、群体或组织。

产品信息（Product Information）成功地生成解决方案所需的所有元素。产品信息可以包括以下一个或多个：商业、相关方、解决方案或过渡需求、模型、假设、依赖性、制约因素、问题和风险。

产品需求（Product Requirement）解决方案可以解决的问题，解决一个企业、一个人或一群人的需要。这些类型的需求是商业分析工作的一部分。见需求、商业需求、相关方需求、解决方案需求、功能需求、非功能需求和过渡需求。

产品愿景（Product Vision）对产品、意向客户及如何满足需要的解释。产品愿景的开发是为了帮助产品团队设想需要建立什么样的产品。

产品愿景力（Product Visioning）一种产品团队可以使用的技术，以获得对产品的共同理解，并且为其开发制定高层级的方向。

产品知识（Product Knowledge）了解组织提供给客户的不同产品，每个竞争对手的优势和劣势，以及这些产品的机会和威胁。

产品质量保证（Product Quality Assurance）见产品质量控制。

产品质量控制（Product Quality Control）确定交付的产品是否满足或超过验收标准的过程。在一些组织中被称为产品质量保证（QA）。

产品组合矩阵（Product Portfolio Matrix）用于定性分析产品或产品线的市场分析象限图。该图的纵轴反映了从低到高的市场增长（或产品的需求），而横轴反映了从低到高的市场份额。矩阵提供了一种快速且可视化的方法来评价哪些产品满足或超过了市场上的性能预期。也称为增长份额矩阵。

场景（Scenario）解决方案的使用案例。场景通常描述了用例、用户故事或功能需求的一个具体实例，同时还描述了该用例、用户故事或功能需求的发生顺序。

成本效果可行性（Cost-Effectiveness Feasibility）一个潜在项目组合组件、项目集或项目的高层级经济可行性，同时考虑了财务效益和成本。

成本效益分析（Cost-Benefit Analysis）用来对比项目组合组件、项目集或项目所提供的效益与其项目成本的财务分析工具。

成功标准（Success Criteria）可用于确定解决方案成功的方法。

成果（Outcome）最终结果或者一个过程或行动产生的后果。

成熟度模型（Maturity Model）一种描述一个或一系列实践的典型行为的标准。它有一系列的层级，其中每一层代表能力、独立性、甚至智慧的提升水平。成熟度模型用于评估个人或组织。实例包括能力成熟度模型和数据管理成熟度模型。

程序（Procedure）用于达成稳定绩效或结果的某种既定方法，通常表现为执行某个过程的一系列特定步骤。

冲刺（Sprint）一个项目内的短时间间隔，通常是固定长度的，在此期间，团队承诺向发起人交付一个特定的生产准备阶段。

触发器（Trigger）作为一种行为或事件，任何作为刺激的事物，引发或沉淀一个反应或一系列反应。在风险的范围内，触发器是指示风险即将发生的事件或情况。

创建和分析模型（Create and Analyze Models）创建结构化表示（如任何产品信息的图、表或结构化文本）的过程，目的是通过识别信息差距或发现无关信息来促进更深入的分析。

创造性思维（Creative Thinking）通过探索多个不同解决方案来解决一个或一系列问题，以达成未来改进结果的能力。

当前状态评估（Current State Assessment）运营当前模式或组织现状的理解。

倒退（Backsliding）燃尽图的一种情形，正被跟踪的工作的剩余数量随着时间不断增长。

道德（Ethics）正直坦诚，展示诚实之举。

德尔菲法（Delphi）一种建立共识的方法，利用多轮投票整合主题专家的匿名输入。见宽带德尔菲技术。

低保真（Low Fidelity）一种使人更好理解它所说明的事物、功能或概念的粗略表示。

低保真线框图（Low-Fidelity Wireframe）一种有时用于演示导航的原型化或创建网页或屏幕模拟的方法。虽然某些低保真线框图是用电子绘图工具创建的，但也有一些是用自动化工具创建的，这些工具支持线框图演进为高保真的原型。

低保真原型（Low-Fidelity Prototype）一种原型方法，提供固定的草图、图表和笔记来可视化界面的外观。静态原型不向用户展示系统运作；它们有时用于演示导航。

迭代（Iteration）在适应型项目中，一次迭代是一个开发周期，它从迭代规划会议开始，并以回顾结束。迭代通常持续1~4周。

迭代0（Iteration 0）在适应型项目中，迭代0是所有迭代的初始规划所发生的迭代。在某些方法中，它可能被称为冲刺0。

迭代规划（Iteration Planning）在适应型方法中，迭代规划或冲刺规划都是产品开发团队为当前迭代或冲刺识别工作条目子集的活动。

迭代生命周期（Iterative Life Cycle）一种项目生命周期。项目范围通常在项目生命周期的早期确定，但随着项目团队对产品了解的增加，时间和成本估算通常会被修改。迭代通过一系列重复的周期来开发产品，而增量依次增加到产品的功能中。

迭代未完项（Iteration Backlog）产品未完项的一个子集，在做迭代规划时被选择在具体迭代中交付。也被称为冲刺未完项。见未完项和迭代规划

定义和明细需求（Define and Elaborate Requirements）以不同受众所需的合适的详细程度、格式和正式程度来细化和记录需求与其他类型的产品信息的过程。

定义和匹配过程组（Defining and Aligning Process Group）调查和评估发起一个新产品或变更或者退市一个既有产品，以及定义范围和产品、项目组合、项目集和项目与整体组织战略相匹配的可行性所实施的商业分析过程。

定义验收标准（Define Acceptance Criteria）对于什么能证明解决方案的一个或多个方面已被成功开发，达成一致的过程。

独裁型决策制定（Autocratic Decision Making）采用这种方法，将由一个人负责为整个集体制定决策。

多票制过程（Multivoting Process）一种用于引导相关方群体做出决策的技术。它可以被用于排序需求，决定最有利的解决方案，或者识别对问题最有利的回应。

多任务（Multitasking）能够一次同时执行多个任务。

发布（Release）一个或多个产品的一个或多个组件，它们可能会被同时投入生产。

发布过程组（Releasing Process Group）执行商业分析的过程，以确定是否应发布所有或部分解决方案，并获得将所有或部分解决方案准备好过渡给运营团队的验收，运营团队将继续对解决方案负责。

发布决策（Release Decision）允许发布或部分发布解决方案的协议，延迟或不批准和阻止解决方案的协议。发布决策通常包括签名。

发起人（Sponsor）为项目、项目集或项目组合提供资源和支持的个人或群体，负责为成功创造条件。

发起人决策（Decision by Sponsor）在群体有或没有输入意见的情况下，由发起人做出决策的决策制定方法。

法规（Regulation）政府机构的强制要求。该需求可确立一项产品、过程或服务的特征，包括政府强制遵守的相关管理规定。

法规标准（Regulatory Standard）由政府或行业或组织机构制定的遵守规则和限制的

标准。法规标准可以强加在产品或用于创建或修改产品的程序上。

范围（Scope） 在商业分析中，范围被定义为解决方案的边界。在项目管理中，范围的定义为项目所提供的产品、服务和成果的总和。见"项目范围"和"产品范围"。

范围蔓延（Scope Creep） 未对时间、成本和资源做相应调整，未经控制的产品或项目范围的扩大。

范围模型（Scope Model） 用于识别被分析的项目、项目集、产品和/或系统的边界的模型类型。系统交互图是范围模型的一个实例。

方法论（Methodology） 在一个学科中工作的人所使用的实践、技术、工具、程序和规则的体系。

访谈（Interviews） 通过向相关方群体提问并记录其反馈的方式来启发信息的正式或非正式的方法。

非功能需求（Nonfunctional Requirements） 表示产品必须属性的需求，包含接口、环境和质量属性特性。

非语言沟通（Nonverbal Communication） 使用非语言沟通方法与相关方进行交互的能力。

斐波那契数列（Fibonacci Sequence） 一个数列，其中每个后续数字是前两个数字的和，例如 0,1,1,2,3,5,8,13,21 等。

分解模型（Decomposition Model） 用于将一个高层级概念细分为低层级概念的模型。例如，为了分析的目的，将项目范围和项目可交付成果划分成更小的、更便于管理的组成部分。见分解图。

分析（Analysis） 为更深入地了解、完成和改进，检查、分解并综合信息的过程。

分析方法（Analysis Approach） 描述如何开展分析；如何核实、确认并排序需求和其他产品信息；如何识别和分析风险；如何评估设计选项；希望用什么技术和模板来开展分析。

分析技能（Analytical Skills） 商业分析中一系列用来处理不同类型、不同细节层级信息的技能，目的是从不相关的数据中确定相关信息、得出结论、构建模型、制定决策，以及明确需求。

分析模型（Analysis Model） 产品信息的可视化表示。见产品信息。

分析知识领域（Analysis Knowledge Area）包括为进一步的了解、完成和改进，检查、分解、综合和澄清信息的过程。

分析资源（Analytical Resource）产品团队中开展商业分析的人。

风险敞口（Risk Exposure）在项目、项目集或项目组合中任意给定时间点的所有风险潜在影响的综合度量。

风险登记册（Risk Register）记录风险管理过程输出的资源库。

风险偏好（Risk Appetite）一个组织或个人在预期报酬时愿意接受的不确定度。

风险燃尽图（Risk Burndown Chart）在适应型项目中，风险燃尽图被用来显示迭代过程中风险的状态。见燃尽图。

风险探测（Risk Spike）专门用于研究以解决产品风险的冲刺或迭代。见探测。

服务（Service）为另一方履行职责或工作。服务是一种产品。见产品。

概念和细节思维（Conceptual and Detailed Thinking）问题领域的高层级视角分析，与组成问题领域某方面的特定细节或细节集合之间的转移能力。

概念验证（Proof of Concept，PoC）也被称为原型。见原型。

高保真（High Fidelity）一种高质量的复制，与它复制的东西、功能、概念完全相同或难以区分。

高保真原型（High-Fidelity Prototype）一种原型设计方法，它为用户展示了解决方案最终完成后将有的功能。高保真原型是使用解决方案的编程语言或伪语言来演示的。

个人发展（Personal Development）为提高技能和知识而采取的努力和行动。

个人技能（Personal Skills）在商业分析中，个人技能是指识别一个人的个人品质并与他人建立互信的一套技能和属性。

根本原因分析（Root Cause Analysis）一种确定引起偏差、缺陷或风险的根本原因的分析技术。一项根本原因可能引起多项偏差、缺陷或风险。

跟踪（Traceability）通过在对象之间建立链接来跟踪产品生命周期中信息的能力。

跟踪和监督方法（Traceability and Monitoring Approach）定义了如何在整个项目组合、项目集、项目或产品中执行跟踪和变更管理活动。

跟踪和监督知识领域（Traceability and Monitoring Knowledge Area）包括跟踪、批

准和评估产品信息变更的过程，以在整个商业分析工作中对其进行管理。

跟踪矩阵（Traceability Matrix） 见需求跟踪矩阵。

工具（Tool） 在创造产品或成果的活动中所使用的某种有形的东西，如模板或软件。

工具知识（Tool Knowledge） 在商业分析中，一个从业者拥有的用以完成工作的工具集的知识集合。

工作成果（Work Product） 完成某些工作所产生的输出。

工作分解结构（Work Breakdown Structure，WBS） 对项目团队为实现项目目标和创建所需的可交付成果而实施的全部工作范围的层级分解。

工作分析（Job Analysis） 一种用于识别工作需求和在特定工作中有效执行的能力的技术。

功能需求（Functional Requirement） 描述产品行为的需求。

共识决策（Decision by Consensus） 基于群体决策的普遍共识，做出群体决策的方法。在做出共识决策前，群体应首先定义达成普遍共识意味着什么。共识的流行选择有个人决策汇聚成一个群体决策，或多数人支持一项决策，而其他人并不反对。见德尔菲法。

共享的产品信息（Shared Product Information） 包括在协作过程中在产品团队中讨论和共享的所有信息的汇编。

供应商评估（Vendor Assessment） 评价供应商及其产品或服务，以了解每个供应商解决方案的可行性、优点、缺点和风险。

沟通裁剪（Communication Tailoring） 选择合适的沟通方法和方式，以用在基于像受众（角色、内部对比外部、个人对比群组等）和可用沟通方法（邮件、电话、即时信息、电话会议、面对面会议等）等要素的给定情境中。

沟通管理计划（Communications Management Plan） 项目、项目集或项目组合管理计划的组成部分，描述了项目信息将如何、何时、由谁来进行管理和传播。

沟通和协作工具（Communication and Collaboration Tool） 用于商业分析中与相关方高效共事并分享和管理信息的一类工具。

沟通技能（Communication Skills） 在商业分析中用来从不同来源提供、接受或启发信息的技能组合。

购买特性（Buy a Feature） 一种协作游戏。通过给予相关方群组中每个人一定数量的模拟货币来购买他们所选择的特性，将所获得的货币分摊给想要的特性，从而使相关方就优先级次序达成一致。

估价技术（Valuation Technique） 一种用于量化选项所提供的回报或价值的技术。当进行成本效益分析时，使用估价技术来建立客观评估方案的标准。

估算（Estimate） 对某一变量的可能的数值或成果进行定量评估，如成本、资源、人力投入或持续时间。

估算扑克（Estimation Poker） 一种协作式的相对估算技术，具有相对估算所用的协商一致的规模。见相对估算。

故事板（Storyboarding） 通过一系列图像或插图显示序列或导航的原型技术。见原型法。

故事地图（Story Mapping） 一种根据用户故事的商业价值和用户通常执行它们的顺序来对用户故事进行排序的技术，以便团队能够对将要构建的内容有共同的理解.

故事点（Story Points） 用于估算完成用户故事所需的工作量的单位。

故事明细（Story Elaboration） 通过与商业相关方的对话补充用户故事的信息，直到用户故事详细到足以开始产品开发的过程。

故事切片（Story Slicing） 用于将史诗或用户故事从高级别划分为较低级别的技术。

关键绩效指标(Key Performance Indicator，KPI) 通常由组织管理人员定义的指标，用于评估组织实现其目的和目标的达标或实现最终状态的进度。

关键相关方（Key Stakeholder） 被认为在项目组合、项目集或项目中有重大利益相关的相关方，并且能够承担关键职责，如批准需求或批准对产品范围的变更。

关联图（Interrelationship Diagram） 一种特殊的因果图，描绘了既定情境的相关原因及结果。关联图帮助揭示情境涉及的最显著的原因及结果。见"因果图"。

关系构建（Relationship Building） 使一个人能够发展伙伴关系并成为一个团队或群体的有效成员的社会技能。

关系和依赖性（Relationships and Dependencies） 在对象之间建立的链接，如产品信息、可交付成果和项目工作的组成部分。

观察法（Observation） 一种启发技术，它通过查看个人如何在其所处的环境中执行工作或任务，来启发有关如何执行过程或如何使用产品的信息。

管理相关方参与和沟通（**Manage Stakeholder Engagement and Communication**）在商业分析过程中促进适当参与的过程，使相关方对正在进行的商业分析工作有适当的了解，并且在其演化过程中与相关方分享产品信息。

管理需求和其他产品信息的变更（**Manage Changes to Requirements and Other Product Information**）通过了解变更的价值和影响来检查项目中出现的变更或缺陷的过程。随着变更的达成，关于这些变更的信息将被反映到支持排序和最终产品开发的任何地方。

规划方法（**Planning Approach**）关于如何进行商业分析的决定。

规划过程组（**Planning Process Group**）执行商业分析过程以确定执行商业分析活动的最佳方法，包括如何适应所选择的项目生命周期，并分析将交互和影响总体定义的解决方案的内部和外部相关方。在项目管理中，它包括建立项目范围、优化目标和确定项目所需达成的目标所需的行动过程。

规则模型（**Rule Model**）一种为执行既定的商业政策而定义或限制商业的各个方面的概念和行为的模型。

滚动式规划（**Rolling Wave Planning**）一种迭代式的规划技术，对近期要完成的工作进行详细规划，对远期工作只做粗略规划。

过程（**Process**）旨在创造最终结果的系统化的系列活动，以便对一个或多个输入进行加工，生成一个或多个输出。

过程流（**Process Flow**）一种商业分析模型，以可视化的方式显示了人们在与解决方案交互的过程中所执行的步骤。一组系统所执行的步骤可以在一个相似的模型中显示，称为系统流。

过程模型（**Process Model**）见过程流。

过程执行者（**Process Worker**）亲身投入或处在所分析商业过程中的相关方，或者专门操作某一部分商业过程系统的用户。并不是所有的过程执行者都是用户。

过渡策略（**Transition Strategy**）引导从当前状态过渡到将来状态所需的活动的指导框架。

过渡计划（**Transition Plan**）定义从当前状态过渡到将来状态所需的活动。过渡计划是以准备就绪评估的结果和过渡策略中所述的目标来编写的。包括可操作和可测试的转换需求。见准备就绪评估。

过渡需求（**Transition Requirement**）一种代表临时能力的需求，如数据转换和训练要求，被用于从当前状态过渡到将来状态。

行为驱动开发（Behavior-Driven Development，BDD）一种建议团队从了解用户将如何使用产品（其行为）开始，为该行为编写测试，然后根据测试构建解决方案的方法。

行业知识（Industry Knowledge）对组织参与的行业的专业知识的熟悉程度，包括组织的竞争对手、行业趋势和挑战、适用的商业模式等方面的知识。

行走骨架（Walking Skeleton）故事地图的基础部分，代表相关方接受或实现解决方案所需功能的端到端的完整集合。这组用户故事有时被称为最小市场化特征。见故事地图和最小可售特性（MMF）。

合规标准（Compliance Standard）见法规标准。

核实（Verification）关于产品、服务或结果是否符合法规、要求、规范或强制条件的评价。与"确认"不同。

核实的需求和其他产品信息（Verified Requirements and Other Product Information）已评价的产品信息，以确保其不受错误影响，并且符合信息所依据的质量标准。见产品信息。

核实需求（Verify Requirements）检查需求是否质量过关的过程

后向跟踪（Backward Traceability）确立从需求起源到范围、商业目的或商业目标之间关系的技术。

回顾（Retrospective）一种会议类型，参与者在会议中对他们的工作和成果进行探究，旨在改善过程和产品。回顾可以定期举行（如在每次迭代或发布结束时），在里程碑结束时，或者在特殊事件（如组织结构变动、事故）结束后。

回归测试（Regression Testing）进行测试以验证新的或增强的功能不会影响现有功能。

活动（Activity）项目过程中实施的独特的、排定的工作组成部分。

活动图（Activity Diagram）一种过程模型，它以可视化的方式显示用例的复杂流。活动图在语法上与过程流类似，但活动图通常在一个图中显示用户与系统的交互，并且体现了用例的文本描述。见过程流。

获得解决方案发布的验证（Obtain Solution Acceptance for Release）促进是否将部分或完整的解决方案发布到生产环境中并最终交接给运营团队的决策的过程，以及转移关于产品、风险、已知问题和这些问题可能出现的权变措施的知识和现有信息。

机会（**Opportunity**）在商业分析中，机会是指对产品或解决方案产生正面影响的不确定性。

机会分析（**Opportunity Analysis**）研究潜在机会的主要方面，以确定成功推出新解决方案的可行性。

积极倾听（**Active Listening**）一种为获取沟通中的所有信息而全神贯注倾听的行为。积极倾听需要释义或反馈所听到的内容以确保正确理解所说的内容。

基本规则（**Ground Rule**）对团队成员的可接受行为的期望。

基数（**Cardinality**）与相关商业数据对象相联系的商业数据对象数量的标示。该术语的当前含义也包括两个对象间的关系是否是必需的或可选的。

基准（**Baseline**）经批准的工作产品版本，只有通过正式的变更控制程序才能进行变更，并且用作与实际结果进行比较的依据。

技术（**Technique**）人们在执行活动以生产产品、取得成果或提供服务的过程中所使用的经过定义的系统化程序，其中可能用到一种或多种工具。

技术可行性（**Technology Feasibility**）针对组织中现有技术对潜在方案支持程度进行的分析，如果没有现成可利用的技术，则是指如何可行地获取和操作所需技术的分析。

技术债务（**Technical Debt**）在产品开发过程中所积累的建筑、设计和施工的捷径，这往往使产品更难维护和提高。

绩效测量基准（**Performance Measurement Baseline**）整合在一起的范围、进度和成本基准，用来与项目执行情况相比较，以管理、测量和控制项目绩效。

绩效域（**Performance Domain**）一个活动或功能的相关领域的互补分组，在某些总体研究范围的范围内，独特地表征和区分其中的活动。项目组合相关方参与是项目组合管理工作的全范围中项目组合管理绩效领域的一个例子。

加权标准（**Weighted Criteria**）通过应用乘数来表明标准对决策过程的重要性的评估标准。加权标准用于评估参与者在执行加权排序时所依据的选项列表。见加权排序。

加权排序（**Weighted Ranking**）一种在制定决策或建议时为增加客观性而使用一组选项来对每个标准进行加权、评级和评分的方法。

加权排序矩阵（**Weighted Ranking Matrix**）在执行加权排序技术时使用的表，用于对标准用一组选项进行加权、评级和评分。

加权最短优先作业（Weighted Shortest Job First，WSJF）一种主要用于适应型框架的方法，它基于比商业价值和成果更多的维度来排序用户故事。WSJF=（商业价值+时间临界+（风险减少/机会启用））/成果。

假设（Assumption）不需要验证即可视为正确、真实或确实的因素。

价值（Value）衡量一项利益的价值的尺度。

价值流图（Value Stream Map）一种过程流的变体，可用于定位当前过程中出现的延迟、排队或切换。见过程流。

架构（Architecture）一种通过映射组织的本质特征（如人员、地点、过程、应用、数据和技术）来描述组织的方法。

监督（Monitoring）收集绩效数据，产生绩效测量结果，报告和发布绩效信息的过程。

监控过程组（Monitoring and Controlling Process Group）持续进行的过程，用来评估项目组合、项目集或项目中所建议的产品变更的影响，以评估商业分析绩效，并提升与相关方的持续沟通和参与。在项目管理中，监控过程组涉及跟踪、审查和报告项目进展，以实现项目管理计划中确定的绩效目标。

检查（Inspection）在商业分析中，一种正式的、严格的评审形式，在这种形式中，从业者（通常是其他商业分析人员、开发人员、测试团队成员或质量团队成员）对工作进行检查，以确保完整性、一致性和符合内部和外部标准的工作，通常是通过检查表的方式。见同行评审。

建模工具（Modeling Tools）一类用于以可视化的方式表达信息的商业分析工具，以一种清晰、有效的方式来交流和分析信息。

建模明细(Modeling Elaboration)一种使用模型组合来进一步识别产品信息中的差距、不一致或冗余的技术。

建模语言（Modeling Language）一套模型及其语法。实例包括商业过程建模标注（BPMN）、需求建模语言（RML）、系统建模语言（SysML）和统一建模语言（UML）。

渐进明细（Progressive Elaboration）在商业分析中，渐进明细是指在高层级讨论或工作，并且将对话或工作向低层级细节逐渐推进的过程。

将来状态（Future State）在解决方案得以实施后所需的运作模式。

交互矩阵（Interaction Matrix）跟踪矩阵的轻量级版本，用于确定需求是否足够详细，或者是否遗漏任何实体。见需求跟踪矩阵和CRUD矩阵。

焦点小组（Focus Group）一种启发技术，将经过资格预审的相关方和主题专家会聚到一起，以了解他们对所提议的产品、服务或结果的期望和态度。

角色（Role）在商业分析中，角色表示由产品团队成员执行的指定功能，如研究、分析、模拟、指定、回顾或更新。

阶段（Phase）见项目阶段

接口模型（Interface Model）显示解决方案如何与其他系统和用户交互的模型。

解决方案（Solution）为满足商业需要和相关方的期望而产生的可测量的商业价值。它定义了特定的组合组件、项目集或项目将交付的内容。解决方案可以是一个或多个新产品、产品组件或产品的改进或更正。见产品。

解决方案能力矩阵（Solution Capability Matrix）提供一种简单、直观的方法来检查某一视图中的能力和解决方案组件的模型。

解决方案评价方法（Solution Evaluation Approach）描述何时及如何评价解决方案、支持评价的度量类型、收集和传送这些度量的实际性能数据的可行性，以及谁负责进行评价和沟通结果。

解决方案评价知识领域（Solution Evaluation Knowledge Area）包括确认一个完整的或一部分解决方案的过程，它将被执行，或者已经被实施，以确定解决方案如何满足商业需求并向组织传递价值。

解决方案设计（Solution Design）规范和图表，通常基于商业分析结果，描述解决方案将如何实施。

解决方案需求（Solution Requirement）描述产品特性、服务功能或成果特征的需求，其中产品、服务或成果要能满足商业及相关方的要求。解决方案需求可以进一步分为功能需求以及非功能需求。

解决方案选项（Solution Option）一种满足商业需求的方法。

进度（Schedule）见项目进度。

经验教训（Lessons Learned）从项目组合、项目集或项目中获得的，说明曾如何解决情境或将来应如何处理情境，以改进未来绩效的知识。

净现值（Net Present Value，NPV）预期效益的未来价值，以投资时点获取效益的价值来体现。净现值考虑了当前和未来的成本和效益、通货膨胀，以及通过投资金融工具而获得的效益，而不是项目组合组件、项目集或项目的效益。

竞争分析（Competitive Analysis） 获取和分析组织外部环境信息的技术。

决策（Decision Making） 权衡一系列选项的效益和缺点，从不同选项做出选择，并说明选择依据的能力。

决策表（Decision Table） 通过考虑所有的选择组合，有助于识别与解决方案中复杂分支逻辑相关联的商业规则的商业分析模型。

决策树（Decision Tree） 显示与解决方案中复杂分支逻辑相关联的商业规则的商业分析模型。

卡诺分析（Kano Analysis） 一种从客户视角考虑产品特性的技术，用来对产品特性进行建模和分析。

开发运营（DevOps，Development and Operations） 提升开发、质量控制和运营（IT和业务运营）间协作的概念或组织单位。它通过分小段付诸实施的方式来支持快速发布解决方案，每个解决方案为其用户提供附加的功能。

看板（Kanban） 一个适应型的生命周期。条目从未完项中提取，并且在其他产品未完项条目完成时启动。看板还确立了在制品限制，以制约在任何时间点上可能在制的产品未完项条目的数量。

看板图（Kanban Board） 一种在看板的持续改进方法中使用的工具，能可视化地描绘工作流和能力，并协助团队成员查看计划的、过程中的或完成的工作。看板图是最初看板卡的变体。

可行设计方案（Viable Design Option） 由相关方审查的设计方案，并被确定为是实现商业目的和目标的可行手段。

可行性分析（Feasibility Analysis） 一项产生潜在建议以满足商业需要的研究。它通过以下一个或多个可变因素来检验可行性：操作性，技术/系统，成本效益和潜在解决方案的及时性。

可行性评估（Feasibility Assessment） 见可行性分析。

可行性研究结果（Feasibility Study Results） 从完成的可行性分析中获得的总结成果。

可交付成果（Deliverable） 在某一过程、阶段或项目完成时，必须产出的任何独特并可核实的产品、成果或服务能力。

可靠性（Reliability） 产品无错误运行的能力，在规定的条件下、规定的周期或时间百分比内保持其性能水平。

可视化沟通技能（Visual Communication Skill）通过使用模型和视觉表征来沟通，并且知道何时使用这些陈述来表达口头或书面的文字最好。

可维护性（Maintainability）使产品保持良好的工作状态，包括做出适当修改的能力。

可信赖的顾问（Trusted Advisor）一个人的个人特征是值得信赖的、有能力的、可靠的，并且被其他人高度尊重。

可支持性（Supportability）随着时间的推移，一个解决方案可以被组织维护和管理的容易程度，包括成本和工作量。

客观性（Objectivity）倾听并鼓励在一个特定问题上呈现多个视角，冷静而无偏见地权衡每一个观点的指标，避免为时尚早地采取措施。

客户（Customer）从解决方案的开发中获益的内部或外部相关方。

控制点（Control Point）针对一部分工作的结尾所安排的指定事件，目的是对照计划、项目章程和商业论证来评估进展，以确定项目是否应变更、中止或按计划继续。控制点的实例是门径管理或阶段关口。冲刺、迭代或发布收尾处的评估也可以视为控制点。

跨职能团队（Cross-Functional Team）每个团队成员能扮演多个角色的团队。

快艇（Speedboat）一种启发技术，使用游戏来启发相关方发现有问题的产品特性的信息。见协作游戏。

宽带德尔菲技术（Wide-Band Delphi Technique）德尔菲法的一种变型，它有时被用来收敛不同的个人对同一工作项目独自开发时的不同的估算。对于宽带德尔菲技术，那些做了最高和最低估算的人解释了他们的基本理由后，每个人再重新估算。该过程一直重复直到结果趋同为止。见德尔菲法。

类比估算（Analogous Estimation）使用具有相似特征条目的历史数据，来估算一项活动或项目组合组件、项目集或项目的持续时间或成本的技术。

理性推理（Rational Reasoning）运用逻辑和推理促进决策过程。

力场分析（Force Field Analysis）一种决策技术，可用于帮助产品团队分析是否有足够的支持来进行变更。

领导技能（Leadership Skills）商业分析中的一类技能，包括指导一组人朝着共同目标一起努力的技能。

领导力（Leadership）一组人朝着共同目标进行的行动和努力，使他们能够作为一个团队工作。

逻辑关系（Logical Relationship）两个活动之间的依赖关系，或活动与里程碑之间的依赖关系。

逻辑系统（Logical System）代表人们如何看待解决方案细分部分的概念、商业或理论实体。

敏捷方法（Agile Approach）一种适应型生命周期的实例。

明细（Elaboration）用于适应型项目，随着时间推移描述细化产品信息过程的术语。

模板（Templates）一种固定格式的、已部分完成的文件，为收集、组织和呈现信息与数据提供明确的结构。

模拟生产测试（Simulated Production Testing）在一个单独的环境中测试一个解决方案，它是和产品差不多的，小尺寸的，并且包含作为该环境的一部分的有代表性的、有粘性的数据样本。进行模拟生产测试，以便在解决方案发布到产品之前可以观察和解决与其他产品的不良交互作用。

模型（Model）信息的可视化表示，包括抽象的和具体的。它在一系列指导原则下运作，以有效地安排和传递大量信息。

目标（Objective）工作所指向的事物，要达到的战略地位，要达成的目的，要取得的成果，要生产的产品或者要提供的服务。在商业分析中，目标是希望从解决方案中得到的可量化成果。

目的（Goal）组织试图完成或实现的状态。

目的对准模型（Purpose Alignment Model）一种用于根据关键性和市场差异，在矩阵上放置产品特性以帮助促进关于优先级的讨论的技术。

目的模型（Goal Model）显示了解决方案的相关方目的，并且指出了任何支持或冲突的目的关系的商业分析模型。

内部效益率（IRR）预测的年度投资效益，将初始成本和持续成本纳入给定项目预期的估算增长百分比中。

能力（Capability）在组织中通过功能、过程、服务或其他特长增加价值或实现目标的能力。

能力表（Capability Table）显示解决问题或抓住机会的所需能力的表格。这项工具能显示情境、其根本原因和解决情境所需能力之间的关系。

能力框架（Capability Framework）组织拥有的能力集合，整合成多个便于管理的部分，类似商业架构。

帕累托图（Pareto Diagram）由发生频率排序的直方图，显示由每个识别的原因生成多少结果。

排序的需求和其他产品信息（Prioritized Requirements and Other Product Information）相关方认同的对于实现商业目的和目标最重要的需求和其他产品信息的演示。见产品信息。

排序需求和其他产品信息（Prioritize Requirements and Other Product Information）了解产品信息的各个部分如何实现相关方目标的过程，并使用该信息以及其他商定的优先级因素，以帮助工作的排序。

配置管理（Configuration Management）一系列正式的记录的过程、模板和文件，用于管理开发中的解决方案或子组件的变更。

配置管理标准（Configuration Management Standard）构成要素符合配置管理程序及其相关的系统和工具所确立的准则。

配置管理系统（Configuration Management System，CMS）用于跟踪项目参数和监控这些参数变更的程序的集合。

批准的需求（Approved Requirement）得到核实和确认的需求，并且被认为准确反映了什么是产品开发团队应该构建的。

偏差（Variance）对已知基准或预期值的可计量的误差、偏离或分歧。

偏差分析（Variance Analysis）一种确定实际绩效与基准的差异程度及原因的技术。

片段（Segment）在迭代、冲刺或发布中交付的产品的一部分。

评估产品设计选项（Assess Product Design Option）基于商业目的和目标、期望的实施成本、可行性和关联风险来识别、分析和比较解决方案设计选项，以及应用该评估结果来提供关于所展示设计选项的建议的过程。

评估当前状态（Assess Current State）检查所分析的当前环境的过程，目的是了解可能是问题或机会原因的组织内部和外部的重要因素。

评估商业分析绩效（Assess Business Analysis Performance）通常是基于过程中的可交

付成果和项目组合组件、项目集或项目结果的背景，来考虑组织应用的商业分析实践的有效性的过程。

评价（Evaluation）见解决方案评价。

评价的验收结果（Evaluated Acceptance Results）提供了验收标准与实际结果的比较，同时还提供了偏差或缺陷的根本原因、解决缺陷的成本分析，以及解决或接受缺陷的商业影响。

评价解决方案绩效（Evaluate Solution Performance）评估解决方案以确定实施的解决方案或解决方案组件是否按预期交付商业价值的过程。

评价验收结果并解决缺陷（Evaluate Acceptance Results and Address Defects）从定义的验收标准与解决方案的比较中来决定如何处理结果的过程。

瀑布式方法（Waterfall Approach）预测型项目生命周期的一个实例。

企业和组织知识（Enterprise and Organizational Knowledge）从高层级和战术角度，关于具体业务组织和运作的方式的理解和熟悉度。

企业架构（Enterprise Architecture）运作企业所必需的一系列商业及技术组件。商业架构通常是企业架构的子架构，并且与应用、信息、和支撑技术一起扩展组建成完整的组织蓝图。

启动过程组（Initiating Process Group）一组商业分析的过程，用于定义项目组合、项目集或项目目标，并将资源应用于项目组合组件、项目集、项目或项目阶段。此过程组于项目管理的过程组相类似，因为它包括通过获得授权来定义一个新项目或一个现有项目的新阶段的过程。

启发（Elicitation）从相关方和其他来源中抽取信息的活动。

启发方法（Elicitation Approach）一种商业分析专业人士为准备启发工作所采用的非正式方法。它定义了关于启发过程的重要信息，例如如何实施启发、启发什么信息、哪里找到信息、如何获取信息，以及何时执行启发活动。

启发会议（Elicitation Session）为获取来自参与者的信息而实施的会议或活动。

启发计划（Elicitation Plan）见启发方法。

启发结果（Elicitation Result）从完成的启发活动所获取的商业分析信息。

启发知识领域（Elicitation Knowledge Area）规划和准备启发、实施启发并确认启发结果，以从来源获取信息的过程。

启发准备（Prepare for Elicitation）组织和调度资源并为个人启发活动准备必要的材料的过程。

启发准备材料（Elicitation Preparation Materials）为提升达成启发活动目标的可能性，同时最大化与启发参与者花费的时间而创建的条目。

前向跟踪（Forward Traceability）一种用于建立一个需求与该需求所对应的设计、实施的代码、测试及核实需求是否被满足的技术。

亲和图（Affinity Diagram）一种用来对大量创意进行分组，以便进一步评审和分析的技术。

情境（Situation）内部问题或者外部机会的条件，构成商业需要的基础，并且可能产生项目或项目集来满足这个条件。

情境说明书（Situation Statement）对问题或机会的客观说明，包括说明本身、情境对组织的效果，以及由此产生的影响。

情商（Emotional Intelligence）见自我意识。

权重分析决策（Decision by Weighted Analysis）使用决策制定参与者所识别的决策准则和所分配的相对权重来做出决策的方法。决策中涉及的每个选项通过在独立于其他选项的条件下满足准则的程度来进行评分。评分与权重相乘，并汇总得出每个选项的分数。总计分数代表了选项的综合排名。

确定分析方法（Determine Analysis Approach）提前考虑如何实施分析的过程，包括要分析什么、最有利于生成什么模型，以及需求和其他产品信息如何核实、确认和排序。

确定跟踪和监督方法（Determine Traceability and Monitoring Approach）考虑在项目组合、项目集、项目或产品中如何实施跟踪，以及定义如何管理需求变更的过程。

确定将来状态（Determine Future State）确定既有能力和一系列提出变更间差距的过程，而这些变更是解决分析中的问题或机会以实现期望的将来状态所需的。

确定解决方案评价方法（Determine Solution Evaluation Approach）确定要评估组织和/或解决方案的哪些方面、如何测量绩效、何时以及谁来测量绩效的过程。

确定可行选项和提供建议（Determine Viable Options and Provide Recommendation）应用多种分析技术检查能达成商业目的和目标的可能解决方案，并确定哪一个选项被认为是组织追求的最佳可能选项的过程。

确定启发方法（Determine Elicitation Approach）全面考虑如何执行启发活动、涉及哪些相关方、使用哪些启发技术、启发活动的最佳实施顺序的过程。

确定相关方参与和沟通方法（Determine Stakeholder Engagement and Communication Approach）基于商业分析过程中的相关方需要、利益和角色，在整个产品生命周期中制定有效使相关方参与并与其沟通的合适方法的过程。

确立关系和依赖性（Establish Relationship and Dependencies）跟踪或设置需求和其他产品信息间联系的过程。

确认（Validation）对产品、服务或结果能满足客户和其他特定相关方需要的肯定。与"核实"不同。

确认的启发结果（Confirmed Elicitation Results）包含从完成的启发活动中获取的商业分析信息。确认的启发结果表示产品团队已经对启发结果达成了共识，并且对启发信息的准确性达成了一致。

确认的需求和其他产品信息（Validated Requirements and Other Product Information）相关方同意的产品信息，并且该产品信息满足了商业目的和目标。见产品信息。

确认启发结果（Confirm Elicitation Results）针对启发结果实施跟进活动的过程，确定合适层级的所用形式，与相关方一起审查，并与历史信息对比。

确认需求（Validate Requirements）检查需求满足商业目的和目标的过程。

燃尽图（Burndown Chart）计算某些可跟踪对象随着时间推移的剩余数量的可视化图形。跟踪剩余未完项条目数量的燃尽图用于适应型生命周期的项目。

人际关系技能（Interpersonal Skills）与他人建立和保持关系的技能。

人物（Persona）代表了一组在目标、动机和代表性个人特征方面类似的最终用户的典型用户。

人物分析（Persona Analysis）一种技术，可用于分析一类用户或过程员工以了解他们的需求或解决方案的设计和行为要求。

商业（Business）在商业分析中，具有满足需要而发起变更的欲望、利益和意愿，并正在经历问题或拥有机会的组织的领域。

商业分析（Business Analysis）支持与商业目标匹配的解决方案的交付，并给组织提供持续价值而进行的一系列活动。

商业分析裁剪（Business Analysis Tailoring）应针对不同特征的项目实施哪些商业分析活动的调整需求。

商业分析方法（Business Analysis Approach）如何实施项目组合组件、项目集或项目的商业分析过程的描述。当遵循正式的交付过程时，每个知识领域的商业分析方法被记录在商业分析计划中。见商业分析计划。

商业分析方法论（Business Analysis Methodology）在商业分析学科中工作的人们所应用的实践、技术、工具、程序和规则的体系。

商业分析计划（Business Analysis Plan）在商业分析方法中所做出的选择和过程决策的概要，包括将要实施的商业分析任务的识别、要产出的可交付成果，以及执行工作所需的角色。

商业分析绩效评估（Business Analysis Performance Assessment）关于商业分析过程有效性的知识以及所使用商业分析技术的评估。

商业分析绩效指标（Business Analysis Performance Metrics）关于商业分析实践有效性的推论的定性或定量测量。

商业分析可交付成果（Business Analysis Deliverables）在整个实施商业分析活动的过程中所产生的独特的和核实的结果，提供给团队成员和相关方来执行未来工作、决策制定或完成过程、阶段或举措。

商业分析文件（Business Analysis Documentation）项目组合、项目集或项目中商业分析工作输出的商业分析信息集合。输出的组成可能是商业分析可交付成果、商业分析工作产品或相关的组合。

商业分析专业人士（Business Analyst，BA）任何正在执行商业分析工作的资源。

商业分析卓越中心（Business Analysis Center of Excellence）为集中管理商业分析专业人士或集中提供导师制而设立的组织结构，目的是提升组织内的商业分析学科水平。也称作商业分析实践中心。

商业分析组织标准（Business Analysis Organizational Standard）作为组织过程资产的一部分，这些标准可能包括对如何实施商业分析，以及使用哪些工具来支持商业分析工作的期望。

商业规则（Business Rule）组织希望如何进行运作的制约因素。这些制约因素一般通过数据和/或过程加强并被限制在商业权限下。

商业规则目录（Business Rules Catalog） 详细说明所有商业规则及其相关属性的商业分析模型。

商业价值（Business Value） 源于商业经营的可计算净效益。效益可以是有形的，无形的，或两者兼而有之。在商业分析中，商业价值是考虑回报的，并以时间、金钱、货物，或无形资产的形式做交换。

商业价值的评估（Assessment of Business Value） 将解决方案的预期商业价值与已实现的实际价值进行比较的结果。

商业架构（Business Architecture） 商业功能、组织结构、组织定位和组织过程的集合，包括这些元素的文件和描述。商业架构通常是企业架构的子架构，并且与应用、信息和支撑技术一起扩展组建成完整的组织蓝图。

商业架构技术（Business Architecture Technique） 可模型化商业架构的组织框架，提供分析商业各种方面的不同方法。

商业论证（Business Case） 文档化的经济可行性研究报告，用来对项目组合组件、项目集或项目交付的效益进行有效性论证。

商业敏锐度（Business Acumen） 应用商业和行业知识，以及决策能力来做出合理决策的技能。

商业目标（Business Objectives） 商业力求达成的目的的可测量描述。商业目标是具体的，并且应与组织的目标一致。

商业目标模型（Business Objectives Model） 与商业问题、商业目标和顶层特性有关的商业分析模型。

商业目的（Business Goal） 企业目的到商业力求达成的具体目的的广义转化。商业目的应与组织目的一致。

商业能力分析（Business Capability Analysis） 以组织实施其工作所用的过程、人员技能和其他资源的方式，来分析绩效所用的技术。分析当前能力所获取的历史数据可用于理解趋势，并确定哪些指标是决定一项能力是否适合当前状态的有益指南。

商业数据对象（Business Data Object） 对于商业分析而言，商业数据对象是一个共同描述商业所感兴趣的人员、地点、事情或概念的事实分组。商业数据对象这一术语有时可与商业实体互换使用。它也可以指这种分组的实体数据存储。

商业数据图（Business Data Diagram） 见实体关系图。

商业需求（Business Requirements）描述了组织高层级需要的需求，如商业问题或机会，提供了为什么项目正在被执行的论据，以及商业力求达成的目的的可测量描述。

商业需要（Business Need）基于已有的问题或机会使组织发生变化的推动力。商业需要为启动项目组合组件、项目集或项目提供依据。

设计思维（Design Thinking）使用基于解决方案思维而不是基于问题思维来创建达成目的的解决方案的方法。

设计选项（Design Option）一个解决方案如何能被构建的描述。

生产前测试（Preproduction Testing）在与生产环境相同或几乎相同的单独环境中测试解决方案，以便在生产方案被释放之前观察和解决与生产环境中的其他产品的不良交互作用。

生活时光测试（Day in the Life Testing，DITL）一种由具有深入商业知识的人实施的半正式活动。从生活时光测试得到的结果使产品或服务或解决方案能否提供典型一天使用的功能的确认或评估成为可能。这种功能由与解决方案互动的角色执行。

生命周期的知识（Life Cycle Knowledge）熟悉给定行业用于识别产品开发阶段的不同框架，从展望、规划，到构建、迭代和产品生命终期。

生态系统图（Ecosystem Map）一种范围模型，显示了相关的系统、系统之间的关系，以及流经它们的可选的任何数据对象。

石川图（Ishikawa Diagram）见鱼骨图及因果图。

时间管理（Time Management）保持有组织性，有生产力，预估工作并对工作排序，并有效地计划的能力。

时间盒法（Timeboxing）一种在排序时使用的估算或规划技术，通过设置严格的时间限制，并且对团队在这段时间内可以完成的工作进行排序来实现。

时间可行性（Time Feasibility）分析确定提议的解决方案对于组织要求时间范围的满足程度。

时限性（Time-bound）具有基于时间点的限制或制约因素。

识别和分析产品风险（Identify and Analyze Product Risks）揭示和检验假设和不确定性的过程，这些假设和不确定性可能对解决方案的定义、开发和预期结果产生积极或消极的影响。

识别问题或机会（Identify Problem or Opportunity）识别待解决问题或寻求机会的过程。

识别相关方（Identify Stakeholders）确定可能影响、受影响或受评估区域影响的个人、群体或组织的过程。在项目管理中，相关方是基于参与和对项目的影响而确定的，在商业分析中，关注点是他们与解决方案的关系。

实际验收结果（Actual Acceptance Result）通过比对验收标准与测试结果所包含的合格/失败的结果。

实践（Practice）执行工作的方式，没有方法那么正式，也不是必需的，并且通常基于偏好或推荐的约定或方法。

实施启发（Conduct Elicitation）应用不同启发技术从相关方及其他来源抽取信息的过程。

实施商业分析规划（Conduct Business Analysis Planning）获取关于团队将要执行的商业分析活动，以及所需任务的角色分配、职责和技能组合的共同协议而执行的过程，目的是成功完成商业分析工作。

实施相关方分析（Conduct Stakeholder Analysis）调研和分析关于可能影响、被影响或认为被评估领域所影响的个人、群体或组织的定量和定性信息的过程。

实体关系图（Entity Relationship Diagram）一种显示商业数据对象或感兴趣的信息片段，以及这些对象之间的关系的商业分析模型，包括这些关系的基数。

实体系统（Physical System）作为解决方案的一部分而存在的系统或软件等实体。它们可以安装、实现、触摸或看到。

实质选择权（Real Options）一种决策思维过程，其着眼于减少短期内需要做出的决策数量，并且将决策推迟到尽可能晚的时候以减少不确定性。

史诗（Epic）非常大以至于不能在一次迭代中构建的大型用户故事。

市场分析（Market Analysis）一种用来获取和分析组织正在运作的市场领域的特征和条件，并且将这些信息叠加在组织自身计划和增长预测中的技术。

事件（Event）对商业分析而言，事件是对商业有利益的行动，通常具有计划好的应对。

事件触发器（Event Trigger）见触发器。

事件清单（Event List）描述触发解决方案行为的任何外部事件的范围模型。

事业环境因素（Enterprise Environmental Factors，EEFs）在商业分析中，事业环境因素是影响、制约或指导商业分析如何实施的条件。

适应型生命周期（Adaptive Life Cycle）迭代型或增量型项目生命周期。

适应性（Adaptability）具备灵活性。当情况有变或遇到新信息时，愿意调整开展或推进工作的方式的技能。

梳理未完项（Refining the Backlog）见未完项梳理。

输出（Output）某个过程所产生的产品、结果或服务。可能成为后续过程的输入。

输入（Input）过程进行前所需要的任何条目。它可能是前置过程的输出。

术语表（Glossary）在商业分析中，术语表用于列出术语、定义和缩略语。术语表通常包括组织定义的最不同于其行业的或在其所在组织中使用的，以及不常见的术语列表。

数据存储（Data Store）通常在数据流图上可视化表示的商业信息的来源。

数据流向图（Data Flow Diagram）一种结合了过程、系统和数据以显示数据如何流经解决方案的商业分析模型。

数据模型（Data Model）商业利益及其之间关系的商业数据对象的可视化表示。见商业数据对象。

数据字典（Data Dictionary）一种按特定数据对象的属性进行分类的商业分析模型。

数字能力（Numeracy）能够理解数字和其他数学概念，并将它们应用于一系列的环境中并解决不同问题的能力。有时被称为数学素养。

速率（Velocity）一种对期望团队生产效率的测量指标，通常表示为在一个迭代或冲刺周期内预期交付的总故事点。

所需能力和特性（Required Capabilities and Features）为获得期望的将来状态，组织需要改变的网络列表。

谈判（Negotiation）通过参与方间的协商来解决争端的过程和活动。那些拥有谈判技巧的人能够驾驭冲突和分歧，有效地将相反的观点带到一个共同点。

探测（Spike）项目的短时间间隔，通常是固定长度的。在这段时间中，团队进行研究或对解决方案的某一方面使用原型法，以证明其可行性。

探索性测试（Exploratory Testing）由具有深入商业知识或测试知识的人实施的无脚本的、自由形式的确认或评估活动，用来确认解决方案和发现产品错误。

特性（Feature）一系列相关的需求，通常用短语形式描述。

特性模型（Feature Model）一种范围模型，用树状或层级结构排列，以可视化的方式表示解决方案的所有特性。

特性注入（Feature Injection）用于改进和加速产品团队开发和分析产品需求的框架和一系列原则。

调查（Surveys）见问卷表和调查。

同行评审（Peer Review）包括由同行对商业分析专业人士完成的工作进行检查的评审过程。通常，执行评审的同行是另一位商业分析专业人士、经理或质量控制团队的成员。见同行桌上检查、检查和走查。

同行桌面检查（Peer Desk Check）一种非正式的同行评审，由一个或多个同行同时查看材料完成。见同行评审。

头脑风暴（Brainstorming）在商业分析中，头脑风暴是一种在群体中实施并由一名引导者带领相关方参与，以便在相对短时间内快速识别出特定主题的创意清单的启发技术。

投资回报率（Return on Investment，ROI）初始投资的回报率，通过计算所有净效益的预计平均值并将其除以初始成本来计算。

投资回收期（Payback Period，PBP）收回项目投资的时间，通常是几个月或几年。

团队和主题专家知识（Team and Subject Matter Expert Knowledge）通常以不完整和不正式记录的知识，而是存在于个人或群体的头脑中。

推荐的解决方案选项（Recommended Solution Option）决定了满足商业需要的最佳途径的解决方案选项。

外部实体（External Entity）研究中的系统范围外的商业信息的来源或接收方。

外部事件（External Event）研究中的系统边界外所触发的行动，其中有针对该行动的规划应对处于范围内的期望。

完成定义（Definition of Done，DoD）在条目被认为已充分开发以被商业相关方接受之前，整个团队一致同意完成的一系列条件。

完工文件（As-Built Documentation）符合发布产品而更新的分析和设计文件。

威胁（Threat）在商业分析中，威胁是对产品或解决方案产生负面影响的不确定性。

未确认的启发结果（Unconfirmed Elicitation Result）从完成的启发活动中获得的商业分析信息。未确认的启发结果尚未得到产品团队关于准确性的认可和确认。

未完项（Backlog）待完成的产品需求和可交付成果的清单，通常以用户故事的形式编写，并且由商业方对其进行排序，以管理和组织项目的工作。

未完项管理（Backlog Management）见未完项梳理。

未完项梳理（Backlog Refinement）用于敏捷项目的过程，产品团队与产品责任人合作以更加深入地理解未完项清单中的用户故事。在某一时点梳理的未完项部分通常被认为是可用于冲刺规划会议的输入，以确定下一次迭代应包括哪些用户故事。

文化意识（Cultural Awareness）意识到其他的文化规范和价值观。

文件分析（Document Analysis）一种通过分析现有文件，以识别相关产品信息的启发技术。

问卷调查（Questionnaire and Survey）设计一系列书面问题，旨在从众多受访者中快速收集信息。

问题（Issue）可能对项目目标产生影响的当前条件或情境。

问题（Problem）会对组织造成损害的内外部环境。例如：失去收入，不满意的客户，延迟推出新产品或不遵守政府法规。

问题解决（Problem Solving）分析问题或困难情境的能力，通过对问题进行充分的分析，识别解决情境的可能选项，选择并实施有效的解决方案，并且监督成果以确保问题得到充分解决。

五问法（Five Whys）一种根本原因分析的技术，建议通过问五次为什么问题会发生，来深入理解其原因。

系统（System）各种组件的集合，从而产生单个组件不能获得的结果。见组织系统。

系统交互图（Context Diagram）对产品范围的可视化描绘，显示了商业系统（过程、设备、计算机系统等），以及人员和其他系统（参与者）如何与之交互。

系统接口表（System Interface Table）一种描述接口系统之间连接需求的模型，包括接口系统之间如何互相连接，以及各接口系统的输入输出信息。

系统思考（Systems Thinking）从全局和细节角度分析的能力。当应用于组织层面时，组织被看作是人、过程和工具等部件组成的系统。

显示—操作—响应模型（Display-Action-Response Model） 将用户界面模型详解到页面元素层级的显示和行为需求的商业分析模型。

线框图（Wireframe） 一种表示用户界面的静态蓝图或示意图的图形，用于识别基本功能。见原型。

相对估算（Relative Estimation） 一种用于创建估算的技术，该估算来自对相似的工作主体进行比较而不是基于成本或时间的绝对单位进行估算。见估算扑克。

相关方（Stakeholder） 能影响项目决策、活动或结果的个人、群体或组织，以及会受或自认为会受项目决策、活动或结果影响的个人、群体或组织。

相关方参与和沟通方法（Stakeholder Engagement and Communication Approach） 描述如何最好地使相关方有效地参与，并且与其互动和交流。

相关方参与知识领域（Stakeholder Engagement Knowledge Area） 包括识别和分析那些对解决方案的结果感兴趣的人来确定如何与他们协作和交流的过程。

相关方登记册（Stakeholder Register） 记录项目相关方识别、评估和分类结果的项目文件。

相关方分析（Stakeholder Analysis） 一种通过系统收集和分析各种定量与定性信息，来确定在整个项目中应该考虑哪些人的利益的技术。

相关方矩阵（Stakeholder Matrix） 一种使用象限或矩阵来分析一组相关方的技术。

相关方群体（Stakeholder Groups） 具有相似偏好、利益及特征的相关方集合。用相关方群体来管理规模较大的相关方群组。

相关方识别（Stakeholder Identification） 确定受商业问题或商业机会影响的相关方的过程。

相关方特征（Stakeholder Characteristics） 指相关方的品质及特性，两者共同决定了相关方的行为。

相关方图（Stakeholder Map） 一种对相关方及其互相之间的关系，以及相关方与分析中的问题或机会间的关系进行可视化分析的技术。

相关方需求（Stakeholder Requirement） 描述相关方或相关方群体需要的需求。

项目（Project） 为创造独特的产品、服务或成果而进行的临时性工作。

项目范围（**Project Scope**）为交付具有规定特性与功能的产品、服务或成果而必须完成的工作。

项目风险管理（**Project Risk Management**）项目风险管理包括规划风险管理、识别风险、开展风险分析、规划风险应对、实施风险应对和监督风险的各个过程。

项目管理（**Project Management**）将知识、技能、工具与技术应用于项目活动，以满足项目的要求。

项目管理计划（**Project Management Plan**）描述如何执行、监督、控制和结束项目的文件。

项目集（**Program**）相互关联且被协调管理的项目、子项目集和项目集活动，以便获得分别管理所无法获得的利益。

项目集风险管理（**Program Risk Management**）与主动识别、监督、分析、接受、减轻、规避或引退项目集风险的项目集活动。

项目集管理（**Program Management**）在项目集中应用知识、技能与原则来实现项目集的目标，获得分别管理项目集组成部分所无法实现的利益和控制。

项目集章程（**Program Charter**）发起人发布的文件，授权项目集管理团队使用组织资源来执行项目集并将项目集链接到组织的战略目标。

项目阶段（**Project Phase**）一组具有逻辑关系的项目活动的集合，通常以一个或多个可交付成果的完成为结束。

项目进度（**Project Schedule**）进度模型的输出，为各个相互关联的活动标注了计划日期、持续时间、里程碑和资源等信息。

项目经理（**Project Manager，PM**）由执行组织委派，领导团队实现项目目标的个人。

项目生命周期（**Project Life Cycle**）项目从开始到结束所经历的一系列阶段。

项目团队（**Project Team**）支持项目经理执行项目工作，以实现项目目标的一组人员。

项目效益（**Project Benefit**）一种行动、行为或产品的结果，为发起人以及项目的预期受益者提供价值。

项目章程（**Project Charter**）由项目启动者或发起人发布的，正式批准项目成立，并授权项目经理使用组织资源开展项目活动的文件。

项目组合（**Portfolio**）为实现战略目标而组合在一起管理的项目、项目集、子项目组合和运营工作。

项目组合风险管理（Portfolio Risk Management） 与积极识别、监督、分析、接受、减轻、避免或终止项目组合风险有关的项目组合活动。

项目组合管理（Portfolio Management） 为了实现战略目标而对一个或多个项目组合进行的集中管理。

项目组合章程（Portfolio Charter） 发起人制作的文件，授权和指定项目组合结构，并将项目组合与组织的战略目标联系起来。

项目组合组件（Portfolio Component） 项目组合的离散元素，它是项目集、项目或其他工作。

效益（Benefit） 作为解决方案成果交付的结果，由组织和其他相关方所实现的利益和资产。

协作游戏（Collaborative Games） 促进协作、创新和创造力以达成启发活动目的的一系列启发技术。

形式（Formality） 对于商业分析而言，形式是指符合准确详细文档格式的程度，以及遵循一个小组或组织可能需要的用于商业分析工作产品和活动的既定程序的程度。

性能数据（Performance Data） 产品的量化输出。

需求（Requirement） 某个产品、服务或结果中必须满足的条件或能力，以满足商业的需要。

需求包（Requirements Package） 一组产品信息的累积，用于在特定的时间点（例如，在一个阶段或迭代结束时）传递关于解决方案的信息。当使用适应型传递方法时，需求包通常不由正式文件集组成。需求包也可以在需求管理工具中建立。

需求变更过程（Requirements Change Process） 定义如何处理需求变更的过程。

需求定义（Requirements Definition） 在适当的细节、格式和正式程度上指定需求和其他类型的产品信息的过程。

需求跟踪矩阵（Requirements Traceability Matrix） 将产品需求的最初来源与满足需求的可交付成果关联起来的表格。

需求管理工具（Requirements Management Tool） 一种允许在资源库中捕获和存储需求和其他产品信息的软件产品。需求管理工具具有在整个产品生命周期中协助管理和维护需求的特性。

需求和其他产品信息（Requirements and Other Product Information）见产品信息。

需求和其他产品信息的推荐变更（Recommended Changes to Requirements and Other Product Information）在分析与提议的变更相关的所有影响之后提出的行动过程。

需求架构（Requirements Architecture）描述这些需求、模型和其他产品信息或元素之间如何相互关联。

需求启发（Requirements Elicitation）从相关方和其他来源抽取信息的一项活动，目的是进一步理解商业需求。需求抽取也包括解决问题、把握机会、了解相关方的偏好、获知解决方案的前提条件等有助于实现商业需求的活动。

需求确认（Requirements Validation）确保产品达到使用要求和预期价值的过程。确保所交付的产品是正确的。

需求生命周期（Requirements Life Cycle）贯穿于整个项目组合、项目集或项目的需求流程或生命活动期。需求生命周期管理是为每个需求分配一项属性或者修饰符，标示该需求在某个特定时间点的状态。

需求特性（Requirements Attribute）用于存储关于需求的描述性信息的需求的属性，如最后更改日期、作者、来源等。

需求文件（Requirements Documentation）产品需求和其他产品信息的记录，以及为管理它记录的任何东西。需求文档的正式程度取决于商业分析方法。

需求状态（Requirement State）需求的一个属性，它标识需求在需求生命周期内的位置，例如在过程中、批准、顺延或拒绝。

需要评估知识领域（Needs Assessment Knowledge Area）包括分析当前商业问题或机会的过程，以了解什么是实现未来期望状态所必需的。

序列图（Sequence Diagram）一种建模技术，描述了用户或系统过程如何在任何涉及的用户或系统中相互作用，以及对执行的过程或步骤进行排序。

叙事（Narrative）一个故事。在商业分析中，叙事在开发人物时编写。

选择和批准需求（Select and Approve Requirements）促进与相关方进行讨论的过程，以协商和确认哪些需求应包含在迭代、发布或项目中。

学习者（Learner）一个乐于学习新技能、发现改进做事方法、保持好奇心的人。

研究技能（Research Skill）能够及时有效地从相关渠道获取有用信息的能力。

演进式原型（Evolutionary Prototype）过程中的实际完成的解决方案的原型。见原型。

验收标准（Acceptance Criteria）可交付成果在通过验收前必须满足的一系列条件。在商业分析中，验收标准被用于评价产品需求和解决方案。

洋葱图（Onion Diagram）一种可以用来建模一个主题的不同方面之间关系的技术。在商业分析中，可以创建洋葱图来描述相关方和解决方案之间存在的关系。

依赖性（Dependency）两个或多个实体间存在的逻辑关系。

依赖性分析（Dependency Analysis）一种用于发现依赖关系的技术。

因果图（Cause-and-Effect Diagram）一种分解技术，有助于跟踪造成非预期结果的根本原因。见"鱼骨图"。

引导（Facilitation）参与在指导和协调各组人员之间工作的一系列活动。

引导产品路线图开发（Facilitate Product Roadmap Development）支持产品路线图开发的过程。产品路线图高层级地描绘了产品的哪些方面在项目组合、项目集或一个或多个项目迭代或版本的过程中计划交付，以及这些方面交付的潜在顺序。

引导式研讨会（Facilitated Workshops）在商业分析中，引导式研讨会采用的是结构化会议，由有经验且中立的引导师和一组通过精心挑选的相关方共同领导，以协作并朝着既定的目标工作。需求研讨会召集一组精心挑选的相关方，进行协作、探索和评估产品需求。

隐性知识（Tacit Knowledge）很难表达和分享的个人知识，如信仰、经验和洞察力。

影响分析（Impact Analysis）一种评价变更关于将如何影响其他需求、产品、项目集和项目的技术。

用户（User）将使用产品的一类相关方或演员。

用户故事（User Story）从参与者的角度用一两句话描述需要哪些功能。用户故事通常采用这样的形式："作为（参与者），我想要（功能），这样我可以得到（效益）。"

用户界面（User Interface，UI）支持人与提供给该人的服务之间互动的任何东西。通常用于引用网页、智能手机显示器和屏幕前端，但也更广泛地应用于任何人和提供服务的任何媒介之间的中介，例如固定电话上的按钮或汽车转向盘上的巡航控制按钮。

用户界面分析师（User Interface Analyst）见用户体验分析师。

用户界面流（**User Interface Flow**）显示应用程序的特定页面或屏幕，以及用户如何在其间导航的商业分析模型。

用户界面设计（**User Interface Design**）创建符合用户界面需求的用户界面的艺术和科学，同时开发与整体组织最佳实践相关的反映人类如何与选择的界面类型交互并受其制约因素的因素。

用户类别（**User Class**）作为产品用户的相关方群体、由于需求和使用产品的相似性被组合在一起。

用户体验分析师（**User Experience Analyst**）也被称作用户界面分析人员。研究用户行为、偏好和制约因素，以便识别应用软件和其他产品的用户界面和可用性需求的个人。

用例（**Use Case**）描述参与者—系统的交互及其边界的分析模型，包括触发器、启动者、参与者、前提条件和后置条件。

用例图（**Use Case Diagram**）一种商业分析模型，显示了解决方案范围内的所有用例，以及哪些人员参与到这些用例中。

优先级方案（**Prioritization Scheme**）用于对项目组合组件、项目集、项目、需求、特性或任何其他产品信息进行排序的不同方法。

鱼骨图（**Fishbone Diagram**）因果图的一个版本，以视觉方式描述问题及其根本原因。它使用鱼的形象，把问题列在头部，把问题的原因和子问题列为鱼的骨骼。见因果图。

预测型生命周期（**Predictive Life Cycle**）项目生命周期的一种。在项目生命周期的早期时间，确定项目范围及交付此范围所需的时间和成本。

域（**Domain**）研究的学科或领域。见绩效域。

原型（**Prototype**）在构建预期解决方案之前的表示法。

原型法（**Prototyping**）一种在实际构建解决方案之前，先提供预期解决方案的工作模型，并且据此获得对需求的早期反馈的方法。

愿景说明书（**Vision Statement**）对产品的期望，如目标市场、用户、主要利益以及市场上的产品与其他产品的区别的概括的、高层级的描述。

运营可行性（**Operational Feasibility**）提出的解决方案符合相关具体情境的运行需要和需求的程度。它也包括可持续性、可维护性、可支持性和可靠性等因素。

在制品限制（**Work in Progress Limit**）在同一项目中同一时间内在给定的开发工作流

的状态下可以同意的产品未完项的最大数量。通常称为 WIP 限制。

增长份额矩阵（Growth Share Matrix）见产品组合矩阵。

章程（Charter）见项目组合章程、项目集章程、项目章程。

正常流（Normal Flow）在用例分析的应用背景中，正常流是在一切按照计划或预期进行的情况下，通过用例场景所遵循的一组步骤。

政策（Policy）组织所采用的一套结构化的行动模式，组织政策可以解释为一套治理组织行为的基本原则。

政治意识（Political Awareness）能意识到工作环境中的人类动态，因为它们涉及组织层次、层级结构和权力分布的方式。

支持章程开发（Support Charter Development）利用在需要评估和商业论证开发工作中获得的商业分析知识、经验和产品信息，与发起人实体和相关方资源协作进行章程开发的过程。

知识领域（Knowledge Area）与特定功能相关联的一组过程。

蜘蛛网（Spider Web）一种启发技术，使用游戏来发现被分析的产品和其他产品之间的未知关系。见协作游戏。

执行过程组（Executing Process Group）为启发、分析、建模、定义、核实、确认、排序和批准从未完项、用户故事、需求到制约因素的所有类型的产品信息所实施的商业分析过程。在项目管理中，它包括定义在项目管理计划中所要完成的满足项目需求的工作而实施的过程。

直觉推理（Intuitive Reasoning）利用直觉来驱动决策。

职业道德（Work Ethic）能够独立完成任务，不被要求就有积极性和动力去做需要做的事情。

指标（Metric）用于评价解决方案或商业的一系列可量化的测量。

制约因素（Constraint）在商业分析中，制约因素是对解决方案有影响的限制性因素。

质量保证（Quality Assurance，QA）检验质量控制有效性的过程。

质量控制（Quality Control，QC）见产品质量控制。

主干（Backbone）代表最小能力集合的故事地图的基础部分，需要完整置于解决方案的第一个版本来达成其目的。该能力集或用户故事有时称为最小可行产品。见故事地图。

主题专家（Subject Matter Expert，SME） 被认为是某个特定主题领域专家的人员。

专家判断（Expert Judgment） 基于某应用领域、知识领域、学科和行业等的专业知识而做出的，关于当前活动的合理判断。这些专业知识可来自具有专业学历、知识、技能、经验或培训经历的任何小组或个人。

专业写作（Professional Writing） 能用书面语言清晰、简洁地传达复杂的思想，并能熟练掌握写作技巧和选择合适的写作风格。

专业资源（Specialty Resource） 在投资组合、项目集或项目中扮演高度专注的角色的人，如架构师或发布经理。

状态表（State Table） 一种用于显示对象的有效状态并允许在它们之间进行过渡的数据模型。所有的状态都被建模为表中的列和行并给出系统的考虑，以确定是否允许每个潜在的状态过渡。

状态图（State Diagram） 一种用于显示对象的有效状态并允许在它们之间进行过渡的数据模型。状态表系统地考虑和建模所有可能的过渡，而状态图只建模对象的有效过渡。

准备过渡到将来状态（Prepare for Transition to Future State） 确定组织是否准备好过渡，以及组织如何从当前状态转移到将来状态以整合全部或部分解决方案到组织运营中的过程。

准备就绪定义（Definition of Ready） 整个团队同意在用户故事被充分理解并开始构建之前完成的一系列条件。

准备就绪评估（Readiness Assessment） 确定组织向将来状态过渡的能力和利益。准备就绪评估被用来识别准备就绪的任何缺口，这些缺口被认为是达到最终状态的风险，以及为应对它们而做出的风险应对。见过渡计划。

桌面工具（Desktop Tool） 出于辅助组织和生产率的目的，在个人工作区（例如在笔记本电脑或个人设备上）使用的一类工具。

自动化回归测试（Automated Regression Testing） 软件系统经历变更后所使用的工具支撑型确认，以确保变更在某种程度上不会无意地改变系统。

自然学习（Emergent Learning） 相关方发现作为解决方案一部分的需求随着时间推移而交付的过程。

自我意识（Self-Awareness） 能够识别个人的行为是如何被别人察觉的。自我意识也被称为情绪智力。

自下而上估算（Bottom-Up Estimating） 一种通过汇总低层级组件的估算，来估算项目持续时间或成本的方法。

走查（Walkthrough） 一种用于与相关方一起评审或共享一组信息以获得反馈或批准的技术。需求走查用于评审需求，并且确认所述需求是有效的。

足智多谋（Resourcefulness） 使用替代或创造性的手段来获取信息和解决问题，特别是当一个明确的或常规的解决方案是不可用的时候。

组合商业论证（Assemble Business Case） 综合经深入研究和分析的信息，以支持最佳项目组合组件、项目集或项目选择的过程，从而达成商业目的和目标。

组织标准（Organizational Standard） 见商业分析组织标准。

组织发展/变革管理（OD/CM） 通过改进个人或团队之间的行动和相互作用来改善组织绩效的互补方法。

组织过程资产（Organizational Process Assets，OPAs） 执行组织所具有的和使用的计划、过程、政策、程序和知识库。

组织结构图（Organizational Chart） 描述组织内部或部分组织内部报告结构的模型。

组织目标（Organizational Objective） 组织为实现目的而需达成的业绩。组织目标比较具体，周期比目的更短，一般不超过一年。

组织目的（Organizational Goal） 公司目的普遍会被转化为可行动的、可测量的表述。目的通常在范围上比目标更长。

组织系统（Organizational System） 一种由组织组件组成的系统，这些组件是组织内的可识别元素，并提供特定功能或一组相关功能。见系统。

最小可行产品（Minimum Viable Product，MVP） 一种优先级机制，通过识别最少数量的特性或需求来为客户定义解决方案首次发布的范围，这些特性或需求构成了客户获得价值的解决方案。

最小可售特性（Minimum Marketable Features，MMF） 一种优先级机制，识别了依然能为客户交付价值的最小功能块。

索引

反侵权盗版声明

电子工业出版社依法对本作品享有专有出版权。任何未经权利人书面许可，复制、销售或通过信息网络传播本作品的行为；歪曲、篡改、剽窃本作品的行为，均违反《中华人民共和国著作权法》，其行为人应承担相应的民事责任和行政责任，构成犯罪的，将被依法追究刑事责任。

为了维护市场秩序，保护权利人的合法权益，我社将依法查处和打击侵权盗版的单位和个人。欢迎社会各界人士积极举报侵权盗版行为，本社将奖励举报有功人员，并保证举报人的信息不被泄露。

举报电话：（010）88254396；（010）88258888

传　　真：（010）88254397

E-mail：　dbqq@phei.com.cn

通信地址：北京市万寿路 173 信箱
　　　　　电子工业出版社总编办公室

邮　　编：100036